"독학으로 이탈리아 간다"

- "최보선의 '쉬운 이탈리아어'를 완벽하게 보강한 독학서의 결정판" -

Corso elementare*intermedio di lingua italiana per coreani

저자 최 보 선

"이탈리아어 구조가 명확해지면서 자신감을 느낄 수 있다."
"술술 풀리는 연습문제를 하다보면 자신도 모르게 문법이 완성된다."
"수많은 회화체 문장들을 만나 반복하다보면 어느새 말문이 트인다."

문예림

최보선 전 대구가톨릭대학교 교수 / 현 이탈리아문화연구원장 / 에듀링구아 대표

- 1960년 서울 출생
- 한국외국어대학교 서양어대학 이태리어과 학사 학위 취득
- 한국외국어대학교 대학원 이태리어학 석사 학위 취득
- 이탈리아 볼로냐 국립대학교 인문철학부 외국어문학 Laurea 과정 수학
- 한국외국어대학교 언어학과 박사과정
- 한국외국어대학교, 한국예술종합학교, 경북대학교, 대구가톨릭대학교, 충남대학교 강사 역임
- 대구가톨릭대학교 이탈리아어과 교수 역임
- 현재 이탈리아문화연구원 원장, Italian Art Design Institute 학장

- 저서
이한사전(공저)(한국외대출판부, 1991) / 모던이탈리아어 1,2(시사에듀케이션, 1993) / 이탈리아문화(대구가톨릭대학교 출판부, 1994) / 쉬운 이탈리아어(시사에듀케이션, 1998) / 노래로 배우는 이탈리아어(문예림, 2001) / 신 이탈리아어 회화 첫걸음(랭귀지 플러스, 2001) / 한이사전(문예림, 2003) / 주머니 속의 여행 이탈리아어(신나라, 2003) / 동사를 알면 이탈리아어가 보인다(문예림, 2008) / 이탈리아 언어문화기행 I(문예림 2008) / 독학으로 이탈리아 간다(문예림, 2008)

- 집필 중인 저서
이탈리아어 독해 이론과 실전 I(2009) / 여행 이탈리아어(2009) / New이한사전(문예림, 2009) / 이한입문사전(문예림, 2009) / 이한＊한이사전(문예림, 2009)

- 논문
구조분석을 통한 신곡의 예술성 연구 / 현대 이탈리아어의 형성과 발전 연구 / 이탈리아 구조주의의 정체적 발전 연구 / 이탈리아어 절 연구 / 이탈리아 교육제도 / 기호학적 분석을 통한 이탈리아 문화와 언어의 상관성 연구

"독학으로 이탈리아 간다"

초판 2쇄 발행 2019년 3월 25일
초판 2쇄 발행 2019년 3월 29일

지은이 최보선
펴낸이 서덕일
펴낸곳 도서출판 문예림

출판등록 1962.7.12 (제406-1962-1호)
주소 경기도 파주시 회동길 366 (10881)
전화 (02)499-1281~2 **팩스** (02)499-1283
대표전자우편 info@moonyelim.com **통합홈페이지** www.moonyelim.com
카카오톡 ("도서출판 문예림" 검색 후 추가)

디지털노마드의 시대, 문예림은 Remote work(원격근무)를 시행하고 있습니다.
우리는 세계 곳곳에 있는 집필진과 원하는 장소와 시간에 자유롭게 일합니다.
문의 사항은 카카오톡 또는 이메일로 말씀해주시면 답변드리겠습니다.

ISBN 978-89-7482-527(13770)

잘못된 책이나 파본은 교환해 드립니다.
본 책은 저작권법에 의해 보호를 받는 저작물이므로 무단 전재와 복제를 금합니다.

PREMESSA

"독학으로 이탈리아 간다"는 독자들이 10년 동안 꾸준히 사랑해주고 있는 "쉬운 이탈리아어"를 완벽하게 보강한 독학서의 결정판이라 말할 수 있다. 이탈리아 유학을 준비하는 많은 학생들을 이탈리아문화연구원에서 가르치면서 항상 2% 부족함을 느껴오던 중에 새롭고 더욱 쉬운 책이 필요하여 이 책을 집필하게 되었다.

복잡한 강남을 오고가며 시간을 길에 버리는 번거로움을 덜어드리기 위해 독자들이 독학으로 이탈리아어를 배울 수 있도록 구성했다. 구조마다 여러 개의 회화체 문장을 반복하게 함으로써 이탈리아어 구조가 명확해질 것이며, 술술 풀리는 연습문제를 계속하다보면 자신도 모르게 문법이 완성될 것이다. 그러다가 어느새 자신감을 얻게되고 말문이 트일 것이다. 이를 돕기 위해 인터넷 동영상 강의도 준비될 것이다.

1. 차근차근 문법적 개념을 익히며 이탈리아어의 특성을 파악하라!
2. 소리 내어 읽으며 문장 구조를 습득하라!
3. 해석된 문장을 역으로 이탈리아어 작문을 시도하라!
4. 일독 한 후 자신에게 어려웠던 부분을 복습하라!

이 같은 공부 방법은 독자들에게 매우 유익할 것이다. 만약 중급으로 가려면, "동사를 알면 이탈리아어가 보인다"로 공부하기 바란다. 기초 동사, 기본 동사, 주요 동사, 재귀동사 등 400개 정도를 익힌다면 유학 생활에 큰 어려움이 없을 것이라 자신한다. 여기에 이탈리아문화를 접하려면 "이탈리아 언어문화 기행 I"를 읽어 볼 것을 권장한다.

이 책의 예문은 Marina Falcinelli의 "Qui Italia - Quaderno di esercitazioni"에서 발췌했음을 밝히며, 출판을 흔쾌히 허락해주신 문예림 서덕일 사장님과 서여진 편집팀장님께 감사드린다.

송추에서 북한산을 바라보며
2009년 12월 1일
저자 최보선

I.N.D.I.C.E

음과 철자(Suoni e scrittura) / 10
- 알파벳(Alfabeto)
- 발음(Pronuncia)
- 강세(Accento)

UNITA' 1 / 13
명사와 형용사(Nomi e Aggettivi)
직설법 현재(Presente indicativo)
- 불규칙활용 동사
- 재귀동사 활용

형용사(Aggettivi)
- 제1그룹형용사 (-o)
- 제2그룹형용사 (-e)

부정관사(Articoli indeterminativi)
정관사(Articoli determinativi)
전치사관사(Preposizioni articolati)

UNITA' 2 / 35
직설법 현재(Presente indicativo)
- 제1활용동사/제2활용동사/제3활용동사
- 규칙활용 동사
- 불규칙활용 동사
- 재귀동사

정관사(Articolo determinativo)

부정관사(Articolo indeterminativo)

전치사관사(Preposizioni articolati)

UNITA' 3 / 60

직설법 현재(Presente indicativo)

- 불규칙활용 동사
- 재귀동사

시간부사(Avverbio di tempo)

장소부사(Avverbio di luogo)

의문사(Interrogativi)

부사(Avverbi)

전치사(Preposizioni)

UNITA' 4 / 89

직설법 근과거(Passato prossimo)

- [avere 직설법 현재+타동사의 과거분사]
- [essere 직설법 현재+자동사의 과거분사(주어와 성수일치)]

규칙과거분사(Participio passato regolare)

불규칙과거분사(Participio passato irregolare)

동사(Verbi)

장소부사(Avverbio di luogo)

장소전치사(Preposizioni di luogo)

지시형용사(Aggettivi dimostrativi)

직접화법/간접화법(Discorso diretto/Discorso indiretto)

UNITA' 5 / 118

소유형용사(Aggettivi possessivi)

지시대명사(Pronomi dimostrativi)
소유대명사(Pronomi possessivi)

UNITA' 6 / 135

직설법 단순미래(Futuro semplice)
  - 규칙활용 동사
  - 불규칙활용 동사

직설법 복합미래 / 미래완료(Futuro composto)

직설법 현재 / 근과거 / 단순미래 연습

sapere + 문장 / 동사원형 / 명사(구)

conoscere + 명사(구)

UNITA' 7 / 155

재귀동사(Verbo riflessivo)
  - 단순시제
  - 복합시제

재귀형태(Forma riflessiva)
  - 본질적 재귀형태
  - 형식적 재귀형태
  - 상호적 재귀형태

UNITA' 8 / 176

직설법 불완료과거(Imperfetto indicativo)
  - 규칙활용 동사
  - 불규칙활용 동사

직설법 대과거(Trapassato prossimo)
  - [avere 직설법 불완료과거 + 타동사의 과거분사]

　　　　- [essere 직설법 불완료과거+자동사의 과거분사(주어와 성수일치)]
　　　직설법 근과거/불완료과거의 특성 비교

UNITA' 9　/ 197

　　　직접대명사(Pronomi diretti)
　　　대명사 NE(Pronome NE)
　　　직접대명사와 과거분사 성수일치
　　　지시형용사(Aggettivi dimostrativi)

UNITA' 10　/ 221

　　　간접대명사(Pronomi indiretti)
　　　동사(Verbi)
　　　부사(Avverbi)

UNITA' 11　/ 235

　　　단순조건법(Condizionale semplice)
　　　　- 규칙활용 동사
　　　　- 불규칙활용 동사
　　　복합조건법(Condizionale composto)
　　　　- [avere 단순조건법+타동사의 과거분사]
　　　　- [essere 단순조건법+자동사의 과거분사(주어와 성수일치)]

UNITA' 12　/ 270

　　　비교급(Comparativi)
　　　　- 우등비교
　　　　- 열등비교
　　　　- 동등비교

최상급(Superlativi)
- 절대적 최상급
- 상대적 최상급

직접대명사(Pronomi diretti)

간접대명사(Pronomi indiretti)

복합대명사(Pronomi composti)

UNITA' 13 / 307

명령법(Imperativo)
- 긍정명령
- 부정명령
- 명령형+(직접/간접/재귀/복합)대명사
- 명령형(불규칙활용동사)

Lezione 14 / 336

관계대명사(Pronomi relativi)

대명사 NE(Pronome NE)

부사적 소사 CI(Particella avverbiale)

UNITA' 15 / 352

원과거(Passato remoto)

규칙활용 동사

불규칙활용 동사

변의형 명사(Nomi alterati)

-a 어미를 갖는 남성명사(Nomi maschili in -a)

-ista 어미를 갖는 명사(Nomi in -ista)

UNITA' 16 / 375

접속법 현재(Congiuntivo presente)
접속법 과거(Congiuntivo passato)
종속절에 접속법을 사용하게 하는 주절의 표현들
접속사(Congiunzioni) + 접속법 현재/과거

UNITA' 17 / 399

접속법 불완료과거(Congiuntivo imperfetto)
접속법 대과거(Congiuntivo trapassato)
접속사(congiunzioni) + 접속법 불완료과거/대과거
가정문(Periodo ipotetico)

UNITA' 18 / 441

수동태(Forma passiva)
- 단순시제 수동태
- 복합시제 수동태
- 수동태 SI(SI passivante)를 사용한 수동태
- 필요성 혹은 의무감을 표현하는 수동태

UNITA' 19 / 457

단순동명사(Gerundio semplice)
복합동명사(Gerundio composto)
부정법(Infinito)

부록 / 471

1. 핵심문법
2. 해답

음과 철자 (Suoni e scrittura)

알파벳(Alfabeto)

a	a	h	acca	q	cu		외래문자
b	bi	i	i	r	erre	j	i lunga
c	ci	l	elle	s	esse	k	cappa
d	di	m	emme	t	ti	w	doppia vu
e	e	n	enne	u	u	x	ics
f	effe	o	o	v	vi / vu	y	ipsilon / i greca
g	gi	p	pi	z	zeta		

발음(Pronuncia)

1) 자음 16개와 모음 5개가 만나 소리를 낸다.
2) h(acca)는 묵음이다. ha는 '아', ho는 '오'.
3) 양순음 'ba'와 순치음 'va' 구분해서 읽어야 한다.
4) 자음 'q'는 항상 모음 'u'를 달고 다닌다.

	b	c	d	f	g	h	l	m	n	p	qu	r	s	t	v	z
a	ba		da	fa		ha	la	ma	na	pa	qua	ra	sa	ta	va	za
e	be		de	fe		*	le	me	ne	pe	que	re	se	te	ve	ze
i	bi		di	fi		*	li	mi	ni	pi	qui	ri	si	ti	vi	zi
o	bo		do	fo		ho	lo	mo	no	po	quo	ro	so	to	vo	zo
u	bu		du	fu		*	lu	mu	nu	pu	quu	ru	su	tu	vu	zu

	c	g	sc	gn	gl
a	ca(까)	ga(가)	sca(스까)	gna(냐)	gla(글라)
e	che / **ce**(께 / 체)	ghe / **ge**(게 / 제)	sche / **sce**(스께 / 쉐)	gne(녜)	gle(글레)
i	chi / **ci**(끼 / 치)	ghi / **gi**(기 / 쥐)	schi / **sci**(스끼 / 쉬)	gni(니)	**gli**(리*)
o	co(꼬)	go(고)	sco(스꼬)	gno(뇨)	glo(글로)
u	cu(꾸)	gu(구)	scu(스꾸)	gnu(뉴)	glu(글루)

5) 자음 'c'와 'g'가 강한 모음 'a, o, u'와 짝을 이룰 경우와 약한 모음 'e, i'와 짝을 이룰 경우 소리가 달리 난다. 그러나 'h'를 삽입하여 동일한 음가를 갖도록 한다.

ca, che, chi, co, cu; ga, ghe, ghi, go, gu

6) 'gli'를 '글리'라고 읽지 않도록 조심한다.

7) 이탈리아어는 기본적으로 쓰여진 대로 읽기 때문에 쉽게 읽혀진다. 다음과 같은 독특한 발음들만 주의하면 된다.

Lettera singola/composta	Pronuncia	Esempio
c(+a, o, u)	까, 꼬, 꾸	**ca**rota, **co**lore, **cu**oco
ch(+e, i)	께, 끼	an**che**, **chi**lo
c(+e, i)	체, 치	**ce**llulare, **ci**tta'
ci(+a, o, u)	챠(치아), 쵸(치오), 츄(치우)	**cia**o, **cio**ccolata, **ciu**ffo
g(+a, o, u)	가, 고, 구	**Ga**rda, **go**nna, **gu**anto
gh(+e, i)	게, 기	lun**ghe**, **ghi**accio
g(+e, i)	제, 쥐	**ge**lato, **Gi**gi
gi(+a, o, u)	쟈(지아), 죠(지오), 쥬(지우)	**gia**cca, **gio**rnale, **giu**sto
gli	리	**gli**, bi**gli**etto, fami**glia**
gn		dise**gn**are, si**gn**ora
h	묵음	**h**otel, **h**o, **h**anno
qu	꾸	**qu**asi, **qu**attro, **qu**esto
r		**r**iso, **r**osso, **r**isposta
sc(+a, o, u)	스까, 스꼬, 스꾸	**sca**rpa, **sco**nto, **scu**ola
sch(+e, i)	스께, 스끼	**sche**ma, **schi**avo
sc(+e, i)	쉐, 쉬	**sce**lta, **sci**
sci (+a, e, o, u)	쉬아, 쉬에, 쉬오, 쉬우	**scia**rpa, **scie**nza, la**scio**, **sciu**pare
v		**v**ento, **v**erde, **v**erdura

강세(Accento)

1) 대부분의 어휘들은 끝에서 두 번째 음절에 강세가 온다. 이유는 소리내기 편해서다.
2) 강세에는 4가지가 있다.
   - 끝 음절에 오는 강세 (accento sull'ultima sillaba) : cit-ta'
     (글을 쓸 때, 끝 음절 강세는 반드시 표기되어야 한다)
   - 끝에서 두 번째 음절에 오는 강세 (accento sulla penultima sillaba) : stra'-da
   - 끝에서 세 번째 음절에 오는 강세 (accento sulla terz'ultima sillaba) : me'-di-co
   - 끝에서 네 번째 음절에 오는 강세 (accento sulla quart'ultima sillaba) : te-le'-fo-na-no

UNITA' 1

1.1 Gonzales **e'** di Madrid.
1.2 '나라 사람' 의 명사를 주어와 성을 일치하라!
1.3 **E'** americano.
1.4 Anch'io **sono** italiano.
1.5 전치사 'di' (출신)
1.6 Anche noi **abbiamo** molti amici.
1.7 Anch'io ho **molti** amici.
1.8 Io **ho** una macchina **coreana**.
1.9 Massimo, **hai** il libro d'italiano?
1.10 **Avete** il libro d'italiano?
1.11 부정관사로 완성하라!
1.12 동사 'essere'를 직설법 현재로 활용하라!
1.13 Sophia Loren **e' un'attrice italiana**.
1.14 정관사로 완성하라!
1.15 **Le penne sono** sul banco.
1.16 **Le signore sono** italiane.
1.17 부정관사/형용사 성수일치
1.18 전치사로 완성하라!

- **명사와 형용사** (Nomi e Aggettivi)
- **직설법 현재** (Presente indicativo)

  불규칙활용 동사 : essere, avere

  재귀동사 활용 : chiamarsi(chiamare + si)
- **형용사** (Aggettivi)

  제1그룹형용사(-o) : piccolo, nuovo, bello, bravo ...

  제2그룹형용사(-e) : grande, interessante, francese ...
- **부정관사** (Articoli indeterminativi) : un, uno, una
- **정관사** (Articoli determinativi) : il/i, lo/gli, la/le
- **전치사관사** (Preposizioni articolati) : sul, sulla, sull', nel, nella, nell' ...

UNITA' 1

1.1. 보기처럼 완성하라!

Gonzales/spagnolo/Madrid → Gonzales **e' spagnolo**, di Madrid.
곤잘레스/스페인남자/마드리드 → 곤잘레스는 마드리드 출신 스페인 남자다.

1. Naomi/giapponese/Osaka

   _____

2. Abdul/marocchino/Fez

   _____

3. Peter/olandese/Amsterdam

   _____

4. Alina/polacca/Cracovia

   _____

5. Klaus/svizzero/Lucerna

   _____

6. Ivana/russa/Pietroburgo

   _____

어휘

> **giapponese** Japanese (일본 남자/여자), **olandese** Dutchman/woman (네덜란드 남자/여자), **marocchino/a** Moroccan (모로코 남자/여자), **polacco/a** Polish (폴란드 남자/여자), **svizzero/a** Swiss (스위스 남자/여자), **russo/a** (Russian)러시아 남자/여자.

해석

1. 나오미는 오사카 출신 일본 여자다. 2. 압둘은 페즈 출신 모로코 남자다 3. 피터는 암스테르담 출신 네델란드 남자다. 4. 알리나는 크라코비아 출신 폴란드 여자다. 5. 클라우스는 루체르나 출신 스위스 남자다. 6. 이바나는 페테르부르그 출신 러시아 여자다.

직설법 현재(Presente indicativo)

	essere (be)
io	sono
tu	sei
lui, lei, Lei	e'
noi	siamo
voi	siete
loro	sono

1.2. '나라 사람'의 명사를 주어와 성을 일치하라!

1. Lucia e' **olandes**_____.
2. Mario e' **italian**_____.
3. Claudia e' **svizzer**_____.
4. Fatima e' **marocchin**_____.
5. Pedro e' **spagnol**_____.
6. Mary e' **ingles**_____.
7. Ivan e' **russ**_____.
8. Kawasaki e' **giappones**_____.
9. Jimin e' **corean**_____.
10. Laurent e' **frances**_____.
11. Eva e' **tedesc**_____.
12. Hans e' **tedesc**_____.

> **italiano/a** Italian, **svizzero/a** Swiss, **marocchino/a** Moroccan, **spagnolo/a** Spanish, **russo/a** Russian, **coreano/a** Korean, **tedesco/a** German, **olandese** Dutchman/woman, **inglese** Englishman/woman, **giapponese** Japanese.

UNITA' 1

해석

1. 루치아는 네덜란드 여자다. 2. 마리오는 이탈리아 남자다. 3. 클라우디아는 스위스 여자다. 4. 파티마는 모로코 여자다. 5. 페드로는 스페인 남자다. 6. 매리는 영국 여자다. 7. 이반은 러시아 남자다. 8. 가와사키는 일본 남자다. 9. 지민이는 한국 여자다. 10. 로렝은 프랑스 남자다. 11. 에바는 독일 여자다. 12. 한스는 독일 남자다.

문법

명사(Nome)

	단수	복수
남성명사	-o	-i
	-e	
여성명사	-e	
	-a	-e

남성명사	italiano, svizzero, marocchino, spagnolo, russo, coreano, tedesco: olandese, inglese, giapponese, francese
여성명사	italiana, svizzera, marocchina, spagnola, russa, coreana, tedesca: olandese, inglese, giapponese, francese

italiano, svizzero, marocchino, spagnolo, russo, coreano, tedesco등은 남녀단복수형이 따로 존재하는 반면, olandese, inglese, giapponese, francese는 남녀 단수형이 동일하며 복수의 경우 -i 어미를 지닌다.

1.3 보기처럼 완성하라!

David e' **di** New York. → E' **americano**.
데이비드는 뉴욕 출신이다. → 그는 미국 남자다.

1. Sandy e' **di** Sydney.

2. Irina e' **di** Mosca.

3. Jimin e' **di** Seoul.

4. Shao e' **di** Pechino.

5. Domingo e' **di** Madrid.

6. Hans e' **di** Berna.

7. Irene e' **di** Vienna.

8. Giovanni e' **di** Firenze.

9. Hidink e' **di** Amsterdam.

10. Anastasia e' **di** Atene.

11. Pierre e' **di** Parigi.

12. Thomas e' **di** Monaco.

어휘

essere di~ come from~ (~ 출신이다).

해석

1. 샌디는 호주 여자다. 2. 이리나는 러시아 여자다. 3. 지민이는 한국 여자다. 4. 샤오는 중국 남자다. 5. 도밍고는 스페인 남자다. 6. 한스는 스위스 남자다. 7. 이레네는 오스트리아 남자다. 8. 지오반니는 이탈리아 남자다. 9. 히딩크는 네덜란드 남자다. 10. 아나스타시아는 그리스 여자다. 11. 피에르는 프랑스 남자다. 12. 토마스는 독일 남자다.

명사(Nome)

남성명사	australian**o**, russo, coreano, spagnolo, svizzero, austriaco, italiano, greco, tedesco: cines**e**, olandese, francese
여성명사	australian**a**, russa, coreana, spagnola, svizzera, austriaca, italiana, greca, tedesca: cines**e**, olandese, francese

1.4 보기처럼 완성하라!

Gabriele **e' italiano**. → Anch'io **sono italiano**.
가브리엘레는 이탈리아인이다. → 나도 그렇다.

1. Carlo **e' in piedi.**
   Anche noi _____
2. Antonio **e' a scuola**.
   Anche Laura e Chiara _____
3. Roberto **e' a Firenze**.
   Anche Giovanni e Gabriele _____
4. Giovanna **e' in classe**.
   Anche noi _____
5. Dino **e' in Italia**.
   Anche Elena _____
6. Claudia **e' seduta**.
   Anche Bianca e Marina _____
7. Peter **e' inglese**.
   Anche noi _____
8. Piero **e' greco**.
   Anche Angelo e Dimitri _____
9. Sebastian **e' tedesco**.
   Anche tu _____
10. Alain **e' francese**.

Anch'io _____
11. Marta **e' italiana**.
　　　Anche Lucio _____
12. Paul **e' straniero**.
　　　Anch'io _____

어휘

> **anche** also, too, **essere in piedi** 서 있다, **essere a scuola** 학교에 있다, **essere in classe** 수업 중이다/학급에 있다, **essere seduto** 앉아 있다.

해석

1. 카를로는 서 있다. 우리도 그렇다. 2. 안토니오는 학교에 있다. 라우라와 키아라도 그렇다. 3. 로베르토는 피렌체에 있다. 지오반니와 가브리엘레도 그렇다. 4. 지오반나는 수업 중이다. 우리도 그렇다. 5. 디노는 이탈리아에 있다. 엘레나도 그렇다. 6. 클라우디아는 앉아있다. 비앙카와 마리나도 그렇다. 7. 피터는 영국인다. 우리도 그렇다. 8. 피에로는 그리스인이다. 안젤로와 디미트리도 그렇다. 9. 세바스티안은 독일인이다. 너도 그렇다. 10. 알랭은 프랑스인이다. 나도 그렇다. 11. 마르타는 이탈리아인이다. 루치오도 그렇다. 12. 폴은 외국인이다. 나도 그렇다.

1.5 완성하라!

1. Yuri **e'** _____ **Mosca**, e' _____
2. Olga **e'** _____ **Mosca**, e' _____
3. Paul **e'** _____ **Londra**, e' _____
4. Brenda **e'** _____ **Liverpool**, e' _____
5. Le ragazze **sono** _____ **Atene**, sono _____
6. I ragazzi **sono** _____ **Seoul**, sono _____
7. Paolo e Claudio **sono** _____ **Roma**, sono _____
8. Cristina e Daniela **sono** _____ **Firenze**, sono _____

UNITA' 1

해석

1. 유리는 모스크바 출신의 러시아 남자다. 2. 올가는 모스크바 출신의 러시아 여자다. 3. 폴은 런던 출신의 영국 남자다. 4. 브렌다는 리버풀 출신의 영국 여자다. 5. 그 소녀들은 아테네 출신의 그리스 여자들이다. 6. 그 소년들은 서울 출신의 한국 남자들이다. 7. 파올로와 클라우디오는 로마 출신의 이탈리아 남자들이다. 8. 크리스티나와 다니엘라는 피렌체 출신의 이탈리아 여자들이다.

1.6 보기처럼 완성하라!

Io ho molti amici. → Anche **noi abbiamo** molti amici.
나는 많은 친구들을 갖고 있다. → 우리도 그렇다.

1. **Tu hai** un amico russo.
   Anche voi _____
2. **Tu hai** un cane.
   Anche voi _____
3. **Lui ha** pochi amici.
   Anche loro _____
4. **Lei ha** molti amici stranieri.
   Anche loro _____
5. **Io ho** una macchina coreana.
   Anche noi _____
6. **Io ho** un gatto.
   Anche noi _____

어휘

> **amico** boy friend, **amici** boy friends, **cane** dog, **macchina** car, **gatto** cat, **poco/pochi** little, **molto** very much, **straniero** foreign.

1. 너는 러시아 남자 친구를 갖고 있다. 너희들도 그렇다. 2. 너는 개 한 마리를 갖고 있다. 너희들도 그렇다. 3. 그는 친구가 별로 없다. 그들도 그렇다. 4. 그녀는 많은 외국인 친구들을 갖고 있다. 그들도 그렇다. 5. 나는 한국산 자동차 한 대 갖고 있다. 우리도 그렇다. 6. 나는 고양이 한 마리 갖고 있다. 우리도 그렇다.

직설법 현재(Presente indicativo)

	avere (have)
io	ho
tu	hai
lui, lei, Lei	ha
noi	abbiamo
voi	avete
loro	hanno

1.7 보기처럼 완성하라!

Noi **abbiamo** molti amici. → Anch'io **ho** molti amici.
우리는 많은 친구들을 갖고 있다. → 나도 그렇다.

1. Noi **abbiamo** una casa piccola.
   Anch'io _____
2. Loro **hanno** una macchina nuova.
   Anche lui _____
3. Loro **hanno** una bella camera.
   Anche lei _____
4. Anna e Manuela **hanno** un professore molto bravo.
   Anche Giovanni _____
5. Voi **avete** molti soldi.

UNITA' 1

      Anche tu _____

6. Voi **avete** una macchina italiana.

      Anche tu _____

어휘

> **casa** house, **macchina** car, **professore** teacher/lecturer/professor, **camera** room, **soldi** money.

해석

1. 우리는 작은 집 한 채 갖고 있다. 나도 그렇다. 2. 그들은 새 차 한 대 소유하고 있다. 그도 그렇다. 3. 그들은 예쁜 방을 하나 갖고 있다. 그녀도 그렇다. 4. 안나와 마누엘라는 매우 훌륭한 교수님을 한 분 갖고 있다. 지오반니도 그렇다. 5. 너희들은 많은 돈을 갖고 있다. 너도 그렇다. 6. 너희들은 이탈리아 산 자동차를 한 대 소유하고 있다. 너도 그렇다.

문법

형용사(Aggettivo)

형용사는 명사와 성수 일치해야 한다.

piccolo, nuovo, bello, bravo, molto, italiano와 같이 원형이 어미 -o를 갖는 것을 제1그룹형용사라고 하는데, 남/여성, 단/복수 형태가 각각 존재한다.

제1그룹형용사

	단수(singolare)	복수(plurale)
남성(maschile)	piccol**o**, bell**o**	piccol**i**, bell**i**
여성(femminile)	piccol**a**, bell**a**	piccol**e**, bell**e**

1.8 보기처럼 완성하라!

    Hyundai: Io _____ una macchina _____

  → Io **ho** una macchina **coreana**.

나는 한국산 자동차를 한 대 갖고 있다.

1. Mercedes: Tu _____ una macchina _____
2. Volkswagen: Dino _____ una macchina _____
3. Ford: Massimo _____ una macchina _____
4. FIAT: Clara _____ una macchina _____
5. Mitsubishi: I miei amici _____ una macchina _____
6. Peugeot: Gli amici di Daniel _____ una macchina _____

어휘

> **tedesco** German(독일산의), **americano** American(미국산의), **italiano** Italian(이탈리아산의), **giapponese** Japanese(일본산의), **francese** French(프랑스산의).

해석

1. 메르체데스 벤츠: 너는 독일산 자동차를 한 대 갖고 있다. 2. 폭스바겐: 디노는 독일산 자동차를 한 대 갖고 있다. 3. 포드: 맛시모는 미국산 자동차를 한 대 갖고 있다. 4. 피아트: 클라라는 이탈리아산 자동차를 한 대 갖고 있다. 5. 미쯔비시: 나의 친구들은 일본산 자동차를 한 대 갖고 있다. 6. 푸조: 다니엘의 친구들은 프랑스산 자동차를 한 대 갖고 있다.

1.9. 보기처럼 질문을 만들라!

Chiedete a Massimo se **ha** il libro d'italiano.
맛시모에게 이탈리아어 책을 갖고 있는지 물어봐라.

→ Massimo, **hai** il libro d'italiano?
   맛시모, 너 이탈리아어 책 갖고 있니?

1. Chiedete a Massimo se **ha** la macchina.
   _____

2. Chiedete a Massimo se **ha** un'amica coreana.
   _____

UNITA' 1

3. Chiedete a Massimo se **ha** molti amici.
   _____

4. Chiedete a Massimo se **ha** un amico russo.
   _____

5. Chiedete a Massimo se **ha** una bella casa.
   _____

6. Chiedete a Massimo se **ha** un professore bravo.
   _____

어휘

> **molto** many, **bello** beautiful, **bravo** good.

해석

1. 맛시모, 너 그 차를 갖고 있니? 2. 맛시모, 한국 여자 친구 있니? 3. 맛시모, 너 많은 친구들을 갖고 있니? 4. 맛시모, 너 러시아 남자 친구 있니? 5. 맛시모, 너 예쁜 집 한 채 갖고 있니? 6. 맛시모, 너 훌륭한 교수님 한 분 모시고 있니?

문법

상대의 이름만을 호칭한다면 상대를 'tu'로 보고 동사는 2인칭 단수(tu)로 활용해야 한다. 반면, 상대를 signore, signora, dottore, professore등 존칭으로 호칭하면 3인칭 단수(Lei)로 한다.

1.10. 보기처럼 질문을 만들라!

Chiedete a Massimo e a Lino se **hanno** il libro d'italiano.
맛시모와 리노에게 이탈리아어 책을 갖고 있는지 물어봐라.
→ **Avete** il libro d'italiano?
   너희들 이탈리아어 책을 갖고 있니?

1. Chiedete a Massimo e a Lino se **hanno** una bella camera.

2. Chiedete a Massimo e a Lino se **hanno** una professoressa brava.

3. Chiedete a Massimo e a Lino se **hanno** molti amici.

4. Chiedete a Massimo e a Lino se **hanno** una macchina italiana.

5. Chiedete a Massimo e a Lino se **hanno** un amico russo.

6. Chiedete a Massimo e a Lino se **hanno** una casa grande.

어휘

italiano italian language, **grande** big.

해석

1. 너희들 예쁜 방 하나 갖고 있니? 2. 너희들 훌륭한 여교수님 한 분 모시고 있니? 3. 너희들 많은 친구들을 갖고 있니? 4. 너희들 이탈리아산 자동차 한 대 갖고 있니? 5. 너희들 러시아 남자 친구 있니? 6. 너희들 큰 집 한 채 갖고 있니?

문법

어미 -e를 갖는 형용사 원형 'grande'는 제2그룹형용사로서 남성 단수를 수식하든, 여성 단수를 수식하든 grande이다. 다만, 복수 남성/여성 명사를 수식할 경우엔 grandi가 된다.

제2그룹형용사

	단수(singolare)	복수(plurale)
남성/여성	verd**e** elegant**e**	verd**i** elegant**i**

UNITA' 1

1.11 부정관사로 완성하라!

una	borsa		giornale		sedia		bicchiere
	chiave		pennarello		gomma		patente
	cellulare		cornetto		portafoglio		libro
	corso		penna		pizza		passaporto
	quaderno		panino		birra		matita

어휘

borsa bag, **chiave** key, **cellulare** cellular phone, **corso** course, **quaderno** notebook, **giornale** newspaper, **pennarello** felt pen(펠트 펜), **cornetto** croissant(크라상), **penna** pen, **panino** sandwich, **sedia** chair, **gomma** eraser(지우개), **portafolio** wallet(지갑), **pizza** pizza, **birra** beer, **bicchiere** glass, **patente** licence(운전면허증), **libro** book, **passaporto** passport, **matita** pencil.

문법

부정관사(Articolo indeterminativo)

남성	**un**	남성명사와 함께 사용.
	uno	s+자음, z, ps, pn, sc, gn로 시작하는 남성명사와 함께 사용.
여성	**una**	모든 여성명사와 함께 사용. (un'+ 모음)

un libro

uno sport, uno zio, uno psicologo, uno pneumonite, uno sciocco, uno gnomo

una birra, un'aranciata (una aranciata)

1.12 "essere" 동사를 직설법 현재로 활용하라!

A: Ciao, io mi chiamo Sophia, e tu?

B: Io _____ Brad e questa _____ la mia amica Jimin. Di che nazionalita' _____, Sophia?

A: _____ norvegese, di Oslo, e voi?

B: Io _____ di Londra, _____ inglese e Jimin, che non dice una parola di italiano, _____ coreana.

A: Coreana?

B: Si', coreana di Seoul.

A: Che fate in Italia?

B: Io _____ qui per le vacanze e la mia amica _____ qui per studiare l'italiano. E tu, perche' _____ qui?

A: Io _____ in Italia per lavoro: _____ una stilista.

어휘

ciao hello!/hi!, **nazionalita'** nationality(국적), **norvegese** Norwegian(노르웨이 남자/여자), **Londra** London, **dice** [dire] speak, **parola** word, **che** what, **fate** [fare] do, **qui** here, **per** for, **studiare** study, **perche'** why, **lavoro** work, **stilista** stylist/designer.

해석

A: 안녕, 나는 소피아라고 해. 너는?

B: 나는 브래드이고, 애는 내 친구 지민이야. 소피아, 국적이 어떻게 되니?

A: 나는 노르웨이인이고, 오슬로 출신이야. 그런데, 너희들은?

B: 나는 런던 출신의 영국인이고, 이탈리아어를 한 마디도 못하는 지민이는 한국인이야.

A: 한국인이라고?

B: 그래, 서울 출신의 한국인이야.

A: 너희들은 이탈리아에서 뭐 하니?

B: 나는 휴가 차 여기 와 있고, 내 친구는 이탈리아어를 공부하러 여기 와 있어. 근데, 너는 왜

여기 와 있는 거니?
A: 나는 일 때문에 이탈리아에 와 있어. 스타일리스트거든.

재귀동사(Verbo riflessivo):

mi chiamo의 원형은 chiamarsi. 구조는 chiamare(call)+si(oneself)다. 주어가 부르는 행위를 하는데, 대상이 바로 자기 자신이라서 '다시 되돌아온다' 는 의미로 재귀동사라고 부른다. 간단히 말해서 '주어=목적어' 라고 해두자! Io mi chiamo Marco. 나는 나 자신을 마르코라 부른다. / 내 이름은 마르코다.

	chiamarsi(chiamare+si)		
io	mi chiamo	noi	ci chiamiamo
tu	ti chiami	voi	vi chiamate
lui	si chiama	loro	si chiamano

1.13 보기처럼 대답하라!

Chi e' Sophia Loren? - Sophia Loren **e' un'attrice italiana.**
소피아 로렌은 누구니?   소피아 로렌은 이탈리아 여배우다.

1. Chi e' Brad Pitt?   Brad Pitt _____
2. Chi e' Luciano Pavarotti?   Luciano Pavarotti _____
3. Chi e' Pablo Picasso?   Pablo Picasso _____
4. Chi e' Antonio Banderas?   Antonio Banderas _____
5. Chi e' Gwyneth Paltrow?   Gwyneth Paltrow _____
6. Chi e' Vincent Van Gogh?   Vincent Van Gogh _____

attore actor, **attrice** actress, **tenore** tenor, **pittore** painter.

1. 브래드 피트는 누구니? 미국 배우다. 2. 루치아노 파바로티는 누구니? 이탈리아 테너다. 3. 파블로 피카소는 누구니? 스페인 화가다. 4. 안토니오 반데라스는 누구니? 스페인 배우다. 5. 기네스 펠트로는 누구니? 미국 여배우다. 6. 빈센트 반 고흐는 누구니? 네덜란드 화가다.

1.14 정관사로 완성하라!

la	borsa		giornale		sedia		bicchiere
	chiave		pennarello		gomma		patente
	cellulare		cornetto		portafoglio		libro
	corso		penna		pizza		passaporto
	quaderno		panino		birra		matita

정관사(Articolo determinativo)

	단수	복수
남성	**il** 남성명사와 함께 사용.	**i**
	lo s+자음, z, ps, pn, sc, gn, 모음으로 시작하는 남성명사와 함께 사용. l'amico, l'orologio	**gli**
여성	**la** 여성명사와 함께 사용. l'amica	**le**

1.15 보기처럼 변형시켜라!

La penna e' sul banco. → **Le penne sono** sul banco.
그 펜은 (교실)책상 위에 있다. → 그 펜들은 책상 위에 있다.

1. **Il banco e'** nell'aula.

2. **La matita e'** nella borsa.

UNITA' 1

3. **Il quaderno e'** nel cassetto.

4. **Il bicchiere e'** sul tavolo.

5. **Il dizionario e'** sulla sedia.

6. **La borsa e'** sulla sedia.

7. **La gomma e'** nella borsa.

8 **La chiave e'** nella borsa.

9. **La penna e'** nel cassetto.

10. **Il libro e'** sul tavolo.

11. **Il giornale e'** sul tavolo.

12. **Il foglio e'** nel cassetto.

어휘

banco desk, **aula** classroom/lecture room, **cassetto** drawer(서랍), **tavolo** table, **dizionario** dictionary, **foglio** sheet. **sul/sulla** ~ on the ~, **nel/nella/nell'** in the ~

해석

1. 그 책상은 강의실 안에 있다. 2. 그 연필은 가방 안에 있다. 3. 그 공책은 서랍 속에 있다. 4. 그 잔은 테이블 위에 있다. 5. 그 사전은 의자 위에 있다. 6. 그 가방은 의자 위에 있다. 7. 그 지우개는 가방 안에 있다. 8. 그 열쇠는 가방 안에 있다. 9. 그 펜은 서랍 속에 있다. 10. 그 책은 테이블 위에 있다. 11. 그 신문은 테이블 위에 있다. 12. 그 종이는 서랍 속에 있다.

전치사관사(Preposizioni articolati)

전치사＋정관사

	il	i	lo	gli	la	le
a(to, at)	al	ai	allo	agli	alla	alle
di(of)	del	dei	dello	degli	della	delle
da (from, by)	dal	dai	dallo	dagli	dalla	dalle
su (on)	sul	sui	sullo	sugli	sulla	sulle
in (in)	nel	nei	nello	negli	nella	nelle
con (with)	정관사와 분리하여 사용 con il cane, per la mamma, fra le amiche ...					
per (for)						
fra/tra (between)						

* nell'aula ← nella aula 모음과 모음이 만나 축약되었다.

1.16 보기처럼 변형시켜라!

La signora e' italiana. → **Le signore sono** italiane.
그 부인은 이탈리아 분이다. → 그 부인들은 이탈리아 분들이다.

1. **Il tavolo e'** piccolo.
   _____

2. **La lavagna e'** nera.
   _____

3. **Il libro e'** nuovo.
   _____

4. **La porta e'** chiusa.
   _____

5. **Il giornale e'** interessante.
   _____

6. **La signora e'** francese.
   _____

UNITA' 1

7. **Il quaderno e'** aperto.

8. **Il libro e'** chiuso.

9. **La studentessa e'** straniera.

10. **Il professore e'** bravo.

11. **La finestra e'** aperta.

12. **La signorina e'** seduta.

어휘

> **signora** lady, **piccolo** small, **lavagna** blackboard, **nero** black, **nuovo** new, **porta** door, **chiuso** closed, **interessante** interesting, **aperto** open, **studentessa** girl student, **straniero** foreign/foreigner, **finestra** window, **signorina** young lady, **seduto** be seated(앉아있는)

해석

1. 그 테이블은 작다. 2. 그 칠판은 검다. 3. 그 책은 새 것이다. 4. 그 문은 닫혀 있다. 5. 그 신문은 흥미롭다. 6. 그 부인은 프랑스 분이다. 7. 그 공책은 열려(펼쳐져) 있다. 8. 그 책은 닫혀(덮여) 있다. 9. 그 여학생은 외국인이다. 10. 그 교수님은 훌륭하다. 11. 그 창문은 열려 있다. 12. 그 아가씨는 앉아 있다.

문법

형용사(Aggettivo)

형용사는 명사와 성수 일치해야 한다.

제1그룹형용사(-o) – piccolo, nero, nuovo, chiuso, aperto, straniero, bravo, seduto

제2그룹형용사(-e) – interessante, francese

동사의 과거분사에서 유래하는 형용사.
chiuso 닫힌 ← chiudere vt ~를 닫다,
aperto 열린 ← aprire vt ~를 열다,
seduto 앉은 ← sedere vi ~에 앉다.

1.17. 부정관사를 넣고, 형용사 어미는 명사와 성수일치하라!

1. Brad Pitt e' _____ **attore** american _____.
2. Luciano Pavarotti e' _____ **tenore** italian _____.
3. Gwyneth Paltrow e' _____ **attrice** american _____.
4. Vincent Van Gogh e' _____ **pittore** olandes _____.
5. Pablo Picasso e' _____ **pittore** spagnol _____.
6. Jovanotti e' _____ **cantautore** italian _____.
7. Antonio Banderas e' _____ **attore** spagnol _____.
8. Sophia Loren e' _____ **attrice** italian _____.

어휘

cantautore singer-songwriter(작곡가 겸 가수).

해석

1. 브래드 피트는 미국 배우다. 2. 루치아노 파바로티는 이탈리아 테너다. 3. 기네스 펠트로는 미국 여배우다. 4. 빈센트 반 고흐는 네덜란드 화가다. 5. 파블로 피카소는 스페인 화가다. 6. 호바노티는 이탈리아 가수 겸 작곡가이다. 7. 안토니오 반데라스는 스페인 배우다. 8. 소피아 로렌은 이탈리아 여배우다.

UNITA' 1

1.18. 전치사로 완성하라!

1. Giovanni e' greco, _____ Atene.
2. Jimin e' _____ Italia _____ studiare la lingua italiana.
3. Dino e' studente _____ medicina.
4. Paolo e' _____ Parigi _____ lavoro.
5. Io non ho il libro _____ italiano.
6. Vorrei un bicchiere _____ acqua minerale.
7. Il libro di Paolo e' _____ tavolo.
8. Le penne _____ Gino sono _____ cassetto.
9. Il telefonino e' _____ borsa _____ Maria.
10. Il mio passaporto e' _____ portafoglio.
11. I giornali sono _____ sedia.
12. Marta e' _____ piedi, Pietro e' seduto _____ sedia.

어휘

> **greco** Greek, **lingua italiana** Italian language, **medicina** medicine(의학), **lavoro** work, **non** not, **italiano** Italian language, **vorrei** [volere] I would like ~, **acqua minerale** mineral water, **telefonino** cellular phone, **in piedi** be standing, **seduto** be seated.

해석

1. 지오반니는 아테네 출신 그리스 남자다. 2. 지민은 이탈리아어를 공부하기 위해 이탈리아에 있다. 3. 디노는 의학부 학생이다. 4. 파올로는 일을 위해 파리에 있다. 5. 나는 이탈리아어 책을 갖고 있지 않다. 6. 저는 생수 한 잔 마시고 싶군요. 7. 파올로의 책은 테이블 위에 있다. 8. 지노의 펜들은 서랍 속에 있다. 9. 휴대폰이 마리아의 가방 속에 있다. 10. 내 여권이 지갑 속에 있다. 11. 신문들이 의자 위에 있다. 12. 마르타는 서 있고, 피에트로는 의자 위에 앉아 있다.

문법

전치사(Preposizioni)

a(to, at), di(of), da(from), su(on), in(in), con(with), per(for), fra/tra(between)

UNITA' 2

2.1 직설법 현재 동사활용	**2.10** Nell'aula **c'e'** Ingrid./Nell'aula **ci sono** Ingrid e Robert.
2.2 Dove abiti? - **Abito** a Roma.	**2.11** **Nella** borsa c'e' una matita./**Sul** tavolo c'e' una matita.
2.3 Che cosa legge Paolo? - Paolo **legge** un libro giallo.	**2.12** 직설법 현재 동사활용
2.4 Noi **lavoriamo** in fabbrica.	**2.13** 직설법 현재 문장 만들기
2.5 Anch'io **resto** a casa stasera.	**2.14** 직설법 현재 동사활용
2.6 Tu spendi molto. Io, invece, **spendo** poco.	**2.15** 직설법 현재 동사활용
2.7 **Guardi** la TV la sera?	**2.16** 정관사로 완성하라!
2.8 직설법 현재 동사활용	**2.17** 부정관사로 완성하라!
2.9 Martina non **mangia** mai a casa.	**2.18** 전치사로 완성하라!

- **직설법 현재**(Presente indicativo)

  제1활용 동사/제2활용 동사/제3활용 동사 : abitare/leggere/partire

  규칙활용 동사 : abitare, mangiare, leggere, scrivere, partire, finire …

  불규칙활용 동사 : fare, bere

  재귀동사 : chiamarsi(chiamare+si)

- **정관사**(Articolo determinativo)

- **부정관사**(Articolo indeterminativo)

- **전치사관사**(Preposizioni articolati) : al, del, dal, sul, nel, con il, per il, fra il

UNITA' 2

2.1 동사원형을 직설법 현재로 활용하라!

	lavor-are (work)	**legg-ere** (read)	**part-ire** (leave)
io 나는			
tu 너는			
lui/lei/Lei 그/그녀/당신은			
noi 우리들은			
voi 너희들은			
loro 그들은			

직설법 현재(Presente indicativo)

규칙활용　　　제1활용 동사　　　제2활용 동사　　　제3활용 동사

	-are	-ere	-ire	
io	**-o**	**-o**	**-o**	**-isc**-o
tu	**-i**	**-i**	**-i**	**-isc**-i
lui, lei, Lei	-a	-e	-e	**-isc**-e
noi	**-iamo**	**-iamo**	**-iamo**	-iamo
voi	-ate	-ete	-ite	-ite
loro	-ano	-ono	-ono	**-isc**-ono

1) 이탈리아어 동사는 도표와 같이 세 가지 그룹으로 나뉜다.
2) 대부분의 동사들은 규칙활용하며 주어에 따라 활용어미가 다르다.
3) 주어가 io, tu, noi의 경우 세 가지 동사 모두 활용어미가 동일하다.
4) voi에 있어서 -are 동사는 -ate, -ere 동사는 -ete, -ire 동사는 -ite로 규칙적이다.
5) 3인칭 단, 복수가 다소 복잡한데, -are는 -a, -ere는 -e, 그러나 -ire는 -i여야 하지만 tu에서 이미 사용되었기에 옆집 -ere와 함께 가고 있다. 따라서 3인칭복수도 같은 구조로 형성되고 있다.
6) 제3활용 동사들 가운데 삽입사 -isc-가 들어가는 대표적인 동사로는 capire(이해하다), spedire(발송하다), preferire(선호하다)등을 들 수 있다.

2.2 보기처럼 질문에 답하라!

Dove **abiti?** - **Abito** a Roma.
너 어디 거주하니? 로마에 거주해

1. Dove **studi**?
   _____

2. Dove **lavori**?
   _____

3. Dove **vivi**?
   _____

4. Dove **studiate**?
   _____

5. Dove **lavorate**?
   _____

6. Dove **vivete**?
   _____

> **abitare** inhabit(거주하다), **dove** where, **studiare** study, **lavorare** work, **vivere** live.

해석

1. 너 어디서 공부하니? 2. 너 어디서 일하니? 3. 너 어디서 사니? 4. 너희들 어디서 공부하니? 5. 너희들 어디서 일하니? 6. 너희들 어디서 사니?

문법

직설법 현재(Presente indicativo)
규칙활용

UNITA' 2

	studiare(study)	**lavorare**(work)	**vivere**(live)
io	studio	lavoro	vivo
tu	studi*	lavori	vivi
lui, lei, Lei	studia	lavora	vive
noi	studiamo	lavoriamo	viviamo
voi	studiate	lavorate	vivete
loro	studiano	lavorano	vivono

*studii에서 강세가 끝 'i' 모음에 있지 않아 약한 소리가 나는데 '-ii' 더블 모음이 불필요.

2.3 보기처럼 질문에 답하라!

Che cosa **legge** Paolo? (un libro giallo) - Paolo **legge** un libro giallo.
파올라는 무엇을 읽니?   파올라는 탐정소설을 읽는다.

1. Che cosa **scrive** Paolo? (un'e-mail)
   _____

2. Che cosa **mangia** Paolo? (un panino)
   _____

3. Che cosa **canta** Paolo? (una canzone italiana)
   _____

4. Che cosa **suona** Paolo? (il violino)
   _____

5. Che cosa **leggono** i ragazzi? (il giornale)
   _____

6. Che cosa **mangiano** i bambini? (il gelato)
   _____

7. Che cosa **scrivono** i ragazzi? (gli esercizi)
   _____

8. Che cosa **ascoltano** i ragazzi? (la musica)

어휘

> **che cosa** what, **scrivere** write, **mangiare** eat, **cantare** sing, **suonare** play/ring, **ascoltare** listen, **gelato** ice cream, **esercizio** exercise, **musica** music.

해석

1. 파올로는 무엇을 쓰니? (이메일) 2. 파올로는 무엇을 먹니? (샌드위치) 3. 파올로는 무엇을 노래하니? (이탈리아 노래) 4. 파올로는 무엇을 연주하니? (바이올린) 5. 소년들은 무엇을 읽니? (신문) 6. 아이들은 무엇을 먹니? (아이스크림) 7. 소년들은 무엇을 쓰니? (연습문제) 8. 소년들은 무엇을 듣니? (음악)

문법

직설법 현재(Presente indicativo)

규칙활용

	mangiare (eat)	ascoltare (listen)	cantare (sing)	suonare (play, ring)	scrivere (write)	leggere (read)
io	mangio	ascolto	canto	suono	scrivo	leggo
tu	mangi*	ascolti	canti	suoni	scrivi	leggi
lui	mangia	ascolta	canta	suona	scrive	legge
noi	mangiamo	ascoltiamo	cantiamo	suoniamo	scriviamo	leggiamo
voi	mangiate	ascoltate	cantate	suonate	scrivete	leggete
loro	mangiano	ascoltano	cantano	suonano	scrivono	leggono

*mangii에서 강세가 끝 'i' 모음에 있지 않아 약한 소리가 나는데 '-ii' 더블 모음이 불필요.

2.4 보기처럼 완성하라!

Io **lavoro** in banca. → Noi **lavoriamo** in fabbrica.
나는 은행에서 일한다.   우리는 공장에서 일한다.

1. Io **mangio** sempre a casa.

   Noi _____ sempre al ristorante.

2. Io **scrivo** un'e-mail.

   Noi _____ una cartolina.

3. Io **dormo** molto.

   Noi _____ poco.

4 Io **leggo** un libro.

   Noi _____ un giornale.

5. Tu **parli** bene lo spagnolo.

   Voi _____ bene l'inglese.

6. Tu **conosci** bene Milano.

   Voi _____ bene Napoli.

7. Tu **parti** domani.

   Voi _____ stasera.

8. Tu **suoni** il piano.

   Voi _____ il violino.

9. Pietro **apre** la porta.

   Paolo e Gianni _____ la finestra.

10. Martina **ascolta** la musica classica.

    Maria e Michele _____ la musica leggera.

11. Il signor Fioretto **prende** sempre l'autobus.

    I signori Corsetti _____ sempre la macchina.

12. Gabriele **gioca** sempre a calcio.

    Antonio e Pino _____ sempre a tennis.

> **banca** bank, **fabbrica** factory, **sempre** always, **cartolina** postcard, **dormire** sleep, **molto** a lot/much, **poco** little/not much, **parlare** speak, **bene** well, **lo spagnolo** Spanish, **l'inglese** English, **conoscere** know, **stasera** this evening, **musica classica** classic music, **musica leggera** light music, **prendere** take, **giocare a calcio** play the football, **giocare a tennis** play the tennis.

1. 나는 집에서 늘 식사한다. /우리는 늘 레스토랑에서 식사한다. 2. 나는 이메일을 쓴다. /우리는 엽서를 쓴다. 3. 나는 잠을 많이 잔다. /우리는 잠을 조금 잔다. 4. 나는 책을 읽는다. /우리는 신문을 읽는다. 5. 너는 스페인어를 잘 한다. /너희들은 영어를 잘 한다. 6. 너는 밀라노를 잘 안다. /너희들은 나폴리를 잘 안다. 7. 너는 내일 떠난다. /너희들은 오늘 저녁 떠난다. 8. 너는 피아노를 연주한다. /너희들은 바이올린을 연주한다. 9. 피에트로는 문을 연다. /파올로와 쟌니는 창문을 연다. 10. 마르티나는 고전음악을 듣는다. /마리아와 미켈레는 경음악을 듣는다. 11. 피오렛토 씨는 늘 버스를 탄다. /코르세티 부부는 늘 승용차를 탄다. 12. 가브리엘레는 늘 축구를 한다. /안토니오와 피노는 늘 테니스를 친다.

직설법 현재(Presente indicativo)

규칙활용

	parlare (speak)	**giocare** (play)	**prendere** (take)	**conoscere** (know)	**aprire** (open)	**dormire** (sleep)
io	parlo	gioco	prendo	conosco	apro	dormo
tu	parli	giochi*	prendi	conosci	apri	dormi
lui	parla	gioca	prende	conosce	apre	dorme
noi	parliamo	giochiamo*	prendiamo	conosciamo	apriamo	dormiamo
voi	parlate	giocate	prendete	conoscete	aprite	dormite
loro	parlano	giocano	prendono	conoscono	aprono	dormono

＊'h'를 삽입한 이유는 다른 활용들과 음가를 일치시키기 위한 현상이다. 언어는 소리다!

2.5 보기처럼 완성하라!

Noi **restiamo** a casa stasera. → Anch'io **resto** a casa stasera.
우리는 오늘 저녁 집에 머문다.   나도 오늘 저녁 집에 머문다.

1. Noi **compriamo** il giornale.
   Anch'io _____

UNITA' 2

2. Noi **beviamo** solo acqua minerale.
   Anch'io _____

3. Noi **leggiamo** un libro.
   Anch'io _____

4. Voi **arrivate** sempre tardi.
   Anche tu _____

5. Voi **dormite** in albergo stanotte?
   Anche tu _____?

6. Voi **scrivete** un'e-mail?
   Anche tu _____?

7. Voi **prendete** l'autobus?
   Anche tu _____?

8. Tom e Peter **studiano** l'inglese.
   Anche Ingrid _____

9. Tom e Peter **aprono** il libro d'italiano.
   Anche Ingrid _____

10. Tom e Peter non **fumano**.
    Anche Ingrid _____

11. Tom e Peter **cercano** un appartamento.
    Anche Ingrid _____

12. Tom e Peter **giocano** a calcio.
    Anche Ingrid _____

어휘

> **solo** only, **tardi** late, **in albergo** in hotel.

해석

1. 우리는 신문을 산다. 2. 우리는 생수만 마신다. 3. 우리는 책을 읽는다. 4. 너희들은 항상 늦게 도착한다. 5. 너희들은 오늘 밤 호텔에서 자니? 6. 너희들은 이메일을 쓰니? 7. 너희들은 버

스를 타니? 8. 톰과 피터는 영어를 공부한다. 9. 톰과 피터는 이탈리아어 책을 편다. 10. 톰과 피터는 담배 피우지 않는다. 11. 톰과 피터는 아파트를 구한다. 12. 톰과 피터는 축구를 한다.

직설법 현재(Presente indicativo)

규칙활용

	restare (remain)	**comprare** (buy)	**arrivare** (arrive)	**fumare** (smoke)	**cercare** (look for)	**bere** (drink)
io	resto	compro	arrivo	fumo	cerco	bevo
tu	resti	compri	arrivi	fumi	cerchi*	bevi
lui	resta	compra	arriva	fuma	cerca	beve
noi	restiamo	compriamo	arriviamo	fumiamo	cerchiamo*	beviamo
voi	restate	comprate	arrivate	fumate	cercate	bevete
loro	restano	comprano	arrivano	fumano	cercano	bevono

* 'h'를 삽입한 이유는 다른 활용들과 음가를 일치시키기 위한 현상이다. 언어는 소리다!

2.6 보기처럼 완성하라!

Tu **spendi** molto. Io, invece, **spendo** poco.
너는 돈을 많이 쓴다. 반면에 나는 조금 쓴다.

1. Lui **vive** in centro. Io, invece, ─────── in periferia.
2. Lucia **abita** da sola. Io, invece, ─────── con un'amica.
3. Voi **mangiate** molti dolci. Noi, invece, ─────── pochi dolci.
4. Tom e Peter **dormono** in albergo stanotte. Ingrid, invece, ─────── a casa.
5. Tu **ascolti** sempre la radio in macchina. Tom e Peter, invece, ─────── sempre MP3.
6. Io **prendo** sempre la metro. Voi, invece, ─────── sempre la macchina.
7. I miei amici **viaggiano** sempre con la macchina. Io, invece, ─────── sempre con il treno.

UNITA' 2

8. Noi **cerchiamo** un appartamento. Tu, invece, _____ una camera.
9. Ingrid **mangia** sempre alla mensa. Tom e Peter, invece, _____ a casa.
10. Ingrid **beve** la birra. Noi, invece, _____ il vino.
11. Noi **giochiamo** a calcio. Voi, invece, _____ a tennis.
12. Io **suono** il violino. Tu, invece, _____ il piano.

어휘

> **invece** instead/but, **centro** center, **periferia** outskirts(외곽), **da sola** alone(여자 혼자), **dolce** sweet/dessert/cake, **stanotte** tonight, **metro(politana)** subway, **treno** train, **camera** room, **mensa** refectory(구내식당), **birra** beer, **vino** wine.

해석

1. 그는 도심에 산다. 반면에 나는 교외에 산다. 2. 루치아는 혼자 거주한다. 반면에 나는 여자 친구와 거주한다. 3. 너희들은 단 것을 많이 먹는다. 반면에 우리는 조금 먹는다. 4. 톰과 피터는 오늘 밤 호텔에서 잔다. 반면에 잉그리드는 집에서 잔다. 5. 너는 차 안에서 늘 라디오를 듣는다. 반면에 톰과 피터는 늘 MP3로 듣는다. 6. 나는 늘 전철을 탄다. 반면에 너희들은 늘 승용차를 탄다. 7. 내 친구들은 늘 자동차로 여행한다. 반면에 나는 늘 기차로 여행한다. 8. 우리들은 아파트를 구한다. 반면에 너는 방을 구한다. 9. 잉그리드는 늘 구내식당에서 밥을 먹는다. 반면에 톰과 피터는 집에서 먹는다. 10. 잉그리드는 맥주를 마신다. 반면에 우리는 와인을 마신다. 11. 우리는 축구를 한다. 반면에 너희들은 테니스를 친다. 12. 나는 바이올린을 연주한다. 반면에 너는 피아노를 연주한다.

문법

직설법 현재(Presente indicativo)

규칙활용

	abitare(inhabit)	**viaggiare**(travel)	**spendere**(spend)
io	abito	viaggio	spendo
tu	abiti	viaggi*	spendi

lui, lei, Lei	abita	viaggia	spende
noi	abitiamo	viaggiamo	spendiamo
voi	abitate	viaggiate	spendete
loro	abitano	viaggiano	spendono

* viaggii에서 강세가 끝 'i' 모음에 있지 않아 약한 소리가 나는데 '-ii' 더블 모음이 불필요.

2.7 보기처럼 질문을 만들라!

Chiedete a un amico se **guarda** la TV la sera. → **Guardi** la TV la sera?
저녁에 TV를 보는지를 친구에게 물어 보아라.   너 저녁에 TV를 보니?

1. Chiedete a un amico se **legge** il giornale la mattina.

2. Chiedete a un amico se **abita** in centro o in periferia.

3. Chiedete a un amico se **vive** da solo o con amici.

4. Chiedete a un amico se **fuma** molte sigarette.

5. Chiedete a un amico se **resta** a casa la sera.

6. Chiedete a un amico se **mangia** alla mensa.

7. Chiedete a un amico se **ascolta** la radio in macchina.

8. Chiedete a un amico se **gioca** bene a tennis.

9. Chiedete a un amico se **viaggia** con la macchina o con il treno.

10. Chiedete a un amico se **vive** in citta' o in campagna.

11. Chiedete a un amico se **suona** il piano o il violino.

12. Chiedete a un amico se **gioca** a calcio o a tennis.

어휘

> **guardare** watch, **la sera** in the evening, **la mattina** in the morning, **da solo** alone(남자 혼자), **campagna** country.

해석

1. 너 아침에 신문 읽니? 2. 너 도심에 사니, 교외에 사니? 3. 너 혼자 사니, 친구랑 사니? 4. 너 담배 많이 피우니? 5. 너 저녁에 집에 있니? 6. 너 구내식당에서 밥 먹니? 7. 너 차 안에서 라디오를 듣니? 8. 너 테니스를 잘 치니? 9. 너 차로 여행하니, 기차로 여행하니? 10. 너 도시에 사니, 시골에 사니? 11. 너 피아노를 연주하니, 바이올린을 연주하니? 12. 너 축구를 하니, 테니스를 치니?

2.8 동사를 직설법 현재로 활용하라!

1. Grazia (**spedire**) _____ una lettera.
2. Io (**spedire**) _____ un pacco.
3. Noi (**spedire**) _____ alcune cartoline.
4. Voi (**capire**) _____ bene la lingua italiana.
5. Io (**capire**) _____ quando tu parli lentamente.
6. Gli studenti (**capire**) _____ bene queste parole.
7. Tu (**capire**) _____ bene l'inglese.
8. Io (**finire**) _____ di lavorare presto.
9. Michele (**finire**) _____ il lavoro stasera.
10. Noi (**finire**) _____ gli esercizi di italiano.
11. I bambini (**finire**) _____ i compiti.
12. Tu (**finire**) _____ di studiare tardi.

어휘

> **lettera** letter, **pacco** package/parcel(소포), **quando** when, **lentamente** slowly, **presto** soon/quickly/fast/earky(곧/빨리/일찍), **compiti** homework, **tardi** late.

해석

1. 그라치아는 편지를 부친다. 2. 나는 소포를 부친다. 3. 우리들은 몇 장의 엽서를 부친다. 4. 너희들은 이탈리아어를 잘 이해한다. 5. 나는 네가 천천히 말할 때 이해한다. 6. 학생들은 이런 단어들을 잘 이해한다. 7. 너는 영어를 잘 이해한다. 8. 나는 빨리 일을 끝낸다. 9. 미켈레는 오늘 저녁 일을 끝낸다. 10. 우리들은 이탈리아어 연습문제들을 끝낸다. 11. 아이들은 숙제를 끝낸다. 12. 너는 늦게 공부를 끝낸다.

문법

직설법 현재(Presente indicativo)

규칙활용 : 삽입사 -isc-를 갖는 대표적인 동사.

	capire (understand)	**spedire** (send)	**finire** (finish)
io	cap-isc-o	sped-isc-o	fin-isc-o
tu	cap-isc-i	sped-isc-i	fin-isc-i
lui	cap-isc-e	sped-isc-e	fin-isc-e
noi	capiamo	spediamo	finiamo
voi	capite	spedite	finite
loro	cap-isc-ono	sped-isc-ono	fin-isc-ono

2.9 보기처럼 완성하라!

Marco **mangia** sempre a casa. → Martina **non** mangia **mai** a casa.
마르코는 늘 집에서 밥 먹는다.   마르티나는 절대로 집에서 밥 먹지 않는다.

1. Marco **legge** sempre il giornale.
   Martina _____
2. Marco **ascolta** sempre la radio.
   Io _____
3. Marco **studia** sempre.
   Martina _____
4. Marco **prende** sempre l'autobus.
   Noi _____
5. Marco **finisce** sempre di lavorare tardi.
   Tu _____
6. Marco **beve** sempre la birra.
   Io _____
7. Marco **arriva** sempre tardi.
   Voi _____
8. Marco **prende** sempre l'ascensore.
   Loro _____
9. Marco **guarda** sempre la TV.
   Io _____
10. Marco **gioca** sempre a tennis.
    Tu _____
11. Marco **dorme** sempre il pomeriggio.
    Loro _____
12. Marco **suona** sempre il piano.
    Noi _____

어휘

ascensore lift/elevator, **il pomeriggio** in the afternoon, **non ~ mai** never.

1. 마르코는 늘 신문을 읽는다. 2. 마르코는 늘 라디오를 듣는다. 3. 마르코는 늘 공부한다. 4. 마르코는 늘 버스를 탄다. 5. 마르코는 늘 늦게 일을 마친다. 6. 마르코는 늘 맥주를 마신다. 7. 마르코는 늘 늦게 도착한다. 8. 마르코는 늘 엘리베이터를 탄다. 9. 마르코는 늘 TV를 본다. 10. 마르코는 늘 테니스를 친다. 11. 마르코는 늘 오후에 잠을 잔다. 12. 마르코는 늘 피아노를 친다.

2.10 보기처럼 완성하라!

Nell'aula/Ingrid → Nell'aula **c'e'** Ingrid.
   잉그리드는 강의실에 있다.
Nell'aula/Ingrid e Robert → Nell'aula **ci sono** Ingrid e Robert.
   잉그리드와 로버트는 강의실에 있다.

1. Nell'aula/gli studenti

2. Nell'aula/la professoressa

3. Nell'aula/una ragazza tedesca

4. Nell'aula/un ragazzo danese

5. In Italia/molti studenti

6. A Firenze/molti turisti

7. Sul banco/il libro di Ingrid

8. Sul banco/i fogli

9. Sul tavolo/il telefonino di Giorgio

10. Nella borsa/i soldi

11. Nella borsa/il portafoglio

12. Nella borsa/le chiavi

어휘

> **ragazzo** boy, **ragazza** girl, **turista** tourist, **foglio** sheet(종이), **soldi** money, **chiave** key.

해석

1. 학생들은 강의실에 있다. 2. 여교수님은 강의실에 있다. 3. 독일 소녀는 강의실에 있다. 4. 덴마크 소년은 강의실에 있다. 5. 이탈리아에는 많은 학생들이 있다. 6. 피렌체에는 많은 관광객들이 있다. 7. 교실 책상 위에 잉그리드의 책이 있다. 8. 교실 책상 위에 종이들이 있다. 9. 테이블 위에 지오르지오의 휴대폰이 있다. 10. 가방에 돈이 있다. 11. 가방에 여권이 있다. 12. 가방에 열쇠들이 있다.

문법

전치사관사(Preposizioni articolati)

전치사+정관사

	il	i	lo	gli	la	le
a(to, at)	al	ai	allo	agli	alla	alle
di(of)	del	dei	dello	degli	della	delle
da(from, by)	dal	dai	dallo	dagli	dalla	dalle
su(on)	sul	sui	sullo	sugli	sulla	sulle
in(in)	nel	nei	nello	negli	nella	nelle
con(with)	정관사와 분리하여 사용					
per(for)	con il cane, per la mamma, fra le amiche...					
fra/tra(between)						

nell'aula ← nella aula ← in+la aula. 모음 a는 축약된다.
c'e'+단수, **ci sono**+복수

2.11 보기처럼 완성하라!

borsa/matita → **Nella borsa** c'e' una matita.   가방 안에 연필 한 자루 있다.
tavolo/matita → **Sul tavolo** c'e' una matita.   테이블 위에 연필 한 자루 있다.

1. tavolo/foglio

2. cassetto/giornale

3. borsa/quaderno

4. sedia/zaino

5. portafoglio/fotografia

6. banco/gomma

7. frigorifero/bottiglia di latte

8. sedia/maglione

9. comodino/bicchiere

10. letto/libro

11. tavolo/lampada

12. armadio/borsa

UNITA' 2

어휘

> **zaino** rucksack(쌕), **fotografia** photograph, **frigorifero** refrigerator(냉장고), **una bottiglia di latte** a bottle of milk, **maglione** sweater, **comodino** bedside table, **letto** bed, **lampada** lamp, **armadio** closet.

해석

1. 테이블 위에 종이 한 장 있다. 2. 서랍 속에 신문 한 부 있다. 3. 가방 속에 공책 한 권 있다. 4. 의자 위에 배낭 하나 있다. 5. 지갑 속에 사진 한 장 있다. 6. 책상 위에 지우개 하나 있다. 7. 냉장고 안에 한 병의 우유가 있다. 8. 의자 위에 스웨터 한 벌 있다. 9. 협탁 위에 잔이 하나 있다. 10. 침대 위에 책 한 권 있다. 11. 테이블 위에 램프가 하나 있다. 12. 옷장 속에 가방 하나 있다.

2.12 동사를 직설법 현재로 활용하라!

1. Il padre di Mauro (**finire**) _____ di lavorare alle 18 e (**tornare**) _____ subito a casa.

2. Gli amici di Cristiana (**frequentare**) _____ un corso di francese a Parigi.

3. Alla pizzeria "Mediterranea" (noi - **mangiare**) _____ sempre una buona pizza e (**spendere**) _____ poco.

4. "Che fai?" "(**Telefonare**) _____ a Marco, ma la linea e' sempre occupata."

5. (Noi-**prendere**) _____ il caffe' al bar ogni mattina.

6. Oggi (io-**restare**) _____ a casa e (**guardare**) _____ la TV.

7. "Che fai? (**Scrivere**) _____ una lettera a Claudio?" "No, (**scrivere**) _____ una cartolina a mia madre.

8. (Noi-**pagare**) _____ 420 euro al mese per l'affitto di questo appartamento.

9. Carla (**incontrare**) _____ il professore al bar ogni mattina.

10. (Io-**ricevere**) _____ molte e-mail dai miei amici.
11. Marco (**giocare**) _____ a tennis con Claudio.
12. Martina (**suonare**) _____ il violino molto bene.

어휘

> **padre** father, **tornare** return/come back, **subito** soon, **frequentare** attend(과정이나 학교에 다니다), **corso** course, **buono** good, **che fai** what are you doing, **telefonare** phone/ring, **linea** line, **occupato** engaged(통화중), **prendere** take, **ogni mattina** every morning, **oggi** today, **madre** mother, **pagare** pay, **al mese** per month, **affitto** rent(렌트비), **incontrare** meet, **ricevere** riceive.

해석

1. 마우로의 아버지는 18시에 일을 마치고 곧장 집으로 돌아온다. 2. 크리스티나의 친구들은 파리에서 불어 과정을 다닌다. 3. "지중해" 피자집에서 우리는 늘 맛있는 피자를 먹는데 비용은 적게 든다. 4. "너 뭐 하니?" "마르코에게 전화하는데 늘 통화 중이야." 5. 우리는 매일 아침 바에서 커피를 마신다. 6. 오늘 나는 집에 머물며 TV를 본다. 7. "너 뭐 하니? 클라우디오에게 편지 쓰니?" "아니, 우리 엄마께 엽서 한 장 써." 8. 우리는 이 아파트 월세로 한 달에 420유로 지불한다. 9. 카를라는 매일 아침 바에서 교수님을 만난다. 10. 나는 친구들로부터 많은 이메일을 받는다. 11. 마르코는 클라우디오와 테니스를 친다. 12. 마르티나는 바이올린을 아주 잘 킨다.

2.13 보기처럼 제시된 단어들로 문장을 만들라!

Laura Rossi /Verona /giornale /passeggiate
→ Questa signora **si chiama** Laura Rossi. **Vive** a Verona. Nel tempo libero **legge** il giornale e **fa passeggiate.**
이 부인의 성함은 라우라 롯시이고 베로나에 산다. 여가 시간에는 신문을 읽고 산책을 한다.

1. Paolo Caruso /Napoli /libri /musica classica

UNITA' 2

2. Claudio Poli /Venezia /TV /carte

3. Carla Berni /Terni /pianoforte /musica

4. Irene Billi /Genova /poesie /gatto

5. Lucia Stocco /Pisa /chitarra /amici

6. Maurizio Nappi /Palermo /e-mail /passeggiate

어휘

passeggiata walk(산책), **tempo libero** free time, **fare passeggiate** go for a walk(산책하다), **giocare a carte** play a card(카드놀이하다), **poesia** poetry(시), **chitarra** guitar.

해석

1. 이 분의 성함은 파올로 카루소이고 나폴리에 산다. 여가 시간에는 책을 읽고 고전음악을 감상한다. 2. 이 분의 성함은 클라우디오 폴리이고 베네치아에 산다. 여가 시간에는 TV를 보고 카드놀이를 한다. 3. 이 부인의 성함은 카를라 베르니이고 테르니에 산다. 여가 시간에는 피아노를 연주하고 음악을 감상한다. 4. 이 분의 성함은 이레네 빌리이고 제노바에 산다. 여가 시간에는 시를 읽고 고양이와 산책한다. 5. 이 부인의 성함은 루치아 스톡코이고 피사에 산다. 여가 시간에는 키타를 연주하고 친구들과 외출한다. 6. 이 분의 성함은 마우리치오 납피이고 팔레르모

에 산다. 여가 시간에는 이메일을 쓰고 산책을 한다.

직설법 현재(Presente indicativo)

규칙활용

vivere(live)				**leggere**(read)			
io	vivo	noi	viviamo	io	leggo	noi	leggiamo
tu	vivi	voi	vivete	tu	leggi	voi	leggete
lui	vive	loro	vivono	lui	legge	loro	leggono

불규칙활용 동사   재귀동사

fare(do)				**chiamarsi**(call oneself)			
io	faccio	noi	facciamo	io	mi chiamo	noi	ci chiamiamo
tu	fai	voi	fate	tu	ti chiami	voi	vi chiamate
lui	fa	loro	fanno	lui	si chiama	loro	si chiamano

2.14 적절한 동사를 이용해 직설법 현재로 문장을 완성하라!

1. Sandro _____ negli Stati Uniti con la famiglia.
2. Tutti _____ Luciano Pavarotti.
3. Eva _____ una lettera ai genitori.
4. Paolo _____ il piano molto bene.
5. Mary e Jane _____ per Londra domani.
6. (Io) _____ un bicchiere di latte freddo.
7. Carlo _____ in albergo stanotte.
8. Tutte le sere (noi) _____ la radio prima di dormire.
9. (Tu) _____ bene, quando il professore _____ italiano?
10. Oggi pomeriggio Marta _____ a tennis con Pietro.
11. (Io) _____ l'autobus davanti alla stazione.
12. (Voi) _____ il caffe' senza zucchero?

UNITA' 2

어휘

> **Stati Uniti** United States, **tutti** everybody, **domani** tomorrow, **latte freddo** cold milk, **tutte le sere** every evening, **prima di** ~ before ~, **davanti a** ~ in front of/ahead, **stazione** station, **senza** without, **zucchero** sugar.

해석

1. 산드로는 가족과 함께 미국에서 살고 있다. 2. 모든 사람들은 루치아노 파바로티를 알고 있다. 3. 에바는 부모님께 편지를 쓴다. 4. 파올로는 피아노를 아주 잘 친다. 5. 메리와 제인은 내일 런던으로 떠난다. 6. 나는 찬 우유 한 잔을 마신다. 7. 카를로는 오늘 밤 호텔에서 잔다. 8. 매일 저녁 우리는 취침 전에 라디오를 청취한다. 9. 교수님이 이탈리아어를 말씀하실 때 너는 잘 알아듣니? 10. 오늘 오후 마르타는 피에트로와 테니스를 친다. 11. 나는 역 앞에서 버스를 탄다. 12. 너희들은 블랙 커피(설탕 없이 커피)를 마시니?

2.15 적절한 동사를 이용해 직설법 현재로 문장을 완성하라!

1. Giorgio _____ in una banca a Milano.
2. Tutte le mattine (io) _____ il giornale e _____ le notizie sportive.
3. I negozi _____ alle 9 e _____ all'una.
4. (Noi) _____ di mangiare e poi _____ gli esercizi.
5. Benedetta _____ sempre in ritardo a lezione, noi invece _____ sempre in orario.
6. Peter e Alex _____ in un appartamento a Roma.
7. (Io) _____ inglese con i miei amici di Londra.
8. (Voi) _____ a casa stasera o uscite?
9. Dopo la lezione Ingrid _____ a suo padre.
10. Marco stasera _____ la camicia bianca.
11. (Tu) _____ troppe sigarette.
12. Bianca _____ una cartolina a Pino.

어휘

notizie sportive sports news, **negozio** shop, **alle 9** at 9 o'clock, **arrivare in ritardo** arrive late, **in orario** on time(제시간에), **uscire** go out, **dopo** after, **camicia** shirt/blouse, **bianco** white.

해석

1. 지오르지오는 밀라노의 어느 한 은행에서 근무한다. 2. 매일 아침 나는 신문을 사서 스포츠 뉴스를 읽는다. 3. 상가들은 9시에 개점하여 한 시에 폐점한다. 4. 우리는 식사를 끝내고나서 연습문제를 푼다(쓴다). 5. 베네뎃타는 늘 수업에 늦게 도착하는 반면에, 우리는 늘 제시간에 도착한다. 6. 피터와 알렉스는 로마에 있는 어느 한 아파트에 거주한다. 7. 나는 런던 친구들과 영어를 말한다. 8. 너희들은 오늘 저녁 집에 있니 아니면 외출하니? 9. 수업 후에 잉그리드는 그의 아버지께 전화한다. 10. 마르코는 오늘 저녁 흰 셔츠를 입는다. 11. 너는 담배를 너무 많이 피운다. 12. 비앙카는 피노에게 엽서 한 장 쓴다(부친다).

2.16 정관사로 완성하라!

la	famiglia		villa		parco		esercizi
	lezione		amici		camere		appartamento
	cucina		bagno		finestre		soggiorno
	giardino		specchio		sbaglio		armadio
	vasca da bagno		armadi		sedie		comodini
	aula		sbagli		amica		studenti
	albergo		quadri		orologi		chiave

	단수	복수
남성	**il** 남성명사와 함께 사용.	**i**
	lo s+자음, z, ps, pn, sc, gn, 모음으로 시작하는 남성명사와 함께 사용. l'amico, l'orologio	**gli**
여성	**la** 여성명사와 함께 사용. l'amica	**le**

> **cucina** kitchen, **giardino** garden, **vasca da bagno** bath(tub) 욕조, **bagno** bathroom, **specchio** mirror, **sbaglio** mistake/error, **quadro** picture/painting, **parco** park, **orologio** watch, **soggiorno** stay(체류).

2.17 부정관사/ 부분관사(dei, degli, delle)로 완성하라!

una	famiglia		villa		parco		esercizi
	lezione		amici		camere		appartamento
	cucina		bagno		finestre		soggiorno
	giardino		specchio		sbaglio		armadio
	vasca da bagno		armadi		sedie		comodini
	aula		sbagli		amica		studenti
	albergo		quadri		orologi		chiave

남성	un	남성명사와 함께 사용.
	uno	s+자음, z, ps, pn, sc, gn로 시작하는 남성명사와 함께 사용.
여성	una	모든 여성명사와 함께 사용. (un' + 모음)

2.18 전치사로 완성하라!

1. Paul vive _____ Stati Uniti.
2. Marco abita _____ Milano _____ la famiglia.
3. Andiamo _____ lezione _____ piedi.
4. Torniamo _____ casa _____ 9.
5. Abito _____ via Mazzini 28.
6. I negozi chiudono _____ una.
7. _____ camera _____ letto c'e' uno specchio.

8. La segretaria e' _____ ufficio tutto il pomeriggio.
9. I signori Rossi abitano _____ periferia vicino _____ stazione.
10. I libri sono _____ tavolo.
11. Le chiavi _____ macchina sono _____ borsa.
12. Elena scrive una cartolina _____ Paolo.

어휘

> **a piedi** go on foot(걸어서), **segretaria** secretary/personal assistant.

해석

1. 폴은 미국에 살고 있다. 2. 마르코는 가족과 함께 밀라노에 거주한다. 3. 우리는 걸어서 수업에 간다. 4. 우리는 9시에 집에 돌아온다. 5. 나는 맛치니 가 28번지에 거주한다. 6. 상가들은 한 시에 폐점한다. 7. 침실에 거울이 하나 있다. 8. 비서는 오후 내내 사무실에 있다. 9. 롯시 부부는 외곽에 위치한 기차역 근처에 거주한다. 10. 책들이 테이블 위에 있다. 11. 자동차 키는 가방 안에 있다. 12. 엘레나는 파올로에게 엽서 한 장 쓴다.

UNITA' 3

3.1 Di solito **mangio** poco la sera.
3.2 Ogni mattina **vado** a lezione.
3.3 "**andare**"를 직설법 현재로 활용하라!
3.4 Dove va Antonio? - **Va** alla stazione.
3.5 "**venire**"를 직설법 현재로 활용하라!
3.6 **Da dove** viene Dimitrios? - **Viene** dalla Grecia.
3.7 **Dove** vai? - Vado a Roma.
Con che cosa ci vai? - Ci vado in treno.
Quando ci vai? - Ci vado domani.
Con chi ci vai? - Ci vado da sola.
3.8 "**uscire**"를 직설법 현재로 활용하라!
3.9 "**partire**"를 직설법 현재로 활용하라!
3.10 **Partiamo** per Parigi.
3.11 Di solito **ceno** a casa, qualche volta **ceno** al ristorante.
3.12 Domani **vado** al mare.
3.13 **Andate** sempre a scuola a piedi?
3.14 A che ora parti? - **Parto** alle 8.
3.15 Paolo, **posso fumare** in macchina?
3.16 Marta, **puoi andare** piu' piano?
3.17 Signor Fioretto, **vuole** un caffe'?
3.18 Vieni in piscina? - No, **non posso**, **devo studiare**.
3.19 Che fai? - **Faccio** colazione.
3.20 동사를 직설법 현재로 활용하라!
3.21 Heiner va **in Germania**.
  → **Dove** va Heiner?
  Heiner va in Germania.
  → **Chi** va in Germania?
3.22 전치사로 완성하라!

- 직설법 현재(Presente indicativo)
  불규칙활용 동사 : andare, venire, uscire, potere, volere, dovere, fare, dare, stare ...
  재귀동사 : svegliarsi
- 시간부사(Avverbio di tempo) : tutte le mattine, ogni mattina, domani
- 장소부사(Avverbio di luogo) : ci
- 의문사(Interrogativi) : dove, quando, chi, che
- 부사(Avverbi) : di solito, qualche volta, piu', a piedi, poco, da sola
- 전치사(preposizioni) : al, alla, dal, dalla ...

3.1 보기처럼 변형시켜라!

Ho l'abitudine di **mangiare** poco la sera. → Di solito **mangio** poco la sera.
나는 저녁에 소식하는 습관이 있다.   나는 보통 저녁에 소식한다.

1. Carlo ha l'abitudine di **leggere** un po' prima di dormire.

2. Abbiamo l'abitudine di **andare** al lago la domenica.

3. I miei amici hanno l'abitudine di **passare** le vacanze in montagna.

4. Ho l'abitudine di **fumare** una sigaretta dopo pranzo.

5. Hai l'abitudine di **fare** colazione al bar?

6. Maco ha l'abitudine di **tornare** tardi la sera.

7. Avete l'abitudine di **riposare** un po' il pomeriggio?

8. Ho l'abitudine di **guardare** la TV mentre mangio.

9. Abbiamo l'abitudine di **bere** un aperitivo prima di cena.

10. Lucia ha l'abitudine di **andare** in ufficio a piedi.

11. Ho l'abitudine di **leggere** il giornale la mattina.

12. Marco e Sergio hanno l'abitudine di **dormire** fino a tardi la domenica.

UNITA' 3

어휘

avere l'abitudine di ~ be in the habit of ~, **di solito** usually/generally, **un po'** a little/a bit, **domenica** Sunday, **passare** pass, **vacanza** vacation, **montagna** mountain, **dopo pranzo** after lunch, **fare colazione** have breakfast, **riposare** rest, **mentre** while, **bere** drink, **aperitivo** apertif(식욕을 돋구기 위해 식사 전에 마시는 알코올 음료), **prima di cena** before dinner, **fino a** untile.

해석

1. 카를로는 취침 전에 책을 좀 읽는 습관이 있다. (카를로는 보통 취침 전에 독서한다.) 2. 우리는 일요일이면 호수에 가는 습관이 있다. 3. 내 친구들은 산에서 휴가를 보내는 습관이 있다. 4. 나는 점심 식사 후 담배를 피우는 습관이 있다. 5. 너는 바에서 아침을 먹는 습관이 있니? 6. 마르코는 저녁에 늦게 돌아오는 습관이 있다. 7. 너희들은 오후에 잠시 휴식하는 습관이 있니? 8. 나는 식사할 때 TV를 보는 습관이 있다. 9. 우리는 저녁 식사 전에 식욕을 돋우는 술을 한 잔 마시는 습관이 있다. 10. 루치아는 걸어서 회사에 가는 습관이 있다. 11. 나는 아침이면 신문을 읽는 습관이 있다. 12. 마르코와 세르지오는 일요일이면 늦잠 자는 습관이 있다.

문법

직설법 현재(Presente indicativo)

불규칙활용 동사

	andare(go)	**fare**(do)	**bere**(drink)
io	vado	faccio	bevo
tu	vai	fai	bevi
lui, lei, Lei	va	fa	beve
noi	andiamo	facciamo	beviamo
voi	andate	fate	bevete
loro	vanno	fanno	bevono

3.2 보기처럼 변형시켜라!

Tutte le mattine vado a lezione. → **Ogni mattina** vado a lezione.
매일 아침 나는 수업에 간다.   매일 아침 나는 수업에 간다.

1. **Tutti i giorni** mi sveglio presto.
   _____

2. **Tutte le sere** guardo la TV fino a tardi.
   _____

3. **Tutte le notti** dormo almeno sette ore.
   _____

4. **Tutte le settimane** telefono ai miei genitori in Germania.
   _____

5. **Tutti gli anni** vanno un mese al mare.
   _____

6. **Tutti i lunedi'** Sandro va in piscina.
   _____

> **tutte le mattine** every morning, **tutti i giorni** every day, **tutte le sere** every evening, **tutte le notti** every night, **tutte le settimane** every week, **tutti gli anni** every year, **tutti i lunedi'** every Monday, **svegliarsi** wake up, **almeno** at least(적어도), **ora** hour, **mare** sea, **piscina** swimming pool.

1. 매일 나는 일찍 잠을 깬다. 2. 매일 저녁 나는 늦게까지 TV를 본다. 3. 매일 밤 나는 적어도 7시간은 잔다. 4. 매주 나는 독일에 계시는 부모님께 전화한다. 5. 매년 나는 한 달 간 바다에 간다. 6. 매주 월요일 산드로는 수영장에 간다.

문법

직설법 현재(Presente indicativo)

재귀동사

	svegliarsi(wake up)		
io	mi sveglio	noi	ci svegliamo
tu	ti svegli	voi	vi svegliate
lui	si sveglia	loro	si svegliano

1~6. **tutti/tutte**+(시간) 복수명사=**ogni**+(시간) 단수명사

tutte le mattine=ogni mattina (매일 아침), tutti i giorni=ogni giorno (매일)

3.3 "andare" 동사로 완성하라!

1. La mattina Piero ＿＿＿＿ in ufficio alle nove.
2. A mezzogiorno gli studenti ＿＿＿＿ alla mensa.
3. Ogni sera (io) ＿＿＿＿ in piscina con Marina.
4. (Noi) ＿＿＿＿ sempre a letto prima di mezzanotte.
5. Stasera (tu) ＿＿＿＿ in pizzeria con Marco?
6. (Tu) ＿＿＿＿ al cinema stasera?
7. (Voi) ＿＿＿＿ a cena al ristorante sabato?
8. Il Signor Bartoli ＿＿＿＿ al mare questo fine-settimana?

어휘

> **a mezzogiorno** at noon (정오에), **ogni sera** every evening, **andare a letto** go to bed, **mezzanotte** midnight, **sabato** Saturday, **questo fine-settimana** this weekend.

해석

1. 아침마다 피에로는 9시에 회사에 간다. 2. 정오에 학생들은 구내식당에 간다. 3. 매일 저녁

나는 마리나와 수영장에 간다. 4. 우리는 늘 자정 전에 잠자리에 든다. 5. 오늘 저녁 너는 마르코와 피자집에 가니? 6. 너는 오늘 저녁 영화관에 가니? 7. 너희들 토요일에 저녁 먹으러 레스토랑에 가니? 8. 바르톨리 씨는 이번 주말 바다에 가니?

3.4 보기처럼 질문에 답하라!

Dove **va** Antonio? (la stazione) – **Va** alla stazione.
안토니오는 어디 가니?   그는 역에 간다.

1. Dove **andate**? (l'aeroporto)

2. Dove **va** Eleonora? (l'Universita')

3. Dove **vai**? (il mercato)

4. Dove **vanno** gli studenti? (la mensa)

5. Dove **andiamo**? (il concerto)

6. Dove **andate**? (il museo)

7. Dove **vai**? (il professore)

8. Dove **va** Marco? (il meccanico)

9. Dove **va** Antonella? (la sua amica Chiara)

10. Dove **andate**? (il dentista)

11. Dove **vanno** gli studenti? (la professoressa)

12. Dove **vai**? (il direttore)

   _____

어휘

> **aeroporto** airport, **mercato** market, **concerto** concert, **museo** museum, **meccanico** mechanic (정비기술자), **dentista** dentist, **professoressa** 여교수, **direttore** director.

해석

1. 너희들 어디 가니? (공항) 2. 엘레오노라는 어디 가니? (대학교) 3. 너는 어디 가니? (시장) 4. 학생들은 어디 가니? (구내식당) 5. 우리 어디 갈까? (콘서트) 6. 너희들 어디 가니? (박물관) 7. 너 어디 가니? – 교수님 연구실(=교수님이 계신 곳)에 간다. 8. 마르코는 어디 가니? – 카센터(=자동차 정비공이 있는 곳)에 간다. 9. 안토넬라는 어디 가니? – 그의 친구 키아라 집(=키아라가 있는 곳)에 간다. 10. 너희들 어디 가니? – 치과 병원(=치과 의사가 있는 곳)에 간다. 11. 학생들은 어디 가니? – 여교수님 연구실(=여교수님이 계신 곳)에 간다. 12. 너 어디 가니? – 사장실(=사장님이 계신 곳)에 간다.

문법

7~12. **da**+사람=그 사람이 있는 **곳**

dal professore, dal meccanico, dalla sua amica Chiara,

dal dentista, dalla professoressa, dal direttore ...

3.5 "venire" 동사로 완성하라!

1. Dirk _____ da Heidelberg.
2. Quelle ragazze _____ dal Brasile.
3. Pierre, da dove _____?
4. Signor Carli, _____ al cinema con noi?

5. (Io) _____ volentieri in centro con voi.
6. Ragazzi, da dove _____?
7. (Noi) _____ molto volentieri alla vostra festa.
8. Sandro, _____ in pizzeria con me domani sera?

어휘

> **volentieri** willingly/gladly(기꺼이, 흔쾌히), **da dove vieni?** where are you from?, **festa** party.

해석

1. 디르크는 하이델베르그 출신이다. 2. 저 소녀들은 브라질 출신이다. 3. 피에르, 너는 어디 출신이니? 4. 카를리 씨, 우리와 영화관에 가실래요? 5. 나는 너희들과 기꺼이 시내에 가겠다. 6. 얘들아, 너희들은 어디 출신이니(어디서 오는 거니)? 7. 우리는 너희들 파티에 매우 기꺼이 가겠다. 8. 산드로, 내일 저녁 나하고 피자집에 갈래?

문법

직설법 현재(Presente indicativo)

불규칙활용동사

	venire(come)		
io	vengo	noi	veniamo
tu	vieni	voi	venite
lui	viene	loro	vengono

1~3. **venire**+**da** 지역=그 지역 출신.
4, 5, 7, 8. 화자와 청자가 '그 곳에 함께 간다, 함께 모인다'는 전제가 되므로 'andare'를 사용 못 한다.

UNITA' 3

3.6 보기처럼 질문에 답하라!

Da dove **viene** Dimitrios? (la Grecia) – **Viene** dalla Grecia.
디미트리오스는 어디 출신이니?   그는 그리스 출신이다.

1. Da dove **vieni**? (la Norvegia)
   _____

2. Da dove **vengono** John e Pat? (gli Stati Uniti)
   _____

3. Da dove **viene** Hans? (l'Olanda)
   _____

4. Da dove **venite**? (il Messico)
   _____

5. Da dove **vieni**? (la Corea)
   _____

6. Da dove **vengono** quei ragazzi? (l'Egitto)
   _____

7. Da dove **viene** Yoko? (il Giappone)
   _____

어휘

la Grecia 그리스, **la Norvegia** 노르웨이, **gli Stati Uniti** 미국, **l'Olanda** 네덜란드, **il Messico** 멕시코, **la Corea** 대한민국, **l'Egitto** 이집트, **il Giappone** 일본.

해석

1. 너는 어디 출신이니? 2. 존과 팻은 어디 출신이니? 3. 한스는 어디 출신이니? 4. 너희들은 어디 출신이니? 5. 너는 어디 출신이니? 6. 그 소년들은 어디 출신이니? 7. 요코는 어디 출신이니?

3.7 보기처럼 질문을 만들라!

1. Paolo :	**Dove vai?**	Stella :	Vado a Roma.
	Con che cosa ci vai?		Ci vado in treno.
	Quando ci vai?		Ci vado domani.
	Con chi ci vai?		Ci vado da sola.
	Domani Stella va a Roma in treno da sola.		

2. Paolo :		Bruno :	Vado in Grecia.
			Ci vado con la nave.
			Ci vado sabato.
			Ci vado con Marta.

3. Paolo :		Ivo e Ada :	Andiamo a Parigi.
			Ci andiamo in aereo.
			Ci andiamo a marzo.
			Ci andiamo con Gino.

4. Paolo :		Maria :	Pia e Lea vanno a casa.
			Ci vanno in autobus.
			Ci vanno alle sei.
			Ci vanno con Silvia.

의문사(Interrogativi)

Con che cosa(무엇을 타고), Quando(언제), Con chi(누구와 함께).

장소부사(Avverbio di luogo)

앞서 나온 장소의 반복을 피하기 위해 ci 사용.

3.8 "uscire" 동사를 직설법 현재로 활용하라!

1. Ogni mattina Maria _____ di casa alle 8.
2. (Io) _____ spesso con la mia amica Stella.
3. Stasera (tu) _____ o resti a casa?
4. I miei amici _____ dal cinema a mezzanotte.
5. Con chi (voi) _____ stasera?
6. (Noi) _____ con i nostri amici italiani.
7. Pietro _____ dall'ufficio sempre molto tardi.
8. Di solito (io) _____ dall'Universita' all'una.

어휘

> **uscire di casa** 집을 나서다, **spesso** often 자주, **restare a casa** stay at home, **a mezzanotte** at midnight.

해석

1. 매일 아침 마리아는 8시에 집을 나선다. 2. 나는 여자친구 스텔라와 자주 외출한다. 3. 오늘 저녁 너 외출하니, 집에 있니? 4. 내 친구들이 자정에 영화관에서 나온다. 5. 오늘 저녁 너희들은 누구하고 외출하니? 6. 우리는 이탈리아 친구들과 외출한다. 7. 피에트로는 늘 아주 늦게 퇴근한다. 8. 보통 나는 한 시에 대학교에서 나간다.

문법

직설법 현재(Presente indicativo)
불규칙활용 동사

	uscire(go out)		
io	esco	noi	usciamo
tu	esci	voi	uscite
lui	esce	loro	escono

3.9 "partire" 동사로 대화를 완성하라!

1. "Paolo, a che ora _____?"
   "_____ alle 8."
2. "Signora, con chi parte per Parigi?"
   "_____ con mio marito e mio figlio."
3. "Ragazzi, con che cosa _____ per Roma?"
   "_____ con l'autobus."
4. "A che ora _____ l'autobus per Roma?"
   "_____ alle dieci e un quarto."
5. "Quando _____ i tuoi genitori?"
   "_____ domani sera."
6. "Quando partite per la Spagna?"
   "_____ in luglio, dopo la fine della scuola."

어휘

a che ora 몇 시에, **con chi** 누구하고, **marito** husband, **figlio** son, **con che cosa** 무엇을 타고, **partire per Roma** 로마로 출발하다, **con l'autobus** (=in autobus) 버스 타고, **alle dieci e un quarto** 10시 15분에, **genitori** parents, **in luglio** 7월에, **fine** end, **scuola** school.

해석

1. "파올로, 몇 시에 떠나니?" "나는 8시에 떠나." 2. "부인, 누구랑 파리로 떠나세요?" "내 남편과 아들과 함께 떠나요." 3. "애들아, 무얼 타고 로마로 떠나니?" "우리는 버스로 떠나." 4. "로마행 버스는 몇 시에 출발하나요?" "10시15분에 출발해요." 5. "네 부모님은 언제 떠나시니?" "내일 저녁에 떠나신다." 6. "너희들은 스페인으로 언제 떠나니?" "학교가 끝나고 난 후 (방학하면), 7월에 떠나."

문법

4. **un quarto** : 1/4(15분) · 분수에 있어서 분자는 기수로, 분모는 서수로 표현.

3.10 보기처럼 변형시켜라!

Parto per Parigi. → **Partiamo** per Parigi.
나는 파리로 떠난다.   우리는 파리로 떠난다.

1. Il mio amico **viene** da Berlino.
   I miei amici _____
2. Marco **esce** di casa ogni giorno alle 8.
   Marco e Pietro _____
3. **Vai** sempre a scuola a piedi?
   _____
4. Oggi pomeriggio **vado** in piscina.
   _____
5. Chiara **va** a lezione di francese ogni lunedi'.
   Chiara e Giulia _____
6. **Esco** tardi dall'ufficio stasera.
   _____
7. **Vieni** sempre a scuola in ritardo!
   _____
8. **Vengo** a pranzo da voi oggi.
   _____
9. **Esci** con noi stasera?
   _____
10. Domattina **parto** presto per la montagna.
    _____
11. Marta **va** a dormire sempre prima delle undici.
    Marta e Linda _____
12. Piero **parte** domani per un viaggio in Europa.
    Piero e Carlo _____

어휘

> **uscire dall'ufficio** 퇴근하다, **da voi** 너희들 집에, **domattina** (=domani mattina) tomorrow morning, **andare a dormire** go to sleep, **prima delle undici** 11시 전에, **viaggio** trevel.

해석

1. 내 친구는 베를린 출신이다(베를린에서 온다). 2. 마르코는 매일 8시에 집을 나선다. 3. 너는 늘 걸어서 학교에 가니? 4. 오늘 오후 나는 수영장에 간다. 5. 키아라는 매주 월요일 불어 수업에 간다. 6. 나는 오늘 저녁 늦게 퇴근한다. 7. 너는 늘 학교에 지각하는구나! 8. 나는 오늘 점심 때 너희 집에 간다. 9. 너 오늘 저녁 우리랑 외출할래? 10. 내일 아침 나는 일찍 산으로 향할 거다. 11. 마르타는 늘 11시 전에 잠자러 간다. 12. 피에로는 내일 유럽 여행을 떠난다.

3.11 보기처럼 완성하라!

(Io) **cenare**   casa/ristorante
→ Di solito **ceno** a casa, qualche volta **ceno** al ristorante.
 보통 나는 집에서 저녁을 먹지만, 가끔은 레스토랑에서 저녁 먹는다.

1. (Io)   **studiare**   casa/biblioteca

2. Anna   **fare** colazione   bar/casa

3. (Noi)   **prendere**   macchina/autobus

4. I miei amici   **andare** in vacanza   mare/montagna

5. (Io)   **venire** a lezione   autobus/piedi

6. Stefano   **viaggiare**   amici/solo

7. (Io) **pranzare** mensa/casa

8. Clara **andare** a letto presto/tardi

어휘

> **cenare** have dinner, **qualche volta** sometimes, **biblioteca** library.

해석

1. 나는 보통 집에서 공부하지만 가끔은 도서관에서 한다. 2. 안나는 보통 바에서 아침을 먹지만 가끔은 집에서 먹는다. 3. 우리는 보통 승용차를 타지만 가끔은 버스를 탄다. 4. 내 친구들은 보통 바다로 휴가 가지만 가끔은 산으로 간다. 5. 나는 보통 버스 타고 수업에 가지만 가끔은 걸어서 간다. 6. 스테파노는 보통 친구들과 여행하지만 가끔은 혼자 한다. 7. 나는 보통 구내식당에서 점심을 먹지만 가끔은 집에서 먹는다. 8. 클라라는 보통 일찍 잠자리에 들지만 가끔은 늦게 든다.

3.12 보기처럼 변형시켜라!

Domani **andiamo** al mare. → Domani **vado** al mare.
내일 우리는 바다에 간다.   내일 나는 바다에 간다.

1. **Usciamo** di casa alle 7.

2. **Veniamo** a pranzo da te.

3. **Partiamo** per gli Stati Uniti domani.

4. **Andiamo** da mia sorella in campagna.

5. **Andiamo** a cena in pizzeria.

6. **Usciamo** volentieri con gli amici.

어휘

> **andare al mare** 바다에 가다, **uscire di casa** 집을 나서다, **pranzo** lunch, **da mia sorella** 나의 누이 집에, **campagna** country.

해석

1. 우리는 7시에 집을 나선다. 2. 우리는 네 집에 점심 먹으러 간다. 3. 우리는 내일 미국으로 떠난다. 4. 우리는 시골에 있는 나의 누이 집에 간다. 5. 우리는 저녁 먹으러 피자집에 간다. 6. 우리는 친구들과 즐거운 마음으로 외출한다.

3.13 보기처럼 변형시켜라!

Vai sempre a scuola a piedi? → **Andate** sempre a scuola a piedi?
너는 늘 걸어서 등교하니?   너희들은 늘 걸어서 등교하니?

1. **Vieni** sempre a scuola con l'autobus?

2. **Esci** con noi stasera?

3. A che ora **esci** dall'Universita' domani?

4. **Vieni** a cena con noi al ristorante?

5. **Vai** anche tu alla partita domenica?

6. Quando **parti** per la Germania?
_____

어휘

> **andare alla partita** 경기 보러 가다.

해석

1. 너는 늘 버스 타고 학교에 오니? 2. 너 오늘 저녁 우리랑 외출할래? 3. 너는 내일 몇 시에 대학교에서 나오니? 4. 너 우리랑 저녁 식사하러 레스토랑에 갈래? 5. 너도 일요일에 (축구) 경기 보러 가니? 6. 너는 언제 독일로 떠나?

3.14 보기처럼 질문에 답하라!

A che ora **parti**? – **Parto** alle 8.
몇 시에 너는 떠나니? 나는 8시에 떠난다.

1. Con chi **parti**?
   _____ con Paolo.
2. A che ora **esci** di casa?
   _____ alle 9.
3. Dove **vai** a cena?
   _____ in pizzeria.
4. Con chi **uscite**?
   _____ con i nostri amici.
5. A che ora **venite** da noi?
   _____ da voi verso l'una.
6. Con che cosa **partite**?
   _____ con il treno.

🔵 어휘

a cena 저녁 식사 때/하러, **verso l'una** 1시 경.

🔵 해석

1. 너 누구랑 떠나? 2. 너 몇 시에 집을 나서니? 3. 너는 저녁 먹으러 어디로 가니? 4. 너희들은 누구랑 외출하니? 5. 너희들 몇 시에 우리 집에 올래? (한 시 쯤 너희들 집에) 6. 너희들은 뭘 타고 떠나니?

3.15 보기처럼 질문을 만들라!

Chiedete a Paolo il permesso di **fumare** in macchina.
파올라에게 차 내에서 담배 피워도 되는지 허락을 구해라.
→ Paolo, **posso fumare** in macchina?
파올로, 차 내에서 담배 피워도 될까?

1. Chiedete a Paolo il permesso di **telefonare** a casa.
   _____

2. Chiedete a Paolo il permesso di **andare** in bagno.
   _____

3. Chiedete a Paolo il permesso di **prendere** un bicchiere d'acqua.
   _____

4. Chiedete a Paolo il permesso di **accendere** la TV.
   _____

5. Chiedete a Paolo il permesso di **entrare**.
   _____

6. Chiedete a Paolo il permesso di **aprire** la finestra.
   _____

UNITA' 3

어휘

> **andare in bagno** 화장실가다, **accendere** switch on, **entrare** enter/go in/come in.

해석

1. 파올로, 집에 전화해도 될까? 2. 파올로, 화장실에 가도 될까? 3. 파올로, 물 한 잔 마셔도 될까? 4. 파올로, TV를 켜도 될까? 5. 파올로, 들어가도 될까? 6. 파올로, 창문을 열어도 될까?

문법

직설법 현재(Presente indicativo)

불규칙활용 동사

	potere(can)+동사원형		
io	posso	noi	possiamo
tu	puoi	voi	potete
lui	puo'	loro	possono

3.16 보기처럼 요청해보라!

Dite a Marta di **andare** piu' piano. → Marta, **puoi andare** piu' piano?
더 천천히 가라고 마르타에게 말해라.   마르타, 더 천천히 갈 수 있겠니?

1. Dite a Marta di **abbassare** la radio.

2. Dite a Marta di **comprare** il giornale.

3. Dite a Marta di **ripetere** la domanda.

4. Dite a Marta di **parlare** a bassa voce.

5. Dite a Marta di **fare** meno rumore.

___

6. Dite a Marta di **aspettare** un momento.

___

어휘

> **piu'** more, **piano** slowly, **abbassare** turn down (볼륨을 낮추다), **comprare** buy, **ripetere** repeat, **domanda** question, **parlare** speak, **a bassa voce** in a low voice, **fare rumore** make a noise, **meno** less (덜), **aspettare** wait, **momento** moment.

해석

1. 마르타, 라디오 볼륨을 낮춰줄 수 있겠니? 2. 마르타, 신문을 사다줄 수 있겠니? 3. 마르타, 질문을 반복해줄 수 있겠니? 4. 마르타, 낮은 목소리로 말해줄 수 있겠니? 5. 마르타, 덜 시끄럽게 할 수 있겠니? 6. 마르타, 잠시 기다릴 수 있겠니?

3.17 보기처럼 질문을 만들라!

Chiedete al signor Fioretto se **vuole** un caffe'.
커피를 원하는지 피오레토 씨께 물어봐라.
→ Signor Fioretto, **vuole** un caffe'?
　피오레토 씨, 커피 드실래요?

1. Chiedete al signor Fioretto se **vuole** un passaggio per il centro.

___

2. Chiedete al signor Fioretto se **vuole** qualcosa da mangiare.

___

3. Chiedete al signor Fioretto se **vuole** venire al bar.

___

UNITA' 3

4. Chiedete al signor Fioretto se **vuole** bere qualcosa di fresco.

5. Chiedete al signor Fioretto se **vuole** rimanere a cena.

6. Chiedete al signor Fioretto se **vuole** venire al cinema stasera.

어휘

> **passaggio** route(길, 루트), **qualcosa** something, **qualcosa da mangiare** 먹을 것, **qualcosa di fresco** 시원한 것, **rimanere** remain.

해석

1. 피오레토 씨, 시내로 가는 루트를 원하세요? 2. 피오레토 씨, 먹을 것 드릴까요? 3. 피오레토 씨, 바에 가실래요? 4. 피오레토 씨, 시원한 것 드실래요? 5. 피오레토 씨, 저녁 식사 때 남으실래요? 6. 피오레토 씨, 오늘 저녁 영화관에 가실래요?

문법

직설법 현재(Presente indicativo)

불규칙활용 동사

	volere(want) + 명사/동사원형		
io	voglio	noi	vogliamo
tu	vuoi	voi	volete
lui	vuole	loro	vogliono

3.18 보기처럼 질문에 대답하라!

Vieni in piscina? (**studiare**) — No, non posso, **devo studiare.**
너 수영장 갈래?   아니야, 그럴 수 없어, 공부해야 해.

1. Vieni con noi al cinema? (**ripassare** la lezione)

2. Venite a fare quattro passi? (**lavare** la macchina)

3. Signora, rimane a cena da noi? (**tornare** a casa)

4. Ragazzi, venite a fare un giro in bicicletta? (**finire** i compiti)

5. Vuoi mangiare una fetta di dolce? (**fare** una dieta)

6. Prendi un caffe' con me al bar? (**andare** a fare la spesa)

어휘

ripassare revise/go over again (복습하다), **fare quattro passi** 짧은 산책을 하다, **lavare** wash, **fare un giro** tour (돌아다니다), **compiti** homework, **fetta** slice 조각, **dolce** sweet/dessert/cake, **dieta** diet, **fare la spesa** 장보다.

해석

1. 너 우리랑 영화관에 갈래? – 아니야, 그럴 수 없어, 복습해야 해. 2. 너희들 산책하러 갈래? – 아니야, 그럴 수 없어, 세차해야 해. 3. 부인, 저녁 식사 때 우리 집에 머무실래요? – 아니에요, 그럴 수 없어요, 집에 돌아가야 해요. 4. 애들아, 자전거 하이킹하러 갈래? – 아니야, 그럴 수 없어, 우린 숙제를 끝내야 해. 5. 너 돌체 한 조각 먹을래? – 아니야, 그럴 수 없어, 다이어트 해야 해. 6. 너 나랑 바에서 커피 한 잔 할래? – 아니야, 그럴 수 없어, 장보러 가야 해.

문법

직설법 현재(Presente indicativo)
불규칙활용 동사

dovere(must) + 동사원형			
io	devo	noi	dobbiamo
tu	devi	voi	dovete
lui	deve	loro	devono

3.19 보기처럼 대답하라!

Che **fai**? – **Faccio** colazione.
너 뭐 하니? 아침 먹어.

1. Che **fai**?
   _____ merenda.

2. Che **fate**?
   _____ la spesa.

3. Che **fa** Paolo?
   _____ gli esercizi.

4. Che **fate**?
   _____ una passeggiata.

5. Che **fanno** i ragazzi?
   _____ un giro in macchina.

6. Che **fa** Lucia?
   _____ la doccia.

어휘

fare merenda 오후 간식 먹다, **fare la spesa** 장보다, **fare gli esercizi** 연습문제 풀다, **fare una passeggiata** 산책하다, **fare un giro in macchina** 차 타고 드라이브하다, **fare la doccia** 샤워하다.

🔵 **해석**

1. 너 뭐 하니? – 오후 간식 먹어. 2. 너희들 뭐 하니? – 장을 봐. 3. 파올로는 뭐 하니? – 연습문제 풀어. 4. 너희들 뭐 하니? – 산책해. 5. 소년들은 뭐 하니? – 차 타고 드라이브 해. 6. 루치아는 뭐 하니? – 샤워 해.

🔵 **문법**

직설법 현재(Presente indicativo)

불규칙활용 동사

	fare(do)		
io	faccio	noi	facciamo
tu	fai	voi	fate
lui	fa	loro	fanno

3.20 동사를 직설법 현재로 활용하라!

1. Thomas (**venire**) _____ in vacanza ogni anno in Italia.
2. La nostra camera e' troppo piccola. (**Cercare**) _____ un appartamento piu' grande.
3. Quei turisti sono coreani: non (**capire**) _____ una parola d'italiano, ma (**parlare**) _____ benissimo l'inglese.
4. Oggi non ho voglia di uscire. (**Rimanere**) _____ a casa e (**guardare**) _____ un po' la TV.
5. Elsa (**andare**) _____ a letto presto stasera perche' (**avere**) _____ sonno.
6. Le mie amiche (**fare**) _____ sempre colazione al bar, io, invece, (**fare**) _____ colazione a casa: (**bere**) _____ un caffe' e (**mangiare**) _____ pane e marmellata.
7. Roberto non (**potere**) _____ venire al lago con noi perche' (**dovere**) _____ finire di studiare matematica.
8. I miei vicini (**stare**) _____ sempre da soli perche' non (**conoscere**)

UNITA' 3

_____ nessuno in questa citta'.

9. A che ora (**arrivare**) _____ il treno per Ancona? (**Arrivare**) _____ alle 11.15, ma oggi (**avere**) _____ qualche minuto di ritardo.

10. Domani Lisa (**dare**) _____ una festa per il suo compleanno: ci (**venire**) _____ anche tu?

11. Stasera (io-**andare**) _____ a ballare con Luca, ma non (**volere**) _____ fare tardi perche' domattina (**dovere**) _____ alzarmi presto.

12. Paola (**essere**) _____ stanca: (**preferire**) _____ restare a casa stasera.

어휘

venire in vacanza 휴가 오다, **ogni anno** 매년, **troppo** too much, **cercare** 찾다/구하다, **piu' grande** bigger, **capire** understand, **parola** word, **ma** but, **parlare benissimo** speak very well, **avere voglia di** ~ want/feel like, **rimanere** remain, **guardare** watch, **andare a letto** go to bed, **perche'** because, **avere sonno** 졸리다, **pane** bread, **marmellata** jam, **finire di** ~ finish to, **matematica** mathematics, **vicini** neighbours, **stare da soli** 그들끼리 있다, **nessuno** nobody, **qualche minuto** 몇 분, **di ritardo** 늦게, **festa** party, **compleanno** birthday, **stasera** this evening, **ballare** dance, **fare tardi** 늦다, **alzarsi** wake up, **stanco** 피곤한, **preferire** 선호하다, **restare a casa** 집에 머물다.

해석

1. 토마스는 휴가를 즐기러 매년 이탈리아에 온다. 2. 우리 방은 너무 작다. 우리는 보다 큰 아파트를 찾고 있다. 3. 저 관광객들은 한국인이다. 이탈리아어 한 마디도 이해 못하지만 영어를 아주 잘 한다. 4. 나는 오늘 외출하고 싶은 마음이 없다. 집에 머물며 TV 좀 보아야겠다. 5. 엘사는 졸려서 오늘 저녁 일찍 잠자리에 든다. 6. 내 여자친구들은 늘 바에서 아침을 먹는다. 반면에 나는 집에서 먹는다. 커피를 마시고 쨈 바른 빵을 먹는다. 7. 로베르토는 수학 공부를 끝내야 하기 때문에 우리랑 호수에 갈 수 없다. 8. 내 이웃들은 이 도시에 아무도 아는 사람이 없기 때

문에 늘 그들끼리만 있다. 9. 앙코나 행 기차는 몇 시에 도착하나요? 11시15분에 도착하지만 오늘 몇 분 연착해요. 10. 내일 리사는 그의 생일 파티를 연다. 너도 거기 올래? 11. 오늘 저녁 나는 루카랑 춤추러 가지만 내일 아침 일찍 일어나야 하기 때문에 늦고 싶지는 않다. 12. 파올라는 피곤해서 오늘 저녁 집에 머물고 싶어한다.

직설법 현재(Presente indicativo)

불규칙활용 동사

dare(give)			
io	do	noi	diamo
tu	d**ai**	voi	date
lui	da'	loro	da**n**no

stare(be, stay)			
io	sto	noi	stiamo
tu	st**ai**	voi	state
lui	sta	loro	sta**n**no

rimanere(remain)			
io	riman**g**o	noi	rimaniamo
tu	rimani	voi	rimanete
lui	rimane	loro	riman**g**ono

cercare(look for, seek)			
io	cerco	noi	cerc**h**iamo*
tu	cerc**h**i*	voi	cercate
lui	cerca	loro	cercano

* 'h'를 넣어야 음가가 다른 것들과 동일해진다.

3.21 보기처럼 질문을 만들라!

Heiner va **in Germania**. → **Dove** va Heiner?
하이너는 독일에 간다.　　　하이너는 어디 가니?
Heiner va in Germania. → **Chi** va in Germania?
하이너는 독일에 간다.　　　누가 독일에 가니?

1. I signori Fioretto vanno **a Firenze**.

2. **I signori** Fioretto vanno a Firenze.

3. Peter viene **dalla Germania**.

4. Maria va a Firenze **con Antonio**.

5. John va **dall'oculista**.

6. **Simone** va all'ospedale.

7. Gli studenti vanno a casa **con l'autobus**.

8. Andrea compra un libro **per Isabella**.

9. Giorgia parte **domani.**

10. Bianca va a Parigi **per studiare** il francese.

11. Ornella presta la macchina **a Francesco.**

12. Bruno telefona **a Stella.**

어휘

> **andare dall'oculista** 안과에 가다, **andare all'ospedale** 종합병원에 가다.

해석

1. 피오레토 부부는 피렌체에 간다. 2. 피오레토 부부는 피렌체에 간다. 3. 피터는 독일 출신이다. 4. 마리아는 안토니오와 피렌체에 간다. 5. 존은 안과에 간다. 6. 시모네는 병원에 간다. 7. 학생들은 버스로 집에 간다. 8. 안드레아는 이사벨라에게 줄 책을 한 권 산다. 9. 지오르지아는 내일 떠난다. 10. 비앙카는 불어를 공부하러 파리에 간다. 11. 오르넬라는 프란체스코에게 차를 빌려준다. 12. 브루노는 스텔라에게 전화한다.

문법

의문사(Interrogativi)

누가, 언제, 어디서, 무엇을, 어떻게, 왜

chi 누구, **con chi** 누구랑, **per chi** 누구를 위해, **a chi** 누구에게, **di chi** 누구 거.
quando 언제, **da quando** 언제부터, **fino a quando** 언제까지.
dove 어디, **da dove** 어디로부터/어디 출신, **per dove** 어디로.
che cosa 무엇, **con che cosa** 무엇으로/무엇을 타고, **per che cosa** 무엇을 위해.
come 어떻게.
perche' 왜/왜냐하면,

3.22 전치사로 완성하라!

1. Ogni mattina Marco va _____ ufficio _____ 8.
2. Stasera andiamo _____ mangiare _____ ristorante _____ i nostri amici francesi.
3. Laura mangia sempre _____ mensa.
4. Sabato parto _____ Parigi _____ aereo.
5. Tutte le sere vado _____ letto _____ mezzanotte.

UNITA' 3

6. Giorgio va _____ piscina _____ nuotare e _____ prendere il sole.
7. Andiamo _____ posta _____ spedire una lettera.
8. Oggi Francesca ha lezione _____ italiano.
9. Vittoria esce _____ Filippo e vanno _____ cena _____ pizzeria.
10. Sono stanco _____ lavorare, ho voglia _____ uscire e _____ prendere un po' _____ aria.
11. La mattina faccio colazione _____ casa.
12. Florian viene _____ Germania, _____ Berlino.

어휘

andare a mangiare 밥 먹으러 가다, **partire per** ~로 떠나다, **in aereo** 비행기로, **andare a letto** 잠자리에 들다, **andare in piscina** 수영장에 가다, **andare a nuotare** 수영하러 가다, **andare a prendere il sole** 일광욕하러 가다, **andare alla posta** 우체국에 가다, **avere lezione d'italiano** 이탈리아어 수업이 있다, **andare a cena** 저녁 먹으러 가다, **essere stanco di** ~해서 피곤하다, **avere voglia di** ~하길 원하다, **prendere un po' d'aria** 바람 좀 쏘이다, **fare colazione** 아침 먹다.

해석

1. 매일 아침 마르코는 8시에 사무실에 간다. 2. 우리는 오늘 저녁 프랑스 친구들과 레스토랑에 식사하러 간다. 3. 라우라는 늘 구내식당에서 밥 먹는다. 4. 나는 토요일에 비행기로 파리에 간다. 5. 매일 저녁 나는 자정에 잠자리에 든다. 6. 지오르지오는 수영하고 일광욕하기 위해 수영장에 간다. 7. 우리는 편지 부치러 우체국에 간다. 8. 오늘 프란체스카는 이탈리아어 수업이 있다. 9. 비토리아는 필립포와 외출하여 저녁 먹으러 피자집에 간다. 10. 나는 일로 피곤하다. 그래서 외출하여 바람 좀 쏘이고 싶다. 11. 아침이면 나는 집에서 아침을 먹는다. 12. 플로리앙은 독일 베를린 출신이다.

UNITA' 4

4.1 Anche ieri **ho mangiato** alla mensa.
4.2 Anche ieri mattina Paolo **e' andato** a lezione all'Universita'.
4.3 **Sono andato** in vacanza in Sicilia.
4.4 근과거(타동사/자동사) 연습
4.5 Ieri, invece, **ho studiato** fino alle otto.
4.6 Anche l'anno scorso **e' andato** in vacanza al mare.
4.7 **Hai letto** l'ultimo romanzo di Oriana Fallaci?
Hai visto Maura ultimamente?
4.8 Signor Fioretto, quando **ha ricominciato** a lavorare?
4.9 근과거(자동사) 연습
4.10 동사를 근과거로 활용하라!
4.11 Anche ieri **ho potuto leggere** il giornale.
4.12 Ieri, invece, non **e' voluta andare** in piscina.
4.13 Vieni **al bar** dopo la lezione? - Si', **ci** vengo.
4.14 Con chi sei andato **a Roma**? - **Ci** sono andato con un gruppo di amici.
4.15 **Le frasi** difficili.
4.16 **Queste lezioni** sono molto **interessanti**.
4.17 Carlo dice: "**Sono tornato** un'ora fa".
→ Carlo dice che **e' tornato** un'ora fa.
4.18 Franco e Lino dicono: "**Abbiamo dormito** fino a tardi stamattina".
→ Franco e Lino dicono che **hanno dormito** fino a tardi stamattina.
4.19 전치사로 완성하라!
4.20 전치사로 완성하라!

- 직설법 근과거(Passato prossimo)
  [avere 직설법 현재+타동사의 과거분사]
  [essere 직설법 현재+자동사의 과거분사(주어와 성수일치)]
- 규칙과거분사(Participio passato regolare) – mangiato, potuto, capito ...
- 불규칙과거분사(Participio passato irregolare) – letto, visto ...
- 동사(Verbi): andare/venire, stare/restare
- 장소부사(Avverbio di luogo) : ci
- 장소전치사(Preposizioni di luogo) : a, in
- 지시형용사(Aggettiv dimostrativi) : questo; quel, quello, quella
- 직접화법/간접화법(Discorso diretto/Discorso indiretto)

UNITA' 4

4.1 보기처럼 변형시켜라!

Ogni giorno **mangio** alla mensa. → Anche ieri **ho mangiato** alla mensa.
매일 나는 구내식당에서 밥 먹는다.　　어제도 나는 구내식당에서 밥 먹었다.

1. Ogni giorno **studio** molto.
   Anche ieri _____

2. Ogni giorno **telefono** ai miei genitori.
   _____

3. Ogni giorno **dormo** fino a tardi.
   _____

4. Ogni giorno **ricevo** molte e-mail.
   _____

5. Ogni giorno **incontro** i miei amici in centro.
   _____

6. Ogni giorno **guardo** la TV.
   _____

해석

1. 어제도 나는 공부를 많이 했다. 2. 어제도 나는 부모님께 전화를 했다. 3. 어제도 나는 늦게까지 잠을 잤다. 4. 어제도 나는 많은 이메일을 받았다. 5. 어제도 나는 시내에서 친구들을 만났다. 6. 어제도 나는 TV를 보았다.

문법

근과거(Passato prossimo)

[**avere** 직설법 현재＋타동사의 과거분사]

	avere 직설법 현재	+	타동사의 과거분사(participio passato)
io	ho		mangi**ato**/ricev**uto**/dorm**ito**
tu	hai		mangi**ato**/ricev**uto**/dorm**ito**
lui	ha		mangi**ato**/ricev**uto**/dorm**ito**
noi	abbiamo		mangi**ato**/ricev**uto**/dorm**ito**
voi	avete		mangi**ato**/ricev**uto**/dorm**ito**
loro	hanno		mangi**ato**/ricev**uto**/dorm**ito**

규칙 과거분사

guard-**are**	ricev-**ere**	dorm-**ire**
guard-**ato**	ricev-**uto**	dorm-**ito**

4.2 보기처럼 변형시켜라!

Ogni mattina Paolo **va** a lezione all'Università.
매일 아침 파올로는 대학 수업에 간다.
→ Anche ieri mattina Paolo **e' andato** a lezione all'Università.
  어제 아침에도 파올로는 대학 수업에 갔다.

1. Ogni pomeriggio Sandro **viene** a casa mia.

2. Ogni sera Gianni **torna** a casa tardi.

3. Ogni sera Elena **va** in centro.

4. Ogni mattina Martina **arriva** a lezione in ritardo.

5. Ogni mattina Francesco **esce** di casa alle 17.

6. Ogni pomeriggio Pietro **va** in palestra.

어휘

palestra gymnasium 체육관.

해석

1. 어제 오후에도 산드로는 나의 집에 왔다. 2. 어제 저녁에도 지안니는 늦게 집으로 돌아왔다.

3. 어제 저녁에도 엘레나는 도심에 갔다. 4. 어제 아침에도 마르티나는 수업에 지각했다. 5. 어제 아침에도 프란체스코는 17시에 집을 나섰다. 6. 어제 오후에도 피에트로는 체육관에 갔다.

근과거(Passato prossimo)

[essere 직설법 현재+자동사의 과거분사(주어와 성수일치)]

	essere 직설법 현재 +	자동사의 과거분사(participio passato)
io	sono	andato/a
tu	sei	andato/a
lui, lei	e'	andato/a
noi	siamo	andati/e
voi	siete	andati/e
loro	sono	andati/e

과거분사의 어미는 주어와 성수일치한다.

Marco e' andato a Stromboli. 마르코는 스트롬볼리에 갔다.

Daniela e' andata a Bolzano. 다니엘라는 볼짜노에 갔다.

Marco e Daniela sono andati in vacanza. 마르코와 다니엘라는 휴가 갔다.

Daniela e Maria sono andate al lavoro. 다니엘라와 마리아는 직장에 갔다.

근과거의 용법 (~했다)

1) '결론지어진 과거의 행위'를 표현할 때

   Ieri sera **siamo andati** al cinema. 어제 저녁 우리는 영화관에 갔다.

2) '단 한 번 발생된 행위'를 표현할 때

   Una volta **siamo usciti**. 딱 한 번 우리는 외출했다.

3) '연속해서 발생된 사건'에 대해 말할 때

   Sono uscito di casa, **ho comprato** un giornale e **sono andato** al bar.
   나는 외출해서 신문을 사고 그리고 빠에 갔다.

4.3 보기처럼 변형시켜라!

Vado in vacanza in Sicilia. → **Sono andato** in vacanza in Sicilia.
나는 시칠리아에 휴가 간다.   나는 시칠리아에 휴가 갔다.

1. **Parto** per Milano alle 9.

2. **Faccio** una passeggiata in centro.

3. **Torni** a casa tardi?

4. **Compri** una macchina nuova?

5. Laura **arriva** alle 11.

6. Lucio **ha** l'influenza.

7. **Andiamo** al cinema con Antonio.

8. **Prendiamo** il treno delle 9.

9. **Partite** con l'aereo?

10. **Lavorate** fino a tardi?

11. I ragazzi **vanno** al cinema.

12. Anna e Stella **restano** a casa.

UNITA' 4

어휘

> **avere l'influenza** 독감에 걸리다, **fino a tardi** 늦게까지, **restare a casa** 집에 머물다.

해석

1. 나는 9시에 밀라노로 떠났다. 2. 나는 시내에서 산책을 했다. 3. 너는 늦게 집에 돌아왔니? 4. 너 새 차 한 대 샀니? 5. 라우라는 11시에 도착했다. 6. 루치오는 독감에 걸렸다. 7. 우리는 안토니오와 영화관에 갔다. 8. 우리는 9시 기차를 탔다. 9. 너희들은 비행기로 떠났니? 10. 너희들은 늦게까지 일했니? 11. 소년들은 영화관에 갔다. 12. 안나와 스텔라는 집에 머물렀다.

문법

불규칙 과거분사

fare(do)	**prendere**(take)
fatto	preso

4.4 질문에 대답하라!

1. A che ora **sei tornato**? _____ a mezzanotte.
2. Con chi **sei venuto** a Milano? _____ da solo.
3. Quando **hai comprato** questa macchina? _____ una settimana fa.
4. Con chi **e' partita** Claudia? _____ con Lorenzo.
5. Quando **ha telefonato** Elena? _____ poco fa.
6. A che ora **e' arrivato** l'autobus? _____ all'una.
7. Quando **avete cambiato** casa? _____ l'anno scorso.
8. A che ora **siete uscite** di casa? _____ alle 7.
9. Quando **avete finito** di lavorare? _____ mezz'ora fa.
10. Dove **hanno passato** le vacanze i tuoi amici? _____ in montagna.
11. Con che cosa **sono partiti** i ragazzi? _____ con la macchina.
12. Quando **hanno telefonato** Anna e Stefano? _____ ieri sera.

어휘

da solo (남자) 혼자, **poco fa** 조금 전에, **cambiare casa** 이사하다, **l'anno scorso** 작년에, **mezz'ora fa** 30분 전에, **passare le vacanze** 휴가를 보내다, **ieri sera** 어제 저녁.

해석

1. 너는 몇 시에 돌아왔니? (자정에) 2. 너는 누구랑 밀라노에 왔니? (혼자) 3. 너는 언제 이 차를 구입했니? (일주일 전) 4. 클라우디아는 누구랑 떠났니? (로렌쵸랑) 5. 엘레나는 언제 전화 했니? (조금 전) 6. 버스는 몇 시에 도착했니? (한 시에) 7. 너희들은 언제 이사했니? (작년에) 8. 너희들은 몇 시에 집을 나섰니? (7시에) 9. 너희들은 언제 일을 끝냈니? (30분전에) 10. 네 친구들은 휴가를 어디서 보냈니? (산에서) 11. 그 소년들은 무엇을 타고 떠났니? (자동차로) 12. 안나와 스테파노는 언제 전화 했니? (어제 저녁에)

문법

근과거(Passato prossimo)

[**avere** 직설법 현재+타동사의 과거분사]

hai comprato, ha telefonato, avete cambiato, avete finito, hanno passato

[**essere** 직설법 현재+자동사의 과거분사(주어와 성수일치)]

sei tornato/a, sei venuto/a, e' partito/a, e' arrivato/a, siete usciti/e, sono partiti/e

4.5 보기처럼 변형시켜라!

Oggi **studio** fino alle sette. (ieri) → Ieri, invece, **ho studiato** fino alle otto.
오늘 나는 7시까지 공부한다.   근데, 어제는 8시까지 공부했다.

1. Oggi Ernesto **va** a lezione d'inglese. (ieri)

   _____

2. Oggi **usciamo** presto dall'ufficio. (l'altro ieri)

   _____

UNITA' 4

3. Stamattina Paola e Nora **studiano** fino alle 10. (ieri mattina)

4. Oggi pomeriggio **esco** con Francesca. (ieri pomeriggio)

5. Stasera **andiamo** a cena in pizzeria. (ieri sera)

6. Oggi **arriva** mia zia da Torino. (un mese fa)

7. Oggi **scrivo** un'e-mail a Luisa. (due giorni fa)

8. Oggi Claudia **finisce** di lavorare alle 20. (sabato scorso)

9. Oggi i ragazzi **passano** tutto il giorno a casa. (domenica scorsa)

10. Oggi **vengo** a casa tua con l'autobus. (ieri)

11. Stamattina Stefano **dorme** fino a tardi. (ieri mattina)

12. Oggi pomeriggio **andiamo** in centro. (ieri pomeriggio)

어휘

> **ieri** 어제, **l'altro ieri** 그저께, **un mese fa** 한 달 전에, **due giorni fa** 이틀 전에, **sabato scorso** 지난 토요일에, **tutto il giorno** 하루 종일, **domenica scorsa** 지난 일요일에.

해석

1. 근데, 어제는 불어 수업에 갔다. 2. 근데, 그저께는 사무실에서 늦게 나왔다. 3. 근데, 어제 오전에는 11시까지 공부했다. 4. 근데, 어제 오후에는 마리아와 외출했다. 5. 근데, 어제 저녁에는 저녁 먹으러 레스토랑에 갔다. 6. 근데, 한 달 전에는 밀라노에서 숙모가 왔다. 7. 근데,

이틀 전에는 루이사에게 엽서를 썼다. 8. 근데, 지난 토요일에는 한 시에 일을 마쳤다. 9. 근데, 지난 일요일에는 바다에서 하루 종일 시간을 보냈다. 10. 근데, 어제는 차 타고 네 집에 갔다. 11. 근데, 어제 아침에는 7시까지 잠을 잤다. 12. 근데, 어제 오후에는 시골에 갔다.

문법

타동사	**studiare**(study), **scrivere**(write), **finire**(finish), **passare**(pass), **dormire**(sleep) + 목적어
자동사	**andare**(go), **uscire**(go out), **arrivare**(arrive), **venire**(come)

불규칙 과거분사

scrivere	venire
scritto	venuto/a/i/e

4.6 보기처럼 변형시켜라!

Michele **va** sempre in vacanza al mare. (l'anno scorso)
미켈레는 늘 바다로 휴가 간다.
→ Anche l'anno scorso **e' andato** in vacanza al mare.
  작년에도 그는 바다로 휴가 갔다.

1. Pietro **va** sempre allo stadio la domenica. (domenica scorsa)

2. **Dormo** sempre fino a tardi la mattina. (stamattina)

3. **Fai** sempre la spesa al mercato? (ieri mattina)

4. **Leggiamo** sempre "La Repubblica" la mattina. (stamattina)

5. I miei amici **fanno** sempre una passeggiata dopo pranzo. (ieri)

6. D'inverno **andate** sempre a sciare? (l'inverno scorso)

7. Ida e Franco **rimangono** sempre a casa la sera. (ieri sera)
   _____

8. A Firenze **arrivano** sempre molti turisti. (l'estate scorsa)
   _____

9. A Natale mia figlia **riceve** sempre molti regali. (lo scorso Natale)
   _____

10. Dopo la lezione **vado** sempre a fare un giro in centro. (l'altro ieri)
    _____

11. Maria **esce** sempre con le sue amiche dopo cena. (ieri sera)
    _____

12. Ernesto **va** sempre in ufficio a piedi. (stamattina)
    _____

어휘

> **andare allo stadio** 축구장에 가다, **stamattina** 오늘 아침, **al mercato** 시장에서, **ieri mattina** 어제 아침에, **d'inverno** 겨울에, **sciare** 스키 타다, **l'inverno scorso** 지난 겨울에, **l'estate scorsa** 지난 여름에, **a Natale** 크리스마스 때, **regalo** 선물, **lo scorso Natale** 지난 크리스마스 때, **dopo la lezione** 수업 후에, **fare un giro** 돌아다니다/나들이하다, **andare in ufficio** 사무실에 가다/출근하다.

해석

1. 지난 일요일에도 피에트로는 축구장에 갔다. 2. 나는 오늘 아침에도 늦잠을 잤다. 3. 너는 어제 아침에도 시장에서 장을 보았니? 4. 오늘 아침에도 우리는 "La Repubblica" 신문을 읽었다. 5. 어제도 내 친구들은 점심 먹고 산책을 했다. 6. 너희들 지난 겨울에도 스키 타러 갔었니? 7. 그들은 어제 저녁에도 집에 남아 있었다. 8. 많은 관광객들은 지난 여름에도 피렌체에 왔다. 9. 내 딸은 지난 크리스마스 때도 많은 선물을 받았다. 10. 그저께에도 나는 수업 후에 돌아다니러 시내에 갔다. 11. 마리아는 어제 저녁에도 저녁 먹고 친구들과 외출했다. 12. 에르네스토는 오늘 아침에도 걸어서 사무실에 갔다.

문법

타동사	**fare**(do), **leggere**(read), **dormire**(sleep), **ricevere**(receive)＋목적어
자동사	**andare**(go), **uscire**(go out), **arrivare**(arrive), **rimanere**(remain)

불규칙 과거분사

fare	leggere	rimanere
fatto	letto	rimasto/a/i/e

4.7 보기처럼 질문을 만들라!

Chiedete a un amico se **ha dormito** bene. → **Hai dormito** bene?
잠을 잘 잤는지 친구에게 물어보라.   너 잘 잤니?

1. Chiedete a un amico se **ha mangiato** bene nel nuovo ristorante.
   _____

2. Chiedete a un amico se **ha letto** l'ultimo romanzo di Oriana Fallaci.
   _____

3. Chiedete a un amico se **e' andato** allo stadio domenica scorsa.
   _____

4. Chiedete a un amico se **ha avuto** molto da fare la settimana scorsa.
   _____

5. Chiedete a un amico se **ha visto** Maura ultimamente.
   _____

6. Chiedete a un amico se **e' venuto** a lavorare in macchina o con l'autobus.
   _____

어휘

l'ultimo romanzo 최근 소설, **avere molto da fare** 해야할 일이 많다, **ultimamente** 최근.

UNITA' 4

해석

1. 너 새로운 레스토랑에서 잘 먹었니? 2. 너 오리아나 팔라치의 최근 소설을 읽었니? 3. 너 지난 일요일에 축구장에 갔었니? 4. 너 지난 주에 할 일이 많았니? 5. 너 최근에 마우라를 보았니? 6. 너 일터에 자동차로 왔니, 버스로 왔니?

문법

타동사	**mandare**(send), **leggere**(read), **avere**(have), **vedere**(see) +목적어
자동사	**andare**(go), **venire**(come)

불규칙 과거분사를 갖는 주요 동사 정리

특히, -ere 동사에서 불규칙 과거분사를 많이 볼 수 있다. 이유는 규칙 과거분사 어미 -uto를 첨가할 때, 발음이 어렵고 둔탁해서 좋은 소리로 변형되어 왔다고 볼 수 있다. 언어는 소리가 우선이다.

essere(be)	**aprire**(open)	**bere**(drink)	**chiudere**(close)
stato/a/i/e	aperto	bevuto	chiuso
dire(say)	**mettere**(put)	**scegliere**(choose)	**vedere**(see)
detto	messo	scelto	visto

4.8 보기처럼 질문을 만들라!

Chiedete al signor Fioretto quando **ha ricominciato** a lavorare.
피오레토 씨께 언제 일을 다시 시작했는지를 물어보라.
→ Signor Fioretto, quando **ha ricominciato** a lavorare?
  피오레토 씨, 언제 일을 다시 시작했나요?

1. Chiedete al signor Fioretto quando **e' tornato** dalle vacanze.
   _____

2. Chiedete al signor Fioretto fino a che ora **ha lavorato** ieri sera.
   _____

3. Chiedete al signor Fioretto dove **ha passato** il fine settimana.

4. Chiedete al signor Fioretto perche' non **e' venuto** alla festa ieri sera.

5. Chiedete al signor Fioretto a chi **ha telefonato** stamattina.

6. Chiedete al signor Fioretto con chi **e' andato** a Venezia.

어휘

tornare dalle vacanze 휴가에서 돌아오다, **fine settimana** 주말.

해석

1. 피오레토 씨, 언제 휴가에서 돌아왔나요? 2. 피오레토 씨, 어제 저녁 몇 시까지 일했나요? 3. 피오레토 씨, 주말을 어디서 보냈나요? 4. 피오레토 씨, 어제 저녁 파티에 왜 안 왔나요? 5. 피오레토 씨, 오늘 아침 누구에게 전화했나요? 6. 피오레토 씨, 누구하고 베네치아에 갔나요?

4.9 자동사의 근과거 문장들이다. 과거분사 어미를 넣어라!

1. Ieri Vittorio **e' andat**_____ dal medico.
2. Francesco **e' nat**_____ a Roma.
3. In estate i ragazzi **sono rimast**_____ in citta'.
4. Lucia **e' uscit**_____ di casa alle 7.
5. Barbara e Irene **sono venut**_____ in Italia due mesi fa.
6. Maria **e' nat**_____ il 7 luglio 1967.
7. I miei genitori **sono nat**_____ e **vissut**_____ in Francia.
8. L'anno scorso Dino e io **siamo stat**_____ a Parigi 10 giorni.
9. Mio nonno **e' mort**_____ dieci anni fa.
10. Angelo e Sandro **sono tornat**_____ in Grecia.

11. Marta **e' arrivat**_____ in Italia una settimana fa.
12. Le bambine **sono rimast**_____ a casa tutto il pomeriggio.

해석

1. 어제 비토리오는 병원에 갔다. 2. 프란체스코는 로마에서 출생했다. 3. 여름에 그 소년들은 도시에 남아있었다. 4. 루치아는 7시에 집을 나섰다. 5. 바르바라와 이레네는 두 달 전에 이탈리아에 왔다. 6. 마리아는 1967년 7월7일에 출생했다. 7. 나의 부모님은 프랑스에서 출생해 사셨다. 8. 작년에 디노와 나는 10일 동안 파리에 있었다. 9. 나의 할아버지는 10년 전에 돌아가셨다. 10. 안젤로와 산드로는 그리스로 돌아왔다. 11. 마르타는 일주일 전에 이탈리아에 도착했다. 12. 여자 어린이들은 오후 내내 집에 머물렀다.

문법

불규칙 과거분사(자동사)

nascere(be born)	**rimanere**(remain)	**venire**(come)	**vivere**(live)
nato/a/i/e	**rimasto**/a/i/e	**venuto**/a/i/e	**vissuto**/a/i/e
morire(die)	**essere**(be)		
morto/a/i/e	**stato**/a/i/e		

4.10 동사를 근과거로 활용하라!

1. Ieri Matteo (**finire**) _____ di cenare e poi (**accendere**) _____ la TV per guardare il telegiornale.
2. Stamattina (io-**arrivare**) _____ tardi alla stazione e (**perdere**) _____ il treno.
3. Qualche giorno fa i miei amici (**andare**) _____ all'agenzia di viaggi e (**prenotare**) _____ un viaggio in Egitto.
4. Alla fermata dell'autobus (noi-**incontrare**) _____ Antonio, (noi-**parlare**) _____ del piu' e del meno, poi lui (**salire**) _____ sul 22 e noi (**prendere**) _____ il 39.
5. Ieri Valeria (**rimanere**) _____ tutto il pomeriggio a casa, (**ascoltare**)

_____ la musica e (**scrivere**) _____ una lettera a un ragazzo che (**conoscere**) _____ durante le vacanze.

6. Lorenzo, quando (**tornare**) _____ dalle vacanze? - Una settimana fa.
7. Domenica scorsa Sergio e io (**fare**) _____ una gita in campagna, (**passare**) _____ tutta la giornata in mezzo al verde, (**pranzare**) _____ al sacco e (**tornare**) _____ verso le 19.
8. Ragazzi, quando (**partire**) _____ da Milano? - Circa due ore fa.
9. Professore, (**prendere**) _____ gia' il caffe'?
10. Oggi non (io-**leggere**) _____ ancora il giornale perche' non (**avere**) _____ tempo.
11. Signorina, (**arrivare**) _____ tardi stamattina. Come mai? - Mi dispiace, ma stanotte non (**stare**) _____ bene e allora stamattina (**andare**) _____ dal dottore.
12. Ieri sera Aldo (**cominciare**) _____ a leggere un libro giallo.

어휘

finire di cenare 저녁식사를 마치다, **telegiornale** TV 뉴스, **perdere** ~를 놓치다, **qualche giorno fa** 며칠 전에, **agenzia di viaggi** 여행사, **prenotare** 예약하다, **alla fermata dell'autobus** 버스 정류장에서, **del piu' e del meno** 이런 저런 일에 대해, **salire su** ~로 오르다, **prendere** ~를 타다, **tutto il pomeriggio** 오후 내내, **durante** ~ 동안, **una settimana fa** 일주일 전에, **fare una gita** 나들이하다, **tutta la giornata** 하루 온 종일, **in mezzo a** ~ 한 복판에서, **pranzare al sacco** 도시락 점심을 먹다, **verso** ~경, **circa** 대략, **avere tempo** 시간이 있다, **libro giallo** 탐정 소설.

해석

1. 어제 마테오는 저녁 식사를 끝내고 난 후 뉴스를 보기 위해 TV를 켰다. 2. 오늘 아침 나는 역에 늦게 도착해서 기차를 놓쳤다. 3. 며칠 전 내 친구들은 여행사에 가서 이집트 여행을 예약했다. 4. 버스 정류장에서 우리는 안토니오를 만나 이런 저런 이야기를 하고 난 후 그는 22번 버스에 올랐고 우리는 39번 버스를 탔다. 5. 어제 발레리아는 오후 내내 집에 있었다. 그녀는 음악을

들었고 휴가 기간에 알게 된 소년에게 편지를 썼다. 6. 로렌초, 너 언제 휴가에서 돌아왔니? – 일주일 전에. 7. 지난 일요일 세르지오와 나는 시골 여행을 했다. 푸른 녹지 한 복판에서 하루를 온통 보내며 도시락 점심을 먹고 19시 경 돌아왔다. 8. 얘들아, 너희들 언제 밀라노에서 출발했니? – 약 두 시간 전에. 9. 교수님, 벌써 커피 드셨나요? 10. 나는 오늘 시간이 없어서 아직 신문을 읽지 못했다. 11. 아가씨, 오늘 아침 지각했는데 어쩐 일이죠? – 미안해요, 간밤에 몸이 아파 오늘 아침에 병원에 갔었어요. 12. 어제 저녁 알도는 탐정소설을 읽기 시작했다.

문법

타동사	**finire**(finish), **accendere**(switch on), **perdere**(miss), **prenotare**(book), **incontrare**(meet), **parlare**(speak), **prendere**(take), **ascoltare**(listen), **scrivere**(write), **conoscere**(know), **fare**(do), **passare**(pass), **pranzare**(lunch), **leggere**(read), **avere**(have), **cominciare**(begin) + 목적어
자동사	**arrivare**(arrive), **andare**(go), **salire**(go up), **rimanere**(remain), **tornare**(return), **partire**(leave), **stare**(be, stay)

불규칙 과거분사

rimanere	accendere	perdere	scrivere
rimasto/a/i/e	acceso	perso	scritto
fare	leggere		
fatto	letto		

4.11 보기처럼 변형시켜라!

Di solito **posso leggere** il giornale la mattina.
보통 나는 아침이면 신문을 읽을 수 있다. (시간이 있어서)
→ Anche ieri **ho potuto leggere** il giornale.
　어제도 나는 신문을 읽을 수 있었다.

1. Di solito **posso fare** colazione a casa.

2. Di solito **posso lasciare** il bambino a mia madre.

3. Di solito **posso prendere** la macchina di mio padre.

4. Di solito **devo studiare** molte ore.

5. Di solito **devo lavorare** fino a tardi.

6. Di solito **devo preparare** il pranzo in fretta.

어휘

lasciare 맡기다, **molte ore** 많은 시간, **in fretta** 급하게, **di solito** 흔히/보통/일반적으로.

해석

1. 어제도 나는 집에서 아침을 먹을 수 있었다. 2. 어제도 나는 어머니에게 아이를 맡길 수 있었다. 3. 어제도 나는 아버지 차를 얻어 탈 수 있었다. 4. 어제도 나는 많은 시간 공부해야 했다. 5. 어제도 나는 늦게까지 일해야 했다. 6. 어제도 나는 급하게 점심을 준비해야 했다.

문법

potere, dovere, volere와 근과거 만들기

avere + potuto/dovuto/voluto + 타동사원형	fare, lasciare(keep), prendere, studiare, lavorare, preparare...
essere + potuto/dovuto/voluto + 자동사원형	

*essere + 과거분사(주어와 성수일치)

UNITA' 4

4.12 보기처럼 변형시켜라!

Oggi Maria **vuole andare** in piscina.
오늘 마리아는 수영장에 가길 원한다.
→ Ieri, invece, non **e' voluta andare** in piscina.
  근데, 어제는 수영장에 가길 원하지 않았다.

1. Oggi Maria **vuole uscire** con Elena.
   _____

2. Oggi Maria **vuole restare** a casa.
   _____

3. Oggi Maria **vuole andare** in centro.
   _____

4. Oggi Maria **deve uscire** di casa presto.
   _____

5. Oggi Maria **deve tornare** a casa presto.
   _____

6. Oggi Maria **deve stare** a scuola fino alle 11.
   _____

해석

1. 근데, 어제는 엘레나와 외출을 원하지 않았다. 2. 근데, 어제는 집에 머물기를 원하지 않았다. 3. 근데, 어제는 시내에 가길 원하지 않았다. 4. 근데, 어제는 빨리 집을 나설 필요가 없었다. 5. 근데, 어제는 빨리 집으로 돌아갈 필요가 없었다. 6. 근데, 어제는 11시까지 학교에 있을 필요가 없었다.

문법

avere + potuto/dovuto/voluto + 타동사원형	
essere + potuto/dovuto/voluto + 자동사원형	uscire, restare(stay, remain), andare, tornare, stare(be, stay)

*essere + 과거분사(주어와 성수일치)

4.13 보기처럼 대답하라!

Vieni **al bar** dopo la lezione? - Si', **ci** vengo.
수업 후에 바에 갈래?　　　　　그래, (거기에) 갈게.

1. Vieni **a casa mia** stasera?
   _____

2. Vai **a Roma** domani?
   _____

3. Stai bene **in questa citta'**?
   _____

4. Resti **a casa** tutto il giorno?
   _____

5. Vieni a prendere qualcosa **al bar**?
   _____

6. Vai **al cinema** stasera?
   _____

7. Venite **al cinema** stasera?
   _____

8. Andate **in piscina** oggi?
   _____

9. State bene **in Italia**?
   _____ bene.

10. Restate **in biblioteca** fino a tardi?
    _____ fino a tardi.

11. Andate **a lezione** oggi pomeriggio?
    _____

12. Restate a pranzo **da noi**?
    _____ volentieri.

UNITA' 4

어휘

> **prendere qualcosa** 뭘 좀 먹다, **stare bene** 잘 지내다.

해석

1. 너 오늘 저녁 내 집에 갈래? 2. 너 내일 로마에 가니? 3. 너 이 도시에서 잘 지내? 4. 너 하루 종일 집에 있어? 5. 너 뭐 좀 마시러 바에 갈래? 6. 너 오늘 저녁 영화관에 가니? 7. 너희들 오늘 저녁 영화관에 갈래? 8. 너희들 오늘 수영장에 가니? 9. 너희들 이탈리아에서 잘 지내니? 10. 너희들 늦게까지 도서관에 남아있니? 11. 너희들 오늘 오후에 수업에 가니? 12. 너희들 점심 식사 때 우리 집에 머물래?

문법

장소부사(Avverbio di luogo)

앞서 언급된 장소부사(구)를 대신하는 'ci'는 문장을 간결하게 만들어 준다.

동사 andare와 venire의 구분

andare(go)는 그 문장의 주어만 '어느 장소에 가는 것'.
venire(come)는 화자와 청자가 '어느 장소에 함께 간다, 모인다' 는 의미를 함유.
Vai al cinema stasera? 너 오늘 저녁 영화관에 가니? (화자는 안 가고, 청자에게 질문만)
Vieni al cinema stasera? 너 오늘 저녁 (나와, 우리와) 영화관에 갈래?

동사 stare와 restare의 구분

stare(be, stay)는 '~에 있다, ~에서 지내다'.
restare(stay, remain)는 '~에 머물다, ~에 남다'.

4.14 보기처럼 대답하라!

Con chi sei andato **a Roma**? (un gruppo di amici)
너는 누구하고 로마에 갔니? (한 무리의 친구들)
- **Ci** sono andato con un gruppo di amici.
  나는 한 무리의 친구들과 거기 갔다.

1. Quando sei andato **in Sardegna**? (il mese scorso)

2. A che ora sei andato **a lezione** stamattina? (alle 9)

3. Come sei stato **in Italia**? (molto bene)

4. Quanto tempo sei rimasta **all'estero**? (due settimane)

5. Quando siete andate **in Francia**? (l'estate scorsa)

6. Con chi siete andate **a Parigi**? (da sole)

7. Quanto tempo siete rimaste **a Parigi**? (una settimana)

8. Con che cosa siete andate **in Francia**? (con l'aereo)

9. Quando e' andato **a New York** Franco? (due anni fa)

10. Come e' stato **a New York**? (abbastanza bene)

11. Con chi e' andato **a New York**? (con sua moglie)

12. Quanto tempo e' rimasto **a New York**? (20 giorni)

> **il mese scorso** 지난 달, **quanto tempo** how long, **rimanere due settimane** 2주간 머물다, **da sole** 여자들끼리, **da solo** 남자 혼자, **da sola** 여자 혼자, **da soli** 남자들끼리, **con che cosa** 무엇을 타고, **stare abbastanza bene** 꽤 잘 지내다, **moglie** wife.

UNITA' 4

해석

1. 너는 언제 사르데냐에 갔니? (지난 달에) 2. 너는 오늘 아침 몇 시에 수업에 갔니? (9시에) 3. 너는 이탈리아에서 어떻게 지냈어? (아주 잘) 4. 너는 외국에 얼마 간 머물렀니? (2주 동안) 5. 너희들은 언제 프랑스에 갔니? (지난 여름에) 6. 너희들은 누구하고 프랑스에 갔니? (우리끼리) 7. 너희들은 파리에서 얼마 간 머물렀니? (1주 동안) 8. 너희들은 무엇을 타고 프랑스에 갔니? (비행기로) 9. 프랑코는 뉴욕에 언제 갔니? (2년 전에) 10. 그는 뉴욕에서 어떻게 지냈어? (어느 정도 잘) 11. 그는 누구랑 뉴욕에 갔니? (그의 아내랑) 12. 그는 뉴욕에서 얼마 간 머물렀니? (20일 동안)

문법

장소부사(Avverbio di luogo)

ci는 앞에 나온 장소를 대신하면서 문장을 간결하게 만든다.

장소전치사(Preposizioni di luogo)

in+국가/큰 섬, a+도시. 그러나 항상 그런 것은 아니다. parto per la Francia (프랑스로 떠난다)와 같이 어떤 동사와 함께 오는가에 따라 어떤 장소에 있는 것인지, 어디를 향해 출발하는지를 구분해서 장소전치사를 사용해야 할 것이다.

4.15 보기처럼 변형시켜라!

Le frase difficile. → **Le frasi** difficili.
어려운 문장   어려운 문장들

1. **La notizia** importante.
   _____

2. **Il libro** noioso.
   _____

3. **L'amica** gentile.
   _____

4. **Lo studente** bravo.
   _____

5. **La macchina** veloce.

6. **La parete** bianca.

7. **Il quadro** antico.

8. **Lo spettacolo** divertente.

9. **Lo zaino** nuovo.

10. **La signora** elegante.

11. **L'attore** francese.

12. **Il cantante** americano.

> **importante** important, **noioso** boring, **gentile** gentle, **bravo** good, **veloce** fast, **bianco** white, **antico** antique, **divertente** funny/amusing, **nuovo** new, **elegante** elegant, **notizia** news, **parete** wall, **spettacolo** show/performance, **zaino** rucksack, **attore** actor, **cantante** singer.

1. 중요한 뉴스 2. 지루한 책 3. 친절한 여자친구 4. 훌륭한 학생 5. 빠른 자동차 6. 하얀 벽 7. 오래된 그림 8. 재미있는 공연 9. 새 배낭 10. 우아한 부인 11. 프랑스 배우 12. 미국 가수

형용사(Aggettivo)

제1그룹형용사(-o/a/i/e)	noioso, bravo, bianco, antico, nuovo, americano
제2그룹형용사(-e/i)	importante, gentile, veloce, divertente, elegante, francese

4.16 보기처럼 변형시켜라!

Questa lezione e' molto **interessante**. 이 수업은 매우 흥미롭다.
→ **Queste lezioni** sono molto **interessanti**. 이 수업들은 매우 흥미롭다.

1. **Questa storia** e' molto **divertente**.

2. **Questa frase** e' molto **facile**.

3. **Questa bambina** e' molto **carina**.

4. **Questo esercizio** e' molto **difficile**.

5. **Quest'aula** e' molto **grande**.

6. **Quest'orologio** e' molto **bello**.

7. **Questa strada** e' molto **stretta**.

8. **Questo studente** e' molto **intelligente**.

9. **Questo ragazzo** e' molto **gentile**.

10. **Questo documento** e' molto **importante**.

11. **Questo vestito** e' molto **caro**.

12. **Questo signore** e' molto **elegante**.

어휘

> **storia** story, **frase** sentence/phrase, **bambina** little girl, **esercizio** exercise, **strada** street, **vestito** dress/suit, **signore** gentleman, **facile** easy, **carino** pretty, **difficile** difficult, **stretto** narrow, **intelligente** intelligent, **caro** expensive.

해석

1. 이 이야기는 매우 재미있다. 2. 이 문장은 매우 쉽다. 3. 이 어린이는 매우 예쁘다. 4. 이 연습문제는 매우 어렵다. 5. 이 강의실은 매우 크다. 6. 이 시계는 매우 아름답다. 7. 이 도로는 매우 좁다. 8. 이 학생은 매우 똑똑하다. 9. 이 소년은 매우 친절하다. 10. 이 서류는 매우 중요하다. 11. 이 옷은 매우 비싸다. 12. 이 분은 매우 우아하다.

문법

형용사(Aggettivo)

제1그룹형용사(**-o/a/i/e**)	carino, bello, stretto, caro
제2그룹형용사(**-e/i**)	divertente, facile, difficile, grande, intelligente, gentile, importante, elegante

지시형용사(Aggettivi dimostrativi)

questo(this)

	단 수	복 수
남 성	**questo**	**questi**
여 성	**questa**	**queste**
	Questo orologio e' molto bello. Questa strada e' molto stretta.	Questi esercizi sono molto difficili. Queste bambine sono molto carine.

quel, quello, quella(that) – 뒤 따르는 명사와 정관사 규칙을 따라야 한다. 소리 때문이다.

	단 수	복 수
남 성	quel, quello	quei, quegli
여 성	quella	quelle
	Quel ragazzo e' molto gentile. Quello studente e' molto bravo. Quell'orologio e' molto bello.	Quella storia e' molto divertente. Quei ragazzi sono molto gentili. Quegli studenti sono molto bravi. Quegli orologi sono molto belli. Quelle storie sono molto divertenti.

4.17 보기처럼 변형시켜라!

Carlo dice: "**Sono tornato** un'ora fa".
카를로는 말한다. "나는 한 시간 전에 돌아왔어".
→ Carlo dice che **e' tornato** un'ora fa.
　카를로는 한 시간 전에 돌아왔다고 말한다.

1. Carlo dice: "**Ho ricevuto** una lettera importante".

2. Carlo dice: "Ieri **ho lavorato** tutto il giorno".

3. Carlo dice: "Ieri sera **sono tornato** a casa tardi".

4. Carlo dice: "**Ho passato** una settimana in Sicilia".

5. Carlo dice: "**Sono stato** a Milano la settimana scorsa".

6. Carlo dice: "**Ho avuto** l'influenza".

해석

1. 카를로는 중요한 편지를 받았다고 말한다.　2. 카를로는 어제 하루 종일 일했다고 말한다.

3. 카를로는 어제 저녁 늦게 집에 돌아왔다고 말한다.   4. 카를로는 시칠리아에서 일주일을 보냈다고 말한다.   5. 카를로는 지난 주에 밀라노에 있었다고 말한다.   6. 카를로는 독감에 걸렸다고 말한다.

문법

1~6. 직접화법 → 간접화법 : 이 경우 주체가 달라지기 때문에 동사 활용도 그에 따라 변화되어야 한다. io sono tornato → lui e' tornato.
che = that.

4.18 보기처럼 변형시켜라!

Franco e Lino dicono: "**Abbiamo dormito** fino a tardi stamattina".
프랑코와 리노는 말한다.   "우리는 오늘 아침 늦잠 잤어."
→ Franco e Lino dicono che **hanno dormito** fino a tardi stamattina.
   프랑코와 리노는 오늘 아침 늦잠 잤다고 말한다.

1. Franco e Lino dicono: "**Abbiamo fatto** un viaggio all'estero".

2. Franco e Lino dicono: "**Siamo usciti** di casa alle 8".

3. Franco e Lino dicono: "**Abbiamo avuto** molto da fare la settimana scorsa".

4. Franco e Lino dicono: "Non **abbiamo visto** Maria".

5. Franco e Lino dicono: "Ieri **siamo andati** allo stadio".

6. Franco e Lino dicono: "**Abbiamo mangiato** bene nel nuovo ristorante".

해석

1. 프랑코와 리노는 해외여행을 했다고 말한다.   2. 프랑코와 리노는 8시에 집을 나섰다고 말한

다. 3. 프랑코와 리노는 지난 주 할 일이 많았다고 말한다. 4. 프랑코와 리노는 마리아를 보지 못했다고 말한다. 5. 프랑코와 리노는 어제 축구장에 갔다고 말한다. 6. 프랑코와 리노는 새로운 레스토랑에서 잘 먹었다고 말한다.

문법

1~6. 직접화법 → 간접화법 : 이 경우 주체가 달라지기 때문에 동사 활용도 그에 따라 변화되어야 한다. noi abbiamo dormito → loro hanno dormito.
che = that.

4.19 전치사로 완성하라!

1. La lezione comincia _____ 8.
2. Hermann viene _____ Heidelberg.
3. Anna vive _____ due amiche.
4. Esco _____ casa _____ 7.
5. _____ solito lavoro fino _____ 18.
6. Angela e' greca: e' _____ Salonicco.
7. Pablo viene _____ Madrid.
8. Pierre viene _____ Francia.
9. Vado _____ dottore perche' sto male.
10. Le chiavi _____ casa sono _____ tavolo.
11. Vado _____ letto perche' ho sonno.
12. Le chiavi _____ garage sono _____ borsa.

해석

1. 수업은 8시에 시작된다. 2. 헤르만은 하이델베르그 출신이다. 3. 안나는 두 명의 여자친구들과 살고 있다. 4. 나는 7시에 집을 나선다. 5. 보통 나는 18시까지 일을 한다. 6. 안젤라는 살로니코 출신의 그리스인이다. 7. 파블로는 마드리드 출신이다. 8. 피에르는 프랑스 출신이다. 9. 나는 몸이 아파서 병원에 간다. 10. 집 열쇠들은 테이블 위에 있다. 11. 나는 졸려서 자러 간다. 12. 차고 열쇠들은 가방 속에 있다.

4.20 전치사로 완성하라!

1. Simone e' stato _____ vacanza _____ mare.
2. Maria e' andata _____ campeggio _____ un gruppo _____ amici.
3. Ho preferito passare le ferie _____ estero.
4. Sono andata _____ montagna _____ Sandro.
5. Il treno e' partito _____ Milano _____ 16.30 ed e' arrivato _____ Venezia _____ 19.
6. _____ Firenze abbiamo fatto un giro _____ centro.
7. I ragazzi sono partiti _____ Parigi sabato scorso.
8. Siamo tornati _____ casa _____ mezzanotte.
9. Il treno _____ Firenze e' arrivato _____ ritardo.
10. Ieri sera sono andato _____ discoteca _____ la mia ragazza.
11. Siamo saliti _____ quarto piano _____ l'ascensore.
12. Vanessa e' andata _____ Spagna _____ imparare lo spagnolo.

어휘

campeggio camp site, **passare le ferie** 휴가를 보내다, **ascensore** lift/elevator, **imparare** learn.

해석

1. 시모네는 휴가를 즐기기 위해 바다에 있었다. 2. 마리아는 한 무리의 친구들과 캠핑장에 갔다. 3. 나는 해외에서 휴가 보내는 것을 선호했다. 4. 나는 산드로와 산에 갔다. 5. 기차는 16시30분에 밀라노를 떠나, 19시에 베네치아에 도착했다. 6. 피렌체에서 우리는 시내를 돌아다녔다. 7. 소년들은 지난 토요일 파리로 떠났다. 8. 우리는 자정에 집에 돌아왔다. 9. 피렌체 발 열차가 늦게 도착했다. 10. 어제 저녁 나는 애인과 함께 디스코텍에 갔다. 11. 우리는 엘리베이터로 4층에 올라갔다. 12. 바넷사는 스페인어를 배우기 위해 스페인에 갔다.

UNITA' 5

5.1 Il **mio** vestito e' nuovo.
5.2 Il **nostro** professore e' molto gentile.
5.3 Ho visitato la **sua** citta'.
5.4 Ho visto il **loro** appartamento.
5.5 소유형용사로 완성하라!
5.6 Gianni, e' **tuo** questo portafoglio? - Si', e' (il) **mio**.
5.7 I **miei** professori sono giovani. → Il **mio** professore e' giovane.
5.8 소유형용사로 완성하라!
5.9 Matteo dice che la **sua** amica e' spagnola.
5.10 I signori Fioretto dicono che la **loro** casa e' grande.
5.11 전치사로 완성하라!
5.12 전치사로 완성하라!

- 소유형용사(Aggettivi possessivi):
  mio(my), tuo(your), suo/Suo(his, her/Your), nostro(our), vostro(your), loro(their)
- 지시대명사(Pronomi dimostrativi):
  questo(this), quello(that)
- 소유대명사(Pronomi possessivi):
  il mio(mine), il tuo(yours), il suo(his, hers) ...

5.1 보기처럼 변형시켜라!

Io ho **un vestito nuovo.** → **Il mio vestito** e' **nuovo.**
나는 새 옷을 갖고 있다.   내 옷은 새 것이다.

1. Io ho **un vicino** di casa **simpatico**.
   _____

2. Io ho **le scarpe nuove.**
   _____

3. Io ho **una maglietta azzurra.**
   _____

4. Tu hai **un vestito elegante.**
   _____

5. Tu hai **un'amica carina.**
   _____

6. Tu hai **i guanti di lana.**
   _____

7. Stella ha **i capelli lunghi.**
   _____

8. Aldo ha **una fidanzata francese.**
   _____

9. Giuseppe ha **una camicia bianca.**
   _____

10. Lorenzo ha **i pantaloni neri.**
    _____

11. Giovanna ha **la gonna di seta.**
    _____

12. Teresa ha **un cappotto nuovo.**
    _____

UNITA' 5

어휘

> **vicino di casa** neighbour, **simpatico** nice/pleasant/likeable, **scarpe** shoes, **maglietta** T-shirt, **azzurro** blue/azure, **vestito** dress/suit, **elegante** elegant, **guanti** gloves, **lana** wool, **capelli** hair, **lungo** long, **fidanzata** fiancee, **camicia** shirt/blouse, **bianco** white, **pantaloni** trousers, **nero** black, **gonna** skirt, **seta** silk, **cappotto** coat.
> 6,11 **di lana, di seta**: 전치사 'di'는 재질을 의미한다. '울로 만든', '실크로 만든'.

해석

1. 내 이웃은 성격이 좋다. 2. 내 구두는 새 것이다. 3. 내 티셔츠는 하늘색이다. 4. 네 옷은 우아하다. 5. 네 여자친구는 예쁘다. 6. 네 장갑은 울로 되어 있다. 7. 그녀의 머리는 길다. 8. 그의 약혼녀는 프랑스인이다. 9. 그의 와이셔츠는 하얗다. 10. 그의 바지는 검은 색이다. 11. 그녀의 치마는 실크로 되어 있다. 12. 그녀의 외투는 새 것이다.

문법

소유형용사(Aggettivi possessivi)

1) 형용사이므로 명사와 성, 수 일치해야 한다.
2) 피소유물의 성, 수에 따라 형용사 어미를 일치시킨다. '그녀의 외투'를 la sua cappotto 라고 해서는 안 된다. 'cappotto'에 성수 일치하여 il suo cappotto가 올바른 표현이다.
3) loro는 성수에 무관하게 동형이다.

io	**mio**, mia, miei, mie	나의	la mia casa 나의 집
tu	**tuo**, tua, tuoi, tue	너의	il tuo libro 너의 책
lui	**suo**, sua, suoi, sue	그의	il suo cappotto 그의 외투
lei	**suo**, sua, suoi, sue	그녀의	il suo cappotto 그녀의 외투
Lei	**Suo**, Sua, Suoi, Sue	당신의	la Sua borsa 당신의 가방
noi	**nostro**/a/i/e	우리들의	il nostro gatto 우리들의 고양이
voi	**vostro**/a/i/e	너희들의	la vostra camera 너희들의 방
loro	**loro***	그들의	la loro amicizia 그들의 우정

제1그룹형용사(-o/a/i/e)	simpatico, nuovo, azzurro, carino, lungo, bianco, nero
제2그룹형용사(-e/i)	elegante, francese

5.2 보기처럼 변형시켜라!

Noi abbiamo **un professore** molto **gentile**.
우리는 매우 친절한 교수님을 모시고 있다.
→ **Il nostro professore** e' molto **gentile**.
  우리 교수님은 매우 친절하시다.

1. Noi abbiamo **una casa grande.**

2. Noi abbiamo **un giardino pieno** di fiori.

3. Noi abbiamo **una famiglia numerosa.**

4. Noi abbiamo **degli amici stranieri.**

5. Voi avete **una macchina veloce.**

6. Voi avete **dei professori bravi.**

7. Voi avete **dei vicini** di casa **antipatici.**

8. Voi avete **una casa accogliente.**

9. Le mie amiche hanno **un appartamento in centro.**

10. Franco e Lea hanno **dei vicini** di casa **gentili.**

11. I miei amici hanno **una casa in periferia.**

12. Paola e Stefania hanno **un lavoro interessante.**

어휘

> **pieno di** ~로 가득한, **numeroso** 수많은, **antipatico** 비위에 거슬리는, **accogliente** 아늑한, **in centro** 도심에 있는, **in periferia** 외곽에 있는.

해석

1. 우리 집은 크다. 2. 우리 정원은 꽃으로 가득하다. 3. 우리 가족은 대가족이다. 4. 우리의 몇몇 친구들은 외국인이다. 5. 너희들의 자동차는 빠르다. 6. 너희들의 몇몇 교수님들은 훌륭하다. 7. 너희들의 몇몇 이웃들은 비위에 거슬린다. 8. 너희들의 집은 아늑하다. 9. 그들의 아파트는 시내에 있다. 10. 그들의 몇몇 이웃들은 친절하다. 11. 그들의 집은 교외에 있다. 12. 그들의 일은 흥미롭다.

문법

제1그룹형용사(-o/a/i/e)	pieno, numeroso, straniero, bravo, antipatico
제2그룹형용사(-e/i)	grande, veloce, accogliente, gentile, interessante

9,11 **in centro, in periferia** : 전치사구로서 수식어의 역할을 한다.
7,10 **vicini di casa** : 형용사가 수식하는 명사는 casa가 아니라 vicini이다. 왜냐하면, vicini di casa에서도 di casa는 수식어일 뿐이고 명사는 vicini(이웃, 가까운 사람들)이기 때문이다.

5.3 보기처럼 변형시켜라!

Ho visitato **la citta' di Emanuela.** → Ho visitato **la sua citta'.**
나는 에마누엘라의 도시를 방문했다.   나는 그의 도시를 방문했다.

1. Ho guardato **le foto di Giorgio.**

2. Ho conosciuto **il ragazzo di Delia.**

3. Ho salutato **i genitori di Carlo.**

4. Ho lavato **la camicia di mio figlio.**

5. Ho ascoltato **le cassette di Paola.**

6. Ho ricevuto **la cartolina di Teresa.**

🔵 해석

1. 나는 그의 사진들을 보았다. 2. 나는 그녀의 애인을 알게 되었다. 3. 나는 그의 부모님들께 인사했다. 4. 나는 그의 셔츠를 세탁했다. 5. 나는 그녀의 카세트들을 들었다. 6. 나는 그녀의 엽서를 받았다.

🔵 문법

4. **mio figlio**: 소유형용사가 가족 친족 단수 명사를 수식할 경우, 정관사는 생략된다. mio padre, tuo fratello, suo zio, nostro cugino, vostro nonno... 단, loro는 정관사를 취한다. il loro nipote, la loro nipote...

5.4 보기처럼 변형시켜라!

Ho visto **l'appartamento dei signori Minardi.**
나는 미나르디 씨 부부의 아파트를 보았다.
→ Ho visto **il loro appartamento.**
   나는 그들의 아파트를 보았다.

1. Ho visto **la casa di Elena e Maria.**

UNITA' 5

2. Ho salutato **gli zii di Carlo e Roberto**.
_____

3. Ho conosciuto **le amiche di Lea e Ida**.
_____

4. Ho ricevuto **la lettera dei miei amici**.
_____

5. Ho visitato **la citta' dei signori Cosmi**.
_____

6. Ho ricevuto **il pacco di Dino e Maria**.
_____

해석

1. 나는 그들의 집을 보았다. 2. 나는 그들의 삼촌들에게 인사했다. 3. 나는 그들의 여자친구들을 알게 되었다. 4. 나는 그들의 편지를 받았다. 5. 나는 그들의 도시를 방문했다. 6. 나는 그들의 소포를 받았다.

문법

소유형용사 loro : 형태의 변화가 없이 남성, 여성, 단수, 복수 어느 것을 수식할 경우에도 항상 그 모습이다. il loro appartamento, i loro zii, la loro citta', le loro amiche...

5.5 소유형용사로 완성하라!

1. Giorgio, **questo** e' _____ orologio?
2. Roberta, **questi** sono _____ vestiti?
3. Signora, **questa** e' _____ macchina?
4. Direttore, **queste** sono _____ penne?
5. Paolo, **questi** sono _____ occhiali?
6. Signora, **queste** sono _____ chiavi?
7. Chiara, **questo** e' _____ maglione?
8. Professore, **questi** sono _____ studenti?
9. Dottore, **questa** e' _____ borsa?

10. Ragazzi, **questi** sono _____ motorini?
11. Ragazze, **questa** e' _____ casa?
12. Ragazzi, **questa** e' _____ classe?

해석

1. 지오르지오, 이것이 네 시계니? 2. 로베르타, 이것들은 네 옷이니? 3. 부인, 이것이 당신의 자동차인가요? 4. 사장님, 이것들은 당신의 펜인가요? 5. 파올로, 이것이 네 안경이니? 6. 부인, 이것들은 당신의 열쇠인가요? 7. 키아라, 이것이 네 스웨터니? 8. 교수님, 이들이 당신의 학생인가요? 9. 의사 선생님, 이것이 당신의 가방인가요? 10. 얘들아, 이것들이 너희들 스쿠터니? 11. 얘들아, 이것이 너희들 집이니? 12. 얘들아, 이것이 너희들 학급이니?

문법

지시대명사(Pronomi dimostrativi)
questo(this) **questi**(these)/**quello**(that) **quelli**(those)

	단 수	복 수
남성	**questo/quello**	**questi/quelli**
여성	**questa/quella**	**queste/quelle**
	Questo e' il suo orologio. Questa e' la mia macchina. Quello e' il suo orologio. Quella e' la mia macchina.	Questi sono i suoi orologi. Queste sono le mie macchine. Quelli sono i suoi orologi. Quelle sono le mie macchine.

5.6 보기처럼 대답하라!

Gianni, e' **tuo** questo portafoglio? – Si', e' (il) **mio.**
쟌니, 이 지갑 네 거니?   그래, 내 거야.

1. Mauro, e' **tua** questa moto?
   _____

2. Mauro, sono **tue** queste chiavi?
   _____

3. Mauro, e' **tuo** questo cappello?

UNITA' 5

4. Mauro, sono **tuoi** questi CD?

5. E' **di Claudio** questa macchina?

6. Sono **di Claudio** questi giornali?

7. E' **di Claudio** questa sciarpa?

8. Sono **di Claudio** questi soldi?

9. E' **di Giulia** questa camicia?

10. Sono **di Giulia** questi jeans?

11. E' **di Giulia** questo cappotto?

12. Sono **di Giulia** queste scarpe?

해석

1. 마우로, 이 오토바이 네 거니? 2. 마우로, 이 열쇠들 네 거니? 3. 마우로, 이 모자 네 거니? 4. 마우로, 이 CD들 네 거니? 5. 이 자동차 클라우디오 거니? 6. 이 신문들 클라우디오 거니? 7. 이 목도리 클라우디오 거니? 8. 이 돈 클라우디오 거니? 9. 이 셔츠 클라우디오 거니? 10. 이 청바지 쥴리아 거니? 11. 이 외투 쥴리아 거니? 12. 이 구두 쥴리아 거니?

문법

소유대명사(Pronomi possessivi)
'정관사+소유형용사' 형태를 지니지만 일반적으로 정관사는 생략된다.
E' il mio (내 것이다). E' la tua (네 것이다). E' il suo (그/그녀의 것이다).
5~12. **di Claudio/Giulia** : 전치사 'di'는 소유를 의미한다. '클라우디오/쥴리아의 것'.

5.7 보기처럼 변형시켜라!

I miei professori sono giovani. → **Il mio professore** e' giovane.
나의 교수님들은 젊다.   나의 교수님은 젊다.

1. **I miei vicini** di casa sono americani.

2. **Le sue sorelle** abitano a Roma.

3. **Le nostre ospiti** vengono da Catania.

4. **I vostri zii** vengono spesso da voi?

5. **Le mie insegnanti** sono simpatiche.

6. **I miei figli** studiano all'Universita'.

7. **I tuoi amici** arrivano stasera?

8. **Le loro figlie** frequentano un corso di restauro.

9. **I suoi fratelli** sono arrivati da Pisa ieri sera.

10. **Le nostre cugine** lavorano in una fabbrica di scarpe.

11. **Le vostre amiche** sono straniere?

12. **I loro amici** abitano in campagna.

해석

1. 내 이웃들은 미국인이다. 2. 그의 누이들은 로마에 거주한다. 3. 우리 손님들은 카타니아 출

신이다. 4. 너희 삼촌들은 너희 집에 자주 오시니? 5. 나의 선생님들은 성격이 좋으시다. 6. 나의 자식들은 대학에서 공부한다. 7. 네 친구들은 오늘 저녁 오니? 8. 그들의 딸들은 복원 과정에 다닌다. 9. 그의 형제들은 어제 저녁 피사에서 왔다. 10. 우리 여자 사촌들은 구두 공장에서 일한다. 11. 너희 여자친구들은 외국인이니? 12. 그들의 친구들은 시골에 거주한다.

문법

1~12. 정관사+소유형용사+명사 : 이 구조에서 key word는 명사이다. 명사의 성, 수에 따라 정관사와 소유형용사는 반드시 일치되어야 한다. 물론, 동사(essere) 다음에 오는 수식어인 형용사도 명사의 성, 수를 따라야 한다. 그러나 일반 동사(abitare, venire, studiare, arrivare, frequentare, lavorare...) 다음에 오는 어떠한 표현도 성, 수 일치해서는 안 된다.

5.8 소유형용사로 완성하라!

1. Stasera Lorenzo esce con _____ fidanzata.
2. Carlo, a che ora torna da scuola _____ sorella?
3. Non ricordo dove ho messo _____ passaporto.
4. Signora, puo' darmi _____ numero di telefono?
5. Ragazzi, avete messo in ordine _____ camera?
6. Paola e' stanca, e' andata in camera _____ .
7. Giorgio, come sta _____ padre?
8. Domenica andiamo a Siena: vengono anche _____ amici con _____ figlia.
9. "Che ore sono?" "Non lo so, _____ orologio e' fermo."
10. Aldo, stasera vengo a casa _____ e facciamo quattro chiacchiere.
11. Prima di partire Silvia ha salutato _____ amici.
12. Ragazzi, dovete prendere _____ macchina, la mia e' senza benzina.

어휘

fidanzata 약혼녀, **a che ora** 몇 시에, **mettere** put, **mettere in ordine** 정리정돈하다, **essere fermo** 멈추다, **fare quattro chiacchiere** 수다떨다, **senza**

without, **benzina** 휘발유.

해석

1. 오늘 저녁 로렌쵸는 그의 약혼녀와 외출한다. 2. 카를로, 너의 누이는 몇 시에 학교에서 돌아오니? 3. 나는 내 여권을 어디에 두었는지 기억이 안 난다. 4. 부인, 당신의 전화번호를 제게 주실 수 있나요? 5. 애들아, 너희 방을 정리정돈했니? 6. 파올라는 피곤해서 그녀의 방으로 갔다. 7. 지오르지오, 네 아버지는 어떻게 지내시니? 8. 일요일에 우리는 시에나에 가는데 딸과 함께 우리 친구들도 간다. 9. "몇 시니?" "모르겠는데, 내 시계가 섰어." 10. 알도, 오늘 저녁 네 집에 간다. 우리 수다나 떨자. 11. 떠나기 전에 실비아는 그녀의 친구들에게 인사했다. 12. 애들아, 너희 자동차를 가져가야 되겠다. 내 차는 기름이 없어.

5.9 보기처럼 변형시켜라!

Matteo dice : "**La mia amica** e' spagnola".
마테오는 말한다. "내 여자친구는 스페인 사람이다."
→ Matteo dice che **la sua amica** e' spagnola.
　마테오는 그의 여자친구가 스페인 사람이라고 말한다.

1. Matteo dice: "**Il mio cappotto** e' nuovo".
　_____

2. Matteo dice: "**I miei guanti** sono di lana".
　_____

3. Matteo dice: "**La mia fidanzata** e' francese".
　_____

4. Matteo dice: "**Le mie sorelle** hanno una macchina nuova".
　_____

5. Matteo dice: "**Mio padre** fa l'avvocato".
　_____

6. Matteo dice: "**Mio fratello** va ancora a scuola".
　_____

UNITA' 5

> **fare l'avvocato** 변호사이다/변호사 일을 하다.

1. 마테오는 그의 외투가 새 것이라고 말한다. 2. 마테오는 그의 장갑이 울로 되어 있다고 말한다. 3. 마테오는 그의 약혼녀가 프랑스인이라고 말한다. 4. 마테오는 그의 누이들이 새 차를 갖고 있다고 말한다. 5. 마테오는 그의 아버지가 변호사라고 말한다. 6. 마테오는 그의 형이 학교에 아직 다닌다고 말한다.

1~6. 직접화법 → 간접화법 : 이 경우 주체가 달라지기 때문에 소유형용사도 그에 따라 변화되어야 한다. la mia amica → la sua amica, il mio cappotto → il suo cappotto...
che = that.

5.10 보기처럼 변형시켜라!

I signori Fioretto dicono: "**La nostra casa** e' grande".
피오레토 부부는 말한다. "우리 집은 크다."
→ I signori Fioretto dicono che **la loro casa** e' grande.
  피오레토 부부는 그들의 집이 크다고 말한다.

1. I signori Fioretto dicono: "**Il nostro giardino** e' pieno di fiori".
   _____

2. I signori Fioretto dicono: "**Il nostro cane** e' un vero amico".
   _____

3. I signori Fioretto dicono: "**La nostra macchina** non funziona bene".
   _____

4. I signori Fioretto dicono: "**Le nostre figlie** vanno ancora a scuola".

5. I signori Fioretto dicono: "**Nostro figlio** fa l'insegnante".

6. I signori Fioretto dicono: "**Nostra figlia** ha gia' il motorino".

어휘

vero 진정한/진짜, **funzionare** 작동/기능하다, **insegnante** 교사, **motorino** 스쿠터.

해석

1. 피오레토 부부는 그들의 정원이 꽃으로 가득하다고 말한다. 2. 피오레토 부부는 그들의 개가 진정한 친구라고 말한다. 3. 피오레토 부부는 그들의 자동차가 기능을 잘 하지 못한다고 말한다. 4. 피오레토 부부는 그들의 딸들이 아직 학교에 다닌다고 말한다. 5. 피오레토 부부는 그들의 아들 직업이 교사라고 말한다. 6. 피오레토 부부는 그들의 딸이 벌써 스쿠터를 갖고 있다고 말한다.

문법

1~6. **직접화법 → 간접화법** : 이 경우 주체가 달라지기 때문에 소유형용사도 그에 따라 변화되어야 한다. il nostro giardino → il loro giardino, la nostra macchina → la loro macchina...

che = that.

직설법 현재(Presente indicativo)

불규칙활용 동사

	dire(say)		
io	dico	noi	diciamo
tu	dici	voi	dite
lui	dice	loro	dicono

UNITA' 5

5.11 전치사로 완성하라!

1. Stasera Sebastiano vuole andare _____ centro _____ la sua ragazza.
2. Il maglione _____ mia sorella e' _____ lana.
3. Marta ha studiato l'inglese _____ scuola.
4. L'amica di mia sorella lavora _____ una fabbrica _____ scarpe.
5. Abito _____ la mia famiglia _____ un appartamento vicino _____ stazione.
6. Sabato vado _____ mio padre e _____ le mie due sorelle _____ trovare i nonni _____ campagna.
7. Ho comprato un regalo _____ i miei genitori e _____ mio fratello.
8. _____ la festa _____ compleanni _____ Giovanna ho messo un vestito nuovo _____ seta blu.
9. I nostri vicini _____ casa hanno un giardino pieno _____ fiori.
10. Vieni _____ cena _____ casa mia stasera?
11. _____ il suo compleanno Elena ha ricevuto un mazzo _____ rose rosse.
12. Dopo pranzo ho fatto una passeggiata _____ parco _____ il mio cane.

어휘

> **maglione** 스웨터, **essere di lana** 울로 되어 있다, **andare a trovare i nonni** 조부모를 만나러 가다, **mettere un vestito** 옷을 한 벌 입다, **di seta** 실크로 만든, **un mazzo di ~** 한 다발, **rose rosse** 붉은 장미들, **fare una passeggiata** 산책하다.

해석

1. 오늘 저녁 세바스티아노는 그의 애인과 시내에 가고자 한다. 2. 내 누이의 스웨터는 울로 되어 있다. 3. 마르타는 학교에서 영어를 공부했다. 4. 내 누이의 여자친구는 구두 공장에서 일한

다. 5. 나는 역 근처 아파트에서 가족과 함께 거주하고 있다. 6. 토요일에 나는 아버지와 두 명의 누이들과 함께 시골에 계시는 조부모님을 뵈러 간다. 7. 나는 부모님과 형을 위해 선물을 샀다. 8. 지오반나의 생일 파티를 위해 나는 파란색 실크로 만든 새 옷을 입었다. 9. 우리 이웃들은 꽃으로 가득한 정원을 갖고 있다. 10. 오늘 저녁 식사 때 내 집에 올 거니? 11. 엘레나는 그녀의 생일 때 붉은 장미 한 다발을 받았다. 12. 점심 식사 후 나는 개와 함께 공원을 산책했다.

5.12 전치사로 완성하라!

1. Tutte le sere mio padre guarda la TV fino _____ tardi.
2. _____ dicembre andiamo _____ mare _____ Africa _____ un gruppo _____ amici.
3. Stasera Giovanni telefona _____ suoi genitori che vivono _____ Firenze _____ Italia.
4. Stella e Bruno partono _____ gli Stati Uniti _____ aereo.
5. Ho l'abitudine _____ fare colazione _____ bar.
6. Sono _____ Italia _____ un mese e comincio _____ capire e _____ parlare l'italiano.
7. Le lezioni cominciano _____ nove e finiscono _____ mezzogiorno.
8. Domattina devo andare _____ prendere Marco _____ stazione.
9. Giulio abita davanti _____ casa mia, vicino _____ supermercato.
10. Grazia va _____ biblioteca _____ restituire un libro.
11. _____ undici la lezione finisce, gli studenti escono _____ aula e vanno _____ fare un giro _____ centro.
12. Robert e Paul vanno _____ Stati Uniti, _____ New York.

tutte le sere 매일 저녁, **fino a tardi** 늦게까지, **in dicembre** 12월에, **un gruppo di amici** 한 무리의 친구들, **avere l'abitudine di** ~하는 습관이 있다, **cominciare** 시작되다, **finire** 끝나다, **a mezzogiorno** 정오에, **domattina** (=domani mattina) 내일 아침, **prendere** 픽업하다, **restituire** 반환하다/돌려주다.

UNITA' 5

해 석

1. 매일 저녁 나의 아버지는 늦게까지 TV를 보신다. 2. 12월에 우리는 친구들 단체로 아프리카에 있는 바다에 간다. 3. 오늘 저녁 지오반니는 이탈리아 피렌체에 살고 있는 부모님께 전화한다. 4. 스텔라와 브루노는 미국으로 비행기 타고 떠난다. 5. 나는 바에서 아침을 먹는 습관이 있다. 6. 나는 이탈리아에 온지 한 달이고 이탈리아어를 말하고 이해하기 시작한다. 7. 수업은 9시에 시작하여 정오에 끝난다. 8. 내일 아침 나는 마르코를 마중하러 역에 가야 한다. 9. 줄리오는 슈퍼마켓 근처 나의 집 맞은편에 거주한다. 10. 그라찌아는 책을 반납하러 도서관에 간다. 11. 11시에 수업이 끝난다. 학생들은 강의실을 나와서 시내로 나들이 하러 간다. 12. 로버트와 폴은 미국 뉴욕으로 간다.

UNITA' 6

6.1 **Partiremo** fra una settimana.
6.2 **Lavorerai** fino a tardi?
6.3 Anche domani ci **sara'** il sole.
6.4 Quando **andrai** da Pietro? - **Andro'** nel pomeriggio.
   Quando **verrai** a cena da noi?- **Verro'** sabato prossimo.
6.5 Dopo che **avra' visto** il film, Carlo **andra'** a letto.
   → Dopo il film Carlo **andra'** a letto.
6.6 Prima **mangero'** e poi **berro'** un caffe'.
   → Dopo che **avro' mangiato, berro'** un caffe'.
6.7 단순미래로 활용하라!
6.8 동사를 적절한 시제(근과거/현재/단순미래)로 활용하라!
6.9 Ogni giorno **telefono** a casa. Anche ieri **ho telefonato** ai miei genitori; domani invece non **telefonero'**.
6.10 Paolo dice che **fara'** un viaggio all'estero.
6.11 Rosina **sa** cucinare molto bene.
   Mio padre **conosce** molto bene l'arte del Quattrocento.

- 직설법 단순미래

  규칙활용 동사 : frequentero', leggero', usciro' ...

  불규칙활용 동사 : saro', avro', andro', faro', verro', berro' ...

- 직설법 복합미래(미래완료)

  [avere 미래＋타동사의 과거분사] [essere 미래＋자동사의 과거분사(주어와 성수일치)]

- 직설법 현재/근과거/단순미래 연습
- **sapere**＋문장/동사원형/명사(구)

  conoscere＋명사(구)

UNITA' 6

6.1 보기처럼 변형시켜라!

Partiro' fra una settimana. → **Partiremo** fra una settimana.
나는 일주일 후에 떠날 예정이다.   우리는 일주일 후에 떠날 예정이다.

1. **Frequentero'** un corso di inglese.
   _____

2. **Cerchero'** un nuovo lavoro.
   _____

3. **Spediro'** la lettera fra poco.
   _____

4. **Studiero'** lo spagnolo.
   _____

5. Cecilia **uscira'** dal lavoro alle sei.
   Cecilia e Sabina _____

6. Cecilia **comprera'** una nuova casa.
   Cecilia e Sabina _____

7. Cecilia **prendera'** le ferie in luglio.
   Cecilia e Sabina _____

8. Cecilia **leggera'** molti libri.
   Cecilia e Sabina _____

9. **Telefonerai** al medico?
   _____

10. **Risponderai** alla lettera di Pietro?
    _____

11. **Tornerai** presto a Bologna?
    _____

12. **Partirai** domani?
    _____

fra poco 잠시 후, **prendere le ferie** 휴가를 얻다, **in luglio** 7월에, **medico** 의사.

1. 나는 영어 과정을 다닐 예정이다. 2. 나는 새로운 일을 찾을 예정이다. 3. 나는 잠시 후 편지를 부칠 예정이다. 4. 나는 스페인어를 공부할 예정이다. 5. 체칠리아는 6시에 퇴근할 예정이다. 6. 체칠리아는 새 집을 한 채 살 예정이다. 7. 체칠리아는 7월에 휴가를 얻을 예정이다. 8. 체칠리아는 많은 책을 읽을 예정이다. 9. 너는 의사에게 전화할 예정이니? 10. 너는 피에트로의 편지에 답장할 예정이니? 11. 너는 볼로냐로 빨리 돌아갈 예정이니? 12. 너는 내일 떠날 예정이니?

문법

단순미래(Futuro semplice)

규칙활용

	abit-are (inhabit)	vend-ere (sell)	part-ire (leave)	sped-ire (send)
io	abit**ero'**	vend**ero'**	part**iro'**	sped**iro'**
tu	abit**erai**	vend**erai**	part**irai**	sped**irai**
lui	abit**era'**	vend**era'**	part**ira'**	sped**ira'**
noi	abit**eremo**	vend**eremo**	part**iremo**	sped**iremo**
voi	abit**erete**	vend**erete**	part**irete**	sped**irete**
loro	abit**eranno**	vend**eranno**	part**iranno**	sped**iranno**

* -are, -ere 동사의 활용어미가 동일하다. -ire 동사 가운데 삽입사 -isc-가 들어가는 동사들도 미래 활용에서 삽입사는 필요 없다.

frequentare	cercare	studiare	comprare	telefonare	tornare
(attend)	(look for)	(study)	(buy)	(telephone)	(return)
prendere	**leggere**	**rispondere**	**spedire**	**uscire**	**partire**
(take)	(read)	(respond)	(send)	(go out)	(leave)

6.2 보기처럼 변형시켜라!

Lavori fino a tardi? → **Lavorerai** fino a tardi?
너는 늦게까지 일하니?   너는 늦게까지 일할 예정이니?

1. **Passi** le vacanze in citta' l'estate prossima?

2. **Smetti** di fumare?

3. **Cominci** a lavorare presto domattina?

4. **Parti** fra poco?

5. Patrizia **compra** una macchina nuova?

6. Patrizia **parte** per il mare?

7. Patrizia **studia** fino a tardi?

8. Patrizia **lavora** il mese prossimo?

9. **Uscite** con la macchina stasera?

10. **Restate** a casa stasera?

11. I tuoi amici **dormono** in albergo stanotte?

12. I tuoi amici **partono** domani?

어휘

l'estate prossima 다음/내년 여름, smettere di fumare 금연하다, cominciare a lavorare 일을 시작하다, domattina (=domani mattina) 내일 아침, fra poco 잠시 후, il mese prossimo next month, stasera this evening, stanotte tonight.

해석

1. 너는 다음 여름에 도시에서 휴가를 보낼 예정이니? 2. 너는 담배 끊을 거니? 3. 너는 내일 아침 일찍 일을 시작할 거니? 4. 너는 잠시 후에 떠날 거니? 5. 파트리치아는 새 차를 살 예정이니? 6. 파트리치아는 바다로 떠날 예정이니? 7. 파트리치아는 늦게까지 공부할 거니? 8. 파트리치아는 다음 달 일할 거니? 9. 너희들은 오늘 저녁 차 갖고 외출할 예정이니? 10. 너희들은 오늘 저녁 집에 있을 예정이니? 11. 네 친구들은 오늘 밤 호텔에서 잘 예정이니? 12. 네 친구들은 내일 떠날 예정이니?

문법

단순미래(Futuro semplice)

규칙활용

	cominciare (begin)	**lavorare** (work)	**passare** (pass)	**restare** (remain)	**smettere** (stop)	**dormire** (sleep)
io	cominc**ero'** *	lavor**ero'**	pass**ero'**	rest**ero'**	smett**ero'**	dorm**iro'**
tu	comincerai	lavorerai	passerai	resterai	smetterai	dormirai
lui	comincera'	lavorera'	passera'	restera'	smettera'	dormira'
noi	cominceremo	lavoreremo	passeremo	resteremo	smetteremo	dormiremo
voi	comincerete	lavorerete	passerete	resterete	smetterete	dormirete
loro	cominceranno	lavoreranno	passeranno	resteranno	smetteranno	dormiranno

*cominciare의 어근은 cominci- 이므로 활용어미 -ero'와 만날 때 모음축약이 발생한다.

6.3 보기처럼 변형시켜라!

Oggi c'**e'** il sole. → Anche domani ci **sara'** il sole.
오늘 쾌청하다.　　　내일도 쾌청할 것이다.

1. Oggi **piove.**

2. Oggi devo **studiare** fino a tardi.

3. Oggi posso **dormire** di più.

4. Oggi **vado** a lezione di danza.

5. Oggi **facciamo** colazione a casa.

6. Oggi **veniamo** a cena da te.

7. Oggi **nevica.**

8. Oggi Pietro e Claudio **vanno** in palestra.

어휘

> **piovere** rain, **dormire di piu'** 더 자다, **danza** dance, **da te** 네 집에, **nevicare** 눈이 오다, **andare in palestra** 체육관에 가다.

해석

1. 내일도 비가 올 것이다. 2. 내일도 나는 늦게까지 공부해야 할 것이다. 3. 내일도 나는 더 잘 수 있을 것이다. 4. 내일도 나는 댄스 수업에 갈 것이다. 5. 내일도 우리는 집에서 아침을 먹을 것이다. 6. 내일도 우리는 저녁 먹으러 너희 집에 갈 것이다. 7. 내일도 눈이 올 것이다. 8. 내일도 피에로와 클라우디오는 체육관에 갈 것이다.

문법

단순미래(Futuro semplice)

불규칙 활용

	avere(have)	**essere**(be)
io	av**ro'**	sa**ro'**
tu	av**rai**	sa**rai**
lui	av**ra'**	sa**ra'**
noi	av**remo**	sa**remo**
voi	av**rete**	sa**rete**
loro	av**ranno**	sa**ranno**

avere, essere는 불규칙활용 동사에 속하지만 위와 같이 규칙성을 갖고 있기에, io에 대한 활용만 알고 있다면 쉽게 다른 인칭도 유추해낼 수 있다.

	andare (go)	**dovere** (must)	**potere** (can)	**sapere** (know)	**vedere** (see)
io	and**ro'**	dov**ro'**	pot**ro'**	sap**ro'**	ved**ro'**
tu	and**rai**	dov**rai**	pot**rai**	sap**rai**	ved**rai**
lui	and**ra'**	dov**ra'**	pot**ra'**	sap**ra'**	ved**ra'**
noi	and**remo**	dov**remo**	pot**remo**	sap**remo**	ved**remo**
voi	and**rete**	dov**rete**	pot**rete**	sap**rete**	ved**rete**
loro	and**ranno**	dov**ranno**	pot**ranno**	sap**ranno**	ved**ranno**

위의 불규칙 동사들도 공통점을 지니고 있다. 다만, andero', dovero', potero', sapero', vedero'로 활용하지 않도록 주의해야 한다.

	bere (drink)	**rimanere** (remain)	**venire** (come)	**volere** (want)	**tenere** (hold, keep)
io	be**rro'**	rima**rro'**	ve**rro'**	vo**rro'**	te**rro'**
tu	be**rrai**	rima**rrai**	ve**rrai**	vo**rrai**	te**rrai**
lui	be**rra'**	rima**rra'**	ve**rra'**	vo**rra'**	te**rra'**
noi	be**rremo**	rima**rremo**	ve**rremo**	vo**rremo**	te**rremo**
voi	be**rrete**	rima**rrete**	ve**rrete**	vo**rrete**	te**rrete**
loro	be**rranno**	rima**rranno**	ve**rranno**	vo**rranno**	te**rranno**

위의 불규칙 동사들의 특징은 자음 'r'가 첨가된다는 것이다. 즉, bero'가 아니라 berro'인 것이다.

	dare (give)	**stare** (be, stay)	**fare** (do)
io	daro'	staro'	faro'
tu	darai	starai	farai
lui	dara'	stara'	fara'
noi	daremo	staremo	faremo
voi	darete	starete	farete
loro	daranno	staranno	faranno

위의 불규칙 동사들은 규칙활용어미인 -ero', -erai, -era'가 아닌 -aro', -arai, -ara'로 활용된다.

단순미래의 용법

1) 미래에 발생할 사건을 서술할 때

   Domenica **andremo** al mare. 우리는 일요일에 바다에 갈 예정이다.

2) 추측할 때

   Che dici? Questo pesce **sara'** fresco? 넌 어떻게 생각해? 이 생선이 신선할까?

6.4 질문에 답하라!

1. A che ora **comincera'** la lezione domani?
   _____ alle nove.

2. A che ora **finiranno** le lezioni domani?
   _____ a mezzogiorno.

3. Quando **tornerai** a casa?
   _____ dopo pranzo.

4. Quando **andrai** da Pietro?
   _____ nel pomeriggio.

5. Quando **partira'** Francesco?
   _____ fra qualche giorno.

6. Quando **partiranno** Andrea e Letizia?
   _____ la settimana prossima.

7. Con chi **andrai** a Berlino?
   _____ con Antonella.

8. Con che cosa **andrete** a Londra?
   _____ con l'aereo.

9. Quando **tornerete** nel vostro paese?
   _____ fra due mesi.

10. A che ora **arrivera'** Carlo?
    _____ alle sette.

11. Quando **arriveranno** Dino e Claudio?
    _____ dopo cena.

12. Quando **verrai** a cena da noi?
    _____ sabato prossimo.

어휘

> **nel pomeriggio** 오후에, **fra qualche giorno** 며칠 후, **la settimana prossima** 다음 주에, **con l'aereo** 항공편으로, **nel vostro paese** 너희들 고향/나라로, **fra due mesi** 두 달 후에, **alle sette** 7시에, **dopo cena** 저녁식사 후에, **sabato prossimo** 다음 주 토요일.

해석

1. 내일 몇 시에 수업이 시작될 예정이지? (9시에) 2. 내일 몇 시에 수업들이 끝날 예정이지? (정오에) 3. 너는 언제 집으로 돌아갈 예정이니? (점심식사 후에) 4. 너는 언제 피에트로 집에 갈 예정이니? (오후에) 5. 프란체스코는 언제 떠날 예정이니? (며칠 후) 6. 안드레아와 레티치아는 언제 떠날 예정이니? (다음 주에) 7. 너는 누구랑 베를린에 갈 예정이니? (안토넬라와) 8. 너희들은 무엇을 타고 런던에 갈 예정이니? (비행기 타고) 9. 너희들은 언제 고향으로 돌아갈 예정이니? (두 달 후에) 10. 카를로는 몇 시에 도착할 예정이니? (7시에) 11. 디노와 클라우디오는 언제 도착할 예정이니? (저녁 식사 후) 12. 너는 저녁 먹으러 언제 우리 집에 올 예정이니? (다음 주 토요일)

6.5 보기처럼 변형시켜라!

Dopo che **avra' visto** il film, Carlo **andra'** a letto.
→ **Dopo il film** Carlo **andra'** a letto.
　영화를 보고 난 후 카를로는 잠자리에 들 것이다.

1. Dopo che **avra' visto** la partita, Carlo **tornera'** a casa.

2. Dopo che **avra' ascoltato** la lezione, Carlo **telefonera'** a Mara.

3. Dopo che **avra' visto** lo spettacolo, Carlo **andra'** al ristorante.

4. Dopo che **avra' finito** l'Universita', Carlo **fara'** il servizio militare.

5. Dopo che **avra' pranzato**, Carlo **leggera'** il giornale.

6. Dopo che **avra' cenato**, Carlo **uscira'**.

어휘

> **vedere la partita** 경기를 보다, **vedere lo spettacolo** 공연을 보다, **fare il servizio militare** 군복무를 하다, **finire l'Universita'** 대학을 마치다, **cenare** 저녁식사 하다.

해석

1. 시합을 보고 난 후 카를로는 집으로 돌아갈 예정이다. 2. 수업을 듣고 난 후 카를로는 마라에게 전화할 예정이다. 3. 공연을 보고 난 후 카를로는 레스토랑에 갈 예정이다. 4. 대학을 마치고 난 후 카를로는 군복무할 예정이다. 5. 점심을 먹은 후 카를로는 신문을 읽을 예정이다. 6. 저녁을 먹은 후 카를로는 외출할 예정이다.

복합미래(Futuro composto)

	essere 미래+자동사의 과거분사	**avere** 미래+타동사의 과거분사
io	saro' arrivato/a	avro' dimenticato
tu	sarai arrivato/a	avrai dimenticato
lui, lei, Lei	sara' arrivato/a	avra' dimenticato
noi	saremo arrivati/e	avremo dimenticato
voi	sarete arrivati/e	avrete dimenticato
loro	saranno arrivati/e	avranno dimenticato

미래완료(복합미래)의 용법

1) 미래 시제보다 앞서 발생할 사실을 표현할 때

　Quando **saro' arrivato** a casa, ti **telefonero'**.

　내가 집에 도착하면 네게 전화할게.

　(두 사건 모두 미래에 일어날 것이나 집에 도착하는 행위가 우선하기에 미래완료를 사용)

2) 과거 사실을 추측할 경우

　Magari mi **avra'** gia' **dimenticato.**

　그가 나를 이미 잊었다면 얼마나 좋을까.

6.6 보기처럼 변형시켜라!

Prima **mangero'** e poi **berro'** un caffe'.
먼저 나는 식사할 것이고 후에 커피를 마실 거야.
→ Dopo che **avro' mangiato, berro'** un caffe'.
　나는 식사 후 커피 한 잔 마실 거야.

1. Prima **studiero'** e poi **guardero'** la televisione.

2. Prima **faro'** la spesa e poi **verro'** a trovarti.

3. Prima **telefonero'** a Pina e poi **comincero'** a studiare.

UNITA' 6

4. Prima **vendero'** la moto e poi **comprero'** una macchina.

5. Prima **finiro'** l'Universita' e poi **comincero'** a lavorare.

6. Prima **salutero'** Maria e poi **partiro'**.

어휘

> **fare la spesa** 장보다, **venire a trovarti** 너를 보러 가다, **vendere la moto** 오토바이를 팔다, **salutare** 인사하다.

해석

1. 나는 공부한 후 TV를 볼 거야. 2. 나는 장을 본 후 너를 보러 갈 거야. 3. 나는 피나에게 전화한 후 공부를 시작할 거야. 4. 나는 오토바이를 판 후 자동차를 살 거야. 5. 나는 대학을 마친 후 일을 시작할 거야. 6. 나는 마리아에게 인사한 후 떠날 거야.

6.7 동사를 단순미래로 활용하라!

1. L'anno prossimo (io-**andare**) _____ in America a fare un corso di specializzazione.

2. Ornella e' una donna intelligente: (**avere**) _____ sicuramente successo.

3. A marzo (noi-**cambiare**) _____ casa; (**andare**) _____ ad abitare vicino alla stazione centrale.

4. Il cielo e' nuvoloso: fra poco (**cominciare**) _____ a piovere.

5. Sono senza macchina: (io-**dovere**) _____ andare in ufficio a piedi.

6. Giuseppe il mese prossimo (**dare**) _____ l'ultimo esame prima della laurea.

7. Domani nel mio ufficio (**arrivare**) _____ una nuova segretaria.

8. Ho un forte mal di testa: stasera (**chiamare**) _____ il medico.
9. (Noi-**essere**) _____ molto felici, se (voi-**tornare**) _____ ancora in Italia.
10. Domani le lezioni (**cominciare**) _____ alle 9 e (**finire**) _____ alle 12.
11. Sabato prossimo (noi-**prendere**) _____ due giorni di ferie e (**andare**) _____ al mare.
12. (Voi-**invitare**) _____ anche Giorgio alla festa?

어휘

l'anno prossimo 내년에, **fare un corso di specializzazione** 전문화 과정을 이수하다, **avere successo** 성공하다, **sicuramente** 확실히/분명히, **a marzo** 3월에, **cambiare casa** 이사하다, **vicino a** ~에 가까운, **stazione centrale** 중앙역, **cielo** 하늘, **nuvoloso** 구름 낀, **fra poco** 잠시 후, **cominciare a piovere** 비가 내리기 시작하다, **senza macchina** 차가 없는, **andare in ufficio** 출근하다, **a piedi** 걸어서, **il mese prossimo** 다음 달, **dare l'ultimo esame** 최종 시험을 보다, **prima della laurea** 대학 졸업 전에, **forte mal di testa** 강한 두통, **chiamare il medico** 의사를 부르다, **essere molto felice** 무척 행복하다, **prendere due giorni di ferie** 이틀의 휴가를 얻다, **andare al mare** 바다에 가다, **invitare alla festa** 파티에 초대하다.

해석

1. 내년에 나는 전문화 과정을 이수하기 위해 미국에 갈 예정이다. 2. 오르넬라는 현명한 여자라서 반드시 성공할 것이다. 3. 3월에 우리는 이사할 예정인데 중앙역 근처로 갈 것이다. 4. 하늘엔 구름이 끼어있어서 잠시 후면 비가 내리기 시작할 것이다. 5. 나는 차가 없어서 사무실까지 걸어가야 할 것이다. 6. 쥬세페는 다음 달, 졸업 전 마지막 시험을 치를 예정이다. 7. 내일 내 사무실에 새로운 비서가 올 예정이다. 8. 나는 두통이 심해서 오늘 저녁 의사를 부를 예정이다. 9. 너희들이 이탈리아로 또 올 예정이면 우리는 매우 행복할 것이다. 10. 내일 수업들은 9시에 시작해서 12시에 끝날 예정이다. 11. 다음 토요일, 우리는 이틀 휴가를 받아 바다로 갈 것이다. 12. 너희들은 파티에 지오르지오도 초대할 예정이니?

문법

단순미래(Futuro semplice)

불규칙활용 동사

	avere	dovere	andare	dare	essere
io	av**ro'**	dov**ro'**	and**ro'**	da**ro'**	sa**ro'**
tu	avrai	dovrai	andrai	darai	sarai
lui	avra'	dovra'	andra'	dara'	sara'
noi	avremo	dovremo	andremo	daremo	saremo
voi	avrete	dovrete	andrete	darete	sarete
loro	avranno	dovranno	andranno	daranno	saranno

6.8 대답에 따라 질문을 만들라!

	Domanda		Risposta
Andrea:		**Aldo:**	Andro' in Grecia.
			Partiro' lunedi' prossimo.
			Ci andro' con Giulio.
			Ci andremo con la moto.
			Ci staremo due settimane.

해석

나는 그리스에 갈 예정이야.
나는 다음 월요일에 떠날 예정이야.
나는 거기에 쥴리오와 함께 갈 거야.
우리는 거기에 오토바이를 타고 갈 거야.
우리는 거기에 2주 동안 있을 예정이야.

	Domanda		Risposta
Andrea:		**Laura:**	Stasera andro' al cinema.
			Ci andro' con Marta.
			L'ultimo film di Verdone.
			Comincera' alle 20.10.
			Finira' alle 22.30.

오늘 저녁 나는 영화관에 갈 거야.
나는 거기에 마르타와 함께 갈 거야.
베르도네 감독의 최근 영화.
영화는 20시10분에 시작될 예정이야.
영화는 22시30분에 종료될 예정이야.

	Domanda		Risposta
Andrea:		**Pietro:**	Domenica andro' allo stadio.
			Ci andro' da solo.
			Inter-Milan.
			Finira' alle 17.
			Dopo la partita andro' a trovare Enrica.

일요일에 나는 축구장에 갈 거야.
나는 거기에 혼자 갈 거야.
인터-밀란이 이길 거야.
경기는 17시에 끝날 예정이야.
경기를 보고 난 후 나는 엔리카를 보러 갈 거야.

6.9 동사를 적절한 시제(근과거/현재/미래)로 활용하라!

1. (io-**telefonare**)
   Ogni giorno _____ a casa. Anche ieri _____ ai miei genitori domani invece non _____ .

2. (io-**invitare**)
   Il mese prossimo _____ i miei amici alla mia festa di compleanno. L'anno scorso invece non _____ nessuno.

3. (io-**studiare**)
   Domattina _____ fino alle 10, ma stamattina non _____ affatto.

4. (**comprare**)
   Tutti i giorni Paolo _____ "La Stampa". Ieri, invece, _____ "Il Giorno".

5. (noi-**guardare**)
   Ieri sera _____ un programma musicale alla televisione. Stasera _____ un film giallo. Ogni giorno _____ il telegiornale.

6. (**finire**)
   Ieri mattina la lezione _____ alle 11. Domani _____ alle 10. Oggi _____ a mezzogiorno.

7. (loro-**leggere**)
   Ieri notte _____ il giornale fino a tardi. Fra poco _____ il giornale di oggi. Tutte le mattine _____ il giornale.

8. (**scrivere**)
   Ieri pomeriggio Maria _____ un lettera a suo padre. Adesso _____ al suo fidanzato e domani _____ alle sue amiche.

9. (io-**prendere**)
   Domenica scorsa _____ il sole al mare. Domenica prossima _____ il sole in piscina.

10. (voi-**partire**)
    _____ dagli Stati Uniti due mesi fa. _____ da Perugia fra dieci giorni.

11. (noi-**andare**)
    Il prossimo fine-settimana _____ ad Assisi. Lo scorso fine-settimana

_____ al mare. Quando siamo in Austria ogni fine-settimana _____ in montagna.

12. (io-**venire**)

Domani _____ alla mensa con voi. Anche ieri ci _____.

어휘

anche ieri 어제도 역시, **il mese prossimo** 다음 달에, **la mia festa di compleanno** 나의 생일 파티, **nessuno** nobody, **domattina** 내일 아침, **non ~ affatto** 전혀 ~않다, **tutti i giorni** 매일, **programma musicale** 음악 프로그램, **film giallo** 탐정/수사 영화, **telegiornale** TV 뉴스, **ieri mattina** 어제 아침, **a mezzogiorno** 정오에, **ieri notte** 어제 밤에, **ieri pomeriggio** 어제 오후에, **adesso** 지금, **fidanzato** 약혼남, **prendere il sole** 일광욕하다, **in piscina** 수영장에서, **il prossimo fine-settimana** 다음 주말에, **lo scorso fine-settimana** 지난 주말에.

해석

1. 매일 나는 집에 전화한다. 어제도 부모님께 전화했다. 그런데 내일은 전화하지 않을 것이다. 2. 다음 달 내 생일 파티에 친구들을 초대할 예정이다. 그런데 작년에는 아무도 초대하지 않았다. 3. 내일 오전 나는 10시까지 공부할 거야. 그러나 오늘 아침엔 전혀 공부 못했어. 4. 매일 파올로는 "La Stampa" 신문을 산다. 그런데 어제는 "Il Giorno" 신문을 샀다. 5. 어제 저녁 우리는 TV에서 음악 프로그램을 보았다. 오늘 저녁엔 수사 영화를 볼 예정이다. 매일 나는 뉴스를 본다. 6. 어제 아침 수업은 11시에 끝났다. 내일은 10시에 끝날 예정이다. 오늘은 정오에 끝난다. 7. 어제 밤 그들은 늦게까지 신문을 읽었다. 잠시 후엔 오늘 신문을 읽을 것이다. 매일 아침 그들은 신문을 읽는다. 8. 어제 오후 마리아는 아버지께 편지 한 통 썼다. 지금은 약혼자에게 편지를 쓰고, 내일은 여자 친구들에게 편지 쓸 예정이다. 9. 지난 일요일 나는 바다에서 일광욕을 했다. 다음 일요일엔 수영장에서 일광욕을 할 예정이다. 10. 너희들은 두 달 전에 미국에서 출발했다. 10일 후엔 파리에서 출발할 것이다. 11. 다음 주말 우리는 앗씨시에 갈 예정이다. 지난 주말엔 바다에 갔었다. 우리는 오스트리아에 있을 때 주말마다 산에 간다. 12. 내일 나는 너희들과 구내식당에 갈 거야. 어제도 거기에 갔었거든.

6.10. 보기처럼 변형시켜라!

Paolo dice: "**Faro'** un viaggio all'estero".
파올로는 말한다. "나는 해외 여행을 할 거야"
→ Paolo dice che **fara'** un viaggio all'estero.
　파올로는 해외 여행을 할 거라고 말한다.

1. Paolo dice: "**Cerchero'** una casa in campagna".
　_____

2. Paolo dice: "Domani **andro'** al mare".
　_____

3. Paolo dice: "Dopo cena **scrivero'** una lettera a Maria".
　_____

4. Paolo dice: "**Faro'** una dieta".
　_____

5. Paolo dice: "**Finiro'** il lavoro venerdi'".
　_____

6. Paolo dice: "Domani **partiro'** per Mosca".
　_____

해석

1. 파올로는 시골에서 집을 구할 거라고 말한다. 2. 파올로는 내일 바다에 갈 거라고 말한다. 3. 파올로는 저녁 식사 후 마리아에게 편지를 쓸 거라고 말한다. 4. 파올로는 다이어트를 할 거라고 말한다. 5. 파올로는 금요일에 일을 마칠 거라고 말한다. 6. 파올로는 내일 모스크바로 떠날 거라고 말한다.

6.11 sapere, conoscere 동사로 문장을 완성하라!

1. Rosina _____ cucinare molto bene.
2. Mio padre _____ molto bene l'arte del Quattrocento.
3. (Io) _____ quel ragazzo soltanto di vista.

4. Quei ragazzi _____ il francese molto bene.
5. Alberto, _____ il numero di telefono di Enrico.
6. Scusi, mi _____ dire dove si trova il cinema Modernissimo.
7. (Tu) _____ il marito di Silvana.
8. (Noi) _____ che hai cambiato lavoro.
9. Benedetta _____ suonare il pianoforte in modo stupendo!
10. Ti accompagno io da Carla. _____ dove abita.
11. (Io) _____ che Paolo ha deciso di partire subito.
12. Quella ragazza _____ Venezia molto bene.

어휘

> **cucinare** 요리하다, **l'arte del Quattrocento** 1400년대/15세기 예술, **di vista** 보는 것으로, **trovarsi** 위치하다, **suonare** 연주하다, **in modo stupendo** 놀랍게도, **accompagnare** 동행하다.

해석

1. 로시나는 요리를 아주 잘 할 줄 안다. 2. 나의 아버지는 15세기 예술을 아주 잘 알고 계신다. 3. 나는 단지 일면식으로만 그 청년을 알고 있다. 4. 그 청년들은 불어를 아주 잘 알고 있다. 5. 알베르토, 너 엔리코 전화번호 알고 있니? 6. 죄송합니다만, "Modernissimo" 영화관이 어디 있는지 말씀해 주시겠습니까? 7. 너 실바나의 남편을 알고 있니? 8. 우리는 네가 직업을 바꾸었다는 것을 알고 있다. 9. 베네데타는 놀랍게도 피아노 연주를 할 줄 아는구나! 10. 내가 카를라 집에 너를 동행해 줄게. 그녀가 어디 사는지 내가 알거든. 11. 나는 파올로가 곧 떠나기로 결심했다는 것을 알고 있다. 12. 그 소녀는 베네치아를 아주 잘 알고 있다.

문법

sapere(know, know how to)+문장/동사원형/명사(구) : 객관적으로 어떤 사실을 안다.
conoscere(know, be acquainted)+명사(구) : 인식한다.

6.12 전치사로 완성하라!

1. Un mese fa Giuseppina ha dato l'esame _____ storia moderna.
2. _____ due mesi Vincenzo partira' _____ la Germania.
3. Noi staremo _____ te fino _____ 10 settembre.
4. Andrea studiera' _____ Italia, poi andra' _____ Stati Uniti _____ la specializzazione.
5. Se hai mal _____ denti, devi andare _____ dentista.
6. Pablo e Angelo hanno parlato _____ loro futuro fino _____ mezzanotte.
7. Sandro non conosce il numero _____ telefono _____ Mauro.
8. _____ qualche giorno telefonero' _____ Corrado _____ Germania _____ avere sue notizie.
9. Marta non e' _____ forma e _____ lunedi' comincera' una dieta.
10. _____ nord e _____ centro il cielo e' nuvoloso, _____ sud e' sereno.
11. Frequento il primo anno _____ medicina e _____ due settimane daro' l'esame _____ chimica.
12. _____ primavera andro' _____ Praga _____ visitare la citta'.

해석

1. 한 달 전 쥬세피나는 근대사 시험을 치렀다. 2. 두 달 후 빈첸쵸는 독일로 떠날 예정이다. 3. 우리는 9월10일까지 네 집에 있을 예정이다. 4. 안드레아는 이탈리아에서 공부를 하고 난 후 전문화 과정을 위해 미국으로 갈 예정이다. 5. 치통이 있다면 너는 치과에 가야 한다. 6. 파블로와 안젤로는 자정까지 그들의 미래에 대해 이야기 했다. 7. 산드로는 마우로의 전화번호를 모른다. 8. 며칠 후 나는 소식을 얻기 위해 독일에 있는 코라도에게 전화할 예정이다. 9. 마르타는 컨디션이 안 좋아서 월요일부터 다이어트를 시작할 예정이다. 10. 북부와 중부지역의 하늘엔 구름이 끼어있으나 남부지역은 맑다. 11. 나는 의학부 1학년을 다니는데 2주 후에 화학 시험을 볼 예정이다. 12. 봄에 나는 도시를 방문하기 위해 프라하에 갈 예정이다.

UNITA' 7

7.1 **Ci svegliamo** presto la mattina.
7.2 **Mi siedo** sul banco.
7.3 A che ora **ti svegli**? - **Mi sveglio** alle 8.
7.5 Tu e Mario **vi telefonate** spesso? - Si', **ci telefoniamo** spesso.
7.6 Anche ieri **mi sono svegliato** alle 7.
7.7 Paola **si e' gia' vestita**? - No, non **si e'** ancora **vestita**.
7.8 A che ora **vi siete svegliati** stamattina? - **Ci siamo svegliati** alle 9.
7.9 **Devo svegliarmi** alle 7. / **Mi devo svegliare** alle 7.
7.10 재귀동사를 단순시제/복합시제로 활용하라!
7.11 재귀동사를 단순시제/복합시제로 활용하라!
7.12 동사를 시제에 맞게 활용하여 완성하라!
7.13 재귀동사는 복합시제로, 일반동사는 근과거로 완성하라!
7.14 전치사로 완성하라!

- **재귀동사(Verbo riflessivo)**: svegliarsi, lavarsi, truccarsi, alzarsi, farsi, mettersi...

  단순시제 : [mi/ti/si/ci/vi/si+직설법 현재]

  복합시제 : [mi/ti/si/ci/vi/si+essere 직설법 현재+과거분사(주어와 성수일치)]

- **재귀형태(Forma riflessiva)**:

  본질적 재귀형태 : Mi lavo con l'acqua calda.

  형식적 재귀형태 : Mi lavo i denti

  상호적 재귀형태 : Loro si amano.

UNITA' 7

7.1 보기처럼 완성하라!

Mi sveglio presto la mattina. → **Ci svegliamo** presto la mattina.
나는 아침에 일찍 잠에서 깬다.   우리는 아침에 일찍 잠에서 깬다.

1. **Mi lavo** con l'acqua calda. (lavarsi)
   _____

2. **Mi trucco** prima di uscire. (truccarsi)
   _____

3. **Mi lavo** i denti prima di andare a letto. (lavarsi i denti)
   _____

4. **Mi alzo** in fretta la mattina. (alzarsi)
   _____

5. **Ti svegli** presto la mattina? (svegliarsi)
   _____

6. **Ti alzi** sempre a quest'ora? (alzarsi)
   _____

7. **Ti fai** la barba tutte le mattine? (farsi la barba)
   _____

8. **Ti metti** un vestito elegante? (mettersi un vestito)
   _____

9. Paolo **si fa** la doccia prima di andare a letto. (farsi la doccia)
   Paolo e Maria _____

10. Paolo **si veste** in modo elegante. (vestirsi)
    Paolo e Maria _____

11. Paolo **si addormenta** sempre tardi. (addormentarsi)
    Paolo e Maria _____

12. Paolo **si sveglia** alle 7. (svegliarsi)
    Paolo e Maria _____

어휘

l'acqua calda 더운 물, lavarsi 씻다, prima di uscire 외출 전에, truccarsi 화장하다, lavarsi i denti 양치질하다, in fretta 급하게/서둘러, alzarsi 일어나다, presto 일찍, svegliarsi 잠에서 깨다, a quest'ora 이 시간에, tutte le mattine 매일 아침, farsi la barba 면도하다, mettersi un vestito 옷입다, prima di andare a letto 잠자리에 들기 전에, farsi la doccia 샤워하다, in modo elegante 우아하게/세련되게, vestirsi 옷입다, sempre tardi 항상 늦게, addormentarsi 잠이 들다.

해석

1. 나는 더운 물로 씻는다. 2. 나는 외출 전에 화장한다. 3. 나는 잠자리에 들기 전에 이를 닦는다. 4. 나는 아침에 급히 일어난다. 5. 너는 아침에 일찍 깨니? 6. 너는 늘 이 시간에 깨니? 7. 너는 매일 아침 면도하니? 8. 너는 우아한 옷을 입니? 9. 파올로는 잠자리에 들기 전에 샤워한다. 10. 파올로는 우아하게 옷을 입는다. 11. 파올로는 항상 늦게 잠이 든다. 12. 파올로는 7시에 깬다.

lavarsi (wash)	truccarsi (make up)	alzarsi (rise, get up)	svegliarsi (wake up)	vestirsi (dress)	addormentarsi (go to sleep)
mettersi un vestito (put on ~)		farsi la doccia (have a shower)		farsi la barba (shave)	

문법

1,2,4,5,6,10,11,12 **본질적 재귀형태** : 재귀대명사가 직접목적어(~을) 역할을 하는 재귀형태
3,7,8,9 **형식적 재귀형태** : 재귀대명사가 간접목적어(~에게) 역할을 하는 재귀형태

재귀동사(Verbi riflessivi)

단순시제(Tempi semplici)

	alzar**si**(alzare+si)
io	**mi** alzo 나 자신(myself)을 일으킨다
tu	**ti** alzi 너 자신(yourself)을 일으킨다
lui, lei, Lei	**si** alza 그(himself)/그녀(herself)/당신 자신(Yourself)을 일으킨다

noi	**ci** alziamo 우리 자신(ourselves)을 일으킨다
voi	**vi** alzate 너희들 자신(yourselves)을 일으킨다
loro	**si** alzano 그들 자신(themselves)을 일으킨다.

1) 'Io(나는) mi(나 자신을) alzo(일으킨다)', 다시 말해 '나는 일어난다'의 뜻이다. 따라서 'Tu(너는) ti(너 자신을) alzi(일으킨다)'는 '너는 일어난다.', 'Lei(당신은) si(당신 자신을) alza(일으킨다)'는 '당신은 일어난다'로 해석된다.

2) 재귀동사 **alzarsi**는 '타동사 **alzare**(~를 일으키다)+재귀대명사 **si**(oneself)' 인데, '재귀'는 '다시 돌아온다'라는 의미로서 내가 일으키는 행위의 목적어가 바로 나 자신이다. 따라서 '재귀동사'라 부른다. 쉽게 말해서 주어와 목적어가 동일한 것이다.

3) 재귀형태에는 '본질적 재귀형태', '형식적 재귀형태', '상호적 재귀형태'가 있다.

4) alzare의 어미 'e'가 탈락되어 alzarsi가 원형이 되는 이유는 소리 때문이다. 그럼 다른 예를 들어보자.

* **Come si chiama** Lei? 당신은 이름이 뭐죠? (chiamarsi 자신을 부르다, 불리어지다)
* **Mi lavo** con acqua calda. 나는 더운 물로 씻는다. (lavarsi 자신을 씻기다, 씻다)
* **Ti trucchi** un po'? 너 화장을 조금만 하니? (truccarsi 자신을 메이크업시키다, 화장하다)
* Loro **si riposano**. 그들은 쉰다. (riposarsi 자신을 쉬게 하다, 쉬다)
* Voi **vi svegliate** alle 8.00? 너희들은 8시에 깨니? (svegliarsi 자신을 깨우게 하다, 깨다)
* **Mi vesto** in fretta. 나는 급히 옷을 입는다. (vestirsi 자신을 옷 입히다, 옷입다)

7.2 보기처럼 변형시켜라!

Ci sediamo sul banco. → **Mi siedo** sul banco.
우리는 벤치에 앉는다.　　　　나는 벤치에 앉는다.

1. **Ci divertiamo** in questa citta'. (divertirsi)

2. **Ci troviamo** abbastanza bene in questo appartamento. (trovarsi)

3. **Ci fermiamo** un paio di giorni a Roma. (fermarsi)

4. **Ci facciamo** la doccia ogni mattina. (farsi la doccia)
_____

5. **Vi trovate** bene con questa famiglia? (trovarsi)
_____

6. **Vi vestite** in modo elegante per la festa? (vestirsi)
_____

7. **Vi addormentate** tardi la sera? (addormentarsi)
_____

8. **Vi sentite** soli in questa citta'? (sentirsi)
_____

9. Franco e Maria **si annoiano** qui. Franco (annoiarsi) _____
10. Franco e Maria **si sentono** tristi. Franco (sentirsi) _____
11. Franco e Maria **si arrabbiano** spesso con i figli. Franco (arrabbiarsi) _____

12. Franco e Maria **si laureano** a luglio. Franco (laurearsi) _____

어휘

divertirsi 즐겁다, **abbastanza bene** 꽤 잘, **trovarsi** 지내다, **un paio di giorni** 이틀, **fermarsi** 머물다, **farsi la doccia** 면도하다, **in modo elegante** 우아하게/세련되게, **sentirsi triste** 자신이 슬프다는 것을 느끼다, **annoiarsi** 지루해하다, **arrabbiarsi con i figli** 자식들에게 화가 나다, **laurearsi** 졸업하다.

해석

1. 우리는 이 도시에서 즐겁다. 2. 우리는 이 아파트에서 잘 지낸다. 3. 우리는 로마에서 이틀 머문다. 4. 우리는 매일 아침 샤워한다. 5. 너희들은 이 가족과 잘 지내니? 6. 너희들은 파티를 위해 우아하게 옷 입니? 7. 너희들은 저녁 늦게 잠드니? 8. 너희들은 이 도시에서 외로움을 느끼니? 9. 프랑코와 마리아는 여기에서 지루해한다. 10. 프랑코와 마리아는 슬픔을 느낀다. 11. 프랑코와 마리아는 자주 자식들에게 화가 난다. 12. 프랑코와 마리아는 7월에 대학을 졸업한다.

divertirsi	trovarsi	fermarsi	sentirsi
(enjoy)	(get on, be)	(stop, stay)	(feel)
sedersi	**annoiarsi**	**arrabbiarsi**	**laurearsi**
(sit down)	(get bored)	(get angry)	(graduate)

문법

형식적 재귀형태 : 재귀대명사가 간접목적어(~에게) 역할을 하는 재귀형태.
togliersi il pigiama, farsi la doccia/la barba, lavarsi i denti, mettersi un vestito...

Mi tolgo il pigiama. 나는 나 자신에게 파자마를 벗게 한다. (나는 파자마를 벗는다)
Mi faccio la doccia. 나는 나 자신에게 샤워를 하게 한다. (나는 샤워 한다)
Mi lavo i denti. 나는 나 자신에게 이를 닦게 한다. (나는 이를 닦는다)
Mi metto un vestito elegante. 나는 나 자신에게 우아한 옷을 입게 한다. (나는 옷 입는다)
밑줄 친 부분은 직접목적어들이며 'mi'는 간접목적어(~에게) 역할을 한다.

7.3 보기처럼 대답하라!

A che ora **ti svegli**? – **Mi sveglio** alle 8.
너는 몇 시에 깨니?   나는 8시에 깬다.

1. A che ora **ti addormenti**? (addormentarsi)
   _____ a mezzanotte.
2. Quanto tempo **ti fermi** a Londra? (fermarsi)
   _____ un paio di settimane.
3. Quando **ti laurei**? (laurearsi)
   _____ a novembre.
4. Quando **ti sposi**? (sposarsi)
   _____ il 29 luglio.
5. Quando **vi iscrivete** all'Universita'? (iscriversi)
   _____ la prossima settimana.
6. A che ora **vi addormentate**? (addormentarsi)

_____ alle 11.

7. **Vi divertite** a questa festa? (divertirsi)

   Si', _____ molto.

8. Quanto tempo **vi fermate** a Firenze? (fermarsi)

   _____ soltanto un giorno.

9. A che ora **si sveglia** Giovanni? (svegliarsi)

   _____ sempre dopo le 10.

10. Come **si trova** Adriana in questa citta'? (trovarsi)

    _____ molto bene.

11. Fino a che ora **si riposano** i tuoi genitori? (riposarsi)

    _____ fino alle 16.

12. Come **si sente** oggi, signora? (sentirsi)

    _____ molto meglio.

어휘

fermarsi 머물다, **sposarsi** 결혼하다, **iscriversi** 등록하다, **riposarsi** 쉬다
sentirsi molto meglio 기분이 매우 더 좋아지는 것을 느끼다.

해석

1. 너는 몇 시에 잠이 드니? 2. 너는 런던에 얼마 간 머물 거니? 3. 너는 언제 대학 졸업하니? 4. 너는 언제 결혼하니? 5. 너는 언제 대학에 등록하니? 6. 너희들은 언제 잠이 드니? 7. 너희들은 이 파티가 즐겁니? 8. 너희들은 피렌체에 얼마 간 머물 거니? 9. 지오반니는 몇 시에 깨니? 10. 아드리아나는 이 도시에서 어떻게 지내니? 11. 네 부모님들은 몇 시까지 쉬시니? 12. 부인, 오늘 기분이 어떠세요?

sposarsi	iscriversi	riposarsi
(get married)	(enroll for)	(rest)

📘 문법

본질적 재귀형태 : 재귀대명사가 직접목적어(~을/를) 역할을 하는 재귀형태.
svegliarsi, addormentarsi, fermarsi, laurearsi, divertirsi, trovarsi, sentirsi...
<u>Mi</u> sveglio. 나는 <u>나 자신을</u> 깨운다. (나는 잠에서 깬다)
<u>Mi</u> addormento. 나는 <u>나 자신을</u> 잠들게 한다. (나는 잠이 든다)
<u>Mi</u> fermo. 나는 <u>나 자신을</u> 멈추게 한다. (나는 머문다)
<u>Mi</u> diverto. 나는 <u>나 자신을</u> 즐겁게 한다. (나는 즐겁다)

7.4 재귀동사를 활용하라!

1. Paolo e Marta _____ (**incontrarsi**) ogni giorno al bar.
2. Paolo e Marta _____ (**sposarsi**) l'anno prossimo.
3. Noi _____ (**volersi**) molto bene.
4. Noi _____ (**telefonarsi**) spesso.
5. Voi _____ (**scriversi**) una e-mail al giorno?
6. Voi _____ (**darsi**) del tu?

📘 어휘

> **incontrarsi** 서로 만나다, **sposarsi** 결혼하다, **volersi** 서로 사랑하다, **telefonarsi** 서로 전화하다, **scriversi** 서로 편지를 쓰다, **darsi del tu** 서로 말을 놓다.

📘 해석

1. 파올로와 마르타는 바에서 매일 (서로) 만난다. 2. 파올로와 마르타는 내년에 (서로) 결혼한다. 3. 우리는 (서로) 많이 사랑한다. 4. 우리는 (서로) 자주 전화한다. 5. 너희들은 하루에 이메일 한 통을 (서로) 쓰니? 6. 너희들은 (서로) 말을 놓니?

📘 문법

상호적 재귀형태 : 주어가 복수이면서, 서로가 서로에게 목적어 역할을 하는 재귀형태.

'서로서로 ~한다'로 번역된다.

7.5 보기처럼 대답하라!

Tu e Mario **vi telefonate** spesso? – Si', **ci telefoniamo** spesso.
너와 마리오는 서로 자주 통화하니?   그래, 우리는 서로 자주 통화한다.

1. Tu e Mario **vi date** del tu? (darsi del 'tu')
   Si', _____
2. Tu e Mario **vi incontrate** ogni giorno? (incontrarsi)
   Si', _____
3. Tu e Mario **vi salutate** quando vi incontrate? (salutarsi)
   Si', _____
4. Maria e Mario **si sposano** presto? (sposarsi)
   _____
5. Maria e Mario **si amano** molto? (amarsi)
   _____
6. Maria e Mario **si scrivono** spesso? (scriversi)
   _____

어휘

> **darsi del 'tu'** 서로 '너'라는 칭호를 주다/말을 놓다, **incontrarsi** 서로 만나다, **salutarsi** 서로 인사하다, **sposarsi** (서로) 결혼하다, **amarsi** 서로 사랑하다, **scriversi** 서로 편지 쓰다.

해석

1. 너와 마리오는 서로 말을 놓니? 2. 너와 마리오는 서로 매일 만나니? 3. 너와 마리오는 만날 때 서로 인사하니? 4. 마리아와 마리오는 빨리 결혼하니? 5. 마리아와 마리오는 서로 매우 사랑하니? 6. 마리아와 마리오는 자주 편지를 서로 주고받니?

7.6 보기처럼 변형시켜라!

Mi sveglio alle 7. → Anche ieri **mi sono svegliato** alle 7.
나는 7시에 깬다.　　어제도 나는 7시에 깼다.

1. **Mi vesto** in fretta. (vestirsi)

2. **Mi faccio** la barba. (farsi la barba)

3. **Ti lavi** con l'acqua fredda. (lavarsi)

4. **Ti dimentichi** di chiudere la porta a chiave. (dimenticarsi)

5. Mario **si alza** in fretta. (alzarsi)

6. Mario **si diverte** con gli amici. (divertirsi)

7. Maria **si annoia** davanti alla TV. (annoiarsi)

8. Maria **si trucca** in fretta. (truccarsi)

9. Noi **ci laviamo** i capelli. (lavarsi i capelli)

10. Noi **ci fermiamo** al bar dopo la lezione. (fermarsi)

11. Mario e Giorgio **si svegliano** alle 7. (svegliarsi)

12. Mario e Giorgio **si fanno** la doccia. (farsi la doccia)

어휘

in fretta 급하게/서둘러, **vestirsi** 옷 입다, **farsi la barba** 면도하다, **con l'acqua fredda** 찬 물로, **lavarsi** 씻다, **chiudere la porta a chiave** 열쇠로 문을 잠그다, **dimenticarsi** 잊다/까먹다, **alzarsi** 일어나다, **divertirsi** 즐겁다, **davanti alla TV** TV 앞에서, **annoiarsi** 지루해하다, **truccarsi** 화장하다/make-up하다, **lavarsi i capelli** 머리 감다, **dopo la lezione** 수업 후에, **fermarsi** 머물다, **svegliarsi** 잠을 깨다, **farsi la doccia** 샤워하다.

해석

1. 어제도 나는 서둘러 옷을 입었다. 2. 어제도 나는 면도를 했다. 3. 어제도 너는 찬 물로 씻었니? 4. 어제도 너는 열쇠로 문 잠그는 것을 잊었니? 5. 어제도 마리오는 서둘러 일어났다. 6. 어제도 마리오는 친구들과 함께 즐거웠다. 7. 어제도 마리아는 TV 앞에서 지루해했다. 8. 어제도 마리아는 서둘러 화장했다. 9. 어제도 우리는 머리를 감았다. 10. 어제도 우리는 수업 후에 바에 들렀다. 11. 어제도 마리오와 지오르지오는 7시에 깼다. 12. 어제도 마리오와 지오르지오는 샤워했다.

문법

2,9,12 la barba, i capelli, la doccia가 직접목적어 역할을 하는 **형식적 재귀형태**
1,3,4,5,6,7,8,10,11 재귀대명사들이 직접목적어 역할을 하는 **본질적 재귀형태**

재귀동사(Verbi riflessivi)
복합시제(Tempi composti)

1) 재귀동사는 자동사화 된 형태이므로 조동사는 반드시 essere를 사용해야 한다.
2) 과거분사의 어미는 주어와 성, 수 일치해야 한다. (복합시제에서 늘 적용되는 규칙)
3) [재귀대명사(mi, ti, si, ci, vi, si)+essere 직설법 현재+과거분사(주어와 성수일치)]

	addormentar**si** 잠이 들다
(io)	**mi** sono addormentato/a
(tu)	**ti** sei addormentato/a
(lui, lei, Lei)	**si** e' addormentato/a
(noi)	**ci** siamo addormentati/e

(voi)	**vi** siete addormentati/e
(loro)	**si** sono addormentati/e

7.7 보기처럼 대답하라!

Paola **si e' gia' vestita**? – No, non **si e'** ancora **vestita.**
파올라는 벌써 옷을 입었니? 아니, 아직 안 입었다.

1. Paola **si e' gia' truccata**? (truccarsi)
   _____

2. Paola **si e' gia' svegliata**? (svegliarsi)
   _____

3. Paola **si e' gia' laureata**? (laurearsi)
   _____

4. Paola **si e' gia' iscritta** all'Universita'? (iscriversi)
   _____

5. Paola **si e' gia' addormentata**? (addormentarsi)
   _____

6. Paola **si e' gia' sposata**? (sposarsi)
   _____

1. 파올라는 벌써 화장했니? 2. 파올라는 벌써 깼니? 3. 파올라는 벌써 대학을 졸업했니? 4. 파올라는 벌써 대학에 등록했니? 5. 파올라는 벌써 잠이 들었니? 6. 파올라는 벌써 결혼했니?

7.8 보기처럼 대답하라!

A che ora **vi siete svegliati** stamattina? – **Ci siamo svegliati** alle 9.
너희들은 오늘 아침 몇 시에 깼니?   우리들은 9시에 깼다.

1. A che ora **vi siete addormentati** ieri sera? (addormentarsi)
   _____ a mezzanotte.
2. Quando **vi siete laureate**? (laurearsi)
   _____ il mese scorso.
3. Quanto tempo **vi siete fermati** in Germania? (fermarsi)
   _____ una settimana.
4. A che ora **ti sei alzata** stamattina? (alzarsi)
   _____ alle 7.
5. Fino a che ora **ti sei fermata** da Claudia? (fermarsi)
   _____ fino alle 11.
6. Che cosa **ti sei messa** per andare alla festa? (mettersi)
   _____ un vestito elegante.
7. Quando **si e' sposato**, signor Fioretto? (sposarsi)
   _____ due anni fa.
8. Come **si e' trovata** a Venezia, signora Fioretto? (trovarsi)
   _____ molto bene.
9. Quando **si e' laureato** Antonio? (laurearsi)
   _____ tre anni fa.
10. A che ora **si sono svegliati** i tuoi genitori? (svegliarsi)
    _____ alle 8.
11. Quando **si sono iscritti** all'Universita' i tuoi amici? (iscriversi)
    _____ l'anno scorso.
12. Quanto tempo **si sono fermate** al bar le tue amiche? (fermarsi)
    _____ quasi due ore.

어휘

addormentarsi 잠이 들다, **laurearsi** 대학 졸업하다, **fermarsi** 머물다, **alzarsi** 일어나다, **mettersi** 옷 입다, **sposarsi** 결혼하다, **trovarsi** 지내다, **svegliarsi** 잠을 깨다, **iscriversi** 등록하다.

1. 너희들은 어제 저녁 몇 시에 잠들었니? (자정에) 2. 너희들은 언제 대학을 졸업했니? (지난달) 3. 너희들은 독일에 얼마 간 머물렀니? (일주일) 4. 너희들은 오늘 아침 몇 시에 일어났니? (7시에) 5. 너는 몇 시까지 클라우디아 집에 머물렀니? (11시까지) 6. 너는 파티에 가기 위해 무엇을 입었니? (우아한 옷) 7. 피오레토 씨, 당신은 언제 결혼하셨나요? (2년 전) 8. 피오레토 부인, 베네치아에서 어떻게 지내셨나요? (아주 잘) 9. 안토니오는 언제 대학을 졸업했나? (3년 전) 10. 네 부모님들은 몇 시에 깨셨니? (8시에) 11. 네 친구들은 언제 대학에 등록했니? (작년) 12. 네 여자 친구들은 얼마 간 바에 머물렀나? (거의 두 시간)

7.9 보기처럼 변형시켜라!

Mi sveglio alle 7. → **Devo svegliarmi** alle 7. / **Mi devo svegliare** alle 7.
나는 7시에 깬다.   나는 7시에 깨야 한다.

1. **Mi alzo** subito. (alzarsi)

2. **Mi vesto** in fretta. (vestirsi)

3. **Ci svegliamo** presto. (svegliarsi)

4. **Ci facciamo** la doccia. (farsi la doccia)

5. Marta **si ricorda** di portare l'ombrello. (ricordarsi)

6. Marta **si riposa** dopo il lavoro. (riposarsi)

7. **Vi alzate** subito quando suona la sveglia. (alzarsi)

8. **Vi lavate** sempre con l'acqua fredda. (lavarsi)

9. I bambini **si alzano** alle 8. (alzarsi)

10. I bambini **si riposano** dopo la scuola. (riposarsi)

어휘

> **alzarsi** 일어나다, **vestirsi** 옷 입다, **svegliarsi** 잠을 깨다, **farsi la doccia** 면도하다, **portare l'ombrello** 우산을 갖고 가다, **dopo il lavoro** 근무/퇴근 후에, **ricordarsi** 기억/명심하다, **dopo la scuola** 방과 후에, **riposarsi** 쉬다, **lavarsi** 씻다.

해석

1. 나는 곧 일어나야 한다. 2. 나는 서둘러 옷을 입어야 한다. 3. 우리는 일찍 깨야 한다. 4. 우리는 샤워해야 한다. 5. 마르타는 우산 챙기는 것을 명심해야 한다. 6. 마르타는 퇴근 후에 쉬어야 한다. 7. 너희들은 자명종이 울릴 때 주저 없이 일어나야 한다. 8. 너희들은 찬 물로 항상 씻어야 한다. 9. 어린이들은 8시에 일어나야 한다. 10. 어린이들은 방과 후에 쉬어야 한다.

dimenticarsi di + inf.	ricordarsi di + inf.

문법

'dovere/potere/volere + 재귀동사'의 경우, 위에서 보듯이, 재귀대명사가 활용된 조동사 앞으로 갈 수 있다.

7.10 재귀동사를 단순시제/복합시제로 활용하라!

1. Ogni giorno Paolo (**alzarsi**) _____ alle 7; anch'io ho l'abitudine di (**alzarsi**) _____ alle 7.
2. Gli studenti sono stanchi perche' ieri sera (**addormentarsi**) _____ molto tardi; anche Valentina ieri sera (**addormentarsi**) _____ tardi.
3. Carlo (**farsi**) _____ la barba tutte le mattine; anche stamattina (**farsi**)

UNITA' 7

_____ la barba.

4. Per andare alla festa di Giorgio, domani sera Maria (**mettersi**) _____ un vestito elegante.

5. Ieri sera e' piovuto molto: siamo usciti senza ombrello e (**bagnarsi**) _____ dalla testa ai piedi.

6. Ho visto i miei amici al bar e (**fermarsi**) _____ un po' con loro.

7. Stella e Paola non (**ricordarsi**) _____ mai di portare il libro di grammatica; anche stamattina (**dimenticarsi**) _____.

8. Gianni (**laurearsi**) _____ l'anno scorso, io invece voglio (laurearsi) _____ a febbraio.

9. Ogni giorno Federico e Simone (**incontrarsi**) _____ in autobus e (**salutarsi**) _____. Anche stamattina (**incontrarsi**) _____ e (**salutarsi**) _____.

어휘

ogni giorno 매일, **alzarsi** 일어나다, **anch'io** 나도, **avere l'abitudine di** ~하는 습관이 있다, **stanco** 피곤한, **ieri sera** 어제 저녁, **addormentarsi** 잠이 들다, **molto tardi** 아주 늦게, **farsi la barba** 면도하다, **tutte le mattine** 매일 아침, **anche stamattina** 오늘 아침에도, **domani sera** 내일 저녁, **mettersi un vestito elegante** 우아한 옷을 입다, **piovere molto** 비가 많이 오다, **senza ombrello** 우산 없이, **bagnarsi dalla testa ai piedi** 머리에서 발끝까지 흠뻑 젖다, **fermarsi un po'** 잠시 머물다, **ricordarsi di portare** ~를 가져가는 것을 기억하다, **grammatica** 문법, **dimenticarsi** 잊다/까먹다, **laurearsi** 대학 졸업하다, **l'anno scorso** 작년에, **invece** instead/but, **a febbraio** 2월에, **incontrarsi in autobus** 버스에서 서로 만나다, **salutarsi** 서로 인사하다, **incontrarsi** 서로 만나다.

해석

1. 매일 파올로는 7시에 일어난다. 나도 보통 7시에 일어난다. (~하는 습관이 있다) 2. 학생들은 어제 저녁 매우 늦게 잠이 들어서 지금 피곤하다. 발렌티나도 어제 저녁 늦게 잠들었다. 3. 카를로는 매일 아침 면도한다. 오늘 아침에도 면도했다. 4. 지오르지오의 파티에 가기 위해 내일 저녁 마리아는 우아한 옷을 입을 것이다. 5. 어제 저녁 비가 많이 내렸는데 우리는 우산 없이

외출했다가 머리에서 발끝까지 모두 젖었다. 6. 나는 바에서 친구들을 보았고 그들과 잠시 머물렀다. 7. 스텔라와 파올라는 문법책 가져가는 것을 절대 기억 못한다. 오늘 아침에도 그들은 잊었다. 8. 지안니는 작년에 대학을 졸업했다. 반면, 나는 2월에 졸업하고 싶다. 9. 매일 페데리코와 시모네는 버스에서 만나 서로 인사한다. 오늘 아침에도 그들은 만나서 서로 인사했다.

7.11 재귀동사를 단순시제/복합시제로 활용하라!

> fermarsi - arrabbiarsi - trovarsi - sentirsi - lavarsi - riposarsi - stancarsi - dimenticarsi - darsi - incontrarsi

1. Preferisco _____ con l'acqua fredda anche d'inverno; Maria invece preferisce _____ sempre con l'acqua calda.
2. I miei figli hanno l'abitudine di _____ i denti prima di andare a dormire.
3. (Noi) _____ molto a fare quel lavoro e adesso vogliamo _____ un po'.
4. Spesso io _____ di chiudere la porta a chiave.
5. Perugia _____ in Umbria a circa 170 chilometri da Roma.
6. Come _____ l'anno scorso a Firenze, signora?
7. Sabato scorso Simone e Carla hanno voluto _____ a Roma per visitare i Musei Vaticani.
8. Fra loro gli studenti _____ del tu.
9. L'anno scorso i miei amici _____ a casa mia per dieci giorni.
10. In questo periodo (io) _____ molto in forma.
11. Giorgio e i suoi amici _____ davanti alla stazione domattina alle 7 per andare a Siena.
12. I miei genitori _____ molto perche' sono tornato a casa molto tardi.

어휘

> **preferire** 더 좋아하다, **anche d'inverno** 겨울에도, **lavarsi i denti** 양치질하다,

stancarsi a ~에 지치다, **a chiave** 열쇠로, **trovarsi** 위치하다, **a circa 170 chilometri** 약 170km 거리에, **fra loro** 그들 사이에, **darsi del 'tu'** 말을 놓다, **l'anno scorso** 작년에, **in questo periodo** 요즘, **sentirsi molto in forma** 컨디션이 매우 좋다는 것을 느끼다, **domattina** 내일 아침.

해석

1. 나는 겨울에도 찬 물로 씻기를 선호하는 반면, 마리아는 늘 더운 물로 씻기를 선호한다. 2. 내 자식들은 잠자러 가기 전에 이를 닦는 습관이 있다. 3. 우리는 그런 일에 매우 지쳐있다. 그래서 지금 잠시 쉬고 싶다. 4. 나는 자주 열쇠로 문 닫는 것을 깜빡한다. 5. 페루지아는 로마로부터 약 170 km 거리에 있는 움브리아 주에 위치한다. 6. 부인, 작년 피렌체에서 어떻게 지내셨나요? 7. 지난 토요일 시모네와 카를라는 바티칸 박물관을 방문하기 위해 로마에 머물고자 했다. 8. 학생들은 그들끼리 말을 놓는다. 9. 작년에 내 친구들은 열흘 동안 나의 집에 머물렀다. 10. 요즘 나는 컨디션이 매우 좋다는 것을 느낀다. 11. 지오르지오와 그의 친구들은 시에나에 가기 위해 내일 아침 7시에 역 앞에서 만난다. 12. 나의 부모님들은 내가 아주 늦게 집에 돌아와서 매우 화를 내셨다.

7.12 동사를 시제에 맞게 활용하여 완성하라!

andare - conoscersi - chiedere - sposarsi - cominciare - arrivare - dare - parlare - incontrarsi - fidanzarsi

Paola e Antonio _____ in treno, l'anno scorso. All'inizio non _____, poi Paola _____ il giornale ad Antonio. Cosi' _____ a chiacchierare del piu' e del meno. Quando _____ a Roma, Paola _____ ad Antonio il suo numero di telefono. _____ molte volte, _____ al ristorante, al cinema, a fare qualche gita nei dintorni di Roma. Dopo sei mesi _____ e la primavera prossima _____.

어휘

> **all'inizio** 처음에, **chiacchierare** 수다떨다, **del piu' e del meno** 이런 저런 화제에 대해, **molte volte** 여러 번/수 차례, **fare qualche gita** 서너 번 나들이하다, **nei dintorni di** ~ 근교에서, **dopo sei mesi** 6개월 후, **fidanzarsi** 약혼하다, **la primavera prossima** 다음/내년 봄에.

해석

파올라와 안토니오는 작년에 기차에서 서로 알게 되었다. 처음엔 말도 못했으나 잠시 후 파올라가 안토니오에게 신문을 주었다. 그렇게 해서 그들은 이런저런 이야기를 하기 시작했다. 로마에 도착하자 파올라는 안토니오에게 전화번호를 물었다. 그들은 여러 번 만나 레스토랑으로, 영화관으로 갔고, 로마 근교로 서너 번 나들이를 하기도 했다. 6개월 후, 그들은 약혼을 했고 다음 봄에는 결혼한다.

7.13 재귀동사는 복합시제로, 일반동사는 근과거로 완성하라!

Stamattina (io-**svegliarsi**) _____ come al solito alle sei e un quarto per andare all'Universita'. (**sedersi**) _____ sul letto, poi (**alzarsi**) _____ e (**togliersi**) _____ il pigiama. In bagno (**farsi**) _____ la barba e (**lavarsi**) _____ i denti. Poi (**andare**) _____ in cucina per fare colazione, (**accendere**) _____ la radio e (**ascoltare**) _____ le notizie. Le notizie erano molto brutte, (**spaventarsi**) _____ e (**cominciare**) _____ a tremare. Allora (**spegnere**) la radio, (**rimettersi**) _____ il pigiama e (**tornare**) _____ a letto.

어휘

> **stamattina** 오늘 아침에, **come al solito** 늘 그렇듯이/여느 때처럼, **alle sei e un quarto** 6시 15분에, **sedersi** 앉다, **sul letto** 침대 위에, **poi** 그리고 나서, **togliersi il pigiama** 잠옷을 벗다, **farsi la barba** 면도하다, **lavarsi i denti** 양치질하다, **fare**

colazione 아침 먹다, **accendere la radio** 라디오를 켜다, **ascoltare le notizie** 뉴스를 청취하다, **molto brutto** 매우 안 좋다, **spaventarsi** (become frightened)놀라다, **cominciare a tremare** 몸을 떨기 시작하다, **allora** 그래서, **spegnere la radio** 라디오를 끄다, **rimettersi il pigiama** (dress again)잠옷을 다시 입다.

오늘 아침 나는 대학에 가기 위해 평상시처럼 6시15분에 잠에서 깼다. 나는 침대에 앉은 후, 일어나 파자마를 벗었다. 욕실에서 면도를 하고 이를 닦았다. 그리고 아침을 먹기 위해 부엌으로 갔고 라디오를 키고 뉴스를 들었다. 뉴스가 매우 충격적이라서 놀랐고 나는 몸을 부르르 떨기 시작했다. 그래서 라디오를 끄고 파자마를 다시 입고 침대로 돌아갔다.

7.14 전치사로 완성하라!

1. Giorgio lavora _____ fabbrica e fa il turno _____ notte.
2. Maria finisce _____ lavorare _____ sei _____ mattina.
3. Carlo e Anna si salutano davanti _____ porta _____ casa.
4. Giulia mette _____ ordine la camera prima _____ andare _____ letto.
5. Elena si lava sempre _____ l'acqua calda.
6. Stamattina non sono riuscito _____ trovare un meccanico _____ riparare la moto.
7. Mi sveglio spesso _____ cattivo rumore.
8. Ho l'abitudine _____ svegliarmi _____ 7.
9. Mi devo ricordare _____ telefonare _____ miei genitori.
10. Vado _____ cucina _____ fare colazione _____ Nicola.
11. Gli studenti non riescono _____ capire tutte le parole _____ professore.
12. Ho bisogno _____ parlare _____ Pietro.

어휘

fare il turno di notte 야간 조로 근무하다, **mettere in ordine** 정리정돈하다, **riparare** 수리하다, **di cattivo rumore** 안 좋은 소음에, **avere bisogno di** ~할 필요가 있다.

해석

1. 지오르지오는 공장에서 일하는데 야근을 한다. 2. 마리아는 오전 6시에 일을 끝낸다. 3. 카를로와 안나는 집 문 앞에서 서로 인사한다. 4. 쥴리아는 잠자리에 들기 전에 방을 정리정돈한다. 5. 엘레나는 항상 더운 물로 씻는다. 6. 오늘 아침 나는 차를 수리하기 위해 정비공을 찾는데 실패했다. 7. 나는 자주 안 좋은 소음에 잠을 깬다. 8. 나는 7시에 깨는 습관이 있다. 9. 나는 부모님께 전화하는 것을 기억해야 한다. 10. 나는 니콜라와 아침을 먹기 위해 부엌으로 간다. 11. 학생들은 교수님의 말씀을 전부 이해할 수가 없다. 12. 나는 피에트로와 대화할 필요가 있다.

UNITA' 8

8.1 Mentre **dormivo**, e' suonata la sveglia.
8.2 Mentre **mangiavo**, **guardavo** la TV.
8.3 Quando hanno bussato alla porta, **dormivo**.
8.4 Paola non e' uscita perche' **aveva** mal di testa.
8.5 Quando ho conosciuto Martina, lei **aveva** 18 anni.
8.6 Simone, invece, ci **andava** raramente.
8.7 Da bambino non **giocavo** mai da solo.
8.8 직설법 과거시제(근과거/불완료과거)로 완성하라!
8.9 직설법 과거시제(근과거/불완료과거)로 완성하라!
8.10 직설법 과거시제(근과거/불완료과거)로 완성하라!
8.11 직설법 과거시제(근과거/불완료과거)로 완성하라!
8.12 Ho smesso di studiare perche' **avevo studiato** abbastanza.
8.13 L'autobus non c'era: **era partito**.

- **직설법 불완료과거(Imperfetto indicativo):**
  규칙활용 동사 – mangiavo, leggevo, uscivo ...
  불규칙활용 동사 – ero, facevo, bevevo, dicevo ...
- **직설법 대과거(Trapassato prossimo):**
  [avere 직설법 불완료과거＋타동사의 과거분사]
  [essere 직설법 불완료과거＋자동사의 과거분사(주어와 성수일치)]
- **직설법 근과거/불완료과거의 특성 비교**

8.1 보기처럼 변형시켜라!

Mentre **dormo**, suona la sveglia. → Mentre **dormivo,** e' suonata la sveglia.
내가 잠을 자는데 자명종이 울린다.   내가 잠을 자는데 자명종이 울렸다.

1. Mentre **mangio**, arrivano i miei amici.
   _____

2. Mentre Paolo **esce**, suona il telefono.
   _____

3. Mentre **leggo** il giornale, bussano alla porta.
   _____

4. Mentre Elisabetta **esce** di casa, comincia a piovere.
   _____

5. Mentre **telefoniamo** a Stefano, lui arriva.
   _____

6. Mentre i bambini **guardano** la TV, va via la luce.
   _____

어휘

> **suonare la sveglia** [essere] 자명종이 울리다, **suonare il telefono** [essere] 전화 벨이 울리다, **bussare alla porta** [avere] 노크하다, **uscire di casa** 집을 나서다, **cominciare a piovere** [essere] 비가 내리기 시작하다, **andare via la luce** 전기가 나가다.

해석

1. 내가 식사를 하는데 나의 친구들이 도착했다. 2. 파올로가 외출을 하는데 전화벨이 울렸다. 3. 내가 신문을 읽는데 그들이 노크를 했다. 4. 엘리사베타가 외출하는데 비가 내리기 시작했다. 5. 우리가 스테파노에게 전화를 하는데 그가 도착했다. 6. 아이들이 TV를 보는데 전기가 나갔다.

직설법 불완료과거(Imperfetto indicativo)

규칙활용 동사

	mangi**are** (eat)	legg**ere** (read)	usc**ire** (go out)
io	mangi**avo**	legg**evo**	usc**ivo**
tu	mangi**avi**	legg**evi**	usc**ivi**
lui	mangi**ava**	legg**eva**	usc**iva**
noi	mangi**avamo**	legg**evamo**	usc**ivamo**
voi	mangi**avate**	legg**evate**	usc**ivate**
loro	mangi**avano**	legg**evano**	usc**ivano**

불완료과거의 용법 : ~했다, ~하고 있었다, ~하곤 했다

1) '불명확한 지속성을 내포한 과거 행위'를 서술할 때

   I miei nonni **abitavano** in campagna.

   나의 조부모님들은 시골에 살고계셨다.

2) '과거의 규칙적인 습관'을 서술할 때

   Da bambino **andavo** spesso in montagna.

   어릴 때 난 산에 자주 가곤했다.

3) '과거의 인물, 사물, 상황의 특성'을 서술할 때

   Mia nonna **era** molto bella.

   나의 할머니는 매우 아름다우셨다.

   In treno **faceva** caldo.

   기차 내부는 더웠다.

   Alla festa c'**era** molta gente.

   파티에 많은 사람들이 있었다.

4) '시간의 관용구'와 자주 함께 사용된다.

   Normalmente **andavo** al mare.

   보통 나는 바닷가에 가곤했다.

   Di solito la sera **andavamo** a ballare.

   흔히 저녁마다 우리는 춤추러 가곤했다.

Da bambino/a **leggevo** tantissimo.

어릴 때 나는 책을 아주 많이 읽었다.

Da piccolo/a **avevo** un cane.

어릴 때 나는 개를 키웠다.

5) '동시에 발생되는 지속성을 내포한 일련의 사건' 에 대해 서술할 때

Mentre **guidavo**, lui **controllava** la cartina.

내가 운전하는 동안 그는 지도를 검토하고 있었다.

6) 두 번째 행위가 시작될 때, 첫 번째 행위가 아직 완료되지 않았다면, 첫 번째 행위는 불완료과거(지속성), 시작하는 새로운 행위는 근과거를 사용한다.

Mentre **leggevo, e' entrata** una ragazza.

내가 독서 하고 있는데 한 소녀가 들어왔다.

7) 'volere'동사의 불완료과거형은 친절하게 뭔가를 물어 볼 때, 그리고 의도나 바람을 표현할 때 사용되기도 한다.

Volevo chiedere una cosa.

한 가지 여쭤봐도 되겠습니까?

Stasera **volevamo** andare a trovare Pino.

오늘 저녁 우린 삐노를 만나러 가고 싶다.

8.2 보기처럼 변형시켜라!

Mentre **mangio, guardo** la TV. → Mentre **mangiavo, guardavo** la TV.

나는 식사를 하면서 TV를 본다. 나는 식사를 하면서 TV를 보고 있었다.

1. Mentre **aspetta** l'autobus, Lorenzo **legge** il giornale.

   _____

2. Mentre **ascoltano** il professore, gli studenti **prendono** appunti.

   _____

3. Mentre Gabriella **parla**, io **penso** ad altre cose.

   _____

4. Mentre i bambini **studiano**, Marina **guarda** la TV.

   _____

UNITA' 8

5. Mentre Luigi **fa** colazione, **parla** con sua moglie.

6. Mentre tu **prepari** le valigie, noi **mettiamo** in ordine la casa.

어휘

mangiare eat, **guardare** look for, **aspettare** wait, **leggere** read, **prendere appunti** 강의 노트 필기하다, **parlare** speak, **pensare** think, **altre cose** 다른 것들, **fare colazione** have breakfirst, **preparare le valigie** 여행 가방들을 챙기다, **mettere in ordine** 정리정돈하다.

해석

1. 로렌초는 버스를 기다리면서 신문을 읽고 있었다. 2. 학생들이 교수님의 강의를 들으면서 필기를 하고 있었다. 3. 가브리엘라가 말을 하는 동안 나는 다른 생각을 하고 있었다. 4. 아이들이 공부하는 동안 마리나는 TV를 보고 있었다. 5. 루이지는 아침을 먹으면서 그의 아내와 이야기 하고 있었다. 6. 네가 여행 가방을 준비하는 동안 우리는 집을 정리정돈 하고 있었다.

문법

직설법 불완료과거(Imperfetto indicativo)
불규칙활용 동사

	ess**ere** (be)	**fare** ← fac**ere** (do)	**bere** ← bev**ere** (drink)	**dire** ← dic**ere** (say, tell)
io	ero	facevo	bevevo	dicevo
tu	eri	facevi	bevevi	dicevi
lui	era	faceva	beveva	diceva
noi	eravamo	facevamo	bevevamo	dicevamo
voi	eravate	facevate	bevevate	dicevate
loro	erano	facevano	bevevano	dicevano

불완료과거의 불규칙활용 동사들은 몇 개로 한정되어 있으며, 그나마 이들도 이탈리아어의 모

태인 라틴어의 형태(facere, bevere, dicere)를 바탕으로 활용하므로 어렵지 않다. 다시 말해서 불규칙활용 동사는 거의 없다고 할 수 있다.

규칙활용 동사

aspettare (wait)	parlare (speak, say)	pensare (think)	studiare (study)	guardare (look)
preparare (prepare)	ascoltare (listen)	mettere (put)	prendere (take, get, have)	partire (leave)

8.3 보기처럼 대답하라!

Che cosa **facevi** quando **hanno bussato** alla porta? (dormire)
그들이 문을 노크했을 때 너는 무엇을 하고 있었니?
- Quando **hanno bussato** alla porta, **dormivo.**
  그들이 문을 노크했을 때 나는 잠을 자고 있었다.

1. Che cosa **facevi** quando **e' suonato** il telefono? (mangiare)

2. Che cosa **facevi** quando Antonio **e' tornato**? (dormire)

3. Che cosa **facevi** quando Giovanni **ha telefonato**? (studiare)

4. Che cosa **facevi** quando i bambini **sono arrivati** a casa? (ascoltare la musica)

5. Che cosa **facevi** quando **hai incontrato** Carlo? (fare la spesa)

6. Che cosa **facevi** quando **e' andata** via la luce? (guardare la TV)

UNITA' 8

어휘

> **bussare alla porta** 노크하다, **suonare il telefono** 전화벨이 울리다, **fare la spesa** 장보다, **incontrare** 만나다, **andare via la luce** 전기가 나가다.

해석

1. 전화벨이 울렸을 때 나는 밥을 먹고 있었다. 2. 안토니오가 돌아왔을 때 나는 잠을 자고 있었다. 3. 지오반니가 전화를 했을 때 나는 공부하고 있었다. 4. 아이들이 집에 도착했을 때 나는 음악을 듣고 있었다. 5. 내가 카를로를 만났을 때 나는 장을 보고 있었다. 6. 전기가 나갔을 때 나는 TV를 보고 있었다.

문법

자동사(Verbi intransitivi)/타동사(Verbi transitivi)

자동사(vi) [essere]	suonare (ring, play)	tornare (return, come back)	arrivare (arrive)	andare (go)
타동사(vt) [avere]	suonare (ring, play)	telefonare (telephone)	incontrare (meet)	

8.4 보기처럼 완성하라!

Paola non (**uscire**) _____ perche' (**avere**) _____ mal di testa.
→ Paola non **e' uscita** perche' **aveva** mal di testa.
파올라는 머리가 아파서 외출하지 않았다.

1. Giorgio non (**telefonare**) _____ a Pina perche' non (**sapere**) _____ il numero.
2. I bambini non (**mangiare**) _____ la carne perche' non (**avere**) _____ fame.
3. Maria non (**andare**) _____ a lezione perche' (**stare**) _____ male.

4. I ragazzi stanotte (**addormentarsi**) _____ tardi perche' non (**avere**) sonno.
5. Marta non (**aspettare**) _____ Ivo perche' (**avere**) _____ fretta.
6. Carlo (**andare**) _____ al bar perche' (**volere**) _____ bere una birra.
7. Non (io-**scrivere**) _____ a Bruno perche' non (**sapere**) _____ l'indirizzo.
8. Non (noi-**dare**) _____ l'esame perche' non (**essere**) _____ preparati.
9. Anna non (**uscire**) _____ con gli amici perche' (**dovere**) _____ studiare.
10. Non (voi-**comprare**) _____ quella macchina perche' (**costare**) _____ troppo.
11. Lucio non (**spedire**) _____ la lettera perche' non (**avere**) _____ il francobollo.
12. (Io-**chiudere**) _____ la finestra perche' (**sentire**) _____ freddo.

어휘

avere mal di testa 두통이 있다/머리가 아프다, **avere fame** 배가 고프다, **andare a lezione** 수업에 가다, **stare male** 몸이 아프다, **stanotte** last night 간 밤에, **addormentarsi tardi** 늦게 잠이 들다, **avere sonno** 졸리다, **avere fretta** 급하다/시간적 여유가 없다, **indirizzo** 주소, **dare l'esame** 시험 보다, **essere preparato** 준비가 되다, **costare troppo** 너무 비싸다, **francobollo** 우표, **sentire freddo** 추위를 느끼다.

해석

1. 지오르지오는 전화번호를 몰라서 피나에게 전화하지 못했다. 2. 아이들은 배가 고프지 않아서 고기를 먹지 않았다. 3. 마리아는 아파서 수업에 가지 않았다. 4. 소년들은 잠이 오지를 않아서 간밤에 늦게 잠이 들었다. 5. 마르타는 시간이 급해서 이보를 기다리지 못 했다. 6. 카를로는 맥주를 마시고 싶어서 바에 갔다. 7. 나는 주소를 몰라서 브루노에게 편지를 쓰지 못했다.

8. 우리는 준비가 되지 않아서 시험을 보지 않았다. 9. 안나는 공부를 해야만 해서 친구들과 외출하지 않았다. 10. 자동차 값이 너무 비싸서 너희들은 그것을 사지 못했구나. 11. 루치오는 우표가 없어서 편지를 부치지 못했다. 12. 나는 추위를 느껴서 창문을 닫았다.

자동사(Verbi intransitivi)/타동사(Verbi transitivi)

타동사(vt) [avere]	**telefonare** (telephone)	**mangiare** (eat)	**aspettare** (wait)	**scrivere** (write)	**comprare** (buy)	**dare** (give)
	chiudere (close)	**spedire** (send)				
자동사(vi) [essere]	**andare** (go)	**uscire** (go out)		재귀동사(vr) [essere]	**addormentarsi** (go to sleep)	

8.5 보기처럼 완성하라!

Quando ho conosciuto Martina, lei (**avere**) _____ 18 anni.
→ Quando ho conosciuto Martina, lei **aveva** 18 anni.
   내가 마르티나를 알게 되었을 때 그녀는 18살이었다.

1. Quando ho conosciuto Martina, (**avere**) _____ i capelli corti.
2. Quando ho conosciuto Martina, (**andare**) _____ ancora a scuola.
3. Quando ho conosciuto Martina, (**portare**) _____ gli occhiali.
4. Quando ho conosciuto Martina, (**essere**) _____ molto carina.
5. Quando ho conosciuto Martina, (**frequentare**) _____ un corso di danza classica.
6. Quando ho conosciuto Martina, (**giocare**) _____ a pallavolo nella squadra della scuola.

어휘

> **conoscere** 알다, **avere 18 anni** 18살이다, **avere i capelli corti** 머리가 짧다, **portare gli occhiali** 안경을 쓰다, **essere molto carino** 매우 귀엽다/예쁘다/깜찍하다, **frequentare un corso** 과정을 다니다, **danza classica** 고전무용, **giocare a pallavolo** 배구하다, **squadra della scuola** 학교 팀.

해석

1. 내가 마르티나를 알게 되었을 때 그녀는 짧은 머리를 하고 있었다. 2. 내가 마르티나를 알게 되었을 때 그녀는 당시에도 학교에 다니고 있었다. 3. 내가 마르티나를 알게 되었을 때 그녀는 안경을 착용하고 있었다. 4. 내가 마르티나를 알게 되었을 때 그녀는 매우 예뻤다. 5. 내가 마르티나를 알게 되었을 때 그녀는 고전무용 과정에 다니고 있었다. 6. 내가 마르티나를 알게 되었을 때 그녀는 학교 배구팀에서 뛰고 있었다.

portare	**frequentare**	**giocare**
(carry, take, wear)	(attend)	(play)

8.6 보기처럼 변형시켜라!

Da ragazzo **andavo** spesso **al cinema**.
소년기에 나는 자주 영화관에 가곤했다.
→ Simone, invece, **ci andava** raramente.
반면, 시모네는 거기에 이따금 가곤했다.

1. Da ragazzo, la sera, **restavo** spesso **a casa**.
   Simone, invece, _____

2. Da ragazzo **stavo** spesso con gli amici **in giardino**.
   _____

3. Da ragazzo **mangiavo** spesso **alla mensa**.
   _____

4. Da ragazzo **andavo** spesso **al bar** con gli amici.

5. Da ragazzo **rimanevo** spesso **dai nonni**.

6. Da ragazzo **andavo** spesso **in campeggio**.

어휘

da ragazzo (=quando ero ragazzo) 소년기에, **raramente** 드물게, **giardino** 정원, **mensa** 구내식당, **rimanere dai nonni** 조부모 댁에서 머물다, **andare in campeggio** 캠핑장에 가다.

해석

1. 소년기에 나는 저녁에 자주 집에 남아 있곤했다. 2. 소년기에 나는 자주 친구들과 정원에서 어울리곤했다. 3. 소년기에 나는 자주 구내식당에서 밥을 먹곤했다. 4. 소년기에 나는 자주 친구들과 바에 가곤했다. 5. 소년기에 나는 자주 할머니 할아버지 댁에 머무르곤했다. 6. 소년기에 나는 자주 캠핑 장에 가곤했다.

stare(be, stay) ~에(와 함께) 있다	restare = rimanere(stay, remain) ~에 머물다, ~에 남아있다

8.7 보기처럼 변형시켜라!

Quando ero bambino, **giocavo** sempre da solo.
→ **Da bambino** non **giocavo** mai da solo.
  어렸을 때 나는 절대로 혼자 놀지 않았다.

1. Quando ero bambino, **stavo** sempre con i nonni.

2. Quando ero ragazzo, **studiavo** sempre a casa.

3. Quando ero studente, **mangiavo** sempre alla mensa.

4. Quando ero giovane, **uscivo** sempre la sera.

5. Quando ero piccolo, **andavo** sempre in bicicletta.

6. Quando ero giovane, **facevo** sempre sport.

어휘

> **da bambino** (=quando ero bambino) 어렸을 때, **giocare da solo** 혼자 놀다, **stare con i nonni** 조부모와 함께 지내다, **andare in bicicletta** 자전거 타고 가다, **fare sport** 스포츠를 즐기다.

해석

1. 어렸을 때 나는 할머니 할아버지와 늘 함께 하곤했다. 2. 소년기에 나는 늘 집에서 공부하곤 했다. 3. 학생 때 나는 늘 구내식당에서 밥을 먹곤했다. 4. 젊었을 때 나는 저녁이면 늘 외출하곤했다. 5. 어렸을 때 나는 늘 자전거를 타고 다니곤했다. 6. 젊었을 때 나는 늘 스포츠를 즐기곤했다.

8.8 직설법 과거시제(근과거/불완료과거)로 완성하라!

1. Giorgio (telefonare) _____ a Maurizio, poi (**uscire**) _____ con Adriana.

2. Mantre (io-fare) _____ colazione, (**arrivare**) _____ i miei amici.

3. Quando Francesco (**essere**) _____ bambino, (**giocare**) _____ spesso in giardino.

UNITA' 8

4. Mentre Claudio (**nuotare**) _____, Anna (**prendere**) _____ il sole.
5. Da bambino durante le vacanze (io-**andare**) _____ in campagna dai nonni.
6. Ieri sera Franco (**parlare**) _____ al telefono con Anna fino a tardi.
7. Sabato scorso (noi-**viaggiare**) _____ tutto il giorno.
8. Mentre i bambini (**aspettare**) _____ l'autobus, (**cominciare**) _____ a piovere.
9. Le mie sorelle (**frequentare**) _____ un corso di tedesco per sei mesi.
10. Non (io-**telefonare**) _____ a Dirk, perche' (io-**essere**) _____ troppo stanco.
11. Ieri sera (io-**mangiare**) _____, poi (io-**guardare**) _____ la TV.
12. Mentre Valeria (**dormire**) _____, qualcuno (**bussare**) _____ alla porta.

어휘

nuotare 수영하다, **prendere il sole** 일광욕하다, **durante le vacanze** 휴가 동안, **andare in campagna** 시골에 가다, **dai nonni** 조부모 댁에, **parlare al telefono** 전화통화하다, **fino a tardi** 늦게까지, **sabato scorso** 지난 토요일에, **viaggiare** 여행하다, **tutto il giorno** 하루 종일, **cominciare a piovere** 비가 내리기 시작하다, **frequentare un corso** 과정을 다니다, **essere troppo stanco** 너무 피곤하다, **qualcuno** somebody **bussare alla porta** 노크하다.

해석

1. 지오르지오는 마우리치오에게 전화를 하고 아드리아나와 외출했다. 2. 내가 아침을 먹는데 나의 친구들이 왔다. 3. 프란체스코는 어렸을 때 자주 정원에서 놀곤했다. 4. 클라우디오가 수영을 하는 동안 안나는 일광욕을 하고 있었다. 5. 어렸을 때 휴가 기간에 나는 시골에 있는 할머니 할아버지 댁에 가곤했다. 6. 어제 저녁 프랑코는 늦게까지 안나와 전화통화했다. 7. 지난 토요일 우리는 하루 종일 여행했다. 8. 아이들이 버스를 기다리는데 비가 내리기 시작했다. 9. 나의 누이들은 6개월 간 불어 과정을 다녔다. 10. 나는 너무 피곤해서 디르크에게 전화하지 않았

다. 11. 어제 저녁 나는 밥을 먹고 나서 TV를 보았다. 12. 발레리아가 잠을 자고 있는데 누군가 문을 노크했다.

자동사(vi) [essere]	cominciare* (begin, stat)	uscire (go out)	arrivare (arrive)
자동사(vi)* [avere]	viaggiare (trevel)	bussare (knock)	

* 동사에는 자동사와 타동사 역할을 겸임하는 동사들(cominciare, finire …), 자동사이지만 복합시제 구성할 때 avere 조동사를 사용하는 동사들(viaggiare, bussare …)이 존재한다.

문법

직설법 근과거 용법(~했다)
1) '이미 완료된 최근의 과거의 행위'를 서술할 때
    Ieri sera **siamo andati** al cinema. 어제 저녁 우리는 영화관에 갔다.
2) '연속해서 이미 발생된 최근의 여러 사건'을 차례대로 서술할 때
    Sono uscito di casa, **ho comprato** un giornale e poi **sono andato** al bar.
    나는 외출해서 신문을 산 후 빠에 갔다.
3) '단 한 번 발생된 행위'를 서술할 때
    Una volta **siamo usciti**. 딱 한 번 우리는 외출했다.

8.9 직설법 과거시제(근과거/불완료과거)로 완성하라!

1. Ieri (voi-**avere**) _____ lezione dalle otto alle nove?
2. Giorgio non (**salutare**) _____ i suoi amici, perche' (**avere**) _____ fretta.
3. Maria (**lasciare**) _____ il suo ragazzo, perche' (lui-**essere**) _____ troppo geloso.
4. I bambini (**essere**) _____ molto stanchi, percio' (**andare**) _____ a letto presto.
5. Da giovane mio padre (**sciare**) _____ molto bene.
6. Mentre mia nonna (**guardare**) _____ la TV, (**addormentarsi**)

UNITA' 8

_____.

7. Di solito la sera al mare Marco (**uscire**) _____ con gli amici.
8. Quando (io-**essere**) _____ nel mio paese, durante il fine-settimana (io-**fare**) _____ delle gite con gli amici.
9. Pietro (**partire**) _____ perche' (**essere**) _____ stufo di questa citta'.
10. Mentre (io-**preparare**) _____ la cena, (**telefonare**) _____ a mia madre.
11. Quando i bambini (**tornare**) _____ da scuola, (noi-**cominciare**) _____ a pranzare.
12. Ieri (io-**addormentarsi**) _____ a mezzanotte.

어휘

> **avere lezione** 수업이 있다, **dalle otto alle nove** 8시부터 9시까지, **avere fretta** 시간적 여유가 없다/급하다, **lasciare il suo ragazzo** 그의 애인을 버리다, **essere troppo geloso** 너무 질투심이 강하다, **sciare molto bene** 스키를 아주 잘 타다, **di solito** 흔히/일반적으로/보통, **durante il fine-settimana** 주말 동안, **fare delle gite** 나들이하다, **essere stufo di** ~에 대해 싫증이 나다, **cominciare a pranzare** 점심먹기 시작하다, **a mezzanotte** 자정에.

해석

1. 어제 너희들 8시에서 9시까지 수업 있었니? 2. 지오르지오는 시간이 급해서 그의 친구들에게 인사하지 못했다. 3. 마리아는 그의 애인이 너무 질투심이 많아서 그를 버렸다. 4. 아이들은 너무 피곤해서 일찍 잠자리에 들었다. 5. 젊었을 때 나의 아버지는 스키를 아주 잘 타셨다. 6. 나의 할머니는 TV를 보시다가 잠이드셨다. 7. 마르코는 바닷가에 있을 때 저녁이면 흔히 친구들과 외출하곤했다. 8. 나는 우리나라에 있을 때 주말이면 친구들과 돌아다니곤했다. 9. 이 도시가 싫증이 나서 피에트로는 떠났다. 10. 나는 저녁을 준비하면서 나의 어머니와 전화하고있었다. 11. 아이들이 학교에서 돌아올 때 우리는 점심을 먹기 시작하곤했다. 12. 어제 나는 자정에 잠이 들었다.

타동사(vt) [avere]	**avere** (have)	**salutare** (greet)	**lasciare** (leave)
자동사(vi) [essere]	**andare** (go)	**partire** (leave, start)	
재귀동사(vr) [essere]	**addormentarsi** (go to sleep)		

8.10 직설법 과거시제(근과거/불완료과거)로 완성하라!

LETTERA AL DIRETTORE

Vorrei raccontare una storia triste...

(**Essere**) _____ una sera buia e fredda e le strade (**essere**) _____ bianche di neve.

Come al solito (io-**tornare**) _____ a casa dalla fabbrica dove (lavorare) _____. A un tratto (**vedere**) _____ in mezzo alla strada qualcosa che si muoveva e (io-**avvicinarsi**) _____.

(**Essere**) _____ un cagnolino, (**avere**) _____ freddo ed (**essere**) _____ tutto bagnato. Io non (**sapere**) _____ che cosa fare.

Dopo un po' (io-**prendere**) _____ il cucciolo, (**andare**) _____ a casa e gli (**dare**) _____ un po' di latte caldo. Adesso e' Chicco, un vero amico.

(Maria Paola, Chieti)

어휘

vorrei ~ I would like ~, **raccontare** 이야기하다, **storia triste** 슬픈 스토리, **sera buia e fredda** 춥고 어두운 저녁, **essere bianche di neve** 눈으로 하얗게 덮여있다, **come al solito** 늘 그렇듯이/여느 때처럼, **a un tratto** 갑자기, **in mezzo a** ~ ~ 한 복판에서, **muoversi** 움직이다, **avvicinarsi** 접근하다, **cagnolino** 강아지, **avere freddo** 추워서 떨다, **essere tutto bagnato** 온통 젖다, **sapere che cosa fare** 무엇을 해야할지 알다, **dopo un po'** 잠시 후에, **prendere il cucciolo** 새끼를 집어들다, **dare un po' di latte caldo** 약간의 따뜻한 우유를 주다, **adesso** 지금, **vero amico** 진짜 친구.

UNITA' 8

해석

편집장께 드리는 편지

슬픈 이야기를 하고싶군요...

어둡고 추운 저녁이었고 거리는 하얗게 눈으로 덮여 있었습니다.

평상시처럼 저는 제가 일하는 공장에서 집으로 돌아가고 있었습니다. 어느 순간 저는 거리 한복판에서 움직이는 무엇인가를 목격하고 다가갔습니다.

강아지였습니다. 강아지는 온통 물에 젖은 채 떨고 있었습니다. 저는 어찌해야 좋을지 몰랐습니다.

잠시 후 저는 강아지를 데리고 집에 가서 따끈한 우유를 주었습니다. 이름이 '키코'인 그는 지금 둘도 없는 저의 친구랍니다. (키에티에서 마리아 파올라)

타동사(vt) [avere]	vedere (see)	prendere (take)	dare (give)
재귀동사(vr) [essere]	avvicinarsi (approach)	muoversi (move)	

8.11 직설법 과거시제(근과거/불완료과거)로 완성하라!

Ieri Ersilia e' uscita di casa presto per andare alla stazione: aveva deciso di andare a Roma.

Mentre (**uscire**) _____ di casa per andare alla stazione, (**cominciare**) _____ a piovere: allora (**tornare**) _____ a casa per prendere l'ombrello.

Mentre (**scendere**) _____ le scale, (**incontrare**) _____ il suo amico Giorgio. Insieme (**andare**) _____ alla fermata dell'autobus e, mentre (**aspettare**) _____ l'autobus, (**parlare**) _____ del piu' e del meno.

Mentre Ersilia (**salire**) _____ sull'autobus, le (**cadere**) _____ il portafoglio, allora si e' fermata per raccoglierlo, ma mentre lo (**raccogliere**) _____, l'autobus (**ripartire**) _____. Allora Ersilia (**chiamare**) _____ un taxi.

(**Salire**) _____ sul taxi e, quando (**arrivare**) _____ alla stazione, (**correre**) _____ subito al binario, ma non e' potuta partire perche' c'(**essere**) _____ sciopero.

어휘

> **uscire di casa** 집을 나서다, **prendere l'ombrello** 우산을 챙기다, **scendere le scale** 계단을 내려가다, **insieme** 함께, **alla fermata di** ~의 정류장에, **mentre** ~ 하는 동안, **parlare del piu' e del meno** 이런 저런 화제에 대해 대화하다, **salire sull'autobus** 버스에 오르다, **cadere il portafoglio** 지갑이 떨어지다, **allora** 그래 서, **fermarsi** 멈추다, **raccogliere** 줍다, **ripartire** 재출발하다, **chiamare un taxi** 택시를 부르다, **salire sul taxi** 택시에 오르다, **correre al binario** 플랫폼으로 달리다, **sciopero** 파업.

해석

어제 에르실리아는 역에 가기 위해 일찍 집을 나섰다. 로마에 가기로 했기 때문이었다. 역에 가기 위해 집을 나서는데 비가 오기 시작했다. 그래서 그녀는 우산을 가지러 집으로 돌아갔다.
그녀는 계단을 내려가다가 친구 지오르지오를 만났다. 그들은 함께 버스 정류장으로 갔다. 그리고 버스를 기다리는 동안 이런저런 이야기를 했다.
에르실리아가 버스에 오르는데 지갑이 떨어졌다. 그래서 그녀는 그것을 줍기 위해 멈춰섰으나 줍는 동안 버스는 떠나버렸다. 하는 수 없이 그녀는 택시를 불렀다.
택시에 올랐고 역에 도착하자마자 플랫 홈으로 뛰었으나 파업을 하고 있어서 기차타고 떠날 수가 없었다.

타동사(vt) [avere]	**correre*** (run: sport)	**chiamare** (call)	**parlare*** (talk)		
자동사(vi) [essere]	**correre*** (run: 목적지로)	**cominciare** (begin)	**cadere** (fall)	**ripartire** (start again)	**salire** (go up)

* correre(vt) 육상 대회에서 '달리다', correre (vi)[essere] 목적지(a casa, alla stazione) 로 '뛰다'. parlare(vt) '언어를 하다(speak)'. parlare(vi)[avere]'말하다'.

8.12 보기처럼 대답하라!

Perche' hai smesso di studiare? (**studiare** abbastanza)
왜 너는 공부를 중단했니?
- Ho smesso di studiare perche' **avevo studiato** abbastanza.
  충분히 공부를 했기에 중단했다.

1. Perche' hai smesso di lavorare? (**lavorare** abbastanza)

2. Perche' hai smesso di mangiare? (**mangiare** abbastanza)

3. Perche' hai smesso di parlare? (**parlare** abbastanza)

4. Perche' hai smesso di bere? (**bere** abbastanza)

5. Perche' hai smesso di leggere? (**leggere** abbastanza)

6. Perche' hai smesso di giocare a calcio? (**giocare** abbastanza)

어휘

smettere di ~를 중단하다, **abbastanza** 충분히/꽤/어느 정도, **giocare a calcio** 축구하다.

해석

1. 왜 너는 일을 중단했니? 충분히 일했기에 중단했다. 2. 왜 너는 식사를 중단했니? 충분히 먹었기에 중단했다. 3. 왜 너는 이야기를 중단했니? 충분히 이야기했기에 중단했다. 4. 왜 너는 술을 그만 마셨니? 충분히 마셨기에 그만 마셨다. 5. 왜 너는 독서를 중단했니? 충분히 읽었기에 중단했다. 6. 왜 너는 축구를 그만 했니? 충분히 했기에 그만 했다.

직설법 대과거(Trapassato prossimo)
1) 영어의 과거완료(had+p.p.)에 해당한다. (~했었다)
2) 복문의 경우, 주절의 과거시제(과거 3형제: 근과거, 불완료과거, 원과거) 보다 단 1초라도 앞서 발생한 사실을 서술할 때 사용한다.
3) [essere 직설법 불완료과거 + 자동사의 과거분사(주어와 성수일치)]
[avere 직설법 불완료과거 + 타동사의 과거분사]

	직설법 대과거	
	(타동사) mangiare	(자동사) partire
io	**avevo mangiato**	**ero partito/a**
tu	avevi mangiato	eri partito/a
lui, lei, Lei	aveva mangiato	era partito/a
noi	avevamo mangiato	**eravamo partiti/e**
voi	avevate mangiato	eravate partiti/e
loro	avevano mangiato	erano partiti/e

A : Perche' non sei andato al ristorante con Lino ieri sera?
   왜 너는 어제 저녁 리노와 레스토랑에 가지 않았니?
B : Non ci sono andato perche' **avevo** gia' **mangiato.**
   나는 그때 이미 밥을 먹었기 때문에 거기 안 갔어.
A : E perche' non sei andato al cinema?
   그럼 영화관에는 왜 가지 않았니?
B : Perche' c'**era** gia' **stato.**
   왜냐하면 이미 그 영화관에 갔었기 때문이야. (영화를 이미 보았어).

8.13 보기처럼 변형시켜라!

L'autobus non **c'e': e' partito.** → L'autobus non **c'era: era partito.**
떠났기에 버스는 지금 없다.   떠났기에 버스는 없었다.

1. Giorgio non **c'e': e' uscito**.

UNITA' 8

2. Antonio non **c'e': e' andato** a casa.

3. Sebastiano non **c'e': e' rimasto** dai suoi genitori.

4. Maria non **c'e': e' salita** in soffitta.

5. I ragazzi non **ci sono: sono partiti**.

6. Le bambine non **ci sono: sono andate** dai nonni.

어휘

c'e' there is, **ci sono** there are, **rimanere dai genitori** 부모 댁에 머물다, **salire in soffitta** 다락방으로 올라가다, **andare dai nonni** 조부모 댁에 가다.

해석

1. 지오르지오는 외출했기에 지금 없다. 2. 안토니오는 집에 갔기에 지금 없다. 3. 세바스티아노는 그의 부모님 댁에 남았기에 지금 없다. 4. 마리아는 다락방에 올라갔기에 지금 없다. 5. 소년들은 떠났기에 지금 없다. 6. 여자 어린이들은 할머니 할아버지 댁에 갔기에 지금 없다.

UNITA' 9

9.1 Prendi **un caffe'**? - Si', **lo** prendo volentieri.
9.2 Da quanto tempo frequenti **questo corso**? → **Lo** frequnento da un mese.
9.3 A chi regali **questa cravatta**? → **La** regallo a mio padre.
9.4 Dove fai **la spesa**? → **La** faccio al supermercato.
9.5 Chi fa **la spesa**? → **La** faccio io.
9.6 대명사 NE
9.7 Vuoi il panettone? → Grazie, **ne** prendo volentieri **un fetta**.
9.8 Qunado hai comprato **quel tavolo**? → **L'**ho comprat**o** ieri.
9.9 Dove avete comprato **le sigarette**? → **Le** abbiamo comprat**e** da tabaccaio.
9.10 **Quanti studenti** ci sono nell'aula? → **Ce ne sono molti**.
9.11 Bello **questo maglione**! → Quanto **l'**hai pagat**o**?
9.12 Chi ha preso **la macchina**? - **L'**ha pres**a** Mario.
9.13 직접대명사와 과거분사 성수일치
9.14 **Quante sigarette** hai fumato? - **Ne** ho fumat**e poche (sigarette)**.
9.15 직접대명사로 완성하라!
9.16 직접대명사로 완성하라!
9.17 전치사로 완성하라!

- 직접대명사(Pronomi diretti): mi, ti, (lo, la, La) / ci, vi, (li, le)
- 대명사 NE(Pronome NE): **ne** prendo volentieri **un fetta**.
- 직접대명사와 과거분사 성수일치: **Le** abbiamo comprat**e** da tabaccaio.
- 지시형용사(Aggettivi dimostrativi): questo/a/i/e; quel, quei, quello, quegli, quella, quelle

9.1 보기처럼 대답하라!

Prendi **un caffe'**? - Si', **lo** prendo volentieri.
너 커피 마실래?   그래, 그것을 기꺼이 마실게.

1. Prendi **un bicchiere di vino**?
   _____

2. Prendi **una pasta**?
   _____

3. Prendi **un cioccolatino**?
   _____

4. Prendi **una birra**?
   _____

5. Prendi **un gelato**?
   _____

6. Prendi **un biscotto**?
   _____

7. Prendi **un aperitivo**?
   _____

8. Prendi **una bibita fresca**?
   _____

9. Prendi **un succo di frutta**?
   _____

10. Prendi **una caramella**?
    _____

11. Prendi **una spremuta**?
    _____

12. Prendi **un cognac**?
    _____

어휘

un bicchiere di ~ 한 잔, **vino** 와인, **pasta** 파스타, **cioccolatino** 초콜릿, **birra** 맥주, **gelato** 아이스크림, **biscotto** 비스킷, **aperitivo** 아페리티프(식욕을 돋우는 알코올음료), **bibita fresca** 시원한 음료수, **succo di frutta** 생과일 주스, **caramella** 사탕, **spremuta** (음료회사 제품) 주스, **cognac** 코냑.

해석

1. 너 와인 한 잔 마실래? 2. 너 파스타 하나 먹을래? 3. 너 초콜릿 하나 먹을래? 4. 너 맥주 한 잔 마실래? 5. 아이스크림 하나 먹을래? 6. 비스킷 하나 먹을래? 7. 아페리티프 한 잔 마실래? 8. 시원한 음료수 한 잔 마실래? 9. 생과일 주스 한 잔 마실래? 10. 사탕 하나 먹을래? 11. 주스 한 잔 마실래? 12. 코냑 한 잔 마실래?

문법

직접대명사(Pronomi diretti)

1) ~을/를로 번역된다.
2) 무강세형은 활용된 동사 앞에 오거나 동사원형 뒤에 바로 붙어 나올 수 있다.
3) 강세형은 주로 전치사와 함께 사용된다. per me, di te, da lui ...

	무강세형(forme atoni)		강세형(forme tonici)
io	**mi**	나를	**me***
tu	**ti**	너를	**te***
lui	**lo**	그를/그것을(남성)	**lui**
lei	**la**	그녀를/그것을(여성)	**lei**
Lei	**La**	당신을	**Lei**
noi	**ci**	우리들을	**noi**
voi	**vi**	너희들을	**voi**
loro	**li, le**	그들을/그것들을, 그녀들을/그것들을	**loro**

*Voglio te. (나는 너를 원한다) 강세형이 단독으로 목적어 역할을 하기도 한다.

9.2 보기처럼 대답하라!

Da quanto tempo frequenti **questo corso**? (un mese)
이 과정을 언제부터 다니고 있니? (다닌지 얼마나 되니?)
→ **Lo** frequnento da un mese.
　한 달 전부터 그것을 다니고 있어. (다닌지 한 달 되었어.)

1. Da quanto tempo conosci **Ernesto**? (un anno)
　_____

2. Da quanto tempo studi **il francese**? (poco tempo)
　_____

3. Da quanto tempo aspetti **le tue amiche**? (dieci minuti)
　_____

4. Da quanto tempo conosci **quei ragazzi**? (una decina di giorni)
　_____

5. Da quanto tempo frequenti **questa classe**? (una settimana)
　_____

6. Da quanto tempo guardi **la televisione**? (mezz'ora)
　_____

어휘

> **da quanto tempo** 얼마나 오래 전부터/언제부터, **frequentare** (과정을) 다니다, **un anno** 1년, **poco tempo** 길지않은 기간, **dieci minuti** 10분, **una decina di giorni** 약 열흘, **conoscere** 알다, **una settimana** 일주일, **mezz'ora** 30분.

해석

1. 에르네스토를 안지 얼마나 되니? 2. 불어를 공부한지 얼마나 되니? 3. 네 여자친구들을 기다린지 얼마나 되니? 4. 그 소년들을 안지 얼마나 되니? 5. 이 클래스를 다닌지 얼마나 되니? 6. TV를 본지 얼마나 되니?

지시형용사(Aggettivi dimostrativi)

that : **quello, quegli, quel, quei, quella, quelle**

this : questo, questa, questi, queste

that를 의미하는 지시형용사는 발음의 수월성을 위해 뒤따르는 명사와 정관사의 규칙을 지킨다. 반면, this(questo)는 어미만을 명사와 성수일치 한다.

정관사	의미	that	this
il vestito	옷	que**l vestito**	questo vestito
i vestiti	옷들	que**i vestiti**	questi vestiti
l'impermeabile	우비	quel**l'impermeabile**	questo impermeabile
gli impermeabili	우비들	que**gli impermeabili**	questi impermeabili
lo stivale	부츠 한 짝	quel**lo stivale**	questo stivale
gli stivali	부츠 한 켤레	que**gli stivali**	questi stivali
la borsa	가방	quel**la borsa**	questa borsa
le borse	가방들	quel**le borse**	queste borse

9.3 보기처럼 대답하라!

A chi regali **questa cravatta**? (mio padre) → **La** regalo a mio padre.
너는 누구에게 이 타이를 선물할 거니? 나는 아버지께 그것을 선물할 거야.

1. A chi regali **questi fiori**? (mia madre)

2. A chi dai **questi soldi**? (Giulio)

3. A chi scrivi **questa cartolina**? (la mia amica)

4. A chi spedisci **questo pacco**? (Fiorella)

5. A chi mandi **queste rose**? (la mia fidanzata)

6. A chi chiedi **quest'informazione**? (l'impiegato della banca)

어휘

> **a chi** 누구에게, **regalo** 선물, **fiore** 꽃, **soldi** 돈, **cartolina** 엽서, **pacco** 소포, **rosa** 장미, **fidanzata** 약혼녀, **informazione** 정보, **impiegato** 직원.

해석

1. 너는 누구에게 이 꽃을 선물하니? 2. 너는 누구에게 이 돈을 줄 거니? 3. 너는 누구에게 이 엽서를 쓰니? 4. 너는 누구에게 이 소포를 부치니? 5. 너는 누구에게 이 장미를 보내니? 6. 너는 누구에게 이 정보를 구하니?

문법

소유형용사가 단수가족친족명사(madre, padre, figlio, sorella, cugino, cugina, zio, zia....)와 함께 할 경우, 정관사는 생략된다. 단, loro는 예외다.
mio padre, mia madre, mio figlio, mia figlia ... (il loro zio ...)

9.4 보기처럼 대답하라!

Dove fai **la spesa**? (al supermercato) → **La** faccio al supermercato.
너는 장을 어디서 보니?   나는 슈퍼마켓에서 장을 본다.

1. Dove fai **colazione**? (a casa)

2. Dove fai **il bagno**? (in piscina)

3. Dove fai **uno spuntino**? (al bar)

4. Dove fai **quattro passi**? (in centro)

5. Dove fai **sport**? (in palestra)

6 Dove fai **le spese** di Natale? (al centro commerciale)

어휘

> fare la spesa 장보다, fare colazione 아침 먹다, fare il bagno 수영하다, piscina 수영장, fare uno spuntino 오전 간식 먹다, fare quattro passi 산책하다, centro 도심/시내, fare sport 운동/스포츠하다, palestra 체육관, fare le spese 쇼핑하다, Natale 크리스마스, centro commerciale 쇼핑센터/백화점.

해석

1. 너는 어디서 아침 먹니? 2. 너는 어디서 수영하니? 3. 너는 어디서 오전 간식을 먹니? 4. 너는 어디서 산책을 하니? 5. 너는 어디서 운동하니? 6. 너는 어디서 성탄절 쇼핑을 하니?

문법

4. quattro passi : '네 걸음'이란 뜻이나, '산책'의 의미로 사용되며 남성명사 취급.
5. sport : 거의 모든 외래어는 남성 취급.
6. fare+명사 : ~을/를 하다.
   fare la spesa (슈퍼마켓 등에서 식재료를 구입하기 위한) 장을 보다.
   fare le spese (쇼핑센터 등에서 식재료와 다양한 물건을 구입하기 위한) 쇼핑을 하다.

9.5 보기처럼 대답하라!

Chi fa **la spesa**? (io) → **La** faccio io.
누가 장을 보니?   내가 장을 본다.

1. Chi compra **il pane**? (Paolo)

UNITA' 9

2. Chi lava **i piatti**? (Maria)

3. Chi prepara **la cena**? (Mario e Sandra)

4. Chi pulisce **le camere**? (io)

5. Chi compra **i giornali**? (noi)

6. Chi fa **il caffe'**? (voi)

어휘

> **comprare** buy, **pane** bread, **lavare i piatti** 접시를 닦다/설거지하다, **pulire** 청소하다, **fare il caffe'** 커피 만들다/끓이다/타다.

해석

1. 누가 빵을 구입하니? 2. 누가 설거지하니? 3. 누가 저녁을 준비하니? 4. 누가 방을 청소하니? 5. 누가 신문을 구입하니? 6. 누가 커피 끓이니?

문법

4. **삽입사** -isc-가 첨가되는 제3활용 동사 : pulire, spedire, capire, preferire, finire ...
pulire - puli<u>s</u>co, puli<u>s</u>ci, puli<u>s</u>ce, puliamo, pulite, puli<u>s</u>cono

9.6 질문에 답하라!

1. Signora, **quanti figli** ha? 부인, 자녀를 몇 명 두셨나요?	_____ uno.
	_____ tre.
	_____ nessuno.

2. Ida, **quante persone** conosci a Perugia? 이다, 페루지아에 몇 사람을 알고 있니?	_____ una. _____ alcune. _____ molte.

3. Ivo, **quanti amici** hai in questa citta'? 이보, 이 도시에 친구 몇 명 있니?	_____ uno. _____ parecchi. _____ pochi. _____ nessuno.

4. Signor Pini, **quanti caffe'** beve al giorno? 피니 씨, 하루에 커피 몇 잔 마시나요?	_____ uno. _____ due. _____ quattro. _____ parecchi. _____ pochi. _____ nessuno.

5. Ada, **quante telefonate** fai il pomeriggio? 아다, 오후에 전화 몇 통 하니?	_____ soltanto una. _____ tre. _____ tante. _____ moltissime. _____ un sacco. _____ nessuna.

해석

1. 하나/셋/없어요. 2. 한 명/몇 명/많아요. 3. 한 명/서너 명/한두 명/없어요. 4. 한 잔/두 잔/네 잔/서너 잔/한두 잔/안 마셔요. 5. 달랑 한 통/세 통/많은 통화/아주 많은 통화/엄청 많은 통화/전혀 안 해요.

문법

대명사(Pronome) NE:

전체 중에 **일부분**을 의미한다.

위에서 보듯이, "몇 명의 자녀를 두었나요?"라는 질문에 '한 명, 두 명, 서너 명, 없어요'와 같은 대답이 나올 것이다. 이때 자녀 'figli'를 직접대명사 'li'가 대체할 수 없는 이유는 **'일부 몇 명'** 으로 대답해야 한다는 사실이다. 쉽게 말해서 '피자 8조각 가운데 몇 조각을 먹는다' 라는 표현은 'NE'를 사용해서 일부분을 표현해야 한다는 뜻이다. Ne mangio due fette(8조각 중에 두 조각을 먹는다). pizza를 'la'로 받으면 La mangio!! 피자 한 판 다 먹는다는 의미가 된다.

Hai **dei pomodori**? - Si', **ne** ho due/**ne** ho alcuni/**ne** ho molti.
토마토 있니?   그래, 두 개 있어/몇 개 있어/많이 있어.
Vorrei **del parmigiano**. - **Lo** vuole fresco? **Quanto** (parmigiano) **ne** vuole?
파르마 산 치즈 좀 주세요.   신선한 것을 원하세요? 얼마나 드릴까요?
Vorrei **dell'uva**. - **La** vuole bianca o nera? **Quanta** (uva) **ne** vuole?
포도 좀 주세요.   청포도, 아니면 흑포도를 원하세요? 얼마나 드릴까요?
Vorrei **dei peperoni**. - **Li** vuole verdi o gialli? **Quanti** (peperoni) **ne** vuole?
피망 좀 주세요.   초록색 피망, 아니면 노란색 피망을 원하세요? 얼마나 드릴까요?
Vorrei **delle olive**. - **Le** vuole verdi o nere? **Quante** (olive) **ne** vuole?
올리브 열매 좀 주세요. 녹색, 아니면 검정색 올리브를 원하세요? 얼마나 드릴까요?

9.7 보기처럼 대답하라!

Vuoi il panettone? (**una fetta**) → Grazie, **ne** prendo volentieri **un fetta**.
성탄절 케이크 먹을래?   고마워, 한 조각 먹을게.

1. Vuoi un po' di birra? (**un bicchiere**)
   _____

2. Vuoi un po' di torta? (**una fetta**)
   _____

3. Vuoi un po' di te'? (**una tazza**)
   _____

4. Vuoi un po' di brandy? (**un bicchierino**)
   _____

5. Vuoi un po' di caffe'? (**una tazzina**)
   _____

6. Vuoi un po' di dolce? (**un pezzetto**)

___

어휘

> **panettone** 성탄절 케이크, **un po' di** ~ 약간의 ~, **birra** 맥주, **bicchiere** glass, **torta** 케이크, **fetta** slice/조각, **te'** 차, **tazza** cup/찻잔, **brandy** 브랜디, **bicchierino** small glass/양주 잔, **tazzina** 에스프레소 커피 잔, **dolce** sweet/dessert/cake, **pezzetto** small slice/작은 조각.

해석

1. 맥주 좀 마실래? 2. 케이크 좀 먹을래? 3. 차 좀 마실래? 4. 브랜디 좀 마실래? 5. 커피 좀 마실래? 6. 디저트 좀 먹을래?

9.8 보기처럼 대답하라!

Qunado hai comprato **quel tavolo**? (ieri) → **L'**ho comprat**o** ieri.
너는 언제 그 테이블을 구입했니?　　　　　　　나는 그것을 어제 구입했다.

1. Qunado hai comprato **quello specchio**? (pochi giorni fa)

   ___

2. Qunado hai comprato **quella lampada**? (l'anno scorso)

   ___

3. Qunado hai comprato **quelle sedie**? (qualche settimana fa)

   ___

4. Qunado hai comprato **quei quadri**? (alcuni mesi fa)

   ___

5. Qunado hai comprato **quel tappeto**? (ieri)

   ___

6. Qunado hai comprato **quei vasi**? (qualche anno fa)

   ___

UNITA' 9

어휘

> **specchio** mirror, **pochi giorni fa** 며칠 전, **lampada** 램프, **l'anno scorso** 작년, **sedia** chair, **qualche settimana fa** 몇 주 전, **quadro** paint/picture, **alcuni mesi fa** 몇 달 전, **tappeto** 양탄자, **ieri** 어제, **vaso** 화병, **qualche anno fa** 몇 년 전.

해석

1. 너는 언제 그 거울을 구입했니? (하루 이틀 전에) 2. 너는 언제 그 스탠드를 구입했니? (작년에) 3. 너는 언제 그 의자들을 구입했니? (몇 주 전에) 4. 너는 언제 그 그림들을 구입했니? (서너 달 전에) 5. 너는 언제 그 양탄자를 구입했니? (어제) 6. 너는 언제 그 화병들을 구입했니? (몇 년 전에)

문법

직접대명사와 과거분사 성수일치

1) 근과거에 avere 조동사가 쓰이면 과거분사 어미는 변화가 없었다.
2) 그러나 근과거 형태 앞에 직접대명사 lo, la, li, le가 선행할 경우 과거분사의 어미는 그 대명사의 성, 수에 일치해야한다.
3) 단수 직접대명사 lo, la만이 뒤따르는 모음과 축약될 수 있다.
4) 대명사 NE와 함께 올 경우에는 뒤따르는 직접목적어와 성수 일치한다.

Hai visto **il film**?	Si', **l'**ho vist**o**. (il film)
Ha chiuso **la finestra**?	Si', **l'**ho chius**a**. (la finestra)
Hai chiamato **i ragazzi**?	Si', **li** ho chiamat**i**. (i ragazzi)
Ha spedito **le lettere**?	No, non **le** ho ancora spedit**e**. (le lettere)
Quanti panini hai mangiato?	Ne ho mangiat**i tre** (**panini**). *ne = di panini
Quante cassette hai portato?	Ne ho portat**a** solo **una** (**cassetta**). *ne = di cassette

9.9 보기처럼 대답하라!

Dove avete comprato **le sigarette**? (dal tabaccaio)
너희들은 어디서 담배를 구입했니?

→ **Le** abbiamo comprat**e** dal tabaccaio.
우리는 그것을 담배 가게에서 구입했어.

1. Dove avete comprato **le penne**? (in cartoleria)
　_____

2. Dove avete comprato **la carne**? (dal macellaio/in macelleria)
　_____

3. Dove avete comprato **la frutta**? (dal fruttivendolo)
　_____

4. Dove avete comprato **i panini**? (dal fornaio)
　_____

5. Dove avete comprato **i fiori**? (dal fioraio)
　_____

6. Dove avete comprato **il giornale**? (dal giornalaio)
　_____

7. Dove avete comprato **le medicine**? (in farmacia)
　_____

8. Dove avete comprato **il libro**? (in libreria)
　_____

9. Dove avete comprato **il dolce**? (al bar)
　_____

10. Dove avete comprato **la valigia**? (al centro commerciale)
　_____

어휘

dal tabaccaio 담배 가게에서, **in cartoleria** 문구점에서, **carne** 고기/육류, **dal macellaio** 정육점에서, **in macelleria** 정육점에서, **frutta** 과일, **dal fruttivendolo** 청과물 상점에서, **panino** 샌드위치, **dal fornaio** 제과점에서, **dal fioraio** 꽃가게에서, **giornale** 신문, **dal giornalaio** 신문가판대에서, **medicina** 의약품, **in farmacia** 약국에서, **in libreria** 서점에서, **dolce** sweet/dessert/cake, **al bar** 바에서, **valigia** 여행가방, **al centro commerciale** 쇼핑센터/백화점에서.

1. 너희들은 어디서 펜들을 구입했니? 2. 너희들은 어디서 고기를 구입했니? 3. 너희들은 어디서 과일을 구입했니? 4. 너희들은 어디서 빵들을 구입했니? 5. 너희들은 어디서 꽃들을 구입했니? 6. 너희들은 어디서 신문을 구입했니? 7. 너희들은 어디서 약품을 구입했니? 8. 너희들은 어디서 책을 구입했니? 9. 너희들은 어디서 돌체를 구입했니? 10. 너희들은 어디서 여행가방을 구입했니?

da + 사람 = 그 사람이 있는 곳.
macellaio 정육점 주인, fruttivendolo 청과물상점 주인, fornaio 빵 굽는 사람, fioraio 꽃 파는 사람, giornalaio 신문 판매인 …

9.10 보기처럼 대답하라!

Quanti studenti ci sono nell'aula? (**molti**)
강의실에 몇 명의 학생들이 있나요?
→ Ce **ne** sono **molti.**
　　거기에 많은 학생들이 있어요.

1. **Quante studentesse** ci sono nell'aula? (**poche**)

2. **Quanti stranieri** ci sono nell'aula? (**moltissimi**)

3. **Quanti ragazzi coreani** ci sono nell'aula? (**uno**)

4. **Quante ragazze francesi** ci sono nell'aula? (**una**)

5. **Quanti ragazzi tedeschi** ci sono nell'aula? (**ventidue**)

6. **Quanti ragazzi giapponesi** ci sono nell'aula? (**pochi**)

해석

1. 강의실에 몇 명의 여학생들이 있나요? (한 두 명) 2. 강의실에 몇 명의 외국인들이 있나요? (아주 많다) 3. 강의실에 몇 명의 한국 소년들이 있나요? (한 명) 4. 강의실에 몇 명의 프랑스 소녀들이 있나요? (한 명) 5. 강의실에 몇 명의 독일 소년들이 있나요? (22명) 6. 강의실에 몇 명의 일본 소년들이 있나요? (한 두 명)

문법

Ce ne sono molti: Ci가 Ce로 변화된 이유는 뒤따르는 ne와 모음 동화되기 때문이다.

9.11 보기처럼 완성하라!

Bello **questo maglione**! → Quanto **l'**hai pagat**o**?
이 스웨터 멋진데!   얼마 주었니?

1. Bello **questa camicia**!
   _____

2. Belli **questi guanti**!
   _____

3. Bello **questo impermeabile**!
   _____

4. Bella **questa cintura**!
   _____

5. Belle **queste calze**!
   _____

6. Belli **questi pantaloni**!
   _____

어휘

maglione 스웨터, **camicia** 셔츠/블라우스, **guanti** 장갑, **impermeabile** 우비/비옷, **cintura** 벨트, **calze** 스타킹, **pantaloni** 바지.

UNITA' 9

해석

1. 이 셔츠 멋진데! 2. 이 장갑 멋진데! 3. 이 우비 멋진데! 4. 이 벨트 멋진데! 5. 이 스타킹 멋진데! 6. 이 바지 멋진데!

문법

감탄문 만들기:
(Che)+형용사+명사! – (Che) bella giornata! (날씨 참 좋구나!)
Come+동사! – Come piove! (비가 오는구나!)

9.12 보기처럼 대답하라!

Chi ha preso la macchina? (Mario) – **L'ha presa Mario.**
누가 차를 가져갔니?   마리오가 그것을 가져갔어.

1. Chi ha preso **i soldi**? (noi)
   _____

2. Chi ha mangiato **la torta**? (i bambini)
   _____

3. Chi ha comprato **il giornale**? (io)
   _____

4. Chi ha preso **la chiave di casa**? (Lucia)
   _____

5. Chi ha mangiato **le caramelle**? (le mie amiche)
   _____

6. Chi ha rotto **il vetro**? (Sandro)
   _____

> **prendere i soldi** 돈을 가져가다, **prendere la chiave** 열쇠를 가져가다, **rompere il vetro** 유리를 깨다.

🅗 해석

1. 누가 돈을 가져갔니? 2. 누가 케이크를 먹었니? 3. 누가 신문을 구입했니? 4. 누가 집 열쇠를 가져갔니? 5. 누가 사탕을 먹었니? 6. 누가 유리를 깼니?

🅜 문법

불규칙 과거분사

prendere (take)	rompere (break)
preso	**rotto**

9.13 질문에 답하라!

1. Chi ha scritto **I Promessi Sposi**?
   _____ Alessandro Manzoni.
2. Chi ha scritto **La Divina Commedia**?
   _____ Dante Alighieri.
3. Chi ha scritto **Il nome della rosa**?
   _____ Umberto Eco.
4. Chi ha inventato **la radio?**
   _____ Guglielmo Marconi.
5. Chi ha inventato **la pila?**
   _____ Alessandro Volta.
6. Chi ha musicato **La traviata**?
   _____ Giuseppe Verdi.
7. Chi ha musicato **La Boheme**?
   _____ Giacomo Puccini.
8. Chi ha musicato **Il barbiere di Siviglia**?
   _____ Gioacchino Rossini.
9. Chi ha dipinto **La Gioconda**?
   _____ Leonardo da Vinci.
10. Chi ha scolpito **il David**?
    _____ Donatello.

UNITA' 9

어휘

inventare 발명하다, pila 건전지, musicare 작곡하다, dipingere 그림 그리다, scolpire 조각하다.

해석

1. 누가 '약혼자들'을 썼니? 2. 누가 '신곡'을 썼니? 3. 누가 '장미의 이름'을 썼니? 4. 누가 라디오를 발명했니? 5. 누가 건전지를 발명했니? 6. 누가 '라 트라비아타'를 작곡했니? 7. 누가 '라 보헴'을 작곡했니? 8. 누가 '세빌리아의 이발사'를 작곡했니? 9. 누가 '지오콘다'를 그렸니? 10. 누가 '다비드'를 조각했니?

문법

불규칙 과거분사

scrivere (write)	dipingere (paint)
scritto	**dipinto**

9.14 보기처럼 대답하라!

Quante sigarette hai fumato? (**poche**) - **Ne** ho fumat**e poche (sigarette)**.
너는 담배 몇 대 피웠니?   나는 한 두 대 피웠어.

1. **Quanti amici** hai invitato? (**pochi**)
   _____

2. **Quante citta' italiane** hai visitato? (**tre**)
   _____

3. **Quanti caffe'** hai preso? (**nessuno**)
   _____

4. **Quante ragazze** hai conosciuto alla festa? (**molte**)

5. **Quante lingue** hai studiato a scuola? (**due**)

6. **Quanti regali** hai ricevuto per il tuo compleanno? (**otto**)

7. **Quante cartoline** hai scritto? (**una**)

8. **Quanti cioccolatini** hai mangiato? (**moltissimi**)

9. **Quanto vino** hai bevuto? (**un bicchiere**)

10. **Quanta torta** hai mangiato? (**una fetta**)

11. **Quante paia di calze** hai comprato? (**due paia**)

12. **Quanto zucchero** hai comprato? (**un chilo**)

해석

1. 너는 친구 몇 명을 초대했니? (한 두 명을) 2. 너는 몇 군데 이탈리아 도시를 둘러보았니? (세 군데를) 3. 너는 커피 몇 잔을 마셨니? (한 잔도 안 마셨다) 4. 너는 파티에서 몇 명의 소녀들을 알았니? (많은 소녀들) 5. 너는 학교에서 몇 개 국어를 공부했니? (2개 국어) 6. 너는 네 생일 때 몇 개의 선물을 받았니? (8개) 7. 너는 몇 장의 엽서를 썼니? (한 장) 8. 너는 몇 개의 초콜릿을 먹었니? (아주 많은 초콜릿을) 9. 너는 와인을 얼마나 마셨니? (한 잔) 10. 너는 케이크를 얼마나 먹었니? (한 조각) 11. 너는 스타킹 몇 켤레 구입했니? (두 켤레) 12. 너는 설탕을 얼마나 구입했니? (1킬로그램)

문법

근과거에서 대명사 NE와 함께 올 경우, 과거분사 어미는 직접목적어와 성수 일치한다.

11. un **paio** di calze, due **paia** di calze: 단수는 남성, 복수는 여성인 명사들이 몇 개 있다. un uovo (달걀) → due uova, un braccio (팔) → due braccia

9.15 직접대명사로 완성하라!

1. Alberto, _____ aspetto davanti al cinema alle 9.
2. Quando Giorgio parla italiano, _____ capisco perfettamente e anche lui _____ capisce senza problemi.
3. Signora, _____ prego di ascoltar_____ con attenzione.
4. Marta e' in ritardo: mio padre _____ accompagnera' all'aeroporto in macchina.
5. I bambini tornano fra poco: dobbiamo aspettar_____ prima di uscire.
6. Signore, _____ lascio davanti all'Universita', se per Lei va bene.
7. Le mie sorelle arriveranno alla stazione a mezzanotte: devo andar_____ a prendere.
8. Rosa, _____ aiutero' domani a fare l'esercizio.
9. Professore, _____ ringraziamo molto: Lei e' stato molto gentile ad aiutar_____.
10. Professore, c'e' una signora che _____ aspetta da piu' di un'ora.
11. Ecco Lucio ed Enrico: voglio invitar_____ a cena.
12. Marina ha la tosse: dobbiamo portar_____ dal dottore!

어휘

perfettamente 완벽하게, **senza problemi** 문제없이, **pregare di** ~ 할 것을 부탁/간청하다, **ascoltare con attenzione** 경청하다, **essere in ritardo** 늦는다, **accompagnare** 동행하다, **fra poco** 잠시 후에, **prima di uscire** 외출 전에, **lasciare davanti a** ~ 앞에서 내려주다, **se per Lei va bene** 당신이 좋다면, **andare a prendere** 픽업하러 가다, **aiutare** 돕다, **fare l'esercizio** 연습문제 풀다, **ringraziare** 감사하다, **piu' di un'ora** 한 시간 이상, **avere la tosse** 기침이 나다, **portare dal dottore** 병원에 데리고가다.

해석

1. 알베르토, 내가 9시에 영화관 앞에서 너를 기다릴게. 2. 지오르지오가 이탈리아어를 말할 때 나는 완벽하게 그를 이해하고 그도 역시 문제없이 나를 이해한다. 3. 부인, 제 말씀을 경청해주

시기 바랍니다. 4. 마르타가 늦어서 나의 아버지는 그녀를 공항에 차로 동행해줄 예정이다. 5. 아이들이 잠시 후 돌아온다. 우리는 외출 전에 그들을 기다려야한다. 6. 선생님, 당신이 괜찮으시다면 대학교 앞에서 당신을 내려드리겠습니다. 7. 내 누이들은 자정에 역에 도착할 예정이다. 나는 그들을 데리러가야한다. 8. 로사, 내일 연습문제 풀 때 너를 도와줄게. 9. 교수님, 당신께 대단히 감사드립니다. 당신은 저를 도와주실 때 무척 친절하셨습니다. 10. 교수님, 한 시간 이상 당신을 기다리고 있는 어느 부인이 계십니다. 11. 루치오와 엔리코가 온다. 나는 그들을 저녁식사에 초대하고자 한다. 12. 마리나는 기침을 한다. 우리는 그녀를 병원에 데리고가야한다.

문법

2,3. '그를/나를 이해한다' 는 의미는 '그의 말을/나의 말을 알아듣는다' 와 동일하다.

3,9. 직접대명사+pregare(간청하다)/ringraziare(감사하다)/salutare(인사하다): 우리말에서는 '~에게 간청/감사/인사하다' 로 번역된다.

7. devo andarle a prendere : 직접대명사 'le'는 본래 prendere의 목적어로서 'prenderle'가 되어야 하나, 문장 마무리 단계에서 발음이 불안해지므로, 앞의 동사 끝으로 이동했다.

11. Ecco: 영어의 Here is/are. Ecco il treno. 기차가 있다/온다. Eccomi. 나 여기 있다.

9.16 직접대명사로 완성하라!

1. Signorina, _____ prego di salutare i Suoi genitori quando _____ vedra'.
2. Se non _____ disturbo, vengo con te.
3. Gianni, sei libero stasera? Vorrei invitar_____ a cena.
4. Ieri sera Francesco e' venuto a casa mia per ringraziar_____ del regalo.
5. Jenny e' venuta da noi e _____ ha aiutato a fare gli esercizi di inglese.
6. Adriana, quando Gloria _____ ha visto, _____ ha salutato?
7. Ragazzi, la vostra vicina _____ ha ringraziato del bel regalo?
8. Se non siete impegnati, _____ aspetto domani sera per cena.
9. Ciao, Marta, buon viaggio! Spero di riveder_____ presto.
10. Dopo il lavoro, mio marito e' passato a prender_____ a casa di mia madre.

UNITA' 9

11. Professore, perche' non viene a trovar_____ nel nostro paese?
12. Armando, _____ prego di dare questo biglietto a Maria quando _____ vedrai.

어휘

> **pregare di** ~를 부탁/간청하다, **disturbare** 방해하다/귀찮게 하다, **essere libero** 자유롭다/시간이 있다, **vorrei** ~ I would like ~, **ringraziare del regalo** 선물에 대해 감사하다, **venire da noi** 우리 집에 오다, **aiutare a fare gli esercizi** 연습문제 푸는 것을 돕다, **salutare** 인사하다, **vicina** 이웃 여자, **essere impegnato** 바쁘다, **buon viaggio!** 즐거운 여행이 되길! **sperare di** ~이길 바라다, **dopo il lavoro** 퇴근/근무 후에, **marito** 남편, **passare a prendere** 데리러 들르다, **venire a trovare** 보러 오다, **paese** 고향/마을/나라.

해석

1. 아가씨, 당신의 부모님을 뵙게 되면 그 분들께 안부 전해드리길 부탁드려요. 2. 내가 너를 방해하지 않는다면 나는 너하고 가겠다. 3. 지안니, 오늘 저녁 시간 있어? 저녁 식사에 너를 초대하고 싶은데. 4. 어제 저녁 프란체스코는 선물에 대해 고마움을 표하기 위해 내 집에 왔다. 5. 제니는 우리 집에 와서 영어 연습문제 푸는 우리를 도왔다. 6. 아드리아나, 글로리아가 너를 보았을 때 네게 인사했니? 7. 얘들아, 너희들 이웃은 멋진 선물에 대해 너희들에게 고마움을 표했니? 8. 너희들이 바쁘지 않다면 나는 내일 저녁 식사 때 너희들을 기다리겠다. 9. 안녕, 마르타, 즐거운 여행해라! 너를 곧 다시 보길 바란다. 10. 퇴근 후에 내 남편은 내 어머니 집에 있는 나를 데리러 들렀다. 11. 교수님, 우리를 보러 우리 고향/나라에 오세요. 12. 아르만도, 마리아를 보게 되면 그녀에게 이 티켓을 전해주길 부탁한다.

문법

3. <u>Vorrei</u> invitarti a cena: volere 동사의 단순조건법으로서, '완곡한 희망 사항'을 표현한다. 영어의 I would like ~.

4,6,7. 직접대명사+pregare(간청하다) /ringraziare(감사하다) /salutare(인사하다): 우리말에서는 '~에게 간청/감사/인사하다'로 번역된다.

11. perche' non ~: ~하시지요. 영어의 why not.

9.17 전치사로 완성하라!

1. Quando esco _____ Universita', vado _____ centro _____ fare la spesa.
2. Marta ha comprato un vestito _____ seta _____ ultima moda.
3. _____ la notte _____ Capodanno comprero' un paio _____ scarpe _____ pelle _____ il tacco altissimo.
4. Vorrei un etto _____ prosciutto cotto.
5. Ho comprato due yogurt _____ frutta _____ me e uno naturale _____ te.
6. Ho regalato _____ Maria una sciarpa _____ lana.
7. Ruggero ha comprato due pacchetti _____ sigarette _____ tabaccaio.
8. Abbiamo accompagnato i nostri amici _____ stazione.
9. _____ casa ho un sacco _____ cravatte _____ questo tipo.
10. Chi ha parcheggiato la macchina davanti _____ casa mia?
11. Siamo stati _____ Sardegna _____ un gruppo _____ amici.
12. Ho comprato questi animaletti _____ vetro _____ Venezia _____ 1995.

어휘

uscire dall'Universita' 강의 끝나고 나오다, **andare a fare la spesa** 장보러 가다, **vestito di seta** 실크 옷, **all'ultima moda** 최신 유행하는, **la notte di Capodanno** 새해 첫 날 밤, **un paio di scarpe di pelle** 가죽구두 한 켤레, **con il tacco altissimo** 높은 굽이 달린, **un etto di ~** 100그램, **prosciutto cotto** 프로쉬우토(햄), **sciarpa di lana** 울 목도리, **dal tabaccaio** 담배 가게에서, **un sacco di cravatte** 많은 타이, **di questo tipo** 이런 유형의, **parcheggiare** 주차하다, **un gruppo di amici** 한 무리의 친구들, **animaletti di vetro** 유리 재질의 동물 미니어처.

해석

1. 나는 대학교를 나서자마자 장을 보기 위해 시내에 간다. 2. 마르타는 실크 재질의 최신 유행하

는 옷 한 벌 구입했다.   3. 새해 첫 날 밤을 위해 나는 굽 높은 가죽 구두 한 켤레 구입할 예정이다.   4. 익힌 프로쉬우토 (햄 종류) 100그램 주세요.   5. 나를 위해 과일 요구르트 두 개, 너를 위해 일반 요구르트 한 개를 나는 샀다.   6. 나는 울 재질의 목도리를 마리아에게 선물했다.   7. 룻제로는 담배 가게에서 담배 두 갑을 샀다.   8. 우리는 역에 친구들을 동행했다.   9. 나는 이런 종류의 타이를 집에 잔뜩 갖고있다.   10. 누가 내 집 앞에 차를 주차한거야?   11. 우리는 한 무리의 친구들과 사르데냐에 있었다.   12. 나는 1995년에 베네치아에서 유리 재질의 동물 미니어처를 구입했다.

문법

2,3,5,6,12. 재질을 표현할 때, 전치사 'di' 사용.

7. dal tabaccaio: da + il tabaccaio(담배 가게 주인) = 담배 가게에서.

9. un sacco di ~: molti/e ~.

11. un gruppo di ~: 한 무리의 ~.

12. animaletto: animale(동물) + etto(축소형 변의어미).

UNITA' 10

10.1 **Ti** piace Firenze? - Si', **mi** piace molto.
10.2 **Ti** piacciono le canzoni di Sting? - Si', **mi** piacciono molto.
10.3 **A me** piace molto l'arte moderna, e a te? - **Anche a me**.
10.4 **A me non** piacciono i libri gialli, e a te? - **Neanche a me**.
10.5 Quando telefoni **a Mario**? - **Gli** telefono stasera.
10.6 Che cosa regali **a tua madre** per il suo compleanno? - **Le** regalo un profumo.
10.7 Hai visto **l'ultimo film** di Nanni Moretti? - Si', mi **e' piaciuto** molto.
10.8 Carlo, **puoi chiudere** la porta? → Carlo, **ti dispiace chiudere** la porta?
10.9 간접대명사로 완성하라!
10.10 전치사로 완성하라!

- 간접대명사(Pronomi indiretti): mi, ti, (gli, le, Le)/ci, vi, (gli)
- 동사(Verbi): piacere, dispiacere
- 부사(Avverbbi): anche, neanche

UNITA' 10

10.1 보기처럼 대답하라!

Ti piace Firenze? – Si', **mi** piace molto.
너 피렌체를 좋아하니? 그래, 나는 무척 좋아해.
(피렌체가 네 마음에 드니?) (그래, 내 마음에 무척 든다.)

1. **Ti** piace la cucina italiana?

2. **Vi** piace questa citta'?

3. **A Mario** piace la montagna?

4. **A Claudia** piace <u>andare</u> in piscina?

5. **Ti** piace <u>giocare</u> a scacchi?

6. **Ai tuoi amici** piace il clima di questa citta'?

7. **Ti** piace la mia nuova macchina?

8. **A tuo padre** piace <u>andare</u> al cinema?

9. **Vi piace** la pizza Margherita?

10. **A Luigi** piace <u>passare</u> la domenica fuori citta'?

11. **Ai tuoi figli** piace <u>fare</u> dello sport?

12. **A Teresa** piace <u>andare</u> a teatro?

어휘

piacere ~가 좋다, **cucina italiana** 이탈리아 요리, **giocare a scacchi** 서양장기 놀이하다, **clima** 날씨/기후, **passare la domenica** 일요일을 보내다, **fuori citta'** 도시 외곽, **fare dello sport** 스포츠를 하다.

해석

1. 너 이탈리아 음식 좋아해? 2. 너희들 이 도시 좋아해? 3. 마리오는 산을 좋아하니? 4. 클라우디아는 수영장 가는 것을 좋아하니? 5. 너는 서양장기 놀이 좋아하니? 6. 네 친구들은 이 도시의 기후를 좋아하니? 7. 너는 나의 새 차를 좋아하니? 8. 네 아버지는 영화관에 가는 것을 좋아하시니? 9. 너희들은 마르게리타 피자를 좋아하니? 10. 루이지는 일요일마다 도시 외곽 둘러보는 것을 좋아하니? 11. 네 자식들은 스포츠를 좋아하니? 12. 테레사는 극장에 가는 것을 좋아하니?

문법

간접대명사(Pronomi indiretti)

1) '~ 에게'로 번역된다.
2) 무강세형 : mi, ti, gli, le, Le/ci, vi, gli

   강세형 : a me, a te, a lui, a lei, a Lei/a noi, a voi, a loro

		무강세형 (forme atone)	강세형 (forme toniche)
io	**mi**	나에게	= **a me**
tu	**ti**	너에게	= **a te**
lui	**gli**	그에게	= a lui
lei	**le**	그녀에게	= a lei
Lei	**Le**	당신께	= a Lei
noi	**ci**	우리들에게	= a noi
voi	**vi**	너희들에게	= a voi
loro	**gli**	그들에게	= a loro

3) 무강세형은 활용된 동사 앞에 오거나 원형동사 끝에 붙기도 한다. 부정어 non은 무강세형

앞과 강세형 뒤에 온다. 다시 말해서 무강세는 약한 형태이므로 막강한 동사와 바로 붙어있어야된다.

(Non) **Mi** piace sciare. 나는 스키타는 것을 좋아 한다. (내게 스키타는 것은 좋다.)
      A me (non) piace sciare.

(Non) **Ti piace** il corso d'italiano? 너 그 이탈리아어 과정을 좋아하니?
      A te (non) piace il corso d'italiano?

(Non) **Le piace** navigare su Internet? 당신은 인터넷 검색을 좋아하시나요?
      A Lei (non) piace navigare su Internet?

4) 강세형은 강조할 때 주로 사용된다. **A me** non piace sciare. E **a te**?

4,5,8,10,11,12. 동사원형이 명사화되어 주어 역할을 한다. 이것을 '부정법(Infinito)' 라고 부른다.

10.2 보기처럼 대답하라!

Ti piacciono le canzoni di Sting? – Si', **mi** piacciono molto.
너 스팅의 노래들을 좋아하니?　　　　그래, 나는 무척 좋아해.
(스팅의 노래들이 네 마음에 드니?)　(그래, 내 마음에 무척 든다.)

1. **Ti** piacciono le tagliatelle ai funghi?
_____

2. **A Mario** piacciono le poesie di Sandro Penna?
_____

3. **A Claudia** piacciono i cantautori italiani?
_____

4. **Ti** piacciono le mie scarpe nuove?
_____

5. **Vi** piacciono i film gialli?
_____

6. **Ai bambini** piacciono i cioccolatini?
_____

7. **A tuo padre** piacciono i tuoi amici?
_____

8. **Vi** piacciono i romanzi rosa?

9. **A Mauro e Clara** piacciono le opere d'arte moderna?

10. **Ti** piacciono le novelle del Boccaccio?

11. **A Carlo** piacciono I Promessi Sposi?

12. **Ti** piacciono le canzoni napoletane?

> **tagliatelle** 탈리아텔레(파스타 일종), **fungo** 버섯, **poesia** 시, **cantautore** 작곡가 겸 가수, **film giallo** 탐정/수사 영화, **romanzo rosa** 연애소설, **opera** 작품, **arte moderna** 근대예술, **novella** 단편소설, **canzone** 민요/노래, **napoletano** 나폴리의.

해석

1. 너 버섯 탈리아텔레(일종의 파스타) 좋아하니? 2. 마리오는 산드로 펜나의 시들을 좋아하니? 3. 클라우디아는 이탈리아 가수 겸 작곡가들을 좋아하니? 4. 너는 나의 새 구두를 좋아하니? 5. 너희들 수사 영화들을 좋아하니? 6. 아이들이 쵸컬릿들을 좋아하니? 7. 너의 아버지는 네 친구들을 좋아하시니? 8. 너희들은 연애소설들을 좋아하니? 9. 마우로와 클라라는 근대예술작품들을 좋아하니? 10. 너는 복카치오의 단편소설들을 좋아하니? 11. 카를로는 '약혼자들'이라는 소설을 좋아하니? 12. 너는 나폴리 민요들을 좋아하니?

문법

간접대명사+piace+단수 주어
간접대명사+piacciono+복수 주어

UNITA' 10

10.3 보기처럼 대답하라!

A me piace molto l'arte moderna, e a te? → **Anche a me.**
나는 근대 예술을 매우 좋아하는데, 너는?　　　나도 좋아해.
(근대 예술은 내 마음에 아주 드는데, 네게는?)　　(내 마음에도 매우 들어.)

1. **A me** piace molto la musica classica, e a voi? _____.
2. **A Claudio** piace molto viaggiare, e a sua moglie? _____
3. **A noi** piace molto questa citta', e a Stefano? _____
4. **A voi** piace molto visitare i musei e ai ragazzi? _____
5. **A me** piace molto leggere, e a te? _____
6. **A Lidia** piace molto il suo lavoro, e a Valeria? _____

해석

1. 나는 고전음악을 매우 좋아하는데, 너희들은? 2. 클라우디오는 여행을 매우 좋아하는데, 그의 아내는? 3. 우리는 이 도시를 매우 좋아하는데, 스테파노는? 4. 너희들은 박물관 둘러보기를 매우 좋아하는데, 그 소년들은? 5. 나는 독서를 매우 좋아하는데, 너는? 6. 리디아는 그의 일을 매우 좋아하는데, 발레리아는?

문법

2,4,5. 동사원형이 명사화되어 주어 역할을 한다. 이것을 '**부정법**(Infinito)'라고 부른다.
1~6. **anche**는 긍정 의문문에 대해 '동의한다' 는 대답을 할 경우 사용.

10.4 보기처럼 대답하라!

A me non piacciono i libri gialli, e a te? - **Neanche a me.**
나는 탐정소설을 좋아하지 않는데, 너는?　　　나도 좋아하지 않아.
(탐정소설은 내 마음에 들지 않는데, 네게는?)　　(내 마음에도 안 들어.)

1. **A me non** piacciono le canzoni napoletane, e a voi?
_____

2. **A Pietro non** piacciono i giornali sportivi, e a Claudio?

3. **A Tina non** piacciono gli spaghetti alla carbonara, e a te?

4. **Ai miei figli non** piacciono i cartoni animati, e ai tuoi?

5. **A noi no**n piacciono i vestiti eleganti, e a voi?

6. **A me non** piacciono gli amici di Mara, e a te?

어휘

libro giallo 탐정/수사소설, **neanche a me** 내게도 역시 ~아니다, **giornale sportivo** 스포츠 신문, **gli spaghetti alla carbonara** 가르보나라 스파게티, **cartoni animati** 만화영화.

해석

1. 나는 나폴리 민요들을 좋아하지 않는데, 너희들은? 2. 피에트로는 스포츠 신문들을 좋아하지 않는데, 클라우디오는? 3. 티나는 카르보나라 스파게티를 좋아하지 않는데, 너는? 4. 내 자식들은 만화영화를 좋아하지 않는데, 네 자식들은? 5. 우리는 우아한 옷들을 좋아하지 않는데, 너희들은? 6. 나는 마라의 친구들을 좋아하지 않는데, 너는?

문법

1~6. **neanche**는 부정 의문문에 대해 '동의한다', 즉 '좋아하지 않는다'는 대답.

10.5 보기처럼 대답하라!

Quando telefoni **a Mario**? – **Gli** telefono stasera.
너는 언제 마리오에게 전화할 거니? 그에게 오늘 저녁 전화할 거야.

1. Quando telefoni **a Carla**? _____ stasera.
2. Quando **mi** telefoni? _____ stasera.
3. Quando telefoni **ai tuoi amici**? _____ stasera.
4. Quando telefoni **al professore**? _____ stasera.
5. Quando **ci** telefoni? _____ stasera.
6. Quando telefoni **al dottore**? _____ stasera.

해석

1. 너는 언제 카를라에게 전화할 거니? 2. 너는 언제 내게 전화할 거니? 3. 너는 언제 네 친구들에게 전화할 거니? 4. 너는 언제 교수님께 전화할 거니? 5. 너는 언제 우리들에게 전화할 거니? 6. 너는 언제 의사 선생님께 전화할 거니?

10.6 보기처럼 대답하라!

Che cosa regali **a tua madre** per il suo compleanno? (un profumo)
너는 생일 선물로 네 어머니께 무엇을 선물할 거니?
→ **Le** regalo un profumo.
　나는 그녀에게 향수를 선물할 거야.

1. Che cosa scrivi **a Marco**? (una cartolina)
_____

2. Che cosa regalate **ai bambini**? (dei libri di favole)
_____

3. Che cosa presti **a Chiara**? (dei soldi)
_____

4. Che cosa offrite **ai vostri ospiti**? (una birra fresca)
_____

5. Che cosa fai vedere **a Luciana**? (le foto delle vacanze)
_____

6. Che cosa mandi **a Claudia**? (un mazzo di fiori)
_____

7. Che cosa chiedi **al signor Ghini**? (un favore)

_____

8. Che cosa dai **a Giovanni**? (le chiavi della macchina)

_____

9. Che cosa spedisci **a Gloria**? (una lettera)

_____

10. Che cosa comprate **a Giulio**? (un portafoglio di pelle)

_____

11. Che cosa dai **ai tuoi amici**? (il mio indirizzo)

_____

12. Che cosa presti **a Lino e Costanza**? (la mia macchina)

_____

어휘

> **regalare** 선물하다, **compleanno** 생일, **profumo** 향수, **cartolina** 엽서, **dei libri di favole** 우화집/동화책 몇 권, **dei soldi** 약간의 돈, **offrire** 대접하다, **ospite** 손님, **birra fresca** 시원한 맥주, **fare vedere** 보게 해주다/보여주다, **mandare** 보내다, **un mazzo di fiori** 꽃 한 다발, **chiedere un favore** 부탁 한 가지 하다, **spedire una lettera** 편지 부치다, **portafoglio di pelle** 가죽지갑, **indirizzo** 주소, **prestare** 빌려주다.

해석

1. 너는 마르코에게 무엇을 쓸 거니? 2. 너희들은 아이들에게 무엇을 선물할 거니? 3. 너는 키아라에게 무엇을 빌려줄 거니? 4. 너희들은 너희들 손님들께 무엇을 대접할 거니? 5. 너는 루치아나에게 무엇을 보여줄 거니? 6. 너는 클라우디아에게 무엇을 보낼 거니? 7. 너는 기니 씨에게 무엇을 부탁할 거니? 8. 너는 지오반니에게 무엇을 줄 거니? 9. 너는 글로리아에게 무엇을 발송할 거니? 10. 너희들은 쥴리오에게 무엇을 사다줄 거니? 11. 너는 네 친구들에게 무엇을 줄 거니? 12. 너는 리노와 코스탄차에게 무엇을 빌려줄 거니?

10.7 보기처럼 대답하라!

Hai visto **l'ultimo film** di Nanni Moretti? – Si', mi **e' piaciuto** molto.
너 난니 모레티의 최근 영화를 보았니?   그래, 아주 좋았어.

1. Hai visto **l'ultimo spettacolo** di Dario Fo? _____
2. Hai visto **la mostra** su Tiziana? _____
3. Hai letto **l'ultimo libro** di Camilleri? _____
4. Hai sentito **le canzoni** dell'ultimo album di Battiato? _____
5. Hai visto **il fascicolo** di "Meridiani" su Roma? _____
6. Hai letto **le poesie** di Mario Luzi? _____

어휘

> **ultimo** 최근의, **spettacolo** 공연, **mostra** 전시회, **fascicolo** pamphlet/instalment, **poesia** 시.

해석

1. 너 다리오 포의 최근 공연을 보았니? 2. 너 티치아노 화가 전시회를 보았니? 3. 너 카밀레리의 최근 작품을 읽었니? 4. 너 바티아토의 최근 앨범 곡들을 들었니? 5. 너 "Meridiani"라는 로마에 관한 팜플랫을 보았니? 6. 너 마리오 룻치의 시들을 읽었니?

문법

piacere(~가 좋다)의 근과거에는 반드시 essere 조동사가 사용된다.
[간접대명사+essere+piaciuto/a/i/e+주어]

10.8 보기처럼 변형시켜라!

Carlo, **puoi chiudere** la porta? → Carlo, **ti dispiace chiudere** la porta?
카를로, 문 좀 닫아줄 수 있니?   카를로, 괜찮다면 문 좀 닫아줄래?

1. Marta, **puoi rispondere** al telefono?

2. Professore, **puo' ripetere** la frase?

3. Signora, **puo' aspettare** un momento?

4. Ragazzi, **potete aiutar<u>mi</u>**?

5. Lucia, **puoi dar<u>mi</u>** una mano?

6. Leonardo, **puoi accompagnar<u>mi</u>** a casa?

어휘

rispondere al telefono 전화받다, **ripetere la frase** 문장을 반복하다, **aspettare un momento** 잠시 기다리다, **aiutare** 돕다, **dare una mano** 도움을 주다, **accompagnare** 동행하다.

해석

1. 마르타, 전화 받아줄 수 있겠니? 2. 교수님, 그 문장을 반복해주실 수 있습니까? 3. 부인, 잠시 기다려주실 수 있으세요? 4. 애들아, 나를 도와줄 수 있겠니? 5. 루치아, 나를 도와줄 수 있겠니? 6. 레오나르도, 집까지 나를 데려다줄 수 있겠니?

문법

1~6. **dispiacere**(regret, sorrow, grief) : **Ti/Le/Vi dispiace** ~ (=Would you mind ~) potere 동사를 사용하는 것보다 더욱 친절하고 완곡한 표현이 된다.

4~6. [potere/volere/dovere + 동사(+직/간/복합/재귀대명사/NE/CI)] 혹은
 [직/간/복합/재귀대명사/NE/CI + potere/volere/dovere + 동사]

potete aiutar**mi**, puoi dar**mi**, puoi accompagnar**mi** 혹은

mi potete aiutare, **mi** puoi dare, **mi** puoi accompagnare

10.9 간접대명사로 완성하라!

1. Ho visto Piero e _____ ho detto di venirmi a trovare.
2. Elena e' molto stanca, _____ ho consigliato di riposarsi.
3. Se vieni a casa mia, _____ faccio un caffe' e _____ offro una fetta di dolce.
4. Giorgio, tuo padre ti ha chiamato! **Devi dar**_____ una mano a pulire il giardino.
5. Signora, il direttore adesso non c'e', _____ consiglio di tornare piu' tardi.
6. Al bar ho incontrato Mauro e _____ ha offerto un caffe'.
7. Marta, _____ restituisco i libri che _____ hai prestato, Grazie, _____ hai fatto un grande favore.
8. Oggi e' il compleanno di Matteo: _____ ho preparato una cena speciale e _____ ho comprato un piccolo regalo.
9. Vado da Pina, **devo restituir**_____ la macchina che _____ ha prestato stamattina.
10. Professore, **posso offrir**_____ qualcosa al bar?
11. Quando lavoravo a Milano, telefonavo spesso a Tina: _____ telefonavo quasi ogni settimana, _____ parlavo dei miei problemi e _____ chiedevo notizie del suo lavoro.
12. Avete una bella casa: **devo proprio far**_____ i miei complimenti.

어휘

consigliare di riposarsi 쉬라고 충고하다, **fare un caffe'** 커피 끓이다, **offrire** 제공/대접하다, **una fetta di dolce** 돌체 한 조각, **chiamare** 부르다, **pulire il giardino** 정원을 청소하다, **piu' tardi** 이따가/더 늦게, **restituire** 반환하다/돌려주다, **prestare** 빌려주다, **fare un favore** 호의를 베풀다, **cena speciale** 특별한 저녁식사, **fare i complimenti** 축하하다.

🔵 해석

1. 나는 피에로를 보았다. 그에게 나를 보러 오라고 말했다. 2. 엘레나는 매우 피곤하다. 나는 그녀에게 쉬라고 충고했다. 3. 네가 우리 집에 오면 내가 커피 끓여주고 돌체 한 조각 대접할게. 4. 지오르지오, 네 아버지께서 너를 부르셨다. 너는 그에게 정원 청소를 도와드려야겠어. 5. 부인, 의사 선생님이 지금 안 계세요. 이따가 다시 오시면 좋겠네요. 6. 바에서 나는 마우로를 만났다. 그는 내게 커피를 대접했다. 7. 마르타, 네가 내게 빌려준 책을 네게 돌려준다. 내게 큰 호의를 베풀어주어 고마워. 8. 오늘은 마테오의 생일이다. 나는 그에게 특별한 저녁을 준비해주었고 작은 선물도 사주었다. 9. 나는 피나 집에 간다. 오늘 아침 그녀가 내게 빌려준 차를 돌려주어야만 한다. 10. 교수님, 바에서 뭐 좀 대접해드릴까요? 11. 내가 밀라노에서 일할 때 티나에게 자주 전화하곤 했다. 거의 매주 그녀에게 전화하곤 했다. 나는 그녀에게 나의 문제들을 말했고 그녀의 일에 대한 소식들도 물어보곤 했다. 12. 너희들은 멋진 집을 갖고 있구나. 너희들에게 축하해야겠구나.

🔵 문법

4, 9, 10, 12
[potere/volere/dovere+동사(+직/간/복합/재귀대명사/NE/CI)] 혹은
[직/간/복합/재귀대명사/NE/CI+potere/volere/dovere+동사]

10.10 전치사로 완성하라!

1. Giorgio voleva andare ——— Galleria ——— Uffizi, ma non ha avuto tempo.
2. Stamattina Giovanni e' andato ——— museo ——— Pietro e ——— sua sorella.
3. ——— Ruggero interessa molto l'arte ——— Quattrocento.
4. ——— Galleria degli Uffizi ci sono dipinti ——— Botticelli, ——— Leonardo ——— Vinci e ——— Tiziano.
5. Patrizia ha una passione ——— l'arte moderna.
6. Alberto mandera' ——— suoi genitori una cartolina ——— Firenze.
7. Ieri sera siamo andati ——— cinema e abbiamo visto un film ———

UNITA' 10

Tornatore.
8. Sono un appassionato ——— cinema.
9. Il primo spettacolo comincia ——— 15.30 ——— punto.
10. Facciamo un viaggio ——— Italia ——— visitare le citta' etrusche.
11. ——— mio fratello piace passare il fine settimana ——— campagna.
12. Ho incontrato Lucio ——— bar davanti ——— Universita'.

어휘

> **avere tempo** 시간 있다, **interessare** ~가 관심이 있다, **Quattrocento** 1400년대/15세기, **Galleria degli Uffizi** 우피치 미술관, **dipingere** 그림 그리다, **passione** 열정, **appassionato** 마니아, **in punto** 정각에, **le citta' etrusche** 에트루스키의 도시들.

해석

1. 지오르지오는 우피치 미술관에 가고 싶어했으나 시간이 없었다. 2. 오늘 아침 지오반니는 피에트로와 그의 누이랑 박물관에 갔다. 3. 15세기 미술은 루제로에게 매우 흥미롭다. 4. 우피치 미술관에는 보티첼리, 레오나르도 다 빈치, 티치아노의 그림들이 있다. 5. 파트리치아는 근대 예술에 대한 열정을 갖고 있다. 6. 알베르토는 피렌체에서 그의 부모님께 엽서를 보낼 예정이다. 7. 어제 저녁 우리는 영화관에 가서 토르나토레의 영화를 보았다. 8. 나는 영화 마니아다. 9. 첫 공연은 정각 15시30분에 시작된다. 10. 우리는 에트루스키 문명의 도시들을 둘러보기 위해 이탈리아를 여행한다. 11. 내 형은 시골에서 주말 보내기를 좋아한다. 12. 나는 대학교 앞에 있는 바에서 루치오를 만났다.

UNITA' 11

- 11.1 Mi **piacerebbe** lavorare all'estero.
- 11.2 **Guarderei** volentieri la TV.
- 11.3 **Andrei** al mare.
- 11.4 **Sarei** felice di partire.
- 11.5 **Mangerei** volentieri un panino.
- 11.6 **Resterei** volentieri solo.
- 11.7 **Uscirei**, ma non ho tempo.
- 11.8 Perche' non compri quella macchina? - La **comprerei**, ma costa troppo.
- 11.9 **Avrei studiato** volentieri medicina.
- 10.10 Mi **sarebbe piaciuto** restare.
- 11.11 **Avrei comprato** volentieri quel vestito, ma non avevo i soldi.
- 11.12 Mi **aiuteresti** a prendere le valigie?
- 11.13 Mi **farebbe** un favore?
- 11.14 Signor Pini, **aspetterebbe** un momento?
- 11.15 Marta, mi **compreresti** il giornale?
- 11.16 Andrea, **dovresti mangiare** meno.
- 11.17 Signor Pini, **dovrebbe smettere** di fumare!
- 11.18 **Dovresti frequentare** un altro corso d'inglese.
- 11.19 **Avresti dovuto seguire** il mio consiglio.
- 11.20 **Saresti dovuta andare** dal medico.
- 11.21 **Avreste potuto smettere** di fumare.
- 11.22 **Saresti potuto andare** dal dottore.
- 11.23 전치사(관사)
- 11.24 독특한 명사의 단수, 복수

- **단순조건법**(Condizionale semplice):

  규칙활용 동사 : mangerei, resterei, uscirei ...

  불규칙활용 동사 : avrei, sarei, farei, vedrei, verrei, darei, berrei, andrei, rimarrei ...

- **복합조건법**(Condizionale composto):

  [avere 단순조건법+타동사의 과거분사]

  [essere 단순조건법+자동사의 과거분사(주어와 성수일치)]

UNITA' 11

11.1 보기처럼 변형시켜라!

Vorrei lavorare all'estero. → **Mi piacerebbe lavorare** all'estero.
나는 정말 외국에서 일하고 싶다.   나는 정말 외국에서 일하고 싶다.

1. **Vorrei diventare** giornalista.
   _____

2. **Vorrei fare** il medico.
   _____

3. **Vorrei studiare** informatica,
   _____

4. **Vorrei aprire** un negozio di abbigliamento.
   _____

5. **Vorrei lavorare** in banca.
   _____

6. **Vorrei vivere** negli Stati Uniti.
   _____

어휘

> **vorrei=mi piacerebbe** 나는 정말 ~하고 싶다, **all'estero** 외국에서, **diventare giornalista** 기자가 되다, **fare il medico** 의사 일을 하다, **informatica** 정보학, **abbigliamento** 의류.

해석

1. 나는 정말 기자가 되고 싶다. 2. 나는 정말 의사가 되고 싶다. 3. 나는 정말 정보학을 공부하고 싶다. 4. 나는 정말 의류점을 열고 싶다. 5. 나는 정말 은행에서 일하고 싶다. 6. 나는 정말 미국에서 살고 싶다.

단순조건법(Condizionale semplice)
규칙활용동사

	parlare (speak, tell)	vendere (sell)	dormire (sleep)
io	parlerei	venderei	dormirei
tu	parleresti	venderesti	dormiresti
lui	parlerebbe	venderebbe	dormirebbe
noi	parleremmo	venderemmo	dormiremmo
voi	parlereste	vendereste	dormireste
loro	parlerebbero	venderebbero	dormirebbero

불규칙활용동사

	volere (want)	**potere** (can)	**dovere** (must)
io	vorrei (I would)	potrei (I could)	dovrei (I should)
tu	vorresti	potresti	dovresti
lui, lei, Lei	vorrebbe	potrebbe	dovrebbe
noi	vorremmo	potremmo	dovremmo
voi	vorreste	potreste	dovreste
loro	vorrebbero	potrebbero	dovrebbero

단순조건법의 용법

1) 완곡한 욕구, 욕망을 표현할 때 (desiderio)

   Vorrei fare un corso di spagnolo. 나는 스페인어 과정을 정말 다니고 싶다.

2) 친절하게 물을 때 (chiedere)

   Mi **darebbe** una mano? 제게 도움을 좀 주시겠어요?

3) 조심스럽게 조언할 때 (consiglio)

   Dovrebbe fumare meno. 당신은 담배를 덜 피워야 할 것 같군요.

4) 조심스럽게 제안할 때 (proposta)

   Potremmo andare al cinema! 우리 영화관에 가면 어떨까?

5) 가능성 혹은 추측을 표현할 때 (possibilita' o supposizione)

   Pensi che **verrebbe** con noi? 너는 그가 우리와 함께 갈지도 모른다고 생각하니?

UNITA' 11

11.2 보기처럼 변형시켜라!

Ho voglia di guardare la TV. → **Guarderei** volentieri la TV.
나는 TV를 보고 싶다.　　　　　　나는 정말 TV를 보고 싶다.

1. **Ho voglia di ascoltare** la musica.
___

2. **Ho voglia di giocare** a carte.
___

3. **Ho voglia di leggere** un libro.
___

4. **Ho voglia di prendere** un caffe'.
___

5. **Ho voglia di partire.**
___

6. **Ho voglia di uscire** con gli amici.
___

[해석]

1. 나는 음악을 감상하고 싶다. 2. 나는 카드놀이를 하고 싶다. 3. 나는 책을 읽고 싶다. 4. 나는 커피를 마시고 싶다. 5. 나는 떠나고 싶다. 6. 나는 친구들과 외출하고 싶다.

[문법]

1~6. **avere voglia di fare** ~ (want to do sth, feel like doing ~ ~하고 싶은 마음이 있다).

11.3 보기처럼 완성하라!

Io - **andare** - al mare. → **Andrei** al mare.
　　　　　　　　　　　나는 정말 바다에 가고 싶다.

1. Io - **fare** - quattro passi.

2. Io - **vedere** - Mario.

3. Tu - **venire** - da noi?

4. Tu - **dare** - una mano?

5. Lui - **bere** - una birra.

6. Lei - **andare** - in vacanza.

7. Noi - **fare colazione** - al bar.

8. Noi - **rimanere** - da voi.

9. Voi - **andare** - a casa?

10. Voi - **dire** - la verita'?

11. Loro - **stare** - a casa.

12. Loro - **venire** - con noi.

해석

1. 나는 정말 산책하고 싶다. 2. 나는 정말 마리오를 보고 싶다. 3. 너 정말 우리 집에 오고 싶니? 4. 너 도움 좀 주겠니? 5. 그는 정말 맥주를 마시고 싶어한다. 6. 그녀는 정말로 휴가 가고 싶어한다. 7. 우리는 정말로 바에서 아침을 먹고 싶다. 8. 우리는 정말로 너희 집에 머물고 싶다. 9. 너희들 정말로 집에 가고 싶니? 10. 너희들 정말로 진실을 말해 줄 수 있겠니? 11. 그들은 정말로 집에 있고 싶어 한다. 12. 그들은 정말로 우리 집에 오고 싶어한다.

단순조건법 규칙활용 -are, -ere 동사는 -erei로 활용하는 반면, -ire 동사는 -irei로 활용한다. 그런데 직설법미래 규칙활용과 단순조건법 규칙활용은 밀접한 관계가 있음을 발견할 수 있다. 예를 들어보자.

	동사원형	직설법단순미래(io)	단순조건법(io)
규칙활용 동사	parl**are**	parl**ero'**	parl**erei**
	vend**ere**	vend**ero'**	vend**erei**
	dorm**ire**	dorm**iro'**	dorm**irei**
불규칙활용 동사	essere	sa**ro'**	sa**rei**
	avere	av**ro'**	av**rei**
	potere	pot**ro'**	pot**rei**
	dovere	dov**ro'**	dov**rei**
	andare	and**ro'**	and**rei**
	sapere	sap**ro'**	sap**rei**
	vedere	ved**ro'**	ved**rei**
	volere	vor**ro'**	vor**rei**
	venire	ver**ro'**	ver**rei**
	bere	ber**ro'**	ber**rei**
	rimanere	rimar**ro'**	rimar**rei**
	tenere	ter**ro'**	ter**rei**
	tradurre	tradur**ro'**	tradur**rei**
	fare	fa**ro'**	fa**rei**
	dare	da**ro'**	da**rei**
	stare	sta**ro'**	sta**rei**
	dire	di**ro'**	di**rei**

11.4 보기처럼 변형시켜라!

Avrei voglia di partire. → **Sarei felice di** partire.
나는 정말 떠나고 싶다.　　　떠나게되어 나는 정말 행복하다.

1. **Avrei voglia di** vedere Paolo.

2. **Avresti voglia di** andare in vacanza.

3. Giorgio **avrebbe voglia di** vederti.

4. **Avremmo voglia di** fare un viaggio.

5. Loro **avrebbero voglia di** ricevere tue notizie.

6. **Avrei voglia di** venire con te.

해석

1. 나는 정말 파올로를 보고 싶다. → 파올로를 보게되어 나는 정말 행복하다. 2. 너는 정말 휴가 가고 싶어하는구나. → 너는 휴가 가게되어 정말 행복하구나. 3. 지오르지오는 정말 너를 보고 싶어한다. → 너를 보게되어 그는 정말 행복하다. 4. 우리는 정말로 여행하고 싶다. → 여행을 하게되어 우리는 정말 행복하다. 5. 그들은 정말로 네 소식을 받고 싶어한다. → 네 소식을 받게되어 그들은 정말 행복하다. 6. 나는 정말로 너와 함께 가고 싶다. → 너와 함께 가게되어 나는 정말 행복하다.

문법

단순조건법(Condizionale semplice)
불규칙활용동사

	avere	essere
io	avrei	sarei
tu	avresti	saresti
lui	avrebbe	sarebbe
noi	avremmo	saremmo
voi	avreste	sareste
loro	avrebbero	sarebbero

UNITA' 11

1~6. **avrei voglia di fare** ~ (I'd like to do ~ 나는 정말 ~하고 싶다).

11.5 보기처럼 완성하라!

Ho fame. (**mangiare** un panino) → **Mangerei** volentieri un panino.
나는 배고프다.   나는 정말로 샌드위치 하나 먹고 싶다.

1. Ho sete. (**bere** una birra)

2. Ho sonno. (**dormire** ancora un po')

3. Sono stanco. (**fare** un pisolino)

4. Sto male. (**restare** a casa)

5. E' una bella giornata. (**fare** una passeggiata)

6. E' freddo. (**rimanere** a letto)

7. Ho voglia di mangiare qualcosa di speciale. (**andare** al ristorante)

8. Stasera c'e' una festa. (**comprare** un vestito nuovo)

9. Ho studiato troppo. (**guardare** un po' di TV)

10. Ho bisogno di rilassarmi. (**ascoltare** un po' di musica)

11. Ho voglia di parlare con qualcuno. (**fare** quattro chiacchiere con Anna)

12. E' molto caldo. (**andare** al mare)

어휘

fare un pisolino 잠깐 눈을 붙이다, **qualcosa di speciale** 특별한 것, **fare quattro chiacchiere** 수다떨다.

해석

1. 나는 목이 마르다. → 나는 정말 맥주 한 잔 마시고 싶다. 2. 나 졸린다. → 나는 정말로 좀 더 자고 싶다. 3. 나 피곤하다. → 나는 정말로 잠깐 눈을 붙이고 싶다. 4. 나 아프다. → 나는 정말로 집에 있고 싶다. 5. 멋진 하루다. → 나는 정말로 산책을 하고 싶다. 6. 날씨가 춥다. → 나는 정말로 침대에 있고 싶다. 7. 난 특별한 것을 먹고 싶다. → 나는 정말로 레스토랑에 가고 싶다. 8. 오늘 저녁 파티가 있다. → 나는 정말로 새 옷을 입고 싶다. 9. 나는 너무 많이 공부했다. → 나는 정말로 TV를 좀 보고 싶다. 10. 나는 긴장을 풀고 싶다. → 나는 정말로 음악을 좀 듣고 싶다. 11. 나는 누군가와 대화하고 싶다. → 나는 정말로 안나와 수다떨고 싶다. 12. 날씨가 무척 덥다. → 나는 정말로 바다에 가고 싶다.

문법

1,3,5,6,7,11,12 **bere**(drink 마시다), **fare**(do ~하다), **rimanere**(remain 머물다, 남다), **andare**(go 가다) : 단순조건법 불규칙활용 동사 → 11.3 참조..

11.6 보기처럼 변형시켜라!

Ho voglia di restare solo. → **Resterei** volentieri solo.
나는 혼자 있고 싶다.   나는 정말로 혼자 있고 싶다.

1. **Ho voglia di mangiare** un gelato.

2. Carlo **ha voglia di fare** un viaggio.

3. Giorgia **ha voglia di uscire** un po'.

4. **Abbiamo voglia di rimanere** a casa.

5. Antonio e Luciana **hanno voglia di giocare** a tennis.

6. **Ho voglia di comprare** l'ultimo CD di Lucio Dalla.

7. Tu **hai voglia di dormire** fino a tardi?

8. I miei genitori **hanno voglia di trasferirsi** in campagna.

9. Franco **ha voglia di cambiare** lavoro.

10. **Abbiamo voglia di prendere** qualche giorno di ferie.

11. **Ho voglia di scrivere** a Stefano.

12. Voi **avete voglia di andare** a cena fuori?

trasferirsi 이주/이사하다/옮기다, **prendere qualche giorno di ferie** 휴가 며칠 얻다.

해석

1. 나는 정말로 아이스크림을 먹고 싶다. 2. 카를로는 정말로 여행을 하고 싶어한다. 3. 지오르지아는 정말로 잠시 외출하고 싶어한다. 4. 우리는 정말로 집에 남아있고 싶다. 5. 안토니오와 루치아나는 정말로 테니스를 치고 싶어한다. 6. 나는 정말로 루치오 달라의 CD를 구입하고 싶다. 7. 너는 정말로 늦게까지 잠을 자고 싶니? 8. 내 부모님은 정말로 전원으로 이사가고 싶어하신다. 9. 프랑코는 정말로 이직하고 싶어한다. 10. 우리는 정말로 며칠 휴가를 얻고 싶다. 11. 나는 정말로 스테파노에게 편지를 쓰고 싶다. 12. 너희들은 정말로 저녁 외식하고 싶니?

📗 문법

8. **trasferirsi** (move 옮기다, 이주하다): 재귀동사 활용은 재귀대명사(mi, ti, si, ci, vi, si)를 활용된 동사 앞에 놓으면 된다. si trasferirebbero ~.

11.7 보기처럼 완성하라!

Mi piacerebbe molto **uscire**. → **Uscirei,** ma non ho tempo.
나는 정말로 무척 외출하고 싶어.   정말 외출하고 싶지만, 난 시간이 없어.

1. **Mi piacerebbe** molto **rimanere** qui.
   _____, ma Paolo mi aspetta fra 5 minuti.
2. **Mi piacerebbe** molto **venire** in vacanza con voi.
   _____, ma in questo periodo non ho le ferie.
3. **A Claudia piacerebbe** molto **fermarsi** qui per qualche giorno.
   _____, ma domani deve tornare in ufficio.
4. **A Giovanni piacerebbe** molto **comprare** un'auto fuoristrada.
   _____, ma costa troppo.
5. **Ci piacerebbe** molto **pranzare** con voi.
   _____, ma oggi abbiamo fretta.
6. **Mi piacerebbe** molto **dormire** fino alle 10.
   _____, ma non posso arrivare tardi al lavoro.

📙 어휘

> **in questo periodo** 요즘, **auto fuoristrada** 크로스 컨트리 차량.

📕 해석

1. 나는 정말로 여기 머물고 싶은데 파올로가 5분 뒤에 나를 기다린다. 2. 나는 정말로 너희들과 휴가가고 싶은데 요즘 휴가 기간이 아니다. 3. 클라우디아는 정말로 며칠 동안 여기 머물고

UNITA' 11

싶어하는데 내일 회사로 돌아가야한다. 4. 지오반니는 정말로 크로스 컨트리 차량을 구입하고 싶어하는데 너무 비싸다. 5. 우리는 정말로 너희들과 점심 먹고 싶은데 오늘 우리가 바쁘구나. 6. 나는 정말로 10시까지 잠을 자고 싶은데 직장에 지각할 수가 없다.

문법

1. **Mi piacerebbe rimanere** = **Vorrei rimanere** = **Rimarrei**
3. **fermarsi**(stop, stay 머물다): 재귀동사 활용은 재귀대명사(mi, ti, si, ci, vi, si)를 활용된 동사 앞에 놓으면 된다. si fermerebbe ~.
1~6. **piacere**(like ~가 좋다) 동사가 등장하는 문장에서 간접대명사를 주어로 새기면 수월하게 의미 파악이 된다.

11.8 보기처럼 완성하라!

Perche' non **compri** quella macchina? – La **comprerei,** ma costa troppo.
저 차를 구입하지 그래?   그것을 정말 사고 싶은데 너무 비싸다.

1. Perche' non **leggi** il giornale?
   _____, ma non ho tempo.
2. Perche' non **mangi** una fetta di dolce?
   _____, ma devo stare a dieta.
3. Perche' non **accendi** il riscaldamento?
   _____, ma non funziona.
4. Perche' non **inviti** i tuoi amici?
   _____, ma hanno gia' impegno.
5. Perche' non **aiuti** tua sorella?
   _____, ma adesso sono troppo stanco.
6. Perche' non **cambi** lavoro?
   _____, ma non e' facile trovarne un altro.

어휘

> **stare a dieta** 다이어트 중이다, **accendere il riscaldamento** 난방기/보일러를 켜다, **avere impegno** 바쁘다.

해석

1. 신문을 읽지 그래. – 정말 읽고 싶은데 시간이 없다. 2. 돌체 한 조각 먹지 그래. – 정말 먹고 싶은데 다이어트 해야되. 3. 보일러를 켜지 그래. – 정말 켜고 싶은데 작동하지 않아. 4. 네 친구들을 초대하지 그래. – 정말 초대하고 싶은데 그들은 이미 약속이 있어. 5. 네 누이를 도와주지 그래. – 정말 도와주고 싶은데 지금 나는 너무 피곤해. 6. 이직하지 그래. – 정말 이직하고 싶은데 다른 일자리 찾기가 쉽지 않아.

문법

6. **ma non e' facile trovarne un altro**: ne는 'di lavori', 즉 '많은 직업들 가운데' 라는 의미.

3,5,6. **accendere**(light, turn on, switch on 켜다), **aiutare**(help 돕다), **cambiare**(change 바꾸다).

11.9 보기처럼 변형시켜라!

Volevo studiare medicina. → **Avrei studiato** volentieri medicina.
나는 의학을 공부하고 싶었다.   나는 정말로 의학을 공부하고 싶었는데.(결국 못했다.)

1. **Volevo fare** quel viaggio.
   _____

2. **Volevo partire** con loro.
   _____

3. **Volevo vivere** in campagna.
   _____

4. **Volevo stare** con lei.

5. **Volevo lavorare** in una grande citta'.

6. **Volevo aiutare** Pietro.

해석

1. 나는 정말로 그 여행을 하고 싶었는데. 2. 나는 정말로 그들과 떠나고 싶었는데. 3. 나는 정말로 시골에 살고 싶었는데. 4. 나는 정말로 그녀와 함께 있고 싶었는데. 5. 나는 정말로 대도시에서 일하고 싶었는데. 6. 나는 정말로 피에트로를 돕고 싶었는데.

문법

복합조건법(Condizionale composto)
[avere 단순조건법＋타동사의 과거분사]
[essere 단순조건법＋자동사의 과거분사(주어와 성수일치)]

	자동사 uscire	타동사 pensare
io	**sarei** uscito/a	**avrei** pensato
tu	**saresti** uscito/a	**avresti** pensato
lui, lei, Lei	**sarebbe** uscito/a	**avrebbe** pensato
noi	**saremmo** usciti/e	**avremmo** pensato
voi	**sareste** usciti/e	**avreste** pensato
loro	**sarebbero** usciti/e	**avrebbero** pensato

복합조건법의 용법

1) 과거 사실을 추측하거나 추정할 때 (supposizione)

    L'**avrebbe fatto** lui. 그가 그 일을 저질렀을지 몰라.

2) 과거 사실을 빈정거리거나 의혹을 표현할 때

    E tu **avresti studiato**? 그런데 설마 네가 공부를 했다 이거지?

    Tu **saresti stato** male! Ma va, con quella faccia!

    설마 네가 아팠다고!?! 어이구, 얼굴은 생생한데!?

3) 불가능성, 비현실성의 가정문에서 결과절에 사용할 때 (이루지 못한 사실)

Se (tu) gli avessi scritto, (lui) ti **avrebbe risposto**.
만약 네가 그에게 편지를 썼었더라면 그는 네게 답장을 했었을텐데.

Se (io) avessi finito di lavorare presto, ieri sera (io) **sarei venuto** a trovarti.
만약 내가 일찍 일을 끝냈었더라면 어제 저녁 나는 너를 보러 갔었을텐데.

Se (tu) avessi preso quella medicina (tu) **saresti guarito** presto.
만약 네가 그 약을 먹었었더라면 너는 일찍 병이 나았을텐데.

4) 과거, 현재, 미래에 있어서 실현 불가능한 사실을 표현할 때

   * 과거에 원했지만 이루지 못한 경우

Mio padre **avrebbe voluto** vedermi all'universita', ma io non avevo voglia di stare sopra i libri.
나의 아버지는 대학에 다니는 나를 보고 싶어했지만 나는 책 속에 파묻혀 지내기를 원하지 않았다. (실제로 나는 공부가 싫어서 대학에 가지 않았다.)

   * 현재 원하지만 여건 상 이루지 못하는 경우

Oggi (io) **sarei andata** volentieri a Venezia, ma devo restare a casa.
오늘 나는 즐거운 마음으로 베네치아에 가고 싶지만 집에 남아야 한다.

   * 미래에 무엇을 하고 싶으나, 여건 상 이룰 수 없는 경우

Domani (io) **sarei andata** volentieri a Venezia, ma dovro' restare a casa.
내일 나는 즐거운 마음으로 베네치아에 가고 싶지만 집에 남아야 할 것이다.

5) 과거에 있어서 미래를 표현할 때

Clara mi ha detto che il sabato seguente **sarebbe andata** a Milano.
클라라는 다가오는 토요일에 밀라노에 갈 거라고 내게 말했다.

11.10 보기처럼 변형시켜라!

Sarei voluto restare. → **Mi sarebbe piaciuto** restare.
나는 정말 남고 싶었는데.(그러지 못했다)

1. **Avrei voluto** sposarmi prima.

2. **Saresti voluto** venire con noi?

3. Marta **avrebbe voluto** avere una famiglia numerosa.

4. Mario **sarebbe voluto** restare con i genitori.

5. **Sareste voluti** andare in montagna?

6. Piero e Bruna **avrebbero voluto** vivere all'estero.

sposarsi prima 일찍 결혼하다, **famiglia numerosa** 대가족.

1. 나는 정말로 일찍 결혼하고 싶었는데. 2. 너는 정말로 우리와 함께 가고 싶었구나? 3. 마르타는 정말로 대가족을 원했는데. 4. 마리오는 정말로 부모님과 함께 있고 싶었는데. 5. 너희들은 정말로 산에 가고 싶었구나? 6. 피에로와 브루나는 외국에서 살고 싶었는데.

문법

[essere+voluto/a/i/e+자동사, avere+voluto+타동사/재귀동사]

2,4,5. **Sarei** voluto **venire** con noi?: venire가 자동사이므로 essere 조동사를 사용하는데, 이때 과거분사 어미는 주어와 성수 일치한다.

1,3,6. **avrebbe** voluto **avere** ~ : avere가 타동사이므로 avere 조동사를 사용해 복합 조건법을 만든다. 이 같은 현상은 직설법에서도 동일한 규칙이다.

11.11 보기처럼 변형시켜라!

Comprerei volentieri quel vestito, ma **non ho i soldi**.
나는 정말로 저 옷을 사고 싶은데 돈이 없다.

→ **Avrei comprato** volentieri quel vestito, ma **non avevo** i soldi.
나는 정말로 저 옷을 사고 싶었는데 돈이 없었다.

1. **Mangerei** volentieri con te, ma **non ho fame**.

2. Pietro **berrebbe** volentieri qualcosa con noi, ma **ha fretta**.

3. **Usciremmo** volentieri con voi, ma **dobbiamo aspettare una telefonata**.

4. **Scriverei** volentieri a Francesco, ma **non ho il suo indirizzo**.

5. **Rivedrei** volentieri quel film, ma **finisce troppo tardi**.

6. Marta **andrebbe** volentieri al cinema, ma **e' stanca**.

7. Marco **inviterebbe** volentieri Marina a cena, ma **lei non e' in casa**.

8. I ragazzi **andrebbero** volentieri al mare, ma **non hanno abbastanza soldi**.

9. **Partiremmo** volentieri con Giorgio, ma **non abbiamo il biglietto**.

10. Gino e Ivo **tornerebbero** volentieri a Roma, ma **c'e' lo sciopero degli autobus**.

11. **Verrei** volentieri alla festa, ma **non mi sento bene**.

12. **Resterei** volentieri a casa vostra, ma **ho un appuntamento dal dentista**.

UNITA' 11

어휘

> **avere fame** 배가 고프다, **avere fretta** 시간이 없다/급하다, **avere abbastanza soldi** 돈을 충분히 갖고있다, **sciopero** 파업, **sentirsi bene** 컨디션이 좋다, **appuntamento** 약속, **dal dentista** 치과에.

해석

1. 나는 정말로 너와 밥 먹고 싶었는데 배가 고프지 않았다. 2. 피에트로는 정말로 우리와 무엇을 좀 마시고 싶었는데 시간이 없었다. 3. 우리는 정말로 너희들과 외출하고 싶었는데 전화를 기다려야만 했다. 4. 나는 정말로 프란체스코에게 편지를 쓰고 싶었는데 그의 주소를 안 갖고 있었다. 5. 나는 정말로 그 영화를 다시 보고 싶었는데 너무 늦게 끝났다. 6. 마르타는 정말로 영화관에 가고 싶었는데 피곤하였다. 7. 마르코는 정말로 마리나를 저녁 식사에 초대하고 싶었는데 집에 없었다. 8. 그 소년들은 정말로 바다에 가고 싶었는데 돈이 충분하지 않았다. 9. 우리는 정말로 지오르지오와 떠나고 싶었는데 우리는 기차표가 없었다. 10. 지노와 이보는 정말로 로마로 돌아가고 싶었는데 버스 파업이 있었다. 11. 나는 정말로 파티에 가고 싶었는데 컨디션이 안 좋았다. 12. 나는 정말로 너희들 집에 머물고 싶었는데 치과 약속이 있었다.

문법

2,6,8,11 **bere**(drink 마시다), **andare**(go 가다), **venire**(come 가다, 오다) : 단순조건법 불규칙활용 동사 → 11.3 참조

11.12 보기처럼 변형시켜라!

Mi **aiuti** a prendere le valigie? → Mi **aiuteresti** a prendere le valigie?
여행가방 챙기는 나를 도와줄래?   여행가방 챙기는 나를 좀 도와주겠니?

1. Mi **accompagni** a casa?

    _____

2. Mi **presti** la macchina?

    _____

3. Mi **passi** il sale?

4. Mi **offri** un caffe'?

5. Mi **dai** una mano?

6. Mi **spedisci** questa lettera?

🔵 어휘

passare il sale 소금을 건네다.

🔵 해석

1. 집까지 나를 동행해줄래?(직설법) → 집까지 나를 좀 동행해주겠니?(조건법) 2. 내게 차를 좀 빌려주겠니? 3. 내게 소금을 좀 건네주겠니? 4. 내게 커피 한 잔 좀 주겠니? 5. 내게 도움을 좀 주겠니? 6. 내게 이 편지를 좀 부쳐주겠니?

🔵 문법

1~6. 조건법의 표현들은 '친절하고 완곡하게 상대에게 부탁하는 표현' 들이다.
1,3,4. **accompagnare**(accompany 동행하다), **passare**(pass 건네주다), **offrire** (offere, give, present 제공하다, 주다, 선물하다)

11.13 보기처럼 변형시켜라!

Mi **fa** un favore? → Mi **farebbe** un favore?
제게 호의를 베풀어주시겠습니까? 제게 호의를 베풀어주실 수 있으시겠습니까?

1. Mi **da'** il permesso di uscire?

UNITA' 11

2. Mi **presta** una penna?

3. Mi **da'** un passaggio per il centro?

4. Mi **dice** a che ora parte il treno?

5. Mi **aspetta** un momento?

6. Mi **porta** il conto?

어휘

> **permesso** 허락/허가, **conto** 계산서.

해석

1. 제게 외출 허락을 해주시겠습니까? → 제게 외출 허락을 해주실 수 있으시겠습니까? 2. 제게 펜을 하나 빌려주실 수 있으시겠습니까? 3. 저를 시내까지 데려다주실 수 있으시겠습니까? 4. 제게 기차가 몇 시에 출발하는지 말씀해주실 수 있으시겠습니까? 5. 저를 잠시 기다려주실 수 있으시겠습니까? 6. 제게 계산서를 갖다주실 수 있으시겠습니까?

문법

1~6. 조건법 표현들은 '친절하고 완곡하게 상대에게 부탁하는 표현'들이다.
1,3,4. **dare**(give 주다), **dire**(say, tolk 말하다): 단순조건법 불규칙활용 동사 → 11.3 참조.

11.14 보기처럼 질문을 만들라!

Aspettare un momento! 너 잠시 기다려라!
→ Signor Pini, **aspetterebbe** un momento?

Signor Pini, **potrebbe aspettare** un momento?
Signor Pini, **Le dispiacerebbe aspettare** un momento?
피니 씨, 잠시 좀 기다려주실 수 있으시겠습니까?

1. **Parlare** piu' forte!

2. **Tornare** domani!

3. **Chiudere** la porta!

4. **Rispondere** al telefono!

5. **Finire** il lavoro prima delle undici!

6. **Firmare** questo documento!

UNITA' 11

어휘

parlare piu' forte 더 크게 말하다, **rispondere al telefono** 전화 받다, **firmare** 서명하다.

해석

1. 피니 씨, 더 크게 말씀해주실 수 있으시겠습니까? 2. 피니 씨, 내일 다시 와주실 수 있으시겠습니까? 3. 피니 씨, 문을 닫아주실 수 있으시겠습니까? 4. 피니 씨, 전화를 좀 받아주실 수 있으시겠습니까? 5. 피니 씨, 11시 전에 일을 마쳐주실 수 있으시겠습니까? 6. 피니 씨, 이 서류에 서명해주실 수 있으시겠습니까?

문법

6. **firmare**(sign 서명하다).
1~6. 단순조건법 문장들은 '친절하고 완곡한 표현' 이다.
Signor Pini, **aspetterebbe** un momento?
Signor Pini, **potrebbe aspettare** un momento?
Signor Pini, **Le dispiacerebbe aspettare** un momento?

직설법 문장들은 '객관적인 표현' 이다.
Signor Pini, **aspetta** un momento? 피니 씨, 잠시 기다려주실래요?
Signor Pini, **puo' aspettare** un momento? 피니 씨, 잠시 기다려주실 수 있어요?
Signor Pini, **Le dispiace aspettare** un molento? 피니 씨, 잠시 기다려주실 수 있어요?

11.15 보기처럼 질문을 만들라!

Comprare il giornale! 신문을 사다주라!
→ Marta, mi **compreresti** il giornale?
　Marta, **potresti comprar**mi il giornale?
　Marta, **ti dispiacerebbe comprar**mi il giornale?
　마르타, 내게 신문 좀 사다줄 수 있겠니?

1. **Accompagnare** all'aeroporto!

2. **Ascoltare** un momento!

3. **Dare** un passaggio per la stazione!

4. **Prestare** il dizionario!

5. **Consigliare** un bel film!

6. **Fissare** un appuntamento con il direttore!

어휘

consigliare 조언/자문하다, **fissare un appuntamento** 약속을 정하다.

해석

1. 마르타, 나를 공항까지 동행 좀 해줄 수 있겠니? 2. 마르타, 잠시 좀 기다려줄 수 있겠니? 3.

마르타, 역까지 나를 좀 데려다줄 수 있겠니? 4. 마르타, 내게 사전 좀 빌려줄 수 있겠니? 5. 마르타, 내게 재미있는 영화 한 편 좀 추천해줄 수 있겠니? 6. 마르타, 의사 선생님과의 약속을 좀 정해줄 수 있겠니?

문법

3. **dare**(give 주다) : 단순조건법 불규칙활용 동사 → 11.3 참조.

4,5,6. **prestare**(lend, borrow 빌려주다), **consigliare**(advise, recommend 자문하다), **fissare**(fix 고정시키다, 정하다)

1~6. 단순조건법 문장들은 '친절하고 완곡한 표현' 이다.

Marta, mi **compreresti** il giornale?

Marta, **potresti comprar**mi il giornale?

Marta, **ti dispiacerebbe comprar**mi il giornale?

직설법 문장들은 '객관적인 표현' 이다.

Marta, mi **compri** il giornale? 마르타, 내게 신문을 사다줄래?

Marta, **puoi comprar**mi il giornale? 마르타, 내게 신문을 사다줄 수 있어?

Marta, **ti dispiace comprar**mi il giornale? 마르타, 내게 신문을 사다줄 수 있어?

11.16 보기처럼 변형시켜라!

Andrea, **devi mangiare** meno!
안드레아, 너는 덜 먹어야해!
→ Andrea, **dovresti mangiare** meno.
   안드레아, 너는 덜 먹어야할 것 같은데.
   Andrea, al tuo posto, io **mangerei** meno.
   안드레아, 내가 너라면, 정말 덜 먹을텐데.

1. **Devi leggere** il giornale ogni giorno!
   _____

2. **Devi fare** un po' di sport!
   _____

3. **Devi studiare** qualche lingua straniera!

4. **Devi uscire** piu' spesso!

5. Non **devi fare** le ore piccole!

6. **Devi andare** in vacanza!

어휘

fare le ore piccole 늦게 잠자리에 들다.

해석

1. 안드레아, 너는 매일 신문을 읽어야한다! → 매일 신문을 좀 읽어야할 것 같은데. → 내가 너라면 신문을 읽을텐데. 2. 안드레아, 너는 운동해야한다! → 안드레아, 너는 운동 좀 해야할 것 같은데! 3. 안드레아, 너는 외국어 몇 개를 공부해야한다! → 너는 외국어 몇 개를 공부 좀 해야할텐데. 4. 안드레아, 너는 더 자주 외출해야한다! → 너는 더 자주 외출해야할텐데. 5. 안드레아, 너는 늦게 잠자리에 들어서는 안 된다! → 너는 늦게 잠자리에 들어서는 안 될텐데. 6. 안드레아, 너는 휴가를 가야한다! → 너는 휴가를 좀 가야할텐데.

문법

1~6. '조심스럽게 조언할 경우' 단순조건법을 사용한다.

11.17 보기처럼 변형시켜라!

Signor Pini, **deve smettere** di fumare!
피니 씨, 담배를 끊으셔야합니다!
→ Signor Pini, **dovrebbe smettere** di fumare!
  피니 씨, 담배를 끊으셔야할 것 같군요.
  Signor Pini, al Suo posto, io **smetterei** di fumare!
  피니 씨, 제가 당신이라면 담배를 정말 끊고 싶군요.

1. **Deve bere** di meno!
   _____
   _____

2. **Deve andare** dal medico!
   _____
   _____

3. **Deve prendere** qualche giorno di ferie!
   _____
   _____

4. **Deve dormire** di piu'!
   _____
   _____

5. Non **deve fare** le ore piccole!
   _____
   _____

6. **Deve finire** il lavoro prima di partire!
   _____
   _____

해석

1. 피니 씨, 절주하셔야합니다! → 절주하셔야할 것 같군요. 2. 피니 씨, 병원에 가보셔야합니다! → 병원에 가보셔야할 것 같군요. 3. 피니 씨, 며칠 휴가를 얻으셔야합니다! → 며칠 휴가를 얻으셔야할 것 같군요. 4. 피니 씨, 잠을 더 주무셔야합니다! → 잠을 더 주무셔야할 것 같군요.

5. 피니 씨, 늦게 잠자리에 들지 말아야합니다! → 늦게 잠자리에 들지 말아야할 것 같군요. 6. 피니 씨, 출발 전에 일을 끝내셔야합니다! → 출발 전에 일을 끝내셔야할 것 같군요.

1~6. '조심스럽게 조언할 경우' 단순조건법을 사용한다.

11.18 보기처럼 변형시켜라!

Perche' non frequenti un altro corso d'inglese?
다른 영어 과정을 다니지 그래.
→ **Dovresti frequentare** un altro corso d'inglese.
  너는 다른 영어 과정을 다녀야할 것 같구나.

1. **Perche' non hai** un po' di pazienza?
   _____

2. **Perche'** Aldo **non viaggia** piu' spesso?
   _____

3. **Perche' non vi riposate** un po'?
   _____

4. **Perche' non ti svegli** prima la mattina?
   _____

5. **Perche' non prendete** qualche giorno di ferie?
   _____

6. **Perche'** i bambini **non stanno** un po' piu' all'aria aperta?
   _____

> **avere pazienza** 인내심을 갖다/참다/인내하다, **piu' spesso** 더 자주, **riposarsi un po'** 좀 쉬다, **svegliarsi** 잠을 깨다, **prendere qualche giorno di ferie** 며칠 휴가를 얻다, **all'aria aperta** 야외에서.

1. 너는 좀 참아야할 것 같구나. 2. 알도는 더 자주 여행을 해야할 것 같다. 3. 너희들은 좀 쉬어야 할 것 같구나. 4. 아침에 먼저 깨야할 것 같구나. 5. 휴가 며칠 얻어야할 것 같구나. 6. 아이들은 밖에서 더 좀 놀아야할 것 같다.

문법

1~6. '조심스럽게 조언할 경우' 단순조건법을 사용한다.
3,4. **riposarsi**(rest 쉬다), **svegliarsi**(wake up 깨다) : 재귀동사.

11.19 보기처럼 변형시켜라!

Perche' non hai seguito il mio consiglio? 너는 왜 내 충고를 따르지 않았니?
→ **Avresti dovuto seguire** il mio consiglio. 너는 내 충고를 따랐어야만 했는데.

1. **Perche' non hai fatto** il viaggio in treno?
   _____

2. **Perche' non hai chiamato** subito il medico?
   _____

3. **Perche' non hai avvertito** i tuoi amici?
   _____

4. **Perche' non hai scritto** a Maria?
   _____

5. **Perche' non hai studiato?**
   _____

6. **Perche' non hai telefonato** a Mauro?
   _____

seguire il consiglio 충고를 따르다, **avvertire** 알리다.

해석

1. 너는 왜 기차로 여행하지 않았니? → 너는 기차로 여행을 했어야만 했는데. 2. 너는 왜 의사를 곧 부르지 않았니? 3. 너는 왜 네 친구들에게 알리지 않았니? 4. 너는 왜 마리아에게 편지를 쓰지 않았니? 5. 너는 왜 공부를 하지 않았니? 6. 너는 왜 마우로에게 전화하지 않았니?

문법

1~6. 실행하지 못 한 사실을 조심스럽게 조언할 경우 '복합조건법'을 쓴다.
3. **avvertire**(inform, let know) 알리다.

11.20 보기처럼 변형시켜라!

Perche' non sei andata dal medico? 너는 왜 병원에 가지 않았니?
→ **Saresti dovuta andare** dal medico. 너는 병원에 갔었어야만 했는데.

1. **Perche' non sei partita** subito?
   _____
2. **Perche' non sei arrivata** in tempo?
   _____
3. **Perche' non sei venuta** con noi?
   _____
4. **Perche' non sei rimasta** con Giorgio?
   _____
5. **Perche' non sei tornata** prima?
   _____
6. **Perche' non sei andata** a lezione?
   _____

해석

1. 너는 왜 곧 떠나지 않았니? → 너는 곧 떠났어야만 했는데. 2. 너는 왜 제 시간에 도착하지 않았니? 3. 너는 왜 우리하고 같이 가지 않았니? 4. 너는 왜 지오르지오와 함께 머물지 않았

니? 5. 너는 왜 먼저 돌아오지 않았니? 6. 너는 왜 수업에 가지 않았니?

1~6. '실행하지 못한 사실을 조심스럽게 조언할 경우' 복합조건법을 사용한다.

11.21 보기처럼 변형시켜라!

Potreste smettere di fumare.
너희들은 금연할 수 있을지도 모르겠구나.
→ **Avreste potuto smettere** di fumare.
   너희들은 금연할 수도 있었는데.

1. **Potreste bere** meno.
   _____

2. **Potreste studiare** di piu'.
   _____

3. **Potreste prendere** un giorno di vacanza.
   _____

4. **Potreste leggere** quel libro.
   _____

5. **Potreste telefonare** a Mario.
   _____

6. **Potreste scrivere** a vostro fratello.
   _____

1. 너희들은 절주할 수 있을지 모르겠구나. → 절주할 수도 있었는데. 2. 너희들은 공부를 더 할 수 있을지도 모르겠구나. → 공부를 더 할 수도 있었는데. 3. 너희들은 하루 휴가를 얻을 수 있을지도 모르겠구나. → 하루 휴가를 얻을 수도 있었는데. 4. 너희들은 그 책을 읽을 수 있을지도 모르겠구나. → 그 책을 읽을 수도 있었는데. 5. 너희들은 마리오에게 전화할 수 있을지도 모르겠구나. → 전화할 수도 있었는데. 6. 너희들은 형에게 편지쓸 수 있을지도 모르겠구나. → 형

에게 편지쓸 수도 있었는데.

1~6. '현재 사실을 추측이나 추정할 경우' 단순조건법을, '과거 사실을 추측이나 추정할 경우' 복합조건법을 사용한다.

11.22 보기처럼 변형시켜라!

Potresti andare dal dottore.
너는 병원에 갈 수 있을지도 모르겠구나.
→ **Saresti potuto andare** dal dottore.
　너는 병원에 갈 수도 있었는데.

1. **Potresti partire** subito.

2. **Potresti uscire** piu' spesso.

3. **Potresti tornare** a casa a pranzo.

4. **Potresti restare** di piu' in biblioteca.

5. **Potresti venire** con noi.

6. **Ti potresti alzare** prima la mattina.

해석

1. 너는 곧 떠날 수 있을지도 모르겠구나. → 곧 떠났을 수도 있었는데. 2. 너는 더 자주 외출할 수 있을지도 모르겠구나. → 자주 외출할 수도 있었는데. 3. 너는 점심시간에 집으로 돌아갈 수 있을지도 모르겠구나. → 집으로 돌아갈 수도 있었는데. 4. 너는 도서관에 더 머물 수 있을지도 모르겠구나. → 도서관에 더 머물 수도 있었는데. 5. 너는 우리와 같이 갈 수 있을지도 모르겠구

UNITA' 11

나. → 우리와 갈 수도 있었는데. 6. 너는 아침에 먼저 일어날 수 있을지도 모르겠구나. → 아침에 먼저 일어날 수도 있었는데.

문법

1~6. '현재 사실을 추측이나 추정할 경우' 단순조건법을, '과거 사실을 추측이나 추정할 경우' 복합조건법을 사용한다.

6. **Ti potresti alzare**: 재귀동사 alzarsi(rise, get up). 재귀대명사 'ti'를 alzare 뒤에 붙일 수 있다. potresti alzar<u>ti</u>.

11.23 전치사로 완성하라!

1. Bill viene _____ Stati Uniti, _____ New York.
2. Thomas e Andreas vengono _____ Germania, _____ Berlino.
3. Martin e' _____ Monaco.
4. Questi studenti sono _____ Londra.
5. Vado _____ casa _____ studiare.
6. Andrei _____ casa _____ Paolo _____ riprendere i miei libri.
7. Vado _____ Paolo.
8. Domani Martina parte _____ Francia, _____ Parigi.
9. Parto _____ Roma _____ treno.
10. Marco va _____ Universita' _____ piedi, Giorgio invece va _____ autobus.
11. Vorrei vivere _____ Italia _____ Firenze.
12. Andrei _____ Grecia _____ Atene.
13. Maria va _____ parrucchiere _____ tagliarsi i capelli.
14. Stasera non mangio _____ casa mia, ma _____ miei genitori.
15. Esco _____ casa _____ otto.
16. Vado _____ stazione _____ autobus n.8.
17. Abito _____ solo, non _____ mio fratello.
18. Abito _____ mio fratello, non piu' _____ casa _____ Paolo.

19. Dopo cena gli studenti vanno _____ prendere un caffe' _____ centro.
20. Elena va _____ dottore, perche' ha la tosse _____ molti giorni.
21. Studio l'inglese _____ un anno.
22. Non fumo piu' _____ due settimane.
23. Sarei felice _____ andare _____ vacanza.
24. Mi sarebbe piaciuto molto lavorare _____ qualche anno _____ estero.

어휘

andare dal parrucchiere 이발소에 가다, **tagliarsi i capelli** 머리를 자르다.

해석

1. 빌은 미국 뉴욕 출신이다. 2. 토마스와 안드레아스는 독일 베를린 출신이다. 3. 마틴은 뮌헨 출신이다. 4. 이 학생들은 런던 출신이다. 5. 나는 공부하러 집에 간다. 6. 나는 내 책을 가지러 파올로 집에 가고 싶다. 7. 나는 파올로 집에 간다. 8. 내일 마르티나는 프랑스 파리로 떠난다. 9. 나는 기차타고 로마로 떠난다. 10. 마르코는 걸어서 대학교에 가는데 지오르지오는 버스타고 간다. 11. 나는 정말로 이탈리아 피렌체에서 살고 싶다. 12. 나는 정말로 그리스 아테네에 가고 싶다. 13. 마리아는 머리 자르러 미용실에 간다. 14. 오늘 저녁 나는 내 집에서 밥을 먹지 않고 부모님 집에서 먹는다. 15. 나는 8시에 집을 나선다. 16. 나는 8번 버스를 타고 역에 간다. 17. 나는 혼자 산다. 내 형과 함께 살지 않는다. 18. 나는 내 형 집에 거주한다. 더 이상 파올로 집에서 거주하지 않는다. 19. 저녁 식사 후 학생들은 커피 마시러 시내에 간다. 20. 엘레나는 수일 전부터 기침을 해서 병원에 간다. 21. 내가 영어를 공부한지 1년이 된다. (1년 전부터 나는 영어를 공부하고있다.) 22. 내가 금연한지 2주가 된다. (2주 전부터 나는 더 이상 담배를 피우지 않고있다.) 23. 휴가 가게되서 나는 정말 행복하다. 24. 해외에서 나는 몇 년 동안 일을 하고 싶었는데.

11.24 보기처럼 변형시켜라!

E' una citta' molto **piccola**. → **Sono citta'** molto **piccole**.
아주 작은 도시다.   아주 작은 도시들이다.

1. **E' una casa** molto **grande**.
　_____

2. **E' un'Universita'** molto **famosa**.
　_____

3. **E' un'ipotesi** molto **interessante**.
　_____

4. **E' una foto** molto **vecchia**.
　_____

5. **E' un ragazzo** molto **gentile**.
　_____

6. **E' una moto** molto **veloce**.
　_____

7. **E' uno sport** molto **popolare** in Italia.
　_____

8. **E' un bar** molto **conosciuto**.
　_____

9. **E' un'auto tedesca** molto **costosa**.
　_____

10. **E' un'analisi** molto **intelligente**.
　_____

11. **E' una facolta'** molto **difficile**.
　_____

12. **E' un film** molto **famoso**.
　_____

어휘

ipotesi 가설, **moto** 오토바이, **popolare** 대중적인, **conosciuto** 알려진, **auto** 자동차, **costoso** 비싼, **analisi** 분석, **facolta'** 대학교 학부.

해석

1. 아주 큰 집이다. 2. 매우 유명한 대학교다. 3. 매우 흥미로운 가설이다. 4. 아주 오래된 사진이다. 5. 매우 친절한 소년이다. 6. 아주 빠른 오토바이다. 7. 이탈리아에서 매우 대중적인 스포츠다. 8. 많이 알려진 빠다. 9. 아주 비싼 독일제 자동차다. 10. 매우 현명한 분석이다. 11. 매우 어려운 (대학교의) 학부다. 12. 매우 유명한 영화다.

문법

2,11. **universita'**(university), **citta'**(city), **facolta'**(faculty 학부): 끝모음에 강세가 오는 어휘들은 단/복수 동형. 그러나 이들을 수식하는 형용사의 어미는 단/복수에 따라 일치되어야 한다.

4,6,9. **foto**grafia(photograph), **moto**cicletta(motorbike), **auto**mobile(car): 끝 부분이 잘려나간 어휘들은 단/복수 동형. 그러나 이들을 수식하는 형용사의 어미는 단/복수에 따라 일치되어야한다.

7,8,12 **sport, bar, film**: 자음으로 끝나는 외래어는 대부분 남성명사이며, 단/복수 동형.

3,10. **ipotesi**(f. hypothesis 가설), **analisi**(f. analysis 분석): 이 같은 어휘들은 단/복수 동형. 그러나 이들을 수식하는 형용사의 어미는 단/복수에 따라 일치되어야한다.

제1그룹형용사(-o)	piccol**o**, famos**o**, vecchi**o**, conosciut**o**, costos**o**
제2그룹형용사(-e)	grand**e**, interessant**e**, gentil**e**, veloc**e**, popolar**e**, intelligent**e**, difficil**e**

UNITA' 12

12.1 Carlo e' **piu'** simpatico **di** Luca.
Carlo e' **meno** simpatico **di** Luca.
Carlo e' simpatico **come** Luca.

12.2 Marta e' **piu'** alta **di** sua sorella.
Marta e' **meno** alta **di** sua sorella.
Marta e' alta **come** sua sorella.

12.3 Io sono **piu'** alto **di** te.

12.4 Studiare e' **piu'** divertente **che** lavorare.

12.5 In treno viaggio **meglio che** in macchina.

12.6 Il mio vestito e' **piu'** elegante **del** tuo.

12.7 peggiore, migliore;inferiore, superiore;maggiore, minore

12.8 Questo ragazzo e' **intelligentissimo** (= **molto intelligente**).

12.9 Giovanni e' **il** ragazzo **piu'** alto in classe.

12.10 A chi regali **la penna**? - **La** regalo a Mario.

12.11 Che cosa regali **a Mario**? - **Gli** regalo una penna.

12.12 E' vero che regali **una penna a Mario**?
- Si', e' vero: **gliela** regalo per il compleanno.

12.13 **Mi** serve **quel libro**. **Me lo** dai?

12.14 **Mi** presti **il libro**? - Si', **te lo** presto volentieri.

12.15 **Ci** dai **le chiavi** di casa? - Certo, **ve le** do subito.

12.16 Quando **mi** presti **la macchina**? - **Te la** presto domani.

12.17 Marco vuole **il libro**? - **Glielo** presto volentieri.

12.18 Quando **mi** mandi **quel libro**? - **Te lo** mando domani.

12.19 Se vuoi **la cassetta,** posso prestar**la** io (**te la** posso prestare io).

12.20 복합대명사로 완성하라!

12.21 Chi **ti** ha dato **questo libro**? - Me l'ha dat**o** Mario?

12.22 Chi **vi** ha prestato **la macchina**? - Ce l'ha prestat**a** Marco.

12.23 Chi ha dato **questa informazione a Giorgio**? - Gliel'ha dat**a** Mario.

12.24 Perche' non **ci** hai detto **che stavi male**?
- Non **ve l'**ho dett**o** perche' non era niente di grave.

12.25 전치사로 완성하라!

12.26 전치사로 완성하라!

- 비교급(Comparativi):
  우등비교 – piu~di/che,
  열등비교 – meno~di/che
  동등비교 – (cosi'/tanto)~come
- 최상급(Superlativi):
  절대적 최상급 – intelligentissimo=molto intelligente
  상대적 최상급 – il/la piu'~di/in
- 직접대명사(Pronomi diretti): mi, ti, (lo/la/La), ci, vi, (li/le)
- 간접대명사(Pronomi indiretti): mi, ti, (gli/le/Le), ci, vi, (gli)
- 복합대명사(Pronomi composti): me lo, te lo, (glielo), ce lo, ve lo, (glielo)

12.1 보기처럼 (우등/열등/동등)비교급으로 완성하라!

Carlo - Simpatico - **Luca**
→ Carlo e' **piu'** simpatico **di** Luca. 카를로는 루카보다 더 상냥하다.
   Carlo e' **meno** simpatico **di** Luca. 카를로는 루카보다 덜 상냥하다.
   Carlo e' simpatico **come** Luca. 카를로는 루카만큼 상냥하다.

1. **Carlo** - puntuale - **Luca**

2. **Carlo** - intelligente - **Luca**

3. **Carlo** - paziente - **Luca**

4. **Carlo** - studioso - **Luca**

UNITA' 12

5. **Carlo** - bello - **Luca**

6. **Carlo** - goloso - **Luca**

어휘

> **puntuale** 시간에 정확한/규칙 바른, **intelligente** 총명한/이해가 빠른, **paziente** 참을성/인내심 많은, **studioso** 열심히 공부하는, **bello** 잘 생긴/아름다운, **goloso** 욕심이 많은/탐욕스런.

해석

1. 카를로는 루카보다 더 시간에 정확하다. 카를로는 루카보다 덜 시간에 정확하다. 카를로는 루카만큼 시간에 정확하다. 2~6. 해석 생략.

문법

비교급(Comparativi)

piu'~di :

두 개의 (대)명사들 비교

1) 우등비교급 : A+piu'+형용사+di+B
2) 열등비교급 : A+meno+형용사+di+B
3) 동등비교급 : A+형용사+come+B

Questa poltrona e' **piu'** comoda **del** divano.

1인용 소파는 다인용 소파보다 편안하다.

I pantaloni sono **piu'** pratici **de**lle gonne.
바지는 치마보다 실용적이다.

Cerco una borsa **meno** cara **di** questa.
난 이것보다 덜 비싼 가방을 찾는다.

Il papa' e' (tanto/cosi') alto **come** la mamma.
아빠 키는 엄마만하다.

＊Il problema e' **piu'** complesso **di** quello che (=quanto) pensavo.
문제는 내가 생각하고 있었던 것보다 더 복잡하다.

＊Guidare bene e' **meno** facile **di** quello che (=come) credi tu.
운전을 잘 한다는 것은 네가 믿고 있는 것보다 덜 쉽다.

piu'~che :
두 개의 형용사, 동사(구), 부사, 전치사구, 수량명사들 간의 비교

Carla e' **piu'** simpatica **che** bella.
카를라는 아름답다기보다 상냥하다.(형용사)

Per me e' **piu'** interessante imparare la lingua viva **che** studiare a fondo grammatica.
내 생각에 문법을 깊게 공부하는 것보다 생생한 언어를 배우는 것이 더 흥미롭다.(동사)

Lui agisce **piu'** istintivamente **che** razionalmente.
그는 이성적으로라기보다 본능적으로 행동한다.(부사)

Mi piace **piu'** mangiare a casa **che** (mangiare) alla mensa.
나는 구내식당에서 밥 먹는 것보다 집에서 먹는 것을 좋아한다.(전치사구)

In treno viaggio **meglio che** (=piu' bene che) in macchina. (전치사구)
나는 자동차보다는 기차로 더 잘 여행한다.

Ho **piu'** cassette **che** dischi.
나는 디스크들보다 카세트들을 더 갖고 있다. (수량명사)

12.2 보기처럼 (우등/열등/동등)비교급으로 완성하라!

Marta - alta - **sua sorella**

→ Marta e' **piu'** alta **di** sua sorella. 마르타는 그의 언니보다 키가 더 크다.

UNITA' 12

Marta e' **meno** alta **di** sua sorella. 마르타는 그의 언니보다 키가 덜 크다.
Marta e' alta **come** sua sorella. 마르타의 키는 그의 언니만하다.

1. **Marta** - magra - **sua sorella**
   ___

2. **Marta** - elegante - **sua sorella**
   ___

3. **Marta** - carina - **sua sorella**
   ___

4. **Marta** - gentile - **sua sorella**
   ___

5. **Marta** - affettuosa - **sua sorella**
   ___

6. **Marta** - precisa - **sua sorella**
   ___

magro 마른/날씬한, **elegante** 우아한/세련된/격조 높은, **carino** 귀여운/예쁜/고운,
gentile 친절한/부드러운/온화한, **affettuoso** 애정이 깊은/자애로운, **preciso** 명확한/

정확한/확실한.

해석

1. 마르타는 그의 언니보다 더 날씬하다. 마르타는 그의 언니보다 덜 날씬하다. 마르타는 그의 언니만큼 날씬하다. 2~6. 해석 생략.

12.3 보기처럼 우등비교급으로 완성하라!

Io - alto - **te**
→ Io sono **piu'** alto **di** te. 나는 너보다 키가 더 크다.

1. **Tu** - simpatico - **lui**
　
2. **Io** - magro - **te**
　
3. **Lei** - simpatica - **te**
　
4. **Voi** - studiosi - **noi**
　
5. **Noi** - pazienti - **loro**
　
6. **Loro** - precisi - **voi**
　

해석

1. 너는 그보다 더 상냥하다. 2. 나는 너보다 더 날씬하다. 3. 그녀는 너보다 더 상냥하다. 4. 너희들은 우리보다 공부에 더 열심이다. 5. 우리들은 그들보다 더 참을성이 있다. 6. 그들은 너희들보다 더 정확하다.

piu'~ di :
두 개의 (대)명사들 간의 비교
우등비교급 : A+piu'+형용사+di+B
2,3. **di te** (○), **di tu/ti** (×)

12.4 보기처럼 우등비교급으로 완성하라!

Studiare - divertente - **lavorare**
→ Studiare e' **piu'** divertente **che** lavorare.
　공부하는 것은 일하는 것보다 더 재미있다.

1. **Giocare a tennis** - divertente - **giocare a calcio**
   _____

2. **Sciare** - faticoso - **nuotare**
   _____

3. **Parlare** una lingua straniera - difficile - **capir**la
   _____

4. **Spendere** - facile - **guadagnare**
   _____

5. **Ingrassare** - facile - **dimagrire**
   _____

6. **Camminare** - sano - **andare** in macchina
   _____

giocare a tennis 테니스치다, **divertente** 재미있는, **giocare a calcio** 축구하다, **sciare** 스키타다, **faticoso** 힘든, **nuotare** 수영하다, **lingua straniera** 외국어, **difficile** 어려운, **capire** 이해하다, **spendere** 돈을 쓰다, **facile** 쉬운, **guadagnare**

돈 벌다, **ingrassare** 살이 찌다, **dimagrire** 살이 빠지다, **camminare** 걷다, **sano**

해석

1. 테니스치는 것은 축구하는 것보다 더 재미있다. 2. 스키타는 것은 수영하는 것보다 더 힘들다. 3. 외국어를 말하는 것은 그것을 이해하는 것보다 더 어렵다. 4. 돈을 쓰는 것은 버는 것보다 쉽다. 5. 살이 찌는 것은 빠지는 것보다 쉽다. 6. 걷는 것은 차타고 가는 것보다 건강에 좋다.

문법

piu' ~ che:
두 개의 형용사, 동사(구), 부사, 전치사구, 수량명사들 간의 비교

12.5 보기처럼 우등비교급으로 완성하라!

In treno - viaggiare - **in macchina**
→ In treno viaggio **meglio che** in macchina.
   나는 자동차보다는 기차로 더 잘 여행한다.

1. **A casa** - mangiare - **in pizzeria**
   _____

2. **In estate** - stare - **in inverno**
   _____

3. **Di mattina** - studiare - **di sera**
   _____

4. **Da solo** - studiare - **in compagnia**
   _____

5. **Con Paola** - parlare - **con Martina**
   _____

6. **Di giorno** - lavorare - **di notte**
   _____

UNITA' 12

어휘

> **mangiare** 밥 먹다, **in estate** 여름에, **in inverno** 겨울에, **di mattina** 아침에, **di sera** 저녁에, **da solo** (남자) 혼자, **in compagnia** 그룹으로/어울려서, **parlare** 말하다, **di giorno** 낮에, **lavorare** 일하다, **di notte** 밤에.

해석

1. 나는 피자집보다 집에서 더 잘 먹는다. 2. 나는 겨울보다 여름에 더 잘 지낸다. 3. 나는 저녁보다 아침에 더 잘 공부한다. 4. 나는 그룹으로 공부하는 것보다 혼자서 더 잘 공부한다. 5. 나는 마르티나보다 파올라와 더 잘 대화한다. 6. 나는 밤보다 낮에 더 잘 일한다.

문법

piu' ~ che : 두 개의 형용사, 동사(구), 부사, <u>전치사구</u>, 수량명사들 간의 비교.
meglio che~ =piu' bene che~

12.6 우등비교급으로 완성하라!

1. Il mio vestito e' _____ elegante _____ tuo.
2. Sebastiano e' _____ alto _____ Francesco.
3. Il Monte Bianco e' _____ alto _____ Monte Rosa.
4. Patrizia e' _____ giovane _____ me.
5. Molti viaggiano _____ volentieri in primavera _____ in estate.
6. Gli italiani mangiano _____ frutta _____ pesce.
7. In inverno le giornate sono _____ corte _____ in estate.
8. Valeria e' _____ simpatica _____ bella.
9. Scrivo _____ volentieri con la penna _____ con la matita.
10. Giovanni ha studiato _____ _____ me.
11. Il tedesco e' _____ difficile _____ inglese.
12. Il lavoro di oggi sara' _____ faticoso _____ quello di ieri.

13. Il film su Rai tre e' _____ interessante _____ quello su Rai due.
14. Lucio Dalla mi piace _____ _____ Jovanotti.
15. Mi piace _____ viaggiare _____ stare a casa.
16. L'estate di quest'anno e' stata _____ calda _____ quella dell'anno scorso.
17. Il Po e' _____ lungo _____ Tevere.
18. Di giorno viaggio _____ volentieri _____ di notte.
19. Firenze e' _____ grande _____ Perugia.
20. Giorgio guadagna _____ _____ Sandro.

어휘

> **vestito** 옷, **elegante** 우아한/세련된, **giovane** 젊은, **molti** 많은 사람들, **viaggiare** 여행하다, **volentieri** 기꺼이/즐겁게, **in primavera** 봄에, **in estate** 여름에, **frutta** 과일(류), **pesce** 생선(류), **in inverno** 겨울에, **giornate** days, **corto** 짧은, **simpatico** 상냥한, **bello** 아름다운, **scrivere** 쓰다, **matita** 연필, **il tedesco** 독일어, **l'inglese** 영어, **lavoro** 일, **faticoso** 힘든, **film** 영화, **Rai tre** 이탈리아 국영방송국 채널 3, **interessante** 흥미로운, **mi piace** 나는 ~을 좋아한다, **stare** be/stay, **estate** 여름, **quest'anno** 금년, **caldo** 더운/따뜻한, **l'anno scorso** 작년, **lungo** long, **di giorno** 낮에, **di notte** 밤에, **grande** grand, **guadagnare** 돈 벌다.

해석

1. 내 옷은 네 옷보다 더 우아하다. 2. 세바스티아노는 프란체스코보다 더 키가 크다. 3. 몬테비앙코는 몬테 로사보다 더 높다. 4. 파트리치아는 나보다 더 젊다. 5. 많은 사람들은 여름보다 봄에 더 즐겁게 여행한다. 6. 이탈리아인들은 생선보다 과일을 더 먹는다. 7. 겨울의 하루는 여름의 하루보다 더 짧다. 8. 발레리아는 아름답다기보다 상냥하다. 9. 나는 연필보다 펜으로 더 잘 쓴다. 10. 지오반니는 나보다 공부를 더 했다. 11. 독일어는 영어보다 어렵다. 12. 오늘 일은 어제 일보다 더 힘들 것이다. 13. 국영방송국 Rai 3의 영화는 Rai 2의 그것보다 더 흥미롭다. 14. 나는 호바노티보다 루치오 달라를 더 좋아한다. 15. 나는 집에 있는 것보다 여행하기를 더 좋아한다. 16. 금년 여름은 작년 여름보다 더 더웠다. 17. Po 강은 Tevere 강보다 더 길다. 18. 나는 밤보다 낮에 더 즐겁게 여행한다. 19. 피렌체는 페루지아보다 더 크다. 20. 지오르지

UNITA' 12

오는 산드로보다 돈을 더 번다.

6. 여기서 생선과 과일은 집합명사의 의미를 지니므로 piu' ~ che 구조가 되어야 한다.

12.7 다음 어휘들로 빈 칸을 채워라!

peggiore	migliore	inferiore	superiore
= piu' cattivo	= piu' buono	= piu' basso	= piu' alto

1. Parti con questo brutto tempo? Potevi scegliere un momento _____.
2. Questo vino mi piace molto: e' sicuramente _____ di quello che ho bevuto ieri.
3. I miei genitori abitano al quinto piano, io invece abito al sesto, cioe' al piano _____.
4. Quest'inverno e' molto freddo. La temperatura e' sempre _____ alla media.
5. Il mio nuovo appartamento e' grande e pieno di luce: e' sicuramente _____ di quello che avevo prima.
6. La giacca marrone e' molto bella, ma quella nera e' di qualita' sicuramente _____.
7. Milano e' una citta' bella e piena di vita, ma in inverno fa freddo e c'e' spesso la nebbia. Il clima e' certamente _____ di quello di Roma.
8. Carla e' molto affezionata a sua sorella: non ha un'amica _____ di lei.

brutto tempo 나쁜 날씨, **scegliere** 선택하다, **momento** 시기/순간, **sicuramente** 분명히, **al quinto piano** 5층에, **invece** 반면에, **al sesto** (piano) 7층에, **cioe'** 즉/다시 말해서, **freddo** 추운, **temperatura** 기온/온도, **alla media** 평균, **pieno di** ~로 가득한, **prima** 전에, **marrone** 밤색의, **nero** 검은색의, **qualita'**

품질, **pieno di vita** 활기찬, **nebbia** 안개, **clima** 날씨, **certamente** 확실히, **affezionato a** ~에 애착을 지니다.

1. 이런 나쁜 날씨에 너는 떠나니? 더 좋은 시기를 선택할 수 있었는데. 2. 이 와인을 나는 무척 좋아한다. 어제 마신 와인보다 분명히 더 좋다. 3. 내 부모님은 5층에 거주하시는데 나는 7층, 다시 말해서 더 높은 층에 거주한다. 4. 올 겨울은 아주 춥다. 기온은 늘 평년 기온보다 더 낮다. 5. 나의 아파트는 크고 빛이 잘 든다. 분명히 전에 소유했던 아파트보다 더 좋다. 6. 밤색 재킷은 아주 멋있다. 그런데 저 검은 재킷은 분명히 더 낮은 품질로 만든 것이다. 7. 밀라노는 아름답고 활기찬 도시지만 겨울에는 날씨가 춥고 자주 안개가 낀다. 기후는 확실히 로마의 그것보다는 더 나쁘다. 8. 카를라는 그의 언니에 대해 매우 애착을 지니고 있다. 언니보다 더 좋은 친구가 없다.

maggiore=piu' grande, **minore**=piu' piccolo.

12.8 보기처럼 절대적 최상급으로 변형시켜라!

Questo ragazzo e' **intelligente**.
→ Questo ragazzo e' **intelligentissimo**. 이 소년은 매우 총명하다.
　Questo ragazzo e' **molto intelligente**. 이 소년은 매우 총명하다.

1. Questo vino e' **buono**.
   _____

2. Questa ragazza e' **simpatica**.
   _____

3. Questa macchina e' **veloce**.
   _____

UNITA' 12

4. Questi mobili sono **antichi**.
   _____
   _____

5. Questi esercizi sono **difficili**.
   _____
   _____

6. Queste attrici sono **famose**.
   _____
   _____

어휘

> **buono** 맛있는/좋은, **simpatico** 상냥한, **veloce** 빠른/민첩한, **mobile** 가구, **antico** 고풍스런, **attrice** 여배우, **famoso** 유명한.

해석

1. 이 와인은 매우 맛있다. 2. 이 소녀는 매우 상냥하다. 3. 이 차는 매우 빠르다. 4. 이 가구들은 매우 고풍스럽다. 5. 이 연습문제들은 매우 어렵다. 6. 이 여배우들은 매우 유명하다.

문법

절대적 최상급(Superlativo assoluto)
[형용사/부사+issimo]=[molto+형용사/부사]

비교 대상 없이 '대단히, 매우, 아주 ~하다' 로 사용되는 경우
La Ferrari e' una macchina **velocissima**.(=**molto veloce**)
페라리는 매우 빠른 자동차다.
Mio zio e' **ricchissimo**.(=**molto ricco**)
나의 삼촌은 매우 부자다.
Sono tornato a casa **tardissimo**.(=**molto tardi**)
나는 매우 늦게 집에 돌아왔다.

In quel ristorante ho sempre mangiato **benissimo.**(=**molto bene**)
그 레스토랑에서 나는 항상 아주 맛있게 잘 먹었다.

12.9 상대적 최상급으로 빈 칸을 채워라!

1. Giovanni e' _____ ragazzo _____ alto _____ classe.
2. Perugia e' _____ citta' _____ grande _____ Umbria.
3. L'Australia e' _____ continente _____ piccolo _____ mondo.
4. L'Arabia e' _____ penisola _____ grande _____ mondo.
5. L'Everest e' _____ monte _____ alto _____ mondo.
6. Questo e' stato _____ giorno _____ bello _____ mia vita.
7. Il Monte Bianco e' _____ monte _____ alto _____ Europa.
8. Questo e' _____ bar _____ frequentato _____ citta'.
9. Febbraio e' _____ mese _____ corto _____ anno.
10. Alberto e' _____ studente _____ bravo _____ classe.
11. Il dottor Rufini e' _____ pediatra _____ noto _____ citta'.
12. Ad Assisi ci sono _____ affreschi di Giotto _____ celebri _____ Italia.

어휘

continente 대륙, **mondo** 세계, **penisola** 섬, **monte** 산, **alto** 높은, **giorno** day, **vita** 생애, **frequentato** 자주 다닌, **febbraio** 2월, **mese** month, **corto** 짧은, **anno** year, **bravo** 훌륭한/공부 잘 하는, **classe** 학급/반, **dottore** 의사/박사, **pediatra** 소아과 의사, **noto** 저명한, **affresco** 프레스코 화, **celebre** 유명한/저명한.

해석

1. 지오반니는 학급에서 가장 키가 큰 소년이다. 2. 페루지아는 움브리아에서 가장 큰 도시다.
3. 호주는 세계에서 가장 작은 대륙이다. 4. 아라비아는 세계에서 가장 큰 반도다. 5. 에베레스

트는 세계에서 가장 높은 산이다. 6. 이 날은 내 생애에서 가장 아름다운 날이다. 7. 몬테 비앙코는 유럽에서 가장 높은 산이다. 8. 이것은 도시에서 내가 가장 자주 다닌 빠다. 9. 2월은 일년 중 가장 짧은 달이다. 10. 알베르토는 학급에서 가장 훌륭한 학생이다. 11. 루피니 박사는 도시에서 가장 저명한 소아과 의사다. 12. 앗시시에는 이탈리아에서 가장 유명한 지오토의 프레스코 그림들이 있다.

상대적 최상급(Superlativo relativo)
[정관사＋명사＋piu'＋형용사＋(di/in)]

비교 대상이 존재할 경우

* **l'**uomo **piu'** alto **del** mondo

세계에서 가장 키가 큰 남자

* **l'**automobile **piu'** famosa **in** Corea

한국에서 가장 유명한 자동차

* **lo** sport **piu'** popolare **d'**Italia.

이탈리아에서 가장 대중적인 스포츠

비교 대상이 생략되어 없을 경우

* **le** cose **piu'** importanti

가장 중요한 것들

12.10 보기처럼 직접대명사를 사용해 대답하라!

A chi regali **la penna**? (Mario) - **La** regalo a Mario.
너는 누구에게 그 펜을 선물하니? 나는 그것을 마리오에게 선물한다.

1. A chi regali **il libro**? (Elena)

2. A chi regali **le cassette**? (ragazzi)

3. A chi regali **i cioccolatini**? (signori Bianchi)

4. A chi regali **gli orecchini d'oro**? (Stella)

_____

5. A chi regali **la torta**? (genitori di Rita)

_____

6. A chi regali **i fiori**? (Marta)

_____

어휘

regalare 선물하다, **cassetta** 카세트, **cioccolatino** 초콜릿, **gli orecchini d'oro** 금귀고리, **torta** 케이크, **genitori** 부모, **fiore** 꽃.

해석

1. 너는 누구에게 책을 선물하니? 2. 너는 누구에게 카세트들을 선물하니? 3. 너는 누구에게 초콜릿들을 선물하니? 4. 너는 누구에게 금귀고리를 선물하니? 5. 너는 누구에게 케이크를 선물하니? 6. 너는 누구에게 꽃들을 선물하니?

문법

직접대명사(Pronomi diretti)

		무강세형 (forme atoni)	강세형 (forme tonici)
io	**mi**	나를	**me***
tu	**ti**	너를	**te***
lui	**lo**	그를/그것을	lui
lei	**la**	그녀를/그것을	lei
Lei	**La**	당신을	Lei
noi	**ci**	우리들을	noi
voi	**vi**	너희들을	voi
loro	**li, le**	그들을/그것들을, 그녀들을/그것들을	loro

UNITA' 12

12.11 보기처럼 간접대명사를 사용해 대답하라!

Che cosa regali **a Mario**? (una penna) 너는 마리오에게 무엇을 선물하니?
→ **Gli** regalo una penna. 나는 그에게 펜을 하나 선물한다.

1. Che cosa regali **ad Angelo**? (un libro)

2. Che cosa regali **ai ragazzi**? (delle cassette)

3. Che cosa regali **ai signori Bianchi**? (dei cioccolatini)

4. Che cosa regali **a Stella**? (degli orecchini d'oro)

5. Che cosa regali **ai genitori di Rita**. (una torta)

6. Che cosa regali **a Marta**? (dei fiori)

어휘

delle cassette 카세트 몇 개, **dei cioccolatini** 초콜릿 몇 개, **degli orecchini d'oro** 금귀고리 몇 개, **torta** 케이크, **dei fiori** 꽃 몇 송이.

해석

1. 너는 안젤로에게 무엇을 선물하니? 2. 너는 소년들에게 무엇을 선물하니? 3. 너는 비앙키 씨 부부에게 무엇을 선물하니? 4. 너는 스텔라에게 무엇을 선물하니? 5. 너는 리타 부모님께 무엇을 선물하니? 6. 너는 마르타에게 무엇을 선물하니?

문법

간접대명사(Pronomi indiretti)

io	**mi**	나에게
tu	**ti**	너에게
lui	**gli**	그에게
lei	**le**	그녀에게
Lei	**Le**	당신께
noi	**ci**	우리들에게
voi	**vi**	너희들에게
loro	**gli**	그들에게

부분관사(Articoli partitivi):
부정관사의 복수형으로서 전치사 'di'를 사용해 만들며, 의미는 영어의 'some'이다.

delle cassette ← di+le cassette
dei cioccolatini ← di+i cioccolatini
degli orecchini ← di+gli orecchini
dell'acqua ← di+l'acqua (some water)
del latte ← di+il latte (some milk)

12.12 보기처럼 복합대명사를 사용해 대답하라!

E' vero che regali **una penna a Mario**? (il compleanno)
네가 마리오에게 펜 하나를 선물한다는 것이 사실이니? (생일)
– Si', e' vero: **gliela** regalo per il compleanno.
  그래, 사실이야. 나는 생일 선물로 그에게 그것을 선물해.

1. E' vero che regali **un libro a Elena**? (l'onomastico)

2. E' vero che regali **delle cassette ai ragazzi**? (la promozione)

3. E' vero che regali **dei cioccolatini ai signori Bianchi**? (l'anniversario di matrimonio)

4 E' vero che regali **degli orecchini d'oro a Stella**? (la laurea)

5. E' vero che regali **una torta ai genitori di Rita**? (l'anniversario di matrimonio)

6. E' vero che regali **dei fiori a Marta**? (il compleanno)

어휘

> **vero** true, **che** that, **onomastico** 성명축일, **promozione** 승진, **anniversario di matrimonio** 결혼기념일, **laurea** 대학교 졸업, **compleanno** 생일.

해석

1. 네가 엘레나에게 책 한 권을 선물한다는 것이 사실이니? 2. 네가 소년들에게 카세트 몇 개를 선물한다는 것이 사실이니? 3. 네가 비앙키 씨 부부께 초콜릿을 선물한다는 것이 사실이니? 4. 네가 스텔라에게 금귀고리를 선물한다는 것이 사실이니? 5. 네가 리타 부모님께 케이크 하나를 선물한다는 것이 사실이니? 6. 네가 마르타에게 꽃을 선물한다는 것이 사실이니?

문법

복합대명사(Pronomi combinati)
1) 간접대명사+직접대명사를 일컫는다.
2) gli lo 사이에 모음 'e'가 삽입된 것은 모음 'i'에서 'o' 넘어가는 중간에 마치 징검다리를 놓아 발음을 부드럽게 넘기기 위함이다. 언어는 소리에 기초한다.
3) gliene의 ne는 직접목적어를 100% 받지 못할 경우 사용하는 '대명사적 부분소사'로서 '그 중에 일부'라는 의미이다. 예문에서 '나는 그들에게 몇 개의 디스크를 빌려 준다'인데, alcuni dischi를 직접대명사 'li'로 받을 수가 없다. 만약 'i dischi'라고 했다면, 'li'로 받아 glieli로 사용할 수 있다.

	간접대명사		직접목적어		복합대명사	
Io	**gli** (a lui)	presto	**il libro.**	=	**Glielo**	presto.
	le (a lei)		**la penna.**		**Gliela**	
	Le (a Lei)		**i libri.**		**Glieli**	
	gli (a loro)		**le penne.**		**Gliele**	
			alcuni dischi.		**Gliene**	presto alcuni.

12.13 보기처럼 완성하라!

Mi serve **quel libro**. (dare) → **Me lo** dai?
내게 그 책이 필요하다.   너 내게 그것을 줄래?

1. **Mi** serve **la macchina**. (prestare)

2. **Mi** servono **le chiavi di casa**. (dare)

3. **Mi** servono **gli appunti**. (dare)

4. **Mi** va **un caffe'**. (offrire)

5. **Mi** vanno **gli spaghetti**. (preparare)

6. **Mi** interessa **quella rivista**. (prestare)

7. **Mi** piace **quel ragazzo**. (presentare)

8. **Mi** piacciono **i tuoi occhiali**. (regalare)

9. **Mi** piace **quella torta**. (offrire)

10. **Mi** interessano **le tue foto**. (far vedere)

11. **Mi** piace **quell'orologio**. (regalare)

_____

12. **Mi** servono **dei soldi**. (prestare)

_____

어휘

> **servire** ~가 필요하다, **macchina** car, **prestare** 빌려주다, **chiave** 열쇠, **dare** give, **appunti** 노트 필기, **mi va** ~가 먹고 싶다, **mi vanno** ~들이 먹고 싶다, **offrire** 제공하다/대접하다, **preparare** 준비하다, **interessare** ~가 흥미있다, **rivista** 잡지, **piacere** ~가 좋다, **presentare** 소개하다, **occhiali** 안경, **regalare** 선물하다, **foto(grafia)** 사진, **far vedere** 보게 해 주다, **orologio** 시계, **soldi** 돈.

해석

1. 내게 자동차가 필요하다. 2. 내게 집 열쇠들이 필요하다. 3. 내게 노트 필기가 필요하다.
4. 나는 커피 한 잔 마시고 싶다. 5. 나는 스파게티를 먹고 싶다. 6. 내게 그 잡지가 필요하다.
7. 나는 그 소년이 좋다. 8. 나는 네 안경이 마음에 든다. 9. 나는 그 케이크가 마음에 든다.
10. 너의 사진들이 나에게 흥미롭다. 11. 나는 저 시계가 마음에 든다. 12. 내게 돈이 필요하다.

문법

복합대명사(Pronomi combinati):
1) 간접대명사+직접대명사를 일컫는다.
2) mi lo가 me lo로 변하는 이유는 모음동화작용에 의해 소리를 편하게 하기 위함이다.

	간접대명사		직접목적어		복합대명사		
Paolo	mi	presta	il libro.	=	Me	lo	presta.
	ti		la penna.		Te	la	
	ci		i libri.		Ce	li	
	vi		le penne.		Ve	le	

12.14 보기처럼 복합대명사로 대답하라!

Mi presti **il libro**? - Si', **te lo** presto volentieri.
내게 그 책을 빌려줄래? 그래, 네게 그것을 기꺼이 빌려줄게.

1. **Mi** presti **il dizionario**?

   _____

2. **Mi** presti **la penna**?

   _____

3. **Mi** presenti **i tuoi genitori**?

   _____

4. **Mi** presenti **le tue amiche**?

   _____

5. **Mi** offri **un caffe'**?

   _____

6. **Mi** offri **una birra**?

   _____

> **prestare** 빌려주다, **dizionario** 사전, **penna** 펜, **presentare** 소개하다, **genitori** 부모, **amica** 여자 친구, **offrire** 제공하다/대접하다, **birra** 맥주.

해석

1. 내게 그 사전 빌려줄래? 2. 내게 그 펜을 빌려줄래? 3. 내게 너의 부모님을 소개해줄래? 4. 내게 너의 여자친구들을 소개해줄래? 5. 내게 커피 한 잔 줄래? 6. 내게 맥주 하나 줄래?

12.15 보기처럼 복합대명사로 대답하라!

Ci dai **le chiavi di casa**? - Certo, **ve le** do subito.
우리에게 집 열쇠들을 줄래?   물론이야, 너희들에게 그것들을 곧 줄게.

UNITA' 12

1. **Ci** dai **una mano**?
_____

2. **Ci** presenti **il tuo amico**?
_____

3. **Ci** fai **un caffe'**?
_____

4. **Ci** presti **dei soldi**?
_____

5. **Ci** fai vedere **i tuoi appunti**?
_____

6. **Ci** presenti **tua sorella**?
_____

어휘

> **subito** 곧/곧바로, **dare una mano** 도움을 주다, **presentare** 소개하다, **amico** 남자 친구, **fare un caffe'** 커피 한 잔 만들다/끓이다, **prestare** 빌려주다, **dei soldi** some money, **fare vedere** ~를 보게 하다(사역의 의미), **appunti** 노트 필기, **sorella** 누나/여동생/언니.

해석

1. 우리에게 도움을 줄래? 2. 우리에게 네 친구를 소개해줄래? 3. 우리에게 커피 한 잔 만들어 줄래? 4. 우리에게 돈을 빌려줄래? 5. 우리에게 너의 노트 필기를 보게 해줄래? 6. 우리에게 너의 누이를 소개해줄래?

문법

5. **fai vedere ~**: fare+동사원형. '~하게 하다'의 사역의 의미 내포.
6. 단수 가족 친족 명사가 소유형용사를 동반 할 경우, 정관사 생략.

12.16 보기처럼 복합대명사로 대답하라!

Quando **mi** presti **la macchina**? – **Te la** presto domani.
언제 내게 차를 빌려줄래? 내일 네게 그것을 빌려줄게.

1. Quando **mi** presenti **la tua amica**?
   _____

2. Quando **ci** dai **la cassetta**?
   _____

3. Quando **ci** porti **il computer**?
   _____

4. Quando fai vedere **la foto a Gino**?
   _____

5. Quando presenti **tua sorella a Sandra**?
   _____

6. Quando dai **la notizia ai tuoi genitori**?
   _____

어휘

> **quando** when, **presentare** 소개하다, **dare** give, **cassetta** 카세트, **portare** 운반하다/갖다 주다, **computer** 컴퓨터, **fare vedere** ~를 보게 하다(사역의 의미), **foto(grafia)** 사진, **sorella** 누나/여동생/언니, **notizia** 소식/뉴스, **genitori** 부모.

해석

1. 언제 내게 네 친구를 소개해줄래? 2. 언제 우리에게 그 카세트를 줄래? 3. 언제 우리에게 그 컴퓨터를 갖다줄래? 4. 언제 지노에게 그 사진을 보게 해줄래? 5. 언제 산드라에게 네 누이를 소개해줄래? 6. 언제 네 부모님께 소식을 전할래?

12.17 보기처럼 복합대명사로 완성하라!

Marco vuole **il libro**? → **Glielo** presto volentieri.
마르코가 그 책을 원해?   나는 그에게 그것을 기꺼이 빌려주겠다.

1. **Marco** vuole **la macchina**?

2. **Lea** vuole **il motorino**?

3. **Gianna** vuole **il dizionario**?

4. **Carla** vuole **la cassetta**?

5. **Mario** vuole **i CD**?

6. **Carla** vuole **dei soldi**?

7. **I signori Rossi** vogliono **la macchina**?

8. **Paolo e Marco** vogliono **i CD**?

9. **Gianni e Dino** vogliono **le riviste**?

10. **Lina e Anna** vogliono **il computer**?

11. **I signori Rossi** vogliono **i libri**?

12. **Marco e Lea** vogliono **la moto**?

어휘

> **prestare** 빌려주다, **volentieri** 기꺼이/흔쾌히, **volere** want, **macchina** car, **motorino** 스쿠터, **dizionario** 사전, **dei soldi** some money, **rivista** 잡지, **i signori Rossi** 롯시 부부, **moto**(cicletta) 오토바이.

해석

1. 마르코가 그 차를 원해? 2. 레아가 그 스쿠터를 원해? 3. 지안나가 그 사전을 원해? 4. 카를라가 그 카세트를 원해? 5. 마리오가 그 CD들을 원해? 6. 카를라가 돈을 원해? 7. 롯시 부부가 그 차를 원해? 8. 파올로와 마르코가 그 CD들을 원해? 9. 지안니와 디노가 그 잡지들을 원해? 10. 리나와 안나가 그 컴퓨터를 원해? 11. 롯시 부부가 그 책들을 원해? 12. 마르코와 레아가 그 오토바이를 원해?

문법

복합대명사(Pronomi combinati):
간접대명사+직접대명사를 일컫는다.

	간접대명사		직접목적어		복합대명사	
Io	**gli** (a lui)	presto	**il libro.**	=	**Glielo**	presto.
	le (a lei)		**la penna.**		**Gliela**	
	Le (a Lei)		**i libri.**		**Glieli**	
	gli (a loro)		**le penne.**		**Gliele**	
			alcuni dischi.		**Gliene**	presto alcuni.

12.18 보기처럼 복합대명사로 대답하라!

Quando **mi** mandi **quel libro**? - **Te lo** mando domani.
언제 내게 그 책을 보낼래? 네게 그것을 내일 보낼게.

1. Quando **mi** spedisci **la lettera**?

UNITA' 12

2. Quando **ci** offri **un pranzo**?
___

3. Quando scrivi **una cartolina a Marta**?
___

4. Quando porti **il tuo regalo ai nonni**?
___

5. Quando compri **gli occhiali a Giorgio**?
___

6. Quando fai vedere **la casa a Giovanni**?
___

7. Quando **mi** fai vedere **le diapositive**?
___

8. Quando **ci** presenti **i tuoi genitori**?
___

9. Quando **mi** presti **la macchina**?
___

10. Quando **ci** dici **il risultato**?
___

11. Quando **ci** dai **il tuo nuovo indirizzo**?
___

12. Quando **mi** mandi **quei libri**?
___

어휘

> **mandare** (물건을) 보내다, **domani** 내일, **quando** when, **spedire** (편지를) 부치다, **lettera** 편지, **offrire** 제공/대접하다, **pranzo** 점심 식사, **scrivere** 글쓰다, **cartolina** 엽서, **portare** 가져가다, **regalo** 선물, **nonni** 조부모, **comprare** (물건을) 사다, **occhiali** 안경, **far vedere** ~를 보게 하다(사역의 의미), **casa** 집, **diapositive** 슬라이드 필름들, **presentare** 소개하다, **genitori** 부모, **prestare** 빌려주다, **dire** say/talk, **risultato** 결과, **nuovo** new, **indirizzo** 주소.

해석

1. 언제 내게 그 편지 부칠래? 2. 언제 우리에게 점심 대접할래? 3. 언제 마리아에게 엽서를 쓸래? 4. 언제 조부모님께 너의 선물을 갖다드릴래? 5. 언제 지오르지오에게 안경을 사줄래? 6. 언제 지오반니에게 그 집을 보게 해줄래? 7. 언제 내게 슬라이드 필름들을 보게 해줄래? 8. 언제 우리에게 네 부모님을 소개할래? 9. 언제 내게 그 차를 빌려줄래? 10. 언제 우리에게 그 결과를 말해줄래? 11. 언제 우리에게 너의 새 주소를 줄래? 12. 언제 내게 그 책들을 보낼래?

12.19 보기처럼 완성하라!

Se vuoi **la cassetta,** posso prestar**la** io (**te la** posso prestare io).
만약에 네가 그 카세트를 원한다면 나는 그것을 빌려줄 수 있어. (네게 그것을 빌려줄 수 있어.)

1. Se vuoi **il dizionario**, _____.
2. Se vuoi **la macchina**, _____.
3. Se volete **i giornali**, _____.
4. Se volete **la moto**, _____.
5. Se volete **le riviste**, _____.
6. Se Marina vuole **la bicicletta**, _____.
7. Se Gianni vuole **i CD**, _____.
8. Se i ragazzi vogliono **il libro**, _____.
9. Se i signori Rossi vogliono **la macchina**, _____.
10. Se i bambini vogliono **le matite**, _____.

어휘

> **se** if, **volere** want, **dizionario** 사전, **giornale** 신문, **moto**(cicletta) 오토바이, **rivista** 잡지, **bicicletta** 자전거, **i signori Rossi** 롯시 부부, **bambino** 남자 아이, **matita** 연필.

1. 네가 그 사전을 원한다면 네게 그것을 빌려줄 수 있어. 2. 네가 그 차를 원한다면 네게 그것을 빌려줄 수 있어. 3. 너희들이 그 신문들을 원한다면 너희들에게 그것들을 빌려줄 수 있어. 4. 너희들이 그 오토바이를 원한다면 너희들에게 그것을 빌려줄 수 있어. 5. 너희들이 그 잡지를 원한다면 너희들에게 그것들을 빌려줄 수 있어. 6. 마리나가 그 자전거를 원한다면 그녀에게 그것을 빌려줄 수 있어. 7. 지안니가 그 CD들을 원한다면 그에게 그것들을 빌려줄 수 있어. 8. 소년들이 그 책을 원한다면 그들에게 그것을 빌려줄 수 있어. 9. 롯시 부부가 그 차를 원한다면 그들에게 그것을 빌려줄 수 있어. 10. 아이들이 연필들을 원한다면 그들에게 그것들을 빌려줄 수 있어.

12.20 복합대명사로 완성하라!

1. Se questi quadri ti piacciono, _____ _____ regalo uno.
2. Corrado mi ha prestato la sua macchina; devo riportar_____ domattina.
3. Devo consegnare le chiavi al portiere, _____ consegnero' stasera.
4. Belle queste rose! _____ _____ compri una? Se ti piacciono, _____ _____ compro tutte.
5. Se avete bisogno di un passaggio, _____ _____ diamo noi.
6. Mia sorella va matta per i cioccolatini al caffe': _____ compro una scatola.
7. Devi scrivere questa lettera con il computer? _____ _____ scrivo io.
8. Vuoi in prestito dei soldi? Mi dispiace, non posso prestar_____.
9. Ho ancora gli appunti di Giorgio: _____ riporto domattina.
10. Mi piace questo dolce! _____ _____ dai un'altra fetta?
11. Hai bisogno dei documenti? _____ _____ lascio in ufficio.
12. Quelle sono le mie amiche! Se vuoi, _____ _____ presento.

어휘

quadro 그림, **piacere** ~가 좋다, **regalare** 선물하다, **uno** 하나, **dovere** must, **riportare** 되돌려주다, **domattina** 내일 아침/오전, **consegnare** 건네다/주다/제출하다, **chiave** 열쇠, **portiere** 수위, **stasera** 오늘 저녁, **rosa** 장미, **comprare** buy, **tutte (rose)** 모든 장미, **avere bisogno di** ~가 필요하다, **passaggio** 통행/통과/이동/passing/passage, **dare un passaggio** 데려다주다, **andare matto per** ~에 미쳐있다/푹 빠져있다, **cioccolatino al caffe'** 커피 맛 초콜릿, **scatola** box, **volere in prestito** ~를 빌리고 싶다, **dei soldi** some money, **mi dispiace** I'm sorry, **potere** can, **prestare** 빌려주다, **ancora** 아직, **appunti** 노트 필기, **dolce** (단 맛을 가진) 후식, **un'altra fetta** 또 다른 한 조각/한 조각 더, **documento** 서류/여권, **lasciare** 내버려두다/남겨두다, **ufficio** 사무실/회사.

해석

1. 이 그림들이 네 마음에 든다면 네게 그 중에 하나를 선물할게. 2. 코라도가 내게 그의 차를 빌려주었다. 내일 아침 나는 그에게 그것을 되돌려주어야해. 3. 나는 수위에게 열쇠들을 주어야해. 오늘 저녁 그에게 그것들을 줄 거야. 4. 이 장미들 아름답구나! 네게 한 송이 사줄까? 네가 좋아한다면 네게 모두 사줄게. 5. 너희들이 동행을 필요로 한다면 우리가 너희들을 데려다 줄게. 6. 나의 누이는 커피 맛 초콜릿에 미쳐있다. 그녀에게 한 상자 사다줄래. 7. 너는 컴퓨터로 이 편지를 써야 해? 내가 그것을 써줄게. 8. 돈을 빌리고 싶어? 미안해, 네게 돈을 빌려줄 수가 없구나. 9. 나는 아직도 지오르지오의 노트 필기를 갖고있다. 내일 아침 그에게 그것을 되돌려줄래. 10. 나는 이 돌체가 좋아! 내게 한 조각 더 주겠니? 11. 서류들이 필요해? 네 사무실에 그것들을 맡겨둘게. 12. 저들은 내 여자친구들이야! 네가 원하면 네게 그들을 소개할게.

12.21 보기처럼 복합대명사로 대답하라!

Chi **ti** ha dato **questo libro**? - **Me l'**ha dato Mario.
누가 네게 이 책을 주었니?   마리오가 내게 그것을 주었어.

1. Chi **ti** ha dato **questo giornale**?

2. Chi **ti** ha dato **questa rivista**?

3. Chi **ti** ha dato **questa cassetta**?

4. Chi **ti** ha dato **queste informazioni**?

5. Chi **ti** ha dato **queste fotografie**?

6. Chi **ti** ha dato **questi CD**?

> **giornale** 신문, **rivista** 잡지, **informazione** 정보, **fotografia** 사진.

1. 누가 네게 이 신문을 주었니? 2. 누가 네게 이 잡지를 주었니? 3. 누가 네게 이 카세트를 주었니? 4. 누가 네게 이 정보들을 주었니? 5. 누가 네게 이 사진들을 주었니? 6. 누가 네게 이 CD들을 주었니?

복합시제(근과거, 대과거, 미래완료)의 과거분사 어미는 직접대명사와 성, 수일치 한다.
Me lo ha dato. → Me l'ha dato.

12.22 보기처럼 복합대명사로 대답하라!

Chi **vi** ha prestato **la macchina**? – Ce l'ha prestat**a** Marco.
누가 너희들에게 그 차를 빌려주었니?   마르코가 우리에게 그것을 빌려주었어.

1. Chi **vi** ha prestato **il dizionario**?

2. Chi **vi** ha prestato **i CD**?
_____

3. Chi **vi** ha prestato **i soldi**?
_____

4. Chi **vi** ha prestato **l'ombrello**?
_____

5. Chi **vi** ha prestato **le riviste**?
_____

6. Chi **vi** ha prestato **il cellulare**?
_____

어휘

ombrello 우산, **cellulare** 휴대폰.

해석

1. 누가 너희들에게 그 사전을 빌려주었니? 2. 누가 너희들에게 그 CD들을 빌려주었니? 3. 누가 너희들에게 돈을 빌려주었니? 4. 누가 너희들에게 그 우산을 빌려주었니? 5. 누가 너희들에게 그 잡지들을 빌려주었니? 6. 누가 너희들에게 그 휴대폰을 빌려주었니?

문법

복합시제(근과거, 대과거, 미래완료)의 과거분사 어미는 직접대명사와 성, 수일치 한다.
Ce la ha prestata Marco. → Ce l'ha prestata Marco.

12.23 보기처럼 복합대명사로 대답하라!

Chi ha dato **questa informazione a Giorgio**? - **Gliel**'ha dat**a** Mario.
누가 지오르지오에게 이런 정보를 주었니? 마리오가 그에게 그것을 주었어.

1. Chi ha dato **questa fotografia a Paolo**?

2. Chi **vi** ha dato **questa cassetta**?

3. Chi **ti** ha dato **questa penna**?

4. Chi ha dato **questa rivista a Marta**?

5. Chi ha dato **la macchina ai ragazzi**?

6. Chi ha dato **la moto a Ida e a Pina**?

어휘

> moto(cicletta) 오토바이.

해석

1. 누가 파올로에게 이 사진을 주었니? 2. 누가 너희들에게 이 카세트를 주었니? 3. 누가 너에게 이 펜을 주었니? 4. 누가 마르타에게 이 잡지를 주었니? 5. 누가 소년들에게 이 차를 주었니? 6. 누가 이다와 피나에게 이 오토바이를 주었니?

문법

복합시제(근과거, 대과거, 미래완료)의 과거분사 어미는 직접대명사와 성, 수일치한다.
Gliela ha data Mario. → Gliel'ha data Mario.

12.24 보기처럼 복합대명사로 대답하라!

Perche' non **ci** hai detto **che stavi male**?
네가 아프다고 왜 우리에게 말하지 않았니?

→ Non **ve l'**ho det**to** perche' non era niente di grave.
전혀 심하지 않아서 너희들에게 말하지 않았다.

1. Perche' non hai mandato **i soldi a Clara**?
   _____ perche' non ce li avevo.
2. Perche' non **ci** hai spedito **una cartolina**?
   _____ perche' non sapevo il vostro indirizzo.
3. Perche' non hai prestato **la macchina a Sandro**?
   _____ perche' mi serviva.
4. Peche' non hai chiesto **a Mara di aiutarti**?
   _____ perche' non volevo disturbarla.
5. Perche' non hai comprato **un regalo ai ragazzi**?
   _____ perche' non mi bastavano i soldi.
6. Perche' non **mi** hai detto **del tuo arrivo**?
   _____ perche' non ero sicuro di venire.

어휘

perche' why, **stare male** 몸이 아프다, **niente** nothing, **grave** 심각한, **mandare** send, **spedire** (엽서/편지를) 부치다, **sapere** 알다, **indirizzo** 주소, **prestare** 빌려주다, **servire** ~가 필요하다, **chiedere** 요구/부탁하다, **aiutare** 돕다, **disturbare** 방해하다/귀찮게 하다, **bastare** ~가 충분하다, **arrivo** 도착, **sicuro** 확실한, **venire** come.

해석

1. 왜 너는 클라라에게 돈을 보내지 않았니? (돈이 없어서) 2. 왜 너는 우리에게 엽서를 부치지 않았니? (너희들 주소를 몰라서) 3. 왜 너는 산드로에게 차를 빌려주지 않았니? (내게 필요해서) 4. 왜 너는 마라에게 너를 도와달라고 부탁하지 않았니? (그녀를 방해하고싶지 않아서) 5. 왜 너는 소년들에게 선물을 사주지 않았니? (내게 돈이 충분하지 않아서) 6. 왜 너는 내게 너의 도착을 말해주지 않았니? (오는 것이 확실하지 않아서)

niente di grave : 형용사인 'grave'가 'niente'를 수식하는데, 'niente'가 부정대명사여서 직접 수식을 못하고 전치사 'di'와 함께 수식한다. cf. qualcosa di speciale, niente di nuovo...

복합시제(근과거, 대과거, 미래완료)의 과거분사 어미는 직접대명사와 성, 수일치한다.

Non ve lo ho detto ~ : 문장을 대신할 경우, lo로 받는다.

1. perche' non ce li avevo : ce (원래는 ci)는 간접대명사(우리에게)가 아니라, 장소부사(지갑에)로 쓰였다.
4. aiutarti (너를 도와달라는 것) : 동사구를 lo로 받았다.
6. del tuo arrivo (너의 도착에 대해) : 전치사구를 lo로 받았다.

12.25 전치사로 완성하라!

1. Il calcio e' lo sport piu' popolare _____ Italia.
2. Paolo e' piu' simpatico _____ Giorgio.
3. Marco assomiglia molto _____ suo padre: sono due gocce _____ acqua.
4. Maria ha deciso _____ partire _____ quattro e quattr'otto.
5. Vivere _____ campagna e' meglio che vivere _____ citta'.
6. Voglio comprare una macchina _____ seconda mano.
7. Marta ha comprato un regalo _____ suo padre _____ il suo compleanno.
8. Ho ricevuto _____ miei genitori un orologio _____ oro.
9. Preferisco viaggiare _____ estate piuttosto che _____ inverno.
10. Dove vai _____ questo brutto tempo?
11. I signori Rossi abitano _____ sesto piano.
12. Raffaella e' una ragazza piena _____ vita.

어휘

calcio 축구, **popolare** 대중적인, **piu' simpatico** 더 상냥한, **assomigliare a** ~와 닮다, **essere due gocce di acqua** (두 개의 물방울처럼) 매우 닮다, **decidere di** ~하기로 결심/결정하다, **partire** 출발하다/떠나다, **in quattro e quattr'otto** 즉시, **vivere** 살다, **campagna** 시골/전원, **meglio** 더 나은(=piu' bene), **di seconda mano** 중고, **comprare** buy, **regalo** 선물, **compleanno** 생일, **ricevere** 받다, **orologio d'oro** 금시계, **preferire** 선호하다, **viaggiare** 여행하다, **in estate** 여름에, **piuttosto** 오히려, **in inverno** 겨울에, **dove** where, **brutto tempo** 나쁜 날씨, **i signori Rossi** 롯시 부부, **abitare** 거주하다, **al sesto piano** 7층에, **pieno di vita** 활기찬.

해석

1. 축구는 이탈리아에서 가장 대중적인 스포츠다. 2. 파올로는 지오르지오보다 상냥하다. 3. 마르코는 그의 아버지와 많이 닮았다. 마치 두 개의 물방울과 같다(붕어빵이다). 4. 마리아는 즉시 떠나기로 결정했다. 5. 시골에 사는 것은 도시에 사는 것보다 낫다. 6. 나는 중고차를 사고자 한다. 7. 마르타는 아버지 생신을 축하하기 위해 그에게 선물을 사드렸다. 8. 나는 부모님으로부터 금시계를 받았다. 9. 나는 겨울보다는 오히려 여름에 여행하기를 더 좋아한다. 10. 날씨도 안 좋은데 너는 어딜 가니? 11. 롯시 부부는 7층에 거주한다. 12. 라파엘라는 활력이 넘치는 소녀다.

12.26 전치사로 완성하라!

1. Devo prestare la macchina _____ mio fratello.
2. Gianni e' tornato _____ casa _____ piedi.
3. I ragazzi andranno _____ Roma _____ treno _____ 9.
4. Quando Marco finisce _____ studiare, va _____ centro _____ incontrare i suoi amici.
5. Domani partiremo _____ Parigi _____ aereo.
6. Voglio scrivere _____ miei genitori.

UNITA' 12

7. Marta va _____ Universita' _____ l'autobus n.20.
8. Ho cominciato _____ parlare italiano _____ i miei amici _____ Firenze.
9. Ho un appuntamento _____ Franco _____ 10 davanti _____ bar _____ stazione.
10. _____ finestra vedo un bel panorama.
11. Pierre vive _____ Nizza _____ Francia.
12. Max vive _____ New York _____ Stati Uniti.

어휘

> **tornare** 돌아오다, **a piedi** 걸어서, **treno** 기차, **finire di** ~를 끝내다, **andare a** ~하러 가다, **incontrare** 만나다, **domani** 내일, **partire** 출발하다/떠나다, **in aereo** 비행기로/항공편으로, **autobus** 버스, **cominciare a** ~하기 시작하다, **appuntamento** 약속, **davanti a** ~앞에, **stazione** 기차역, **finestra** 창문, **vedere** 보다, **bel panorama** 아름다운 경치, **vivere** 살다, **Stati Uniti** 미국.

해석

1. 나는 내 형에게 차를 빌려주어야한다. 2. 지안니는 걸어서 집에 돌아왔다. 3. 소년들은 9시 기차로 로마에 갈 예정이다. 4. 마르코는 공부를 끝내면 그의 친구들을 만나러 시내로 간다. 5. 내일 우리는 비행기로 파리로 떠날 예정이다. 6. 나는 내 부모님께 편지 쓰고 싶다. 7. 마르타는 20번 버스를 타고 대학교에 간다. 8. 나는 피렌체의 친구들과 이탈리아어를 말하기 시작했다. 9. 나는 기차역에 있는 빠 앞에서 10시에 프랑코와 약속이 있다. 10. 나는 창문에서 멋진 경치를 본다. 11. 삐에르는 프랑스 니츠에 산다. 12. 맥스는 미국 뉴욕에 산다.

UNITA' 13

13.1 **Studia**!
13.2 Paolo, **abbassa** la radio!
13.3 **Non studiare** piu'!
13.4 Paolo dice a Marco di **abbassare** lo stereo.
13.5 Andrea, **di'** la verita'!
13.6 Bambini, **spegnete** la TV!
13.7 **Aspetta** un momento!
13.8 제시된 동사를 명령형으로 만들어 문장을 완성하라!
13.9 Professore, **aspetti** un momento!
13.10 Signorina, **sia** precisa!
13.11 **Non esca**!
13.12 **Non parlare** a voce alta!
13.13 Se ti piace **quel vestito**, compra**lo**.
13.14 **Aiutami** per favore!
13.15 Se vuole prendere **un cioccolatino**, **lo** prenda pure!
13.16 Sveglia**ti** prima la mattina!
13.17 Regala**gli** un orologio!
13.18 Manda**glielo** subito!
13.19 Posso chiudere **la finestra**? - Si', chiudi**la** pure!
13.20 Possiamo prendere **questo libro**? - No, **non** prendete**lo**!
13.21 Se vuoi **fare quel lavoro**, **fallo**!
13.22 Potresti **farmi** un favore? **Fammi** un favore!
13.23 상황에 따라 명령형을 만들라!
13.24 전치사로 완성하라!

- **명령법**(Imperativo):

긍정명령

부정명령

명령형+(직접/간접/재귀/복합)대명사

명령형(불규칙활용동사)+대명사 : fa**llo**, fam**mi**, vac**ci**, stam**mi**, dim**mi**, dam**mi** ...

UNITA' 13

13.1 보기처럼 긍정명령(Tu)으로 변형시켜라!

Devi **studiare**. → **Studia**!
너는 공부해야한다.   너 공부해라!

1. Devi **mangiare** meno.
   _____

2. Devi **prendere** una decisione.
   _____

3. Devi **partire** subito.
   _____

4. Devi **abbassare** la televisione.
   _____

5. Devi **aprire** la porta.
   _____

6. Devi **spegnere** lo stereo.
   _____

어휘

> **mangiare** 먹다, **prendere** take, **decisione** 결정, **abbassare** (TV, 라디오) 볼륨을 낮추다, **aprire** open, **porta** 문, **spegnere** 끄다, **stereo** 스테레오.

해석

1. 덜 먹어라! 2. 결정을 지어라! 3. 곧 떠나라! 4. TV 볼륨을 낮춰라! 5. 문을 열어라! 6. 스테레오를 꺼라!

문법

긍정명령(Imperativo positivo)
규칙형태

	규 칙 형 태		
	ascolt-**are**	ripet-**ere**	sent-**ire**
Tu	ascolt-**a**	ripet-**i**	sent-**i**
Voi **Noi**	ascolt-**ate** ascolt-**iamo**	ripet-**ete** ripet-**iamo**	sent-**ite** sent-**iamo**
Lei (당신) **Loro** (당신들)	ascolt-**i** ascolt-**ino**	ripet-**a** ripet-**ano**	sent-**a** sent-**ano**

1) 이탈리아어 명령에는 긍정명령과 부정명령이 있다.
2) 긍정명령의 경우, -are 동사 'Tu'에 대한 명령(-a)을 제외하고는 'Tu, Voi, Noi'에 대한 명령은 직설법 현재형을 따른다.
3) 존칭명령(Lei, Loro)은 접속법 현재형을 따른다. → Unita' 16 접속법 참조.

13.2 보기처럼 긍정명령(Tu)으로 표현하라!

Dite a Paolo di **abbassare** la radio. → Paolo, **abbassa** la radio!
라디오 볼륨을 낮추라고 파올로에게 말해라.   파올로, 라디오 볼륨을 낮춰라!

1. Dite a Paolo di **sparecchiare** la tavola.

2. Dite a Paolo di **arrivare** in orario.

3. Dite a Paolo di **rispondere** al telefono.

4. Dite a Paolo di **chiudere** la porta.

5. Dite a Paolo di **tornare** presto.

6. Dite a Paolo di **lavare** i piatti.

UNITA' 13

어휘

sparecchiare la tavola 식탁을 치우다, arrivare 도착하다, in orario 제시간에/시간에 맞춰, rispondere 대답/응답하다, al telefono 전화에, chiudere close, tornare 돌아오다, presto 빨리, lavare i piatti 설거지하다.

해석

1. 파올로, 식탁을 치워라! 2. 제시간에 도착해라! 3. 전화 받아라! 4. 문을 닫아라! 5. 빨리 돌아와라! 6. 설거지해라!

13.3 보기처럼 부정명령(Tu)으로 변형시켜라!

Studia ancora un po'! → **Non studiare** piu'!
좀 더 공부해라! 더 이상 공부하지 마라!

1. **Mangia** ancora un po'!
   _____

2. **Leggi** ancora un po'!
   _____

3. **Parla** ancora un po'!
   _____

4. **Dormi** ancora un po'!
   _____

5. **Lavora** ancora un po'!
   _____

6. **Scrivi** ancora un po!
   _____

어휘

> ancora un po' 좀 더, leggere 읽다, parlare 말하다, dormire 잠자다, lavorare 일하다, scrivere 글 쓰다.

해석

1. 더 이상 먹지 마라! 2. 더 이상 읽지 마라! 3. 더 이상 말하지 마라! 4. 더 이상 자지 마라!
5. 더 이상 일하지 마라! 6. 더 이상 쓰지 마라!

문법

부정명령(Imperativo negativo)
1) 부정명령(Tu) = NON + 동사원형
2) 부정명령(Noi, Voi, Lei, Loro) = NON + 긍정명령

tu	non	fumare!	담배 피우지 마라!
		disturbare!	방해하지 마라!
		essere triste!	슬퍼하지 마라!
		avere fretta!	서두르지 마라!
		dimenticare di spegnere il gas!	가스 끄는 것 잊지 마라!
Lei	non	fumi!	담배 피우지 마세요!
		disturbi!	방해하지 마세요!
		sia triste!	슬퍼하지 마세요!
		abbia fretta!	서두르지 마세요!
		dimentichi di spegnere il gas!	가스 끄는 것 잊지 마세요!
voi	non	fumate!	담배 피우지들 말거라!
		disturbate!	방해하지들 말거라!
		siate tristi!	슬퍼하지들 말거라!
		abbiate fretta!	서두르지들 말거라!
		dimenticate di spegnere il gas!	가스 끄는 것 잊지들 말거라!

UNITA' 13

13.4 보기처럼 변형시켜라!

Paolo dice a Marco: "**Abbassa lo stereo!**".
파올로는 마르코에게 말한다. "스테레오 볼륨을 낮춰라!".
→ Paolo dice a Marco di **abbassare lo stereo.**
　파올로는 마르코에게 스테레오 볼륨을 낮추라고 말한다.

1. Paolo dice a Marco: "**Chiudi la finestra!**".
　_____

2. Paolo dice a Marco: "**Accendi la radio!**".
　_____

3. Paolo dice a Marco: "**Metti in ordine il salotto!**".
　_____

4. Paolo dice a Marco: "**Prepara la cena!**".
　_____

5. Paolo dice a Marco: "**Rispondi al telefono!**".
　_____

6. Paolo dice a Marco: "**Chiudi bene la porta!**".
　_____

> **chiudere** 닫다, **finestra** 창문, **accendere** 켜다, **mettere in ordine** 정리 정돈하다, **salotto** 거실, **preparare** 준비하다, **cena** 저녁식사, **rispondere** 대답/응답하다, **bene** 잘.

1. 창문을 닫아라! 2. 라디오를 켜라! 3. 거실을 정리해라! 4. 저녁을 준비해라! 5. 전화 받아라! 6. 문을 잘 닫아라!

13.5 보기처럼 긍정명령(Tu)으로 변형시켜라!

Andrea, ti prego di **dire** la verita'. – Andrea, **di'** la verita'!
안드레아, 진실을 말하길 부탁한다.　　　안드레아, 진실을 말해라!

1. Andrea, ti prego di **andare** subito a casa.
   _____

2. Andrea, ti prego di **fare** subito gli esercizi.
   _____

3. Andrea, ti prego di **stare** calmo.
   _____

4. Andrea, ti prego di **dare** una mano a Pietro.
   _____

5. Andrea, ti prego di **avere** pazienza.
   _____

6. Andrea, ti prego di **essere** ordinato.
   _____

어휘

> **pregare** 간청/부탁하다, **fare gli esercizi** 연습문제 풀다/하다, **stare calmo** 진정하다, **dare una mano** 도움을 주다, **avere pazienza** 참다, **essere ordinato** 깔끔하다/정돈되어 있다.

해석

1. 집에 곧 가라! 2. 곧 연습문제들을 풀어라! 3. 진정해라! 4. 피에트로에게 도움을 주어라! 5. 참아라! 6. 깔끔해져라!

문법

명령법(Imperativo)
불규칙활용 동사

	andare	avere	dare	dire	essere
tu	**va'**	**abbi**	**da'**	**di'**	**sii**
Lei	vada	abbia	dia	dica	sia
voi	andate	abbiate	date	dite	siate
	fare	**sapere**	**stare**	**tenere**	**venire**
tu	**fa'**	**sappi**	**sta'**	**tieni**	**vieni**
Lei	faccia	sappia	stia	tenga	venga
voi	fate	sappiate	state	tenete	venite

13.6 보기처럼 긍정명령(Voi)으로 만들라!

Dite ai bambini di **spegnere** la TV. – Bambini, **spegnete** la TV!
TV를 끄라고 아이들에게 말해라.　　　얘들아, TV를 꺼라!

1. Dite ai bambini di **mettere** in ordine la camera.
   _____

2. Dite ai bambini di **mettersi** il pigiama.
   _____

3. Dite ai bambini di **apparecchiare** la tavola.
   _____

4. Dite ai bambini di **aprire** la porta.
   _____

5. Dite ai bambini di **andare** a letto presto.
   _____

6. Dite ai bambini di **fare** silenzio.

어휘

bambini 아이들, **mettere in ordine** 정리정돈하다, **mettersi il pigiama** 잠옷을 입다, **apparecchiare la tavola** 식탁을 세팅하다/차리다, **andare a letto** 잠자리에

들다, **fare silenzio** 침묵하다/정숙하다/조용히 하다.

1. 애들아, 방을 정리정돈해라! 2. 파자마를 입어라! 3. 식탁을 차려라! 4. 문을 열어라! 5. 일찍 잠자리에 들어라! 6. 조용히 해라!

13.7 보기처럼 긍정명령(Tu, Voi, Noi, Lei)으로 변형시켜라!

Dovresti **aspettare** un momento. – **Aspetta** un momento!
잠시 기다려야 할텐데.   잠시 기다려라!

1. Dovresti **ascoltare** i miei consigli.

2. Dovremmo **partire** subito.

3. Dovreste **leggere** questo libro.

4. Dovresti **assaggiare** questo vino.

5. Dovremmo **restare** a casa stasera.

6. Dovreste **prendere** un giorno di riposo.

7. Dovresti **metterti** un vestito pesante.

8. Dovremmo **aspettare** fino alle 8.

9. Dovreste **smettere** di discutere.

10. Dovresti **chiamare** il medico.

UNITA' 13

11. Dovreste **mandare** una cartolina a Ivo.

12. Dovremmo **finire** il lavoro per domani.

어휘

> **ascoltare** 듣다, **consiglio** 충고/조언, **assaggiare** 맛보다/시음하다/시식하다, **restare** 머물다, **riposo** 휴식, **mettersi un vestito** 옷 입다, **pesante** 무거운/두툼한, **aspettare** 기다리다, **fino a** ~까지, **smettere di** ~를 중단하다/그만두다, **discutere** 토론/토의하다, **chiamare** 부르다, **medico** 의사, **mandare** 보내다, **cartolina** 엽서, **finire** 끝내다/마치다, **lavoro** 일.

해석

1. 내 충고를 들어라! 2. 우리 곧 출발하자! 3. 이 책을 읽어라! 4. 이 와인을 맛보아라! 5. 우리 오늘 저녁 집에 있자! 6. 하루 휴식을 취해라! 7. 두툼한 옷을 입어라! 8. 우리 8시까지 기다리자! 9. 토의를 중단해라! 10. 의사를 불러라! 11. 이보에게 엽서를 보내라! 12. 내일을 위해 일을 끝내자!

13.8 제시된 동사를 명령형으로 만들어 문장을 완성하라!

1. 운전하는 남편 Antonio에게 아내가 명령하는 상황.

   'Antonio, _____ attento! _____ piano, non _____ il clacson, non _____ fretta, _____ !"

   > rallentare - stare - andare - suonare - avere

"안토니오, 주의해요! 서행해요, 경적을 울리지 말고, 서두르지 말고, 속도 줄여요!"

2. TV를 보고 있는 아들 Sandro와 Piero에게 엄마가 명령하는 상황.
"Ragazzi, non _____ la TV tutto il pomeriggio! _____ !
Sandro, alle 7 _____ il forno! E tu, Piero, _____ la tavola!
Dai, Giorgio, _____ !"

> accendere - andare - guardare - apparecchiare - studiare

해석

"애들아, 오후 내내 TV 보지 말고 공부들 해라! 산드로, 7시에 오븐을 켜라! 그리고 피에로, 너는 식탁을 차려라! 여보(Giorgio), 어서 갑시다!"

어휘

> **rallentare** 감속하다, **stare attento** 주의하다/집중하다, **andare piano** 서행하다, **suonare il clacson** 경적을 울리다, **avere fretta** 서두르다, **accendere** 켜다, **guardare** 보다, **tutto il pomeriggio** 오후 내내, **apparecchiare la tavola** 식탁을 세팅하다, **forno** 오븐.

13.9 보기처럼 긍정명령(Lei)으로 변형시켜라!

Professore, perche' non **aspetta** un momento?
→ Professore, **aspetti** un momento! 교수님, 잠시 기다려 주세요!

1. Professore, perche' non **viene** a cena con noi?
   _____

2. Professore, perche' non **parte** piu tardi?
   _____

3. Professore, perche' non **beve** qualcosa?
   _____

4. Professore, perche' non **ritelefona** fra un'ora?
   _____

5. Professore, perche' non **entra** un attimo?
   _____

UNITA' 13

6. Professore, perche' non **prende** qualcosa da mangiare?

어휘

> **piu' tardi** 이따가, **bere** drink, **qualcosa** something, **ritelefonare** 다시 전화하다, **fra un'ora** 한 시간 후, **entrare** 들어가다, **un attimo** 잠시, **prendere** take, **qualcosa da mangiare** 먹을 것.

해석

1. 교수님, 우리와 저녁 식사하러 가세요! 2. 이따가 떠나세요! 3. 무얼 좀 마셔요! 4. 한 시간 후에 다시 전화하세요! 5. 잠시 들어오세요! 6. 먹을 것 좀 드세요!

문법

3. **bere** : (Lei) Beva!

13.10 보기처럼 긍정명령(Lei)으로 변형시켜라!

Signorina, La prego di **essere** precisa.
아가씨, 정확하게 하시길 부탁드려요.
→ Signorina, **sia** precisa!
   아가씨, 정확하게 하세요!

1. Signorina, La prego di **stare** attenta.

2. Signorina, La prego di **andare** subito in banca.

3. Signorina, La prego di **dire** quello che pensa.

4. Signorina, La prego di **fare** questo lavoro subito.

5. Signorina, La prego di **dare** questo foglio al direttore.

6. Signorina, La prego di **avere** piu' pazienza.

7. Signorina, La prego di non **preoccuparsi**.

8. Signorina, La prego di **essere** puntuale.

어휘

> **pregare** 간청/부탁하다, **stare attento** 주의하다/집중하다, **quello che pensa** 생각하는 것, **fare questo lavoro** 이 일을 하다, **foglio** 종이/A4 용지, **avere pazienza** 참다/인내하다, **preoccuparsi** 걱정하다, **puntuale** 시간에 정확한.

해석

1. 아가씨, 주의/집중하세요! 2. 곧바로 은행에 가세요! 3. 생각하는 것을 말씀하세요! 4. 곧바로 이 일을 하세요! 5. 사장님께 이 종이를 드리세요! 6. 좀 더 인내심을 가지세요! 7. 걱정하지 마세요! 8. 시간을 지키세요!

문법

7. **non preoccuparsi** : (Lei) non si preoccupi! 존칭명령에서 대명사들은 동사 앞에 위치. 1,2,3,4,5,6,8 명령형 불규칙활용 동사 → 13.5 참조.

13.11 보기처럼 부정명령(Tu, Lei, Noi)으로 변형시켜라!

Non deve **uscire**! → **Non esca!**
당신은 외출해서는 안 됩니다. 외출하지 마세요!

UNITA' 13

1. Non deve **aprire** la porta!

2. Non dovete **andare** via!

3. Non dobbiamo **dire** bugie!

4. Non devi **bere** molto!

5. Non deve **partire**!

6. Non devi **andar**e a casa!

어휘

andare via 가버리다, **bugia** 거짓말.

해석

1. 문을 열지 마세요! 2. 가지 마라! 3. 우리 거짓말하지 말자! 4. 많이 마시지 마라! 5. 떠나지 마세요! 6. 집에 가지마라!

문법

부정명령(Imperativo negativo)

1) 부정명령(Tu)＝NON＋inf.
2) 부정명령(Lei/Noi/Voi/Loro)＝NON＋긍정명령

tu	non	fumare!	담배 피우지 마라!
		disturbare!	방해하지 마라!
		essere triste!	슬퍼하지 마라!
		avere fretta!	서두르지 마라!
		dimenticare di spegnere il gas!	가스 끄는 것 잊지 마라!

Lei	non	fumi!	담배 피우지 마세요!
		disturbi!	방해하지 마세요!
		sia triste!	슬퍼하지 마세요!
		abbia fretta!	서두르지 마세요!
		dimentichi di spegnere il gas!	가스 끄는 것 잊지 마세요!
voi	non	fumate!	담배 피우지들 말거라!
		disturbate!	방해하지들 말거라!
		siate tristi!	슬퍼하지들 말거라!
		abbiate fretta!	서두르지들 말거라!
		dimenticate di spegnere il gas!	가스 끄는 것 잊지들 말거라!

13.12 보기처럼 부정명령(Tu, Voi)으로 변형시켜라!

Parla a voce alta! - **Non parlare** a voce alta!
큰 소리로 말해라!   큰 소리로 말하지 마라!

1. **Ascolta** i tuoi amici!

2. **Guardate** la TV!

3. **Parla** in inglese!

4. **Accendi** la radio!

5. **Guarda** nel dizionario!

6. **Telefonate** a Francesco!

a voce alta 큰 소리로, in inglese 영어로, accendere 켜다, guardare nel dizionario 사전을 들여다 보다.

1. 네 친구들의 말을 듣지 마라! 2. TV를 보지 마라! 3. 영어로 말하지 마라! 4. 라디오를 켜지 마라! 5. 사전을 보지 마라! 6. 프란체스코에게 전화하지 마라!

13.13 보기처럼 직접대명사를 동반한 명령(Tu)을 만들라!

Se ti piace **quel vestito**, compra**lo**. 그 옷이 좋으면 그것을 사라!

1. Se ti piace **quel cappello**, _____.
2. Se ti piace **quella macchina**, _____.
3. Se ti piacciono **quei libri**, _____.
4. Se ti piacciono **quelle scarpe**, _____.
5. Se ti piace **quel quadro**, _____.
6. Se ti piacciono **quelle poltrone**, _____.

cappello 모자, **scarpe** 신발, **quadro** 그림/회화, **poltrona** 1인용 소파.

1. 그 모자가 좋으면 그것을 사라! 2. 그 차가 좋으면 그것을 사라! 3. 그 책들이 좋으면 그것들을 사라! 4. 그 신발이 좋으면 그것들을 사라! 5. 그 그림이 좋으면 그것을 사라! 6. 그 1인용 소파들이 좋으면 그것들을 사라!

명령형 속의 대명사 위치(Posizione dei pronomi nell'imperativo)

1) Tu와 Voi에 대한 명령에서 대명사(직/간접/복합/재귀대명사)와 대명사적 소사 ne, ci는 동사 뒤에서 결합형태를 취한다.
2) Lei에 대한 명령에서는 그런 대명사들이 동사 앞에 온다.

	대명사의 위치	
tu	Prendi**lo**, se vuoi! Compra**ne** due!	네가 원하면, 그것 가져라(먹어라)! 그 중에 2개 사라!
voi	Alzate**vi**! Comprate**glielo**! Andate**ci**!	너희들 일어나라! 그에게 그것을 사다 주어라! 너희들 거기 가봐라!
Lei(존칭)	**Ci** vada subito! **Si** accomodi! **Ne** prenda ancora uno!	곧 거기 가세요! 앉으세요!/편히 하세요! 그 중에 하나만 더 사세요!/가지세요!/드세요!

3) Tu, Voi 부정명령에서 대명사는 동사 뒤에 결합하는 것이 원칙이나, 앞으로 오기도 한다.

   (Tu) Non **ti** preoccupare!=Non preoccupar**ti**! 걱정하지 마라!

   (Voi) Non **lo** bevete tutto!=Non bevete**lo** tutto! 그것을 모두 마시지 마라, 너희들!

4) Lei에 대한 부정명령에서 대명사는 반드시 동사 앞에 와야 한다.

   (Lei) Non **lo** beva tutto! 그것을 모두 마시지 마세요!

13.14 보기처럼 직/간접대명사를 동반한 명령(Tu, Voi)을 만들라!

Mi aiuti? - Aiuta**mi** per favore! 나를 도와줄래? - 나 좀 도와줘, 부탁이야!

1. **Mi** chiami stasera?

2. **Mi** telefoni?

3. **Mi** aspettate?

4. **Ci** accompagni?

UNITA' 13

5. **Ci** scrivete?
_____

6. **Mi** avvertite?
_____

어휘

> **accompagnare** 동행하다, **avvertire** 알리다.

해석

1. 오늘 저녁 내게 전화해, 부탁이야! 2. 내게 전화해! 3. 나를 기다려! 4. 우리를 동행해줘! 5. 우리에게 편지를 써! 6. 내게 알려줘!

13.15 보기처럼 직접대명사를 동반한 명령(Lei)을 만들라!

Se vuole prendere **un cioccolatino, lo** prenda pure!
초콜릿을 드시고 싶으시다면 그것을 어서 드세요!

1. Se vuole aprire **la finestra**, _____.
2. Se vuole accendere **lo stereo**, _____.
3. Se vuole leggere **questa lettera**, _____.
4. Se vuole finire **l'esercizio**, _____.
5. Se vuole invitare **i suoi amici**, _____.
6. Se vuole ascoltare **questi CD**, _____.

어휘

> **pure** please do/어서, **invitare** 초대하다.

> 해석

1. 창문을 열고 싶으시면 여세요! 2. 스테레오를 켜고 싶으시면 켜세요! 3. 이 편지를 읽고 싶으시면 읽으세요! 4. 연습을 마치고 싶으시면 끝내세요! 5. 당신 친구들을 초대하고 싶으시면 초대하세요! 6. 이 CD를 듣고 싶으시면 들으세요!

13.16 보기처럼 재귀대명사를 동반한 명령(Tu, Voi, Noi, Lei)을 만들라!

Perche' non **ti svegli** prima la mattina? 아침에 일찍 일어나지 그러니?
→ Sveglia**ti** prima la mattina! 너 아침에 일찍 일어나라!

1. Perche' non **vi sbrigate**?
   _____

2. Perche' non **ti vesti** in fretta?
   _____

3. Perche' non **vi fate** la barba?
   _____

4. Perche' non **ci mettiamo** a studiare?
   _____

5. Perche' non **ti iscrivi** all'universita'?
   _____

6. Perche' non **ci riposiamo** un po'?
   _____

> 어휘

svegliarsi 잠에서 깨다, **vestirsi** 옷 입다, **in fretta** 급하게, **farsi la barba** 면도하다, **mettersi a** ~에 착수하다/~를 시작하다, **iscriversi** 등록하다, **riposarsi** 쉬다, **un po'** 조금/좀.

UNITA' 13

> 해석

1. 서둘러라! 2. 급히 옷 입어라! 3. 면도해라! 4. 공부를 시작해라! 5. 대학에 등록해라! 6. 좀 쉬어라!

13.17 보기처럼 간접대명사를 동반한 명령(Tu, Voi)을 만들라!

Che cosa posso regalare **a Mario**? (un orologio)
나는 마리오에게 무엇을 선물할 수 있을까?
→ Rega la**gli** un orologio! 그에게 시계를 선물해라!

1. Che cosa posso regalare **a Lucia**? (un profumo)
   _____

2. Che cosa posso regalare **ai ragazzi**? (un libro)
   _____

3. Che cosa possiamo regalare **a Marta**? (una borsa)
   _____

4. Che cosa possiamo regalare **al nostro collega**? (una penna d'oro)
   _____

5. Che cosa posso regalare **a mia moglie**? (una collana)
   _____

6. Che cosa posso regalare **a mio marito**? (un'agenda di pelle)
   _____

> 어휘

profumo 향수, **borsa** 가방, **il collega** 동료, **penna d'oro** 금 펜, **mia moglie** 나의 아내, **collana** 목걸이, **mio marito** 내 남편, **agenda** 다이어리, **la pelle** 가죽.

> 해석

1. 그녀(루치아)에게 향수를 선물해라! 2. 그들(소년들)에게 책 한 권을 선물해라! 3. 그녀(마르

타)에게 가방을 선물해라! 4. 그(우리 동료)에게 금 펜을 선물해라! 5. 그녀(네 아내)에게 목걸이를 선물해라! 6. 그(네 남편)에게 가죽 다이어리를 선물해라!

13.18 보기처럼 복합대명사를 동반한 명령(Tu, Voi, Noi)을 만들라!

Manda **il tuo indirizzo a Rita!** → Manda**glielo** subito!
리타에게 네 주소를 보내라!　　　그녀에게 그것을 곧바로 보내라!

1. Compra **le medicine a Piero**!

2. Scriviamo **una cartolina al professore**!

3. Prestate **la macchina a Giovanna**!

4. Riporta **i libri a Silvio**!

5. Regaliamo **un mazzo di fiori a Giulia**!

6. Preparate **la cena ai ragazzi**!

어휘

comprare 사다/사다주다, **medicina** 약, **prestare** 빌려주다, **riportare** 다시 갖다주다/되가져가다, **un mazzo di** ~한 묶음/다발, **preparare** 준비하다.

해석

1. 그(피에로)에게 그것들(약)을 사줘라! 2. 그(교수님)에게 그것(엽서)을 쓰자! 3. 그녀(지오반나)에게 그것(차)를 빌려줘라! 4. 그(실비오)에게 그것들(책들)을 다시 갖다 줘라! 5. 그녀(쥴리아)에게 그것(꽃 한 다발)을 선물하자! 6. 그들(소년들)에게 그것(저녁)을 준비해줘라!

UNITA' 13

13.19 보기처럼 직접대명사를 동반한 명령(Tu)을 만들라!

Posso chiudere **la finestra**? - Si', chiudi**la** pure!
창문을 닫아도 되나?　　　　　　그래, 어서 그것을 닫아라!

1. Posso fumare **una sigaretta**?
   _____

2. Posso aprire **la porta**?
   _____

3. Posso invitare **Sandro**?
   _____

4. Posso usare **il telefono**?
   _____

5. Posso aprire **le finestre**?
   _____

6. Posso prendere **il tuo libro**?
   _____

> **pure** please do/어서, **fumare** 담배 피우다, **usare** 사용/이용하다, **prendere** take.

1. 그래, 어서 피워라! 2. 어서 문을 열어라! 3. 어서 산드로를 초대해라! 4. 어서 전화를 사용해라! 5. 어서 창문들을 열어라! 6. 어서 내 책을 가져라!

13.20 보기처럼 직접대명사를 동반한 부정명령(Voi)을 만들라!

Possiamo prendere **questo libro**? - No, **non** prendete**lo**!
우리가 이 책을 가져도 되나?　　　　아니, 그것을 가지면 안 된다.

1. Possiamo prendere **una fetta** di torta?
   _____

2. Possiamo chiudere **la finestra**?
   _____

3. Possiamo invitare **i nostri amici**?
   _____

4. Possiamo prendere **la tua macchina**?
   _____

5. Possiamo accendere **lo stereo**?
   _____

6. Possiamo mangiare **i cioccolatini**?
   _____

어휘

una fetta 한 조각, **torta** 케이크.

해석

1. 아니, 그것(케이크 한 조각)을 먹으면 안 된다! 2. 그것(창문)을 닫으면 안 된다! 3. 그들(너희 친구들)을 초대하면 안 된다! 4. 그것(내 차)을 가져가면 안 된다! 5. 그것(스테레오)을 켜면 안 된다! 6. 그것들(초콜릿들)을 먹으면 안 된다!

13.21 보기처럼 직접대명사를 동반한 명령(Tu)을 만들라!

Se vuoi **fare quel lavoro, fallo**!
네가 그 일을 하고 싶으면 그것을 해라!

1. Se vuoi **dire la verita'**, _____.
2. Se vuoi **fare quello** che vuoi, _____.
3. Se vuoi **dire quello** che pensi, _____.
4. Se vuoi **dare una mano**, _____.

5. Se vuoi **dare un consiglio**, _____.
6. Se vuoi **fare una torta**, _____.

어휘

> **verita'** 진실, **quello che vuoi** 네가 원하는 것, **dare una mano** 도움을 주다, **dare un consiglio** 충고/조언하다, **fare una torta** 케이크를 만들다.

해석

1. 네가 진실을 말하고 싶으면 그것을 말해라! 2. 네가 원하는 것을 하고 싶으면 그것을 해라! 3. 네가 생각하는 것을 말하고 싶으면 그것을 말해라! 4. 네가 도움을 주고 싶으면 도와라! 5. 네가 조언을 주고 싶으면 조언해라! 6. 네가 케이크를 만들고 싶으면 만들어라!

문법

직접/간접/복합대명사(gli는 예외), 대명사적 소사 ne, ci가 andare, dare, dire, fare, stare 등의 명령형 불규칙활용 동사들과 만날 때, 음성학적 효과를 주기 위해, 대명사의 자음을 하나 더 첨가한다. 결과적으로 소리가 명령형답게 단호해진다.

동사원형	(Tu) 명령형	대명사의 자음 첨가	해 석
andare	**va'**	In ufficio **vacci** a piedi!	회사에 걸어서 가라!
dare	**da'**	Il giornale **dallo** a Piero!	피에로에게 신문을 줘라!
fare	**fa'**	**Fammi** vedre le foto!	내게 사진을 보게 해 주라!
stare	**sta'**	**Stammi** bene!	날 잘 있게 해 줘!
dire	**di'**	**Digli** la verita'!	진실을 그에게 말해라!

13.22 보기처럼 직접대명사를 동반한 명령(Tu)을 만들라!

Potresti **farmi** un favore? - **Fammi** un favore!
내게 호의를 베풀 수 있겠니?   내게 호의를 베풀어라!
(내게 부탁을 들어줄 수 있겠니?) (부탁 좀 들어주라!)

1. Potresti **farci** un piacere?
___

2. Potresti **darmi** una mano?
___

3 Potresti **dirmi** la verita'?
___

4. Potresti **starci** a sentire?
___

5. Potresti **andarmi** a comprare il pane?

6. Potresti **andarci** a prendere il giornale?
___

어휘

fare un piacere 호의를 베풀다/부탁을 들어주다, **dare una mano** 도움을 주다, **dire la verita'** 진실을 말하다, **stare a sentire** ~의 말을 듣다, **prendere** 사다.

해석

1. 우리에게 호의를 베풀어라!/우리 부탁 좀 들어주라! 2. 내게 도움을 좀 줘라! 3. 내게 진실을 말해라! 4. 우리 이야기를 들어봐라! 5. 내게 빵을 사다주라! 6. 우리에게 신문을 사다주라!

문법

대명사가 선행 동사 어미로 이동했다.

4. Potresti star**ci** a sentire ← Potresti stare a sentir**ci**?
5. Potresti andar**mi** a comprare il pane? ← Potresti andare a comprar**mi** il pane?
6. Potresti andar**ci** a prendere il giornale? ← Potresti andare a prender**ci** il giornale?

이동시키지 않으면, 명령형이 평소문으로 들릴 수도 있기 때문일 것이다. Sta a sentir**ci**. Va a comprar**mi** il pane.

UNITA' 13

13.23 상황에 따라 명령형을 만들라!

I. 여러분들이 파티에 초대한 친구의 질문에 대답해라.
 1. Posso portare alcuni amici? _____
 2. Posso portare le mie sorelle? _____
 3. Posso portare il mio cane dobermann? _____
 4. Posso portare anche i miei bambini? _____

해석

1. 친구를 데리고 가도 되니? 그래, 그들을 데리고 와라! 2. 내 누이들을 데리고 가도 되니? 그래, 그들을 데리고 와라! 3. 내 개 도베르만을 데리고 가도 되니? 그래, 그를 데리고 와라! 4. 내 아이들을 데리고 가도 되니? 그래, 그들을 데리고 와라!

II. 여러분 친구들의 질문에 대답해라.
 1. Possiamo prendere la tua macchina? _____
 2. Possiamo andare a Roma? _____
 3. Dopo, possiamo prestare la macchina a Gianna? _____

해석

1. 우리가 네 차를 써도 될까? 그래, 그것을 써라! 2. 우리가 로마에 가도 될까? 그래, 거기에 가라! 3. 우리가 지안나에게 차를 빌려줘도 될까? 그래, 그녀에게 그것을 빌려줘라!

III. 수업에 늦게 오는 학생에게 다음과 같이 말해라.
 1. non fare le ore piccole tutte le sere _____
 2. alzarsi prima _____
 3. arrivare in orario _____
 4. stare attento _____

해석

1. 매일 저녁 늦게 잠자리에 들지 마라! 2. 일찍 일어나라! 3. 제시간에 도착해라! 4. 주의/집중해라!

IV. 여러분 친구에게 다음과 같은 충고를 해라.
   1. mangiare di meno _____
   2. fare una dieta _____
   3. far**la** seriamente _____
   4. fare molto sport _____
   5. far**lo** ogni giorno _____
   6. giocare a tennis _____

해 석

1. 덜 먹어라! 2. 다이어트를 해라! 3. 신중하게 그것(다이어트)를 해라! 4. 많은 운동을 해라! 5. 매일 그것(운동)을 해라! 6. 테니스를 쳐라!

V. 여러분 친구에게 다음과 같은 충고를 해라.
   1. misurarsi subito la febbre _____
   2. mettersi la sciarpa e il cappotto _____
   3. andare dal dottore _____
   4. andarci prima possibile _____
   5. ricordarsi di prendere le medicine _____

해 석

1. 곧바로 체온을 재라! 2. 목도리와 외투를 입어라! 3. 병원에 가라! 4. 가능한 한 먼저 거기에 가라! 5. 약 먹는 것을 기억해라!

VI. 차를 운전하는 여러분 친구에게 다음과 같이 간청해라.
   1. essere prudente _____
   2. andare piano _____
   3. rallentare in curva _____
   4. non sorpassare _____
   5. non innervosirsi _____
   6. non dire parolacce _____

UNITA' 13

1. 신중해라! 2. 서행해라! 3. 커브 길에서 감속해라! 4. 추월하지 마라! 5. 신경 곤두세우지 마라! 6. 욕을 하지 마라!

13.24 전치사로 완성하라!

Stamattina mi sono svegliato _____ 7; sono uscito _____ casa _____ 8 e sono andato _____ bar _____ fare colazione. Subito dopo sono andato _____ Universita' _____ alcuni amici.
La lezione cominciava _____ 9, ma io sono arrivato _____ ritardo. Sono uscito _____ Universita' _____ una circa e avevo molta fame. Cosi' sono andato _____ mangiare _____ mensa _____ Pina.
Dopo pranzo siamo andati _____ bar _____ prendere un caffe' e poi _____ corsa _____ casa _____ studiare.
Ho studiato fino _____ 7. Poi sono andato _____ centro; avevo un appartamento _____ Enrico. Abbiamo mangiato _____ pizzeria e dopo cena siamo tornati _____ casa. Ho guardato un po' la TV e _____ mezzanotte sono andato _____ letto.

> **stamattina** 오늘 아침, **svegliarsi** 잠에서 깨다, **uscire di casa** 집을 나서다, **fare colazione** 아침 먹다, **alcuni amici** some friends, **cominciare** 시작되다, **arrivare in ritardo** 늦게 도착하다, **circa** 대략, **avere fame** 배고프다, **mensa** 구내식당, **dopo pranzo** 점심 식사 후, **andare di corsa** 서둘러/급히 가다, **mezzanotte** 자정, **andare a letto** 잠자리에 들다.

나는 오늘 아침 7시에 잠에서 깼다. 8시에 집을 나서 아침을 먹기 위해 빠로 갔다. 곧바로 나는 친구들과 대학으로 갔다.

수업은 9시에 시작하지만 나는 지각했다. 나는 1시 경 대학을 나섰고 배가 고팠다. 그래서 피나와 밥 먹으러 구내식당에 갔다.

점심 식사 후 우리는 커피를 마시러 빠에 갔다가 공부하러 서둘러 집에 왔다.

나는 7시까지 공부하고 난 후 시내로 갔다. 엔리코와 나는 같은 아파트를 사용하고 있었다. 우리는 피자집에서 저녁을 먹고 집으로 돌아왔다. 나는 잠시 TV를 보다가 자정에 잠자리에 들었다.

UNITA' 14

14.1	Chi e' Elena? - E' la ragazza **che** abita con me.
14.2	Chi sono Aldo e Giovanni? - Sono i ragazzi **che** lavorano nel mio ufficio.
14.3	Chi e' Elena? - E' la ragazza **con cui (con la quale)** studio.
14.4	Chi sono Aldo e Giuseppe? - Sono i ragazzi **con cui (con i quali)** esco stasera.
14.5	관계대명사로 완성하라!
14.6	관계대명사로 완성하라!
14.7	대명사 NE 혹은 부사적 소사 CI로 완성하라!
14.8	대명사 NE 혹은 부사적 소사 CI로 완성하라!
14.9	(직접/간접/재귀/관계)대명사로 완성하라!
14.10	(직접/간접/복합)대명사로 완성하라!
14.11	전치사로 완성하라!

- 관계대명사(Pronomi relativi): che, cui, il quale, la quale, i quali, le quali
- 대명사 NE(Pronome NE)
- 부사적 소사 CI(Particella avverbiale)

14.1 보기처럼 대답하라!

Chi e' Elena? (abita con me) - E' la ragazza **che** abita con me.
엘레나가 누구야? 나와 함께 사는 소녀야.

1. Chi e' Enrico? (mi ha invitato a pranzo)

2. Chi e' Valeria? (mi ha telefonato poco fa)

3. Chi e' Antonio? (ho conosciuto in vacanza)

4. Chi e' Giulia? (ha vinto la borsa di studio)

5. Chi e' Matteo? (abbiamo incontrato per strada)

6. Chi e' Matilde? (devo accompagnare alla stazione)

어휘

> **invitare** 초대하다, **a pranzo** 점심 식사에, **poco fa** 조금 전에, **conoscere** 알다/알고 지내다/사귀다, **vincere** 이기다/승리하다/획득하다, **borsa di studio** 장학금, **per strada** 길에서, **accompagnare** 동행하다.

해석

1. 점심 식사에 나를 초대한 소년이다.(주격) 2. 조금 전 내게 전화한 소녀다.(주격) 3. 휴가에서 내가 알게 된 소년이다.(목적격) 4. 장학금을 탄 소녀다.(주격) 5. 우리가 거리에서 만난 소년이다.(목적격) 6. 내가 역까지 동행한 소년이다.(목적격)

관계대명사(Pronomi relativi)
CHE

Quella maglietta **che** hai comprato, non mi piace per niente. 네가 구입한 그 티셔츠는 내게 전혀 마음에 들지 않는다.	목적격
Ma chi e' questa tua amica **che** (=la quale) viene a cena da noi stasera? 근데 오늘 저녁 우리 집에 저녁 식사하러 오는 네 여자 친구는 어떤 사람이니?	주격

1) 형태의 변화가 없고 주격과 목적격의 기능을 한다.
2) 주격관계대명사 che를 대신할 수 있는 **il quale/la quale/i quali/le quali**가 있다. 그러나 이것들은 구어체에서는 사용 빈도가 낮지만, 특히 일간지 문체에 자주 사용된다. 왜냐하면, 기사 쓰는 공간이 좁고 길게 형성되어 있어 문장이 길어지는 경우, 무변인 che를 사용하면 선행사를 재빨리 찾기 어렵다. 그러므로 성, 수를 표현해 주는 quale를 더욱 사용하게 되는 것이다.
3) 주격, 목적격으로 쓰일 경우, 구어체에서는 주로 관계대명사 che를 쓴다.
   주격, 목적격을 구분하는 방법은 종속절의 동사를 먼저 관찰하는 것인데, 선행사가 주어이면 주격관계대명사, 목적어이면 목적격관계대명사가 되는 것이다.

14.2 보기처럼 대답하라!

Chi sono Aldo e Giovanni? (lavorano nel mio ufficio)
알도와 지오반니가 누구니?
– Sono i ragazzi **che** lavorano nel mio ufficio.
  내 사무실에서 일하는 청년들이다.

1. Chi sono Carlo e Andrea? (ho salutato poco fa)

2. Chi sono Lucia e Teresa? (vengono con me in palestra)

3. Chi sono Piero e Sergio? (ho invitato alla festa di domani)

4. Chi sono Dino e Stefano? (vado a prendere alla stazione)
_____

5. Chi sono Pina e Giovanna? (ci hanno ospitato a casa loro)
_____

6. Chi sono Luca e Nando? (lavorano nel negozio qui vicino)
_____

어휘

salutare 인사하다, **poco fa** 조금 전, **palestra** 체육관, **andare a prendere** 픽업 하러 가다, **ospitare** 극진히 대접/환대하다, **qui vicino** 이 근처.

해석

1. 조금 전에 내가 인사한 소년 소녀들이다.(목적격) 2. 나와 함께 체육관에 가는 소녀들이다.(주격) 3. 내가 내일 파티에 초대한 소년들이다.(목적격) 4. 역으로 내가 픽업하러 가는 소년들이다.(목적격) 5. 그들 집에서 우리를 극진히 대접한 소녀들이다.(주격) 6. 이 근처 상점에서 일하는 소년 소녀들이다. (주격)

문법

주격, 목적격으로 쓰일 경우, 구어체에는 주로 관계대명사 che를 쓴다.
주격, 목적격을 구분하는 방법은 종속절의 동사를 먼저 관찰하는 것인데, 선행사가 주어이면 주격관계대명사, 목적어이면 목적격관계대명사가 되는 것이다.

14.3 보기처럼 대답하라!

Chi e' Elena? (studio **con lei**) 엘레나가 누구니?
– E' la ragazza **con cui** studio.
   E' la ragazza **con la quale** studio.
   내가 함께 공부하는 소녀다.

UNITA' 14

1. Chi e' Enrico? (vado a pranzo **da lui**)
   _____

2. Chi e' Valeria? (ho un appuntamento **con lei**)
   _____

3. Chi e' Antonio? (ho dato il mio indirizzo **a lui**)
   _____

4. Chi e' Giulia? (ho scritto una cartolina **a lei** poco fa)
   _____

5. Chi e' Matteo? (**a lui** piace molto la mia casa)
   _____

6. Chi e' Matilde? (sono stata ospite **da lei** l'anno scorso)
   _____

어휘

> **da lui** 그의 집에, **con lei** 그녀와 함께, **a lui** 그에게, **a lei** 그녀에게, **ospite** 손님, **da lei** 그녀 집에, **l'anno scorso** 작년에.

해석

1. 내가 그의 집에 점심 먹으러 가는 소년이다. 2. 나와 약속이 있는 소녀다. 3. 내가 나의 주소를 준 소년이다. 4. 내가 조금 전에 엽서를 보낸 소녀다. 5. 나의 집을 무척 좋아하는 소년이다. 6. 작년에 그의 집에 내가 손님으로 있었던 소년이다.

문법

관계대명사(Pronomi relativi)
CUI
1) 항상 전치사를 앞에 둔다. 그러므로 주격과 목적격의 기능을 가질 수 없다.
2) 또한 il quale/la quale/i quali/le quali로 대체될 수 있다.
   * Dimmi un solo motivo **per cui** (per il quale) dovrei restare qui!
   내가 여기 있어야 하는 유일한 이유를 내게 말해줘!

* La persona **con cui** (con la quale) ho parlato e' il direttore!
  내가 함께 대화를 나눈 사람은 사장님이야!
* Ho molti amici stranieri, **tra cui** (tra i quali) ho anche degli americani.
  나는 많은 외국인 친구들을 갖고 있는데 그 가운데 미국인들도 있어.
* L'amica **a cui** (alla quale) scrivo questa e-mail vive a New York.
  내가 이 이메일을 쓰고 있는 여자 친구는 뉴욕에 살고 있다.
* Il libro **di cui** (del quale) ti ho parlato e' di un autore indiano.
  내가 네게 말한 그 책은 인도 작가의 작품이다.
* Il negozio **in cui** (nel quale) vendono questi strani oggetti si trova in centro.
  이런 이상한 물건들을 파는 상점은 시내에 있다.
* Il dentista **da cui** (dal quale) vado e' veramente bravo.
  내가 가는 치과 의사는 정말 훌륭하다.
* Giovanni e' il mio grande amico **su cui** (sul quale) conto molto sempre.
  지오반니는 내가 항상 염려하는 대단한 친구이다.

14.4 보기처럼 대답하라!

Chi sono Aldo e Giuseppe? (esco **con loro** stasera)
알도와 쥬세페가 누구니?
- Sono i ragazzi **con cui** esco stasera.
  Sono i ragazzi **con i quali** esco stasera.
  내가 저녁에 함께 외출하는 청년들이다.

1. Chi sono Carlo e Andrea? (ti ho parlato **di loro**)
   _____

2. Chi sono Lucia e Teresa? (ho presentato la mia macchina **a loro**)
   _____

3. Chi sono Piero e Sergio? (ho preparato una sorpresa **per loro**)
   _____

4. Chi sono Dino e Stefano? (vado al cinema **con loro**)
   _____

UNITA' 14

5. Chi sono Pina e Giovanna? (ho ricevuto un regalo **da loro**)
   _____

6. Chi sono Luca e Nando? (crediamo molto **in loro**)
   _____

어휘

> **parlare di** ~에 대해 말하다, **presentare** 소개하다, **preparare** 준비하다, **sorpresa** 깜짝 쇼, **credere in** ~에 대해 신뢰하다.

해석

1. 내가 너에게 말한 소년 소녀들이다. 2. 내가 내 차를 빌려 준 소녀들이다. 3. 내가 깜짝 쇼를 준비한 소년들이다. 4. 내가 함께 영화관에 가는 소년들이다. 5. 내가 선물을 받은 소녀들이다. 6. 우리가 많이 신뢰하는 소년들이다.

14.5 관계대명사로 완성하라!

1. Sono arrivato proprio nel momento _____ il treno partiva.
2. La facolta' _____ si e' iscritto Enzo e' Lettere e Filosofia.
3. Il signore _____ ho salutato poco fa e' il mio direttore.
4. Non conosco la persona _____ mi stai parlando.
5. L'aereo _____ e' sceso il signor Borletti e' un Boeing 747.
6. L'appartamento _____ abita Marco e grande e' luminoso.
7. Lo zio Dario, _____ ti ho parlato qualche tempo fa, arrivera' domani.
8. Non capisco il motivo _____ vuoi cambiare lavoro.
9. Sono molto simpatici i ragazzi _____ abbiamo incontrato sul treno.
10. La ragazza _____ esce Stefano e' molto carina.
11. Non riesco a trovare il giornale _____ ho comprato stamattina.
12. Elena e' la ragazza _____ Leonardo telefona ogni sera.

어휘

> **proprio nel momento che** ~하는 바로 그 순간, **facolta'** (대학의) 학부, **iscriversi a** ~에 등록하다, **Lettere e Filosofia** 인문철학부, **conoscere** 알다, **scendere da** ~에서 내리다, **luminoso** 빛이 잘 드는, **qualche tempo fa** 얼마 전에, **capire** 이해하다, **motivo** 동기, **cambiare** 바꾸다, **simpatico** 상냥한, **sul treno** 기차에서, **carino** 귀여운, **riuscire a** ~를 할 수 있다, **trovare** 발견하다/찾다, **stamattina** 오늘 아침에, **ogni sera** 매일 저녁.

해석

1. 기차가 떠나는 순간 나는 도착했다. 2. 엔초가 등록한 학부는 인문철학부이다. 3. 조금 전에 내가 인사한 신사는 나의 사장님이다.(목적격) 4. 네가 내게 이야기하는 사람을 나는 모른다. 5. 보를렛티 씨가 내린 비행기는 보잉 747이다. 6. 마르코가 살고 있는 아파트는 크고 양지바르다. 7. 얼마 전에 내가 네게 말한 다리오 삼촌이 내일 도착할 예정이다. 8. 네가 이직을 원하는 동기를 나는 이해 못하겠다. 9. 기차에서 우리가 만난 소년들은 매우 상냥하다.(목적격) 10. 스테파노가 함께 외출하는 소녀는 매우 예쁘다. 11. 오늘 아침 내가 산 신문을 찾을 수가 없네.(목적격) 12. 엘레나는 레오나르도가 매일 저녁 전화하는 애인이다.

14.6 관계대명사로 완성하라!

1. Questo e' il cagnolino _____ ho trovato per strada ieri sera.
2. Parigi e' una citta' _____ ho passato giorni indimenticabili.
3. Il tavolo _____ c'e' il telefono e' antico.
4. E' arrivato Paolo proprio nel momento _____ stavo uscendo.
5. Vorrei spiegarti la ragione _____ non sono venuto da te ieri.
6. Il treno _____ ho viaggiato e' molto veloce.
7. Non ricordo il titolo del libro _____ mi hai prestato.
8. Lorenzo e' il collega _____ devo prenotare il posto a teatro.
9. La casa _____ abitiamo e' fredda.
10. Non ho ancora finito di leggere le riviste _____ mi hai prestato il mese

UNITA' 14

scorso.

11. Il signore _____ ho indicato la strada per Assisi e' sicuramente straniero.
12. Nell'armadio ci sono i regali _____ ho comprato per i bambini.

어휘

> **cagnolino** 강아지, **trovare** 발견하다, **per strada** 길에서, **passare** (시간/세월을) 보내다, **indimenticabile** 잊을 수 없는, **antico** 고풍스런, **proprio nel momento che** ~하는 바로 그 순간, **spiegare** 설명하다, **ragione** 이유/정당성, **venire da te** 너희 집에 가다, **viaggiare** 여행하다, **molto veloce** 매우 빠른, **ricordare** 기억하다, **titolo** 제목, **prestare** 빌려주다, **il collega** 동료, **prenotare** 예약하다, **posto** 좌석, **a teatro** 오페라 극장에, **abitare** 거주하다, **freddo** 추운, **finire di** ~를 마치다/끝내다, **rivista** 잡지, **il mese scorso** 지난 달, **indicare la strada** 길을 가리켜주다, **sicuramente** 확실히, **straniero** 외국인, **armadio** 옷장, **regalo** 선물, **comprare** 사다.

해석

1. 이것은 어제 저녁 길에서 내가 발견한 강아지다.(목적격: ho trovato **il cagnolino**) 2. 파리는 내가 잊지 못할 시간을 보낸 도시다.(ho passato giorni **a Parigi**) 3. 전화기가 놓여 있는 테이블은 고가구이다. (c'e' il telefono **sul tavolo**) 4. 내가 막 외출하려는 순간 파올로가 왔다.(nel momento che ~ 하는 순간에) 5. 어제 내가 너희 집에 못 간 이유를 네게 설명하고 싶다.(non sono venuto da te ieri **per** ~) 6. 내가 타고 여행한 기차는 매우 빠르다.(ho viaggiato **in treno**) 7. 자네가 내게 빌려 준 책 제목을 기억 못하겠어.(목적격: mi ha prestato **il libro**) 8. 로렌초는 내가 그를 위해 극장 좌석을 예약해야 하는 동료다.(devo prenotare il posto **per il collega**) 9. 우리가 살고 있는 집은 춥다.(abitiamo **a casa**) 10. 지난 달, 자네가 내게 빌려 준 잡지들을 아직 다 못 읽었어.(목적격: mi hai prestato **le riviste**) 11. 내가 앗시시 가는 길을 가리켜 준 그 신사는 확실히 외국인일 것이다.(ho indicato **al signore** la strada) 12. 옷 장 속에는 아이들을 위해 내가 사 놓은 선물들이 있다.(목적격: ho comprato **i regali**)

14.7 대명사 NE 혹은 부사적 소사 CI로 완성하라!

1. Ci interessa la politica: _____ discutiamo spesso.
2. Giorgio non lascera' mai la sua ragazza: _____ e' troppo innamorato.
3. Non vengo a Firenze con voi, perche' _____ sono stato ieri.
4. Marta spende un sacco di soldi per i vestiti: _____ tiene molto a essere elegante.
5. Il clima di Milano e' molto umido, ma mi _____ abituero'.
6. Non ho intenzione di andare a quella festa: sono sicura che non _____ vale la pena.
7. Con questi occhiali non _____ vedo piu': devo andare dall'occulista!
8. _____ vogliono molti soldi per vivere in Italia.
9. Angelina e' una bambina simpatica: mi piace giocar_____.
10. Paolo non e' stato gentile con noi: non voglio piu' neanche sentir_____ parlare.
11. Sono andati a Francoforte per la Fiera del libro e _____ sono rimasti tre giorni.
12. Per andare a Napoli con la sua vecchia "Panda" _____ metterai molto tempo.

어휘

interessare ~가 관심있다, **politica** 정치, **discutere di** ~에 대해 토론하다, **spesso** 자주, **non ~ mai** 결코 ~ 아니다, **lasciare** 버리다, **ragazza** 여자 애인, **essere innamorato a** ~에게 사랑에 빠지다, **spendere** 돈을 쓰다/지출하다, **un sacco di** ~ 많은 ~, **soldi** 돈, **vestito** 옷, **tenerci a** ~하는 경향이 있다, **essere elegante** 우아하다/세련되다, **il clima** 기후, **umido** 습한, **abituare a** ~에 익숙해지다, **avere intenzione di** ~할 의향이 있다, **sicuro** 확실한, **ne vale la pena** ~할 가치가 있다, **non vederci piu'** 더 이상 안 보이다, **andare dall'occulista** 안과에 가다, **volerci** ~가 필요하다, **giocarci** play on it, **sentirci parlare** ~에 대해 말하는 것을 듣다, **Fiera** 박람회, **rimanere tre giorni** 3일 머물다, **metterci tempo** ~하는데 시간이 걸리다.

UNITA' 14

해석

1. 우리에게 정치는 관심이 있다. 정치에 대해 우리는 자주 토론한다. 2. 지오르지오는 절대로 그의 애인을 버리지 못 할 것이다. 왜냐하면, 그녀에게 너무 빠져있기 때문이다. 3. 나는 너희들과 피렌체에 안 간다. 왜냐하면 어제 거기에 갔었거든. 4. 마르타는 옷을 위해 많은 돈을 쓴다. 너무 멋을 내는 경향이 있다. 5. 밀라노의 기후는 매우 습하지만, 나는 그것에 익숙해질 것이다. 6. 나는 그 파티에 갈 의향이 없다. 왜냐하면 그럴 가치가 없다고 확신하기 때문이다. 7. 이 안경 쓰고는 더 이상 보지 못해서 나는 안과에 가야 한다. 8. 이탈리아에 살기 위해서는 많은 돈이 필요하다. 9. 안젤리나는 상냥한 어린이다. 나는 그녀와 노는 것을 좋아한다. 10. 파올로는 우리에게 친절하지 않았다. 그래서 나는 더 이상 그에 대해 말하는 것을 듣고 싶지 않아. 11. 나는 서적 박람회에 참석하기 위해 프랑크푸르트로 가서 3일 동안 거기서 머물렀다. 12. 그의 낡은 "판다" 차로 나폴리에 가려면 너는 많은 시간이 걸릴 것이다.

14.8 대명사 NE 혹은 부사적 소사 CI로 완성하라!

1. E' inutile che mi racconti questa storia: non me _____ importa niente.
2. Devo cambiare posto, perche' da qui non _____ vedo e non _____ sento bene.
3. Quanto tempo _____ metti per venire in ufficio?
4. Fabio vuole rimanere ancora a Milano perche' _____ si trova molto bene.
5. Dopo la lezione gli studenti se _____ sono andati a casa.
6. E' da molti mesi che non vedo i miei genitori: _____ ho molta nostalgia!
7. Riportami quel libro: spero che non te _____ dimenticherai!
8. Voglio cambiare casa. Che _____ pensate?
9. _____ e' voluto molto tempo per convincerlo a venire con noi.
10. Questi spaghetti erano ottimi: per questo _____ ho mangiati tanti!

어휘

inutile 소용없는, raccontare 이야기하다, importarne ~가 중요하다, vederci 보이다, sentirne ~가 들리다, metterci tempo 시간이 걸리다, trovarsi bene 잘 지내다, andarsene (어디론가) 가버리다, e' da molti mesi che ~한지 수 개월이다,

avere nostalgia di ~에 대한 향수를 느끼다, **riportare** 되가져가다, **dimenticarsi di** ~에 대해 잊다, **pensarne** ~에 대해 생각하다, **volerci tempo** 시간이 걸리다, **convincere** 설득하다, **ottimo** 최상/최고의.

해석

1. 자네가 내게 이런 이야기를 하는 것은 소용없다. 내게는 전혀 중요하지 않기 때문이지. 2. 여기서는 안 보이고 들리지도 않아서 나는 자리를 바꾸어야겠다. 3. 사무실에 오려면 얼마나 걸리니? 4. 파비오는 밀라노에서 아주 잘 지내고 있어서 더 머물고 싶어 한다. 5. 수업 후에 학생들은 집으로 가 버렸다. 6. 부모님을 못 본지 오래되어 나는 그 분들에 대한 향수를 느낀다. 7. 그 책을 내게 다시 가져와라. 네가 잊지 않기를 나는 바란다. 8. 나는 이사하고 싶어. 너희들 생각은 어때? 9. 우리와 같이 가자고 그를 설득하는데 많은 시간이 걸렸다. 10. 이 스파게티는 최고라서 나는 많이 먹었다.

14.9 (직접/간접/재귀)대명사로 완성하라!

1. Marco, quando esci _____ compri il giornale?
2. Hai visto Mario e Andrea?
   No, non _____ ho vist_____, ma ho visto Maria e l'ho invitat_____ a cena.
3. Alberto, _____ aspetto davanti al cinema alle 7.
4. Signora, _____ aspetto davanti al cinema alle 7.
5. Volevo parlare con Fausto, cosi' _____'ho chiamat_____ e _____ ho parlato.
6. Volevo vedere Carla, cosi _____ ho telefonato e _____'ho invitat _____ a cena.
7. _____ saluto, signor Rossi, _____ mandero' una cartolina.
8. Maria _____ sveglia quando la mamma _____ chiama e _____ porta il caffe'.
9. Giorgio _____ alza quando sua moglie _____ sveglia e _____ porta il caffe'.

10. Marco, quando esci, compra_____ il giornale!
11. Signora, _____ dispiace dar_____ una mano?
12. Claudio, _____ piacerebbe partire con noi?

어휘

> **portare il caffe'** 커피를 갖고 가다, **Le dispiace ~?** ~해 주시겠습니까?, **dare una mano** 도움을 주다, **ti piacerebbe ~?**(=vorresti ~) 하고 싶니?

해석

1. 마르코, 네가 외출할 때 내게 신문 좀 사다 줄래? 2. 마리오와 안드레아를 보았니? 아니, 그들을 보지 못했지만 마리아를 보고 그녀를 저녁 식사에 초대했어. 3. 알베르토, 7시에 영화관 앞에서 너를 기다릴게. 4. 부인, 7시에 영화관 앞에서 당신을 기다릴게요. 5. 나는 파우스토와 이야기 하고 싶었다. 그래서 그에게 전화해서 그와 함께 대화했다. 6. 나는 카를라를 보고 싶었다. 그래서 그녀에게 전화하고 그녀를 저녁 식사에 초대했다. 7. 롯시 씨, 당신께 안부 전합니다. 엽서 한 장 당신께 보낼게요. 8. 마리아는 엄마가 부르며 자신에게 커피를 갖다 줄 때 잠에서 깬다. 9. 지오르지오는 그의 아내가 그를 깨우며 커피를 갖다줄 때 일어난다. 10. 마르코, 외출할 때 내게 신문 좀 사다 주라! 11. 부인, 실례지만 제게 도움을 좀 주시겠어요? 12. 클라우디오, 우리와 함께 떠나고 싶니?

14.10 (직접/간접/복합)대명사로 완성하라!

1. Oggi e' l'onomastico di Ivo: _____ ho regalato un libro, _____ ho dato stamattina.
2. Ecco Paolo! _____ chiedo in prestito la sua macchina, _____ chiedo subito.
3. Ho dato a Mario il tuo indirizzo: _____ ho dat_____ perche' cosi' scrivera'.
4. Alberto e' tornato? Ora _____ telefono e _____ invito a cena a casa mia.

5. Lucia vuole le chiavi di casa, ma io non _____ posso dare.
6. Vorrei le cassette di Roberto, ma lui non _____ _____ da'.
7. - Chi _____ ha regalato questo mazzo di fiori?
   - _____ _____ ha regalat_____ Giovanni.
8. Signora, _____ dispiace aiutar_____ a fare questo lavoro?
9. - Ada, _____ sono piaciut_____ le mie poesie?
   - Si', _____ sono piaciut_____ molto.
10. Devo restituire i libri a Bruno. Devo restituir_____ stasera.
11. - Paola, per favore, _____ compri il giornale?
    - Mi dispiace, ho fretta, non _____ _____ posso comprare.
12. Claudio voleva conoscere Rosa, ma io non _____ ho presentat_____.

어휘

onomastico 성명축일, **ecco** here is/are, **chiedere in prestito** 대여를 요청/부탁하다, **mazzo di fiori** 꽃다발, **poesia** 시, **restituire** 반납하다/돌려주다, **avere fretta** 시간이 급하다.

해석

1. 오늘은 이보의 성명축일이다. 그래서 나는 그에게 책 한 권을 선물했다. 오늘 아침에 그에게 그것을 전달했다. 2. 파올로가 오는구나! 나는 그에게 차를 빌려달라고 부탁해야 하고 곧바로 그에게 그의 차를 부탁한다. 3. 나는 마리오에게 자네 주소를 주었어. 그가 네게 편지를 쓸 예정이라서 그에게 그것을 주었지. 4. 알베르토가 돌아왔니? 지금 나는 그에게 전화해서 그를 저녁식사에 초대해야겠다. 5. 루치아가 집 열쇠를 원하지만 나는 그녀에게 그것을 줄 수 없다. 6. 나는 로베르토의 카세트들을 정말 갖고 싶은데, 그는 내게 그것들을 주지 않는다. 7. 누가 이 꽃다발을 네게 선물했니? 지오반니가 내게 그것을 선물했어. 8. 부인, 이 일을 하는 저를 도와주시겠습니까? 9. 아다, 내 시가 좋았니? 그래, 매우 좋았어. 10. 나는 브루노의 책들을 돌려주어야만 한다. 그래서 오늘 저녁 돌려주어야지. 11. 파올라, 부탁인데, 내게 신문 좀 사다 줄래? 미안해, 내가 급해서 네게 그것을 사다 줄 수 없구나. 12. 클라우디오는 로사를 사귀고 싶어 했지만 나는 그에게 그녀를 소개하지 않았다.

UNITA' 14

14.11 전치사로 완성하라!

1. Ti ho parlato spesso _____ Giorgio, quel mio amico che vive Stati Uniti.
2. Stasera vado _____ cena _____ i miei amici.
3. Ho molta fiducia _____ mio medico.
4. Ho prestato la macchina _____ mia sorella.
5. Contiamo molto _____ vostro aiuto.
6. Fausto vuole comprare un regalo _____ sua moglie _____ il suo compleanno.
7. Ho ritrovato una vecchia lettera _____ le pagine _____ un libro.
8. Sandra ha ricevuto una lettera _____ suoi figli che studiano _____ Londra.
9. Franco ha ricevuto un invito _____ cena _____ suo capufficio.
10. Elena ha ballato tutta la sera _____ Filippo.
11. Maurizio vive _____ una grande citta' _____ Nord.
12. Spesso, _____ agosto, _____ motivi _____ lavoro, non vado _____ ferie.

어휘

> **parlare di** ~대해 말하다, **avere molta fiducia in** ~를 무척 신뢰하다, **contare molto su** ~에 많이 의지하다, **ritrovare** 재발견하다, **tra/fra le pagine in un libro** 어느 책갈피 사이에, **capufficio** head clerk, **ballare** 춤추다, **tutta la sera** 저녁 내내, **per motivi di lavoro** 일 때문에/직업 상, **in agosto** 8월에, **andare in ferie** 휴가 가다.

해석

1. 나는 네게 미국에 살고 있는 내 친구 지오르지오에 대해 자주 말했다. 2. 오늘 저녁 나는 내 친구들과 저녁 먹으러 간다. 3. 나는 내 주치의에 대해 매우 신뢰한다. 4. 나는 내 누이에게 차를 빌려주었다. 5. 우리는 너희들의 도움에 많이 의지한다. 6. 파우스토는 아내 생일을 위해 그녀에게 선물 하나를 사고 싶어한다. 7. 나는 책갈피에서 오래된 편지 한 통을 재발견했다. 8.

산드라는 런던에서 유학하는 그의 자식들로부터 편지 한 통을 받았다. 9. 프랑코는 그의 사장으로부터 저녁 식사 초대를 받았다. 10. 엘레나는 필립보와 저녁 내내 춤을 추었다. 11. 마우리치오는 북부의 어느 한 대도시에 살고 있다. 12. 8월이면 일 때문에 나는 휴가에 못 간다.

UNITA' 15

15.1 Non **andai** al cinema perche' avevo mal di testa.
15.2 **Quella volta** Carlo non **venne** con noi perche' era stanco.
15.3 **Quella sera** ero stanco, percio' non **uscii**.
15.4 Non **andai** al cinema, perche' avevo gia' visto il film.
15.5 원과거 1인칭 단수(io) 활용의 원형을 보기에서 찾아라!
15.6 동사를 원과거로 활용하라!
15.7 제시된 원과거 활용 동사로 문장을 완성하라!
15.8 제시된 변의형 명사(nomi alterati)로 문장을 완성하라!
15.9 전치사로 완성하라!
15.10 전치사로 완성하라!
15.11 제시된 어휘로 문장을 완성하라!
15.12 복수 문장으로 전환시켜라!
15.13 제시된 원과거 활용 동사로 문장을 완성하라!
15.14 텍스트를 읽어라!

원과거(Passato remoto):
　규칙활용 동사 – girai, potei, salii
　불규칙활용 동사 – fui, ebbi

변의형 명사(Nomi alterati): riposino, vitaccia, omone, giretto

-a 어미를 갖는 남성명사(Nomi maschili in -a):
　problema, programma, panorama, poeta

-ista 어미를 갖는 명사(Nomi in -ista):
　giornalista, automobilista, turista, pianista, artista, tennista

15.1 보기처럼 변형시켜라!

Non **sono andato** al cinema perche' avevo mal di testa.
→ Non **andai** al cinema perche' avevo mal di testa.
　나는 머리가 아파서 영화관에 못 갔다.

1. Gina non **e' andata** al ristorante perche' non aveva fame.

2. Non **abbiamo preso** l'ombrello perche' non pioveva.

3. Non **hanno comprato** quella casa perche' non avevano i soldi.

4. **Ho bevuto** un bicchiere di birra perche' avevo sete.

5. Mi **ha detto** che non poteva venire perche' era occupata.

6. **Ho smesso** di fumare perche' mi faceva male.

7. Giorgio non **e' venuto** con noi perche' stava male.

8. **Abbiamo comprato** quel quadro che ci piaceva tanto.

9. Gli **ho chiesto** che cosa faceva.

10. Quando **siamo arrivati** alla stazione, il treno stava partendo.

11. Maurizio **ha preso** le sigarette che erano sul tavolo.

12. **Sono andato** a salutare gli amici che partivano.

UNITA' 15

어휘

> **avere mal di testa** 머리가 아프다, **avere fame** 배가 고프다, **prendere l'ombrello** 우산을 챙기다, **piovere** 비가 오다, **avere i soldi** 돈이 있다, **avere sete** 목이 마르다, **essere occupato** 바쁘다, **smettere di fumare** 금연하다, **mi fare male** 나를 아프게 하다, **stare male** 몸이 아프다, **stare partendo** 출발 중이다, **prendere le sigarette** 담배를 집어 들다, **andare a salutare** 인사하러 가다.

해석

1. 지나는 배가 고프지 않아서 레스토랑에 가지 않았다. 2. 비가 오지 않아서 우리는 우산을 챙기지 않았다. 3. 그들은 돈이 없어서 그 집을 사지 않았다. 4. 나는 목이 말라서 맥주 한 잔을 마셨다. 5. 그녀는 바빠서 올 수 없다고 내게 말했다. 6. 흡연이 나를 병들게 해서 나는 담배를 끊었다. 7. 지오르지오는 아파서 우리와 함께 가지 못했다. 8. 우리가 아주 좋아하는 그 그림을 우리는 구입했다. 9. 무엇을 하는지 나는 그에게 물었다. 10. 우리가 역에 도착했을 때, 기차는 출발하고 있었다. 11. 마우리치오는 테이블에 있는 담배를 집어 들었다. 12. 나는 떠나는 친구들에게 인사하러 갔다.

문법

원과거(Passato remoto): ~했다, 했었다

1) 직설법 과거 3형제(근과거, 불완료과거, 원과거) 가운데 하나다.
2) 현재와는 관련이 없는 먼 과거의 행위, 즉 사건이나 역사적 사실을 표현할 때 주로 사용한다.
3) 최근에 발생한 사건일지라도, 화자의 관심이 멀 경우, 원과거를 사용할 수 있다.
4) 원과거는 문어체에서는 사용빈도가 적다. 그러나 전혀 사용되지 않거나, 남부지방 어떤 지역에서만 사용된다는 것은 사실이 아니다. 분명한 것은 원과거가 이탈리아의 다른 지역보다는 남부지방에서 더욱 빈번히 사용된다는 사실이다. 또한 중부지방인 Toscana 지방에서도 빈번히 사용된다는 점을 잊어서는 안 된다.

	규칙 활용			불규칙 활용	
	gir-are	**pot-ere**	**sa-lire**	**essere**	**avere**
io	gir-**ai**	pot-**ei** (-etti)	sal-**ii**	fui	ebbi
tu	gir-**asti**	pot-**esti**	sal-**isti**	fosti	avesti
lui/lei	gir-**o'**	pot-**e'** (-ette)	sal-**i'**	fu	ebbe
noi	gir-**ammo**	pot-**emmo**	sal-**immo**	fummo	avemmo
voi	gir-**aste**	pot-**este**	sal-**iste**	foste	aveste
loro	gir-**arono**	pot-**erono** (-ettero)	sal-**irono**	furono	ebbero

*불규칙 활용동사 → 15.5참조

4. bere:bevvi, bevesti, bevve, ⋯ 5. dire:dissi, dicesti, disse, ⋯ 6. smettere:smisi, smettesti, smise, ⋯ 7. venire:venni, venisti, venne, ⋯ 9. chiedere:chiesi, chiedesti, chiese, ⋯ 11. prendere:presi, prendesti, prese, ⋯

15.2 보기처럼 변형시켜라!

Carlo non **e' venuto** con noi perche' era stanco.
카를로는 피곤해서 우리와 함께 가지 못했다.
→ **Quella volta** Carlo non **venne** con noi perche' era stanco.
   그때(그 당시) 카를로는 피곤해서 우리와 함께 가지 못했었다.

1. Non **ho risposto** alla sua lettera perche' non conoscevo il suo indirizzo.

2. **Siamo andati** a Roma con l'autobus perche' non avevamo la macchina.

3. Laura non **e' venuta** con noi perche' doveva lavorare.

4. **Mi sono fermato** a Roma solo un paio di giorni perche' dovevo tornare a lavorare.

5. Enzo **ha scritto** una lettera a Mario perche' aveva bisogno del suo aiuto.

UNITA' 15

6. **Ho cambiato** casa perche' ne volevo una piu' grande.

fermarsi ~에 머물다, **un paio di giorni** 이틀, **avere bisogno di** ~이 필요하다,

1. 그때 나는 그의 주소를 몰랐기에 그의 편지에 답장을 못했었다. 2. 그때 우리는 차가 없었기에 버스타고 로마에 갔었다. 3. 그때 라우라는 일을 해야 했기에 우리와 함께 가지 못했었다. 4. 그때 나는 일하러 돌아가야 했기에 달랑 이틀만 로마에 머물렀었다. 5. 그때 엔초는 도움을 필요로 했기에 마리오에게 편지 한 통을 썼었다. 6. 그때 나는 보다 더 큰 집을 원했기에 이사를 했었다.

원과거(Passato remoto)

불규칙활용 동사

*La seconda guerra mondiale comincio' nel 1939 quando la Germania **invase** la Polonia. 제2차 세계대전은 독일이 폴란드를 침공했던 1939년에 시작되었다.

위의 예문에서 보듯이 'invase (invadere)'의 경우 불규칙활용을 보이고 있으나, 나름대로의 규칙성을 지니고 있다. io에 대한 활용만 알고 있다면 쉽게 만들 수 있다.

	ved-ere	prend-ere	chied-ere	decid-ere	mett-ere
io	**vidi**	presi	chiesi	decisi	misi
tu	ved-esti	prend-esti	chied-esti	decid-esti	mett-esti
lui	**vide**	prese	chiese	decise	**mise**
noi	ved-emmo	prend-emmo	chied-emmo	decid-emmo	mett-emmo
voi	ved-este	prend-este	chied-este	decid-este	mett-este
loro	**videro**	**presero**	**chiesero**	**decisero**	**misero**

vedere동사의 원과거 활용에 있어서 (io) vidi만을 알고 있다면, (lui) vide를 유추하고, (loro) videro를 만들어 낼 수 있다. 나머지는 규칙 활용하는 tu, voi를 만들고 난 후, 마지막으로 noi를 만든다. 다시 말해서 vidi - vide - videro - vedesti - vedeste - vedemmo와

같이 순서를 바꾸어 연습하면 효과적이다.

빈번하게 사용되는 중요 동사 몇 개를 나열해 보자. 빈 칸은 규칙 활용한다.

	io	tu	lui	noi	voi	loro
rispondere	**rispos-i**		**rispos-e**			**rispos-ero**
leggere	**less-i**		**less-e**			**less-ero**
piacere	**piacqu-i**		**piacqu-e**			**piacqu-ero**
nascere	**nacqu-i**		**nacqu-e**			**nacqu-ero**
rimanere	**rimas-i**		**rimas-e**			**rimas-ero**
sapere	**sepp-i**		**sepp-e**			**sepp-ero**
scrivere	**scriss-i**		**scriss-e**			**scriss-ero**
venire	**venn-i**		**venn-e**			**venn-ero**
vivere	**viss-i**		**viss-e**			**viss-ero**

15.3 보기처럼 변형시켜라!

Ieri sera ero stanco, percio' non **sono uscito**.
어제 저녁 나는 피곤해서 외출하지 않았다.

→ **Quella sera** ero stanco, percio' non **uscii.**
그날 저녁 나는 피곤해서 외출하지 않았었다.

1. Ieri sera avevamo molto da fare, percio' **siamo tornati** a casa tardi.
   _____

2. Ieri sera Stefano deveva finire un lavoro, percio' **e' rimasto** in ufficio fino a tardi.
   _____

3. Ieri sera avevo molto sonno, percio' **mi sono addormentato** presto.
   _____

4. Ieri sera non avevamo voglia di cucinare, percio' **abbiamo mangiato** al ristorante.
   _____

5. Ieri sera i ragazzi avevano la febbre alta, percio' **ho chiamato** il medico.
   _____

UNITA' 15

6. Ieri sera Ugo e Ivo non avevano voglia di stare a casa, percio' **sono andati** al cinema.

7. Ieri mattina dovevo versare un assegno, percio' **sono andata** in banca.

8. Ieri mattina ero molto stanca, percio' **mi sono alzata** tardi.

9. Ieri mattina Ada aveva la macchina dal meccanico, percio' **ha preso** l'autobus.

10. Ieri mattina dormivamo profondamente, percio' non **abbiamo sentito** la sveglia.

11. Ieri mattina i ragazzi avevano l'influenza, percio' **sono restati** a casa.

12. Ieri mattina sentivo molto freddo, percio' **ho acceso** il riscaldamento.

어휘

> **avere da fare** 해야 할 일, **percio'** 그래서, **avere sonno** 졸리다, **addormentarsi** 잠이 들다, **avere voglia di** ~하고 싶다/할 마음이 있다, **avere la febbre** 열이 있다, **versare un assegno** 수표를 예금하다, **dal meccanico** 자동차 정비소에, **prendere l'autobus** 버스를 타다, **profondamente** 깊게, **sveglia** 자명종, **avere l'influenza** 독감에 걸리다, **sentire freddo** 추위를 느끼다, **riscaldamento** 난방장치/보일러.

해석

1. 그날 저녁 우리는 할 일이 많아서 집에 늦게 돌아왔었다. 2. 그날 저녁 스테파노는 일을 하나 끝내야 했기에 늦게까지 사무실에 남아있었다. 3. 그날 저녁 나는 무척 졸려서 일찍 잠이 들었었다. 4. 그날 저녁 우리는 요리를 하고 싶지 않았기에 레스토랑에서 밥을 먹었었다. 5.

그날 저녁 소년들은 열이 높아서 나는 의사를 불렀었다. 6. 그날 저녁 우고와 이보는 집에 있고 싶지 않아서 영화관에 갔었다. 7. 그날 아침 나는 수표를 예금해야 했기에 은행에 갔었다. 8. 그날 아침 나는 매우 피곤해서 늦게 일어났었다. 9. 그날 아침 아다는 정비소에 자동차를 맡겼기에 버스를 탔었다. 10. 그날 아침 우리는 깊이 잠자고 있었기에 자명종 소리를 듣지 못했었다. 11. 그날 아침 소년들은 독감에 걸려서 집에 남아있었다. 12. 그날 아침 나는 추위를 많이 느꼈기에 보일러를 켰었다.

문법

과거3형제는 시제의 성격 상 둘로 나뉜다. 완료시제와 불완료시제인데, 근과거와 원과거가 완료시제에 속한다. 이 둘의 차이는 가까운 과거에 발생했는가, 먼 과거에 발생했는가에 있다. 불완료과거는 개념부터 그들과 차이가 있다. 비유를 하자면, 빛바랜 낡은 사진은 '원과거', 최근에 찍은 사진은 '근과거', 그리고 캠코더로 찍은 동영상은 '불완료과거' 라고 말 할 수 있을 것같다. 그렇다면, 대과거는 무엇인가? 한 문장 속에서 사건의 발생 시점에 차이가 나는 경우, 주절엔 과거3형제 중에 개념에 적합한 시제를 골라 사용하고, 종속절엔 한 단계 내려간 대과거를 사용하면 된다.

				단순미래[-are, -ere, -ire]
			복합미래[avere/essere 단순미래+p.ps]	
		현재[-are, -ere, -ire]		
	근과거[avere/essere 현재+p.ps]			
	원과거[-are, -ere, -ire]			
	불완료과거[-are, -ere, -ire]			
대과거[avere/essere 불완료과거+p.ps]				
선립과거[avere/essere 원과거+p.ps] * 거의 사용되지 않고 있다.				

단순시제 : 불완료과거, 원과거, 현재, 단순미래. (동사원형의 어미활용으로 시제 구성)
복합시제 : 대과거, 선립과거, 근과거, 복합미래. (조동사 avere/essere와 함께 시제 구성)
8개의 시제 가운데, 회화체에서 자주 쓰이는 시제는 '근과거, 불완료과거, 현재, 미래' 이므로 초보자들은 먼저 이들 시제부터 정리해야 할 것이다.

15.4 보기처럼 변형시켜라!

Non **sono andato** al cinema, perche' **avevo** gia' **visto** il film.
  나는 그 영화를 이미 보았기 때문에 영화관에 가지 않았다.
→ Non **andai** al cinema, perche' **avevo** gia' **visto** il film.
  나는 그 영화를 이미 보았기 때문에 영화관에 가지 않았었다.

1. Non **ho risposto** alla tua lettera, perche' **avevo preso** l'indirizzo.

2. Non **ho salutato** Antonio, perche' non l'**avevo riconosciuto**.

3. **Abbiamo trovato** un posto in prima fila al concerto, perche' **avevamo prenotato**.

4. Sandro mi **e' venuto** a trovare, perche' **aveva saputo** che stavo male.

5. Marcella **ha dovuto pagare** una multa, perche' **aveva lasciato** la patente a casa.

6. **Sono andata** dal medico, perche' la mattina **mi ero sentita** male.

> **riconoscere** recognize/알아보다, **in prima fila** 첫 째 줄에, **venire a trovare** ~를 보러 오다, **lasciare la patente a casa** 운전면허증을 집에 놔두다, **andare dal medico** 병원에 가다, **sentirsi male** 몸이 아프다.

1. 나는 주소를 잃어버렸기 때문에 네 편지에 답장을 못했었다. 2. 나는 안토니오를 미리 알아보지 못했기 때문에 그에게 인사하지 못했었다. 3. 우리는 미리 예약을 했기 때문에 콘서트 장 맨 앞줄에 좌석을 구했었다. 4. 산드로는 내가 아프다는 사실을 미리 알았기 때문에 나를 보러

왔었다. 5. 마르첼라는 집에 면허증을 두고 왔기 때문에 벌금을 물어야만 했었다. 6. 나는 아침에 몸이 아팠기 때문에 병원에 갔었다.

직설법 대과거(Trapassato prossimo)
avevo gia' **visto**, mi **ero sentita** male
과거 3형제(근과거, 원과거, 불완료과거)보다 먼저 발생한 사건을 기술할 때 사용되는 시제.
[avere 직설법 불완료과거＋타동사의 과거분사]
[essere 직설법 불완료과거＋자동사의 과거분사(주어의 성수와 어미일치)] → 8.2 참조.

15.5 원과거 1인칭 단수(io) 활용의 원형을 보기에서 찾아라!

vidi	spesi	accesi	piacqui	vissi	persi
venni	dissi	risposi	presi	bevvi	chiesi
spinsi	fui	volli	scrissi	feci	vinsi
spensi	ebbi	nacqui	lessi	stetti	giunsi

[보기]

spegnere 끄다	accendere 켜다	venire 오다, 가다	scrivere 글을 쓰다	vivere 살다	piacere ~가 좋다
avere 소유하다	volere 원하다	spingere 밀다	leggere 글을 읽다	vincere 승리하다	bere 마시다
dire 말하다	vedere 보다	rispondere 대답하다	giungere 첨가하다	perdere 잃어버리다	stare 있다
essere ~이다, 있다	nascere 출생하다	spendere 돈을 쓰다	chiedere 묻다	prendere 취하다	fare 하다

15.6 동사를 원과거로 활용하라!

TRA I DUE LITIGANTI IL TERZO GODE

Un orso e un leone litigavano fra di loro per un pezzo di carne.

"L'ho visto prima io!" (**esclamare**) _____ l'orso.

"Ma io l'ho preso!" (**replicare**) _____ il leone.

"Allora dividiamolo a meta'!"

"No, perche' e' tutto mio!"

Dalle parole i due (**passare**) _____ ai fatti e (**cominciare**) _____ a picchiarsi come due disperati. (**Lottare**) _____ a lungo, (**stancarsi**) e alla fine (**dovere**) _____ distendersi un poco per riposare. Cosi' distesi, (**addormentarsi**) _____.

Intanto il pezzo di carne era rimasto per terra: una volpe (**uscire**) _____ dal bosco, (**prendere**) _____ il pezzo di carne e lo (**mangiare**) _____ con tutto il suo comodo.

어휘

litigante 다투는 자, **terzo** 제3자, **godere** 누리다/향유하다, **orso** 곰, **leone** 사자, **litigare** 다투다/싸우다, **fra di loro** 그들끼리, **pezzo di carne** 고기 조각, **esclamare** 크게 부르짖다, **replicare** 되받아 넘기다, **dividere** 나누다, **a meta'** 반씩, **dalle parole** 말로부터/말싸움하다가, **passare ai fatti** 행동으로 옮겨가다, **picchiarsi** 서로 때리다, **disperato** 자포자기한 사람/동물, **lottare** 싸우다/투쟁하다, **a lungo** 오랫동안, **stancarsi** 지치다, **alla fine** 결국/급기야, **distendersi** 쭉 뻗어있다, **disteso** 쭉 뻗은, **intanto** 그러는 동안, **per terra** 바닥/땅에, **volpe** 여우, **bosco** 숲, **comodo** 편안함.

해석

다투는 두 사람 사이에서 제3자가 복을 누린다. (어부지리)
곰과 사자가 고기 조각을 놓고 서로 다투고 있었다.
"내가 먼저 고기 조각을 보았단 말이야!"라고 곰이 크게 부르짖었다.

"아니야 내가 잡은 거라니까!"라고 사자가 되받아쳤다.

"그럼 고기를 반씩 나누자 우리!"

"모두 내 것이라서 안 된다!"

곰과 사자는 말싸움하다가 급기야 행동으로 옮겨 갔고, 자포자기식으로 서로 치고 받고 때리기 시작했다. 오랫동안 싸우다 지쳐서, 결국 잠시 쉬기 위해 쭉 뻗어 있어야 했다. 그렇게 쭉 뻗어 있다가 그들은 그만 잠이 들어버렸다.

그러는 동안 고기 조각은 땅바닥에 고스란히 남아 있었기에 여우 한 마리가 숲에서 나와 그 고기 조각을 편안하게 집어 먹어버렸다.

15.7. 제시된 원과거 활용 동사로 문장을 완성하라!

I. IL COLOSSEO

L'imperatore Vespasiano _____ nel 72 d.C. la costruzione di questo anfiteatro nell'80 Tito _____ con festeggiamenti che _____ cento giorni.

Nel Colosseo, che poteva contenere 50.000 spettatori, _____ combattimenti di gladiatori e cacce di bestie feroci. Nel 1749 Papa Benedetto XIV lo _____ sacro in ricordo dei martiri cristiani e _____ l'opera di restauro del magnifico monumento.

> **inauguro' - dichiaro' - inizio' - durarono - si svolsero - comincio'**

어휘

imperatore 황제, **nel 72 d.C.**(dopo Cristo) 기원 후 72년에, **costruzione** 건축/건설, **anfiteatro** 원형경기장, **inaugurare** 축하하다, **festeggiamento** 경축행사, **durare** 지속되다, **contenere** 수용하다, **spettatore** 관중/관객, **svolgersi** 행해지다, **combattimento** 전투/싸움, **gladiatore** 검투사, **caccia** 사냥, **bestia feroce** 맹수, **Papa** 교황, **dichiarare** 선언하다, **sacro** 신성한, **in ricordo di** ~의 뜻을 기리다, **martiro cristiano** 기독교 순교자, **iniziare** 시작하다, **opera di restauro** 복원 작업, **magnifico monumento** 성대한 유적.

UNITA' 15

콜로세움

베스파시아노 황제는 기원 후 72년에 원형극장 건설을 시작했다. 80년에 티토는 100일 동안 지속된 경축 행사로 완공을 축하했다.

5만 관중을 수용할 수 있는 콜로세움에서는 검투사들의 전투와 맹수 사냥이 행해졌다. 1749년에 교황 베네데토 14세는 기독교 순교자들을 기리기는 뜻에서 콜로세움을 신성한 장소로 선포하고 성대한 유적 복원 작업을 시작했다.

II. SAN PIETRO

La basilica di San Pietro e' la piu' grande chiesa cattolica del mondo; si trova nella Citta' del Vaticano e rappresenta il centro spirituale degli oltre 900 milioni di cattolici sparsi in tutto il mondo.

La costruzione della basilica _____ nel 1506 e _____ nel 1626. Michelangelo _____ la cupola e _____ autore della Pieta', la famosa scultura che si trova all'interno della chiesa.

> **termino' - inizio' - fu - progetto'**

> **basilica** 바실리카 성당, **trovarsi** ~에 위치하다, **Citta' del Vaticano** 바티칸 시티, **rappresentare** 표현/표방하다, **centro spirituale** 정신적인 중심지, **oltre** ~를 넘는, **sparso** 분포된/퍼진, **tutto il mondo** 전 세계, **terminare** 종료하다/마치다/끝내다, **progettare** 설계하다, **cupola** 쿠폴라/둥근 지붕, **autore** 제작자, **Pieta'** 연민, **scultura** 조각작품, **interno** 내부.

성 베드로 대성당

성 베드로 대성당은 지구상에서 가장 큰 가톨릭 성당으로 바티칸 시티에 위치하며 전 세계에 퍼져 있는 9억 명이 넘는 가톨릭 신도들의 정신적 중심을 표방하고 있다.

성당의 건축은 1506년에 시작해서 1626년에 끝이 났다. 미켈란젤로는 쿠폴라(둥근 지붕)를 설계했고 성당 내부에 놓여 있는 유명한 조각 작품 '피에타'의 제작자였다.

15.8 제시된 변의형 명사(nomi alterati)로 문장을 완성하라!

riposino	appartamentino	vitaccia	mammina	omone	stradaccia
profumino	giornataccia	finestrina	ragazzacci	giretto	doloretto

1. E' meglio prendere la strada piu' lunga: questa e' piu' corta ma e' una _____.
2. Sono molto stanco: dopo pranzo vado a farmi un _____.
3. Marta vive in un _____ vicino a quello dei suoi genitori.
4. Mi devo assolutamente riposare: oggi in ufficio e' stata una _____.
5. Paola ha fatto un dolce: dalla cucina arriva un _____ delizioso.
6. Quella _____ non e' sufficiente a illuminare la stanza.
7. Non uscire con loro: lo sai che sono dei _____.
8. Mia zia si lamenta in continuazione: ha sempre qualche _____ nuovo.
9. Giorgio e' quell' _____ alto e grosso laggiu', davanti al bar.
10. Dai, usciamo, smetti di studiare: andiamo a fare un _____.
11. Gianna lavora tutto il giorno e poi quando torna a casa deve pensare ai bambini e cucinare: fa proprio una _____.
12. _____ mia, ti voglio tanto bene!

어휘

meglio 더 낫다, **stradaccia** 나쁜 길, **riposino** 짧은 휴식, **appartamentino** 작은 아파트, **giornataccia** 재수 없는 하루, **profumino** 좋은 냄새, **delizioso** 맛있는, **finestrina** 작은 창문, **sufficiente** 충분한, **illuminare** 불 밝히다, **ragazzaccio** 불량소년, **lamentarsi** 고통을 겪다, **in continuazione** 계속해서, **doloretto** 잔병/작은 고통, **omone** 크고 우람한 체격의 남자, **laggiu'** 저기 저 아래, **davanti a** ~앞에, **smettere di** ~를 중단하다, **fare un giretto** 잠시 돌아다니다, **vitaccia** 힘 겨운 삶/생활, **mammina** 사랑스런 엄마.

UNITA' 15

1. 가장 긴 도로를 택하는 것(돌아가는 것)이 더 좋다. 이 길은 더 짧지만(지름길이지만) 나쁜 길이다. 2. 나는 매우 피곤해서 점심 식사 후에 잠시 쉬러 가야겠다. 3. 마르타는 부모님 집 근처 작은 아파트에 살고 있다. 4. 나는 기필코 쉬어야겠다. 오늘 회사에서 일진이 나쁜 하루였다. 5. 파올라는 후식을 만들었다. 부엌에서 맛좋은 냄새가 스며 나온다. 6. 그런 작은 창문은 방을 밝히기에는 충분하지 못하다. 7. 그들과 외출하지 마라. 왜냐하면 그들이 불량소년들이라는 것을 네가 알고 있기 때문이다. 8. 나의 숙모(이모, 고모)는 계속해서 고통을 겪고 계신다. 왜냐하면 항상 몇 가지 새로운 잔병을 달고 다니시기 때문이다. 9. 저기 저 아래, 빠 앞에 서있는 키 크고 우람한 저 남자가 지오르지오다. 10. 어서, 우리 나가자, 공부 그만해라. 잠시 돌아다니러 가자. 11. 지안나는 하루 종일 일하고 난 후, 집에 돌아와서 아이들을 챙기고 요리를 해야 한다. 정말이지 그녀는 힘겨운 삶을 살아간다. 12. 사랑스런 우리 엄마, 많이많이 사랑해요!

변의형 명사

어휘의 본래 의미가 '작고 귀여움(piccolo e caro)'이 내포된 의미로, 혹은 '크고 미운(grande e brutto)'이 내포된 의미로 변화된 명사를 말한다. 'casa'에 변의형 어미 '-etta'를 첨가하면, '작고 예쁜 집' casetta가 만들어진다.

1) '작고 귀여움(piccolo e caro)'이 내포된 변의 어미: **-etto, -ino, -ello, -uccio**
   riposino (riposo+ino), appartamentino (appartamento+ino), mammina (mamma+ina), profumino (profumo+ino), finestrina (finestra+ina), giretto (giro+etto), doloretto (dolore+etto)

2) '크고 미운(grande e brutto)'이 내포된 변의 어미: **-one**
   omone (uomo+one)

3) '밉거나 나쁜(brutto o cattivo)'이 내포된 변의 어미: **-accio**
   vitaccia (vita+accia), stradaccia (strada+accia), giornataccia (giornata+accia), ragazzacci (ragazzi+acci)

15.9 전치사로 완성하라!

1. Stamattina Mario e' andato _____ mercato _____ fare la spesa.
2. _____ vent'anni, mio nonno emigro' _____ New York, _____ Stati

Uniti.

3. _____ le canzoni _____ Lucio Dalla mi piace molto 'Futura'.
4. Stavo guardando un film _____ TV quando _____ improvviso e' andata via la luce.
5. Mi sono alzato _____ poltrona e sono andato _____ rispondere _____ telefono.
6. Appena siamo arrivati _____ Firenze, siamo andati _____ ostello _____ gioventu'.
7. Ada viveva _____ una casa vicino _____ chiesa _____ paese.
8. Ho messo un vaso _____ fiori _____ davanzale _____ finestra.
9. Giorgio ha viaggiato _____ Italia e _____ estero _____ motivi _____ lavoro.
10. Prima _____ partire, Stella e' venuta _____ salutarmi _____ suo marito.
11. Ho ascoltato la canzone _____ Lucio Dalla 'Attenti _____ lupo'.
12. Antonio Vivaldi nacque _____ Venezia _____ 1678 e mori' _____ Vienna _____ 1741.

어휘

fare la spesa 장보다, **emigrare** 이민가다, **all'improvviso** 갑자기, **andare via la luce** 전기가 나가다, **ostello della gioventu'** 유스호스텔, **davanzale** 창틀, **nascere** 출생하다, **morire** 사망하다.

해석

1. 오늘 아침 마리오는 장을 보러 시장에 갔다. 2. 나의 할아버지는 20살 때 미국 뉴욕으로 이민 가셨다. 3. 루치오 달라의 노래 가운데 나는 '미래' 라는 곡을 무척 좋아한다. 4. TV에서 영화를 보고 있는 도중에 갑자기 전기가 나갔다. 5. 소파에서 일어나 전화 받으러 갔다. 6. 피렌체에 도착하자마자 우리는 유스호스텔로 갔다. 7. 아다는 마을에 있는 성당 근처 집에서 살고 있다. 8. 나는 창 틀 위에 꽃병을 두었다. 9. 지오르지오는 일 때문에 이탈리아로, 해외로 출장을 다녔다. 10. 떠나기 전에 스텔라는 그의 남편과 함께 내게 인사하러 왔다. 11. 나는 루치오

UNITA' 15

달라의 'Attenti al lupo'라는 곡을 감상했다. 12. 안토니오 비발디는 1678년 베네치아에서 출생하여 1741년 비엔나에서 세상을 떴다.

15.10 전치사로 완성하라!

DANIELA SI E' LAUREATA

Ieri sera Teresa e' andata _____ i suoi genitori _____ cena _____ signori Marchetti; hanno festeggiato Daniela, la figlia, che ha studiato _____ Universita' _____ Roma e ha preso la laurea _____ architettura dieci giorni fa.

_____ cena Teresa ha incontrato un sacco _____ vecchi amici: Pietro lavora _____ un anno _____ Milano _____ una fabbrica di tessuti; Franco ha sposato tre anni fa una ragazza austriaca e viene _____ Italia solo _____ estate _____ le vacanze; Gianna infine non abita piu' _____ casa _____ suoi genitori, ma e' andata _____ vivere _____ sola _____ un appartamentino vicino _____ centro.

La festa e' stata molto carina; tutti hanno parlato _____ lungo, ma hanno anche mangiato e bevuto troppo. Cosi' Teresa stamattina e' stanca; mezz'ora fa e' suonata la sveglia, ma lei e' ancora _____ letto _____ gli occhi chiusi. Solo quando pensa _____ laurea _____ Daniela, decide _____ scendere _____ letto, _____ fare colazione e _____ andare _____ Universita'; ha lezione _____ 10 _____ 12 e non puo' mancare: ha ancora due esami prima _____ laurea.

 어휘

laurearsi 대학 졸업하다, **festeggiare** 파티를 열다, **prendere la laurea** 라우레아 (석사)학위를 취득하다, **architettura** 건축학, **un sacco di** ~ 많은 ~, **tessuto** 섬유, **sposare** ~와 결혼하다, **infine** 결국/드디어, **suonare la sveglia** 자명종이 울리다, **occhi chiusi** 감은 눈, **decidere di** ~하기로 결심하다, **scendere** 내려가다, **mancare** ~가 남아있다/부족하다, **esame** 시험.

다니엘라는 대학을 졸업했다

어제 저녁 테레사는 부모님과 함께 마르케티 씨 댁으로 저녁 식사하러 갔다. 그들은 열흘 전 로마 대학교에서 공부를 하고, 건축학부에서 라우레아 학위(한국의 석사 학위)를 받은 딸, 다니엘라를 위한 축하 파티를 열었다.

저녁 식사 때 테레사는 옛 친구들을 무더기로 만났다. 피에로는 밀라노에 있는 섬유공장에서 1년 전부터 일하고 있다. 프랑코는 3년 전에 오스트리아 여자와 결혼하고 여름에만 휴가를 즐기러 이탈리아에 온다. 지안나는 드디어 부모님 집에서 더 이상 살지 않고 도심 근처 한 아파트에서 혼자 살러 갔다.

파티는 매우 즐거웠다. 모두가 오랫동안 대화를 나누었지만 과식과 과음도 했다. 그래서 테레사는 오늘 아침 피곤하다. 30분전에 자명종이 울렸으나 그녀는 눈을 감은 채 침대에 아직도 누워 있다. 다니엘라의 라우레아 학위를 생각할 때면 그녀는 침대에서 내려와 아침을 먹고 학교에 가야 한다고 다짐한다. 10시에서 12시까지 수업이 있다. 결석할 수가 없다. 왜냐하면 졸업 전에 2개 과목의 시험이 남아 있기 때문이다.

15.11 제시된 어휘로 문장을 완성하라!

problema - programma - panorama - poeta

1. Augusto ha molti _____ da risolvere.
2. Dalla mia finestra vedo uno splendido_____.
3. Abbiamo fatto molti _____ per le prossime vacanze.
4. Che splendido_____ ! Mi va proprio di andare al lago.
5. Ho il grande _____ di trovare una casa carina ed economica.
6. Ho letto le poesie di alcuni _____ italiani del Novecento.

어휘

da risolvere 해결해야 하는, **splendido** 멋진, **mi va di** ~ 나는 ~가 좋다, **Novecento** 1900년대/20세기.

UNITA' 15

1. 아우구스토는 해결해야 할 많은 문제들을 갖고 있다. 2. 내 방 창문에서 나는 멋진 풍경을 바라본다. 3. 우리는 다음 휴가를 위해 많은 계획들을 짰다. 4. 멋진 경치다! 나는 호수에 가는 것을 정말 좋아한다. 5. 예쁘고 경제적인 집을 구하는 큰 문제를 갖고 있다. 6. 나는 20세기 이탈리아 시인들의 시를 읽었다.

-a를 어미로 갖는 남성명사(Nomi maschili in -a)

il problema (문제) → i problemi

il programma (프로그램) → i programmi

il panorama (전경, 경치) → i panorami

il poeta (남자 시인) → i poeti; la poetessa (여류 시인) → le poetesse

15.12 복수 문장으로 전환시켜라!

1. Eugenio Scalfari e' un giornalista italiano molto famoso.
   Eugenio Scalfari e Giovanni Fioretto _____.
2. Lui e' un automobilista molto prudente.
   Loro _____.
3. Lei e' una turista molto curiosa.
   Loro _____.
4. Tu sei una pianista molto brava.
   Voi _____.
5. Lui e' un artista molto originale.
   Loro _____.
6. Tu sei un tennista molto bravo.
   Voi _____.

어휘

> **giornalista** 기자, **automobilista** 운전자, **prudente** 조심스런, **turista** 관광객, **curioso** 호기심있는, **pianista** 피아니스트, **artista** 예술가, **originale** 독창적인, **tennista** 테니스 선수.

해석

1. 에우제니오 스칼파리는 아주 유명한 이탈리아 기자다. 2. 그는 매우 조심스런 자가용 운전자다. 3. 그녀는 매우 호기심 많은 관광객이다. 4. 너는 매우 훌륭한 피아니스트다. 5. 그는 매우 독창적인 예술가다. 6. 너는 매우 훌륭한 테니스 선수다.

문법

-ista를 어미로 갖는 명사(Nomi in -ista)

il/la giornalista → i giornalisti/le giornaliste

lo/la automobilista → gli automobilisti/le automobiliste

il/la turista → i turisti/le turiste

il/la pianista → i pianisti/le pianiste

lo/la artista → gli artisti/le artiste

il/la tennista → i tennisti/le tenniste

15.13 제시된 원과거 활용 동사로 문장을 완성하라!

> nacque, ebbe, fu, fece, partecipo', compose, mori', pubblico', trascorse

Giuseppe Tomasi, principe di Lampedusa, _____ a Palermo nel 1896. _____ un uomo di grande cultura ma _____ pochi contatti con gli ambienti letterari. _____ alla prima guerra mondiale e _____ la carriera militare fino al 1925. _____ il resto della sua vita tra studi e

UNITA' 15

viaggi all'estero.

Tra il 1955 e il 1956 _____ il suo unico romanzo, 'Il Gattopardo', che Giorgio Bassani _____ nel 1958, dopo la sua morte. 'Il Gattopardo' _____ un grandissimo successo sia in Italia che all'estero con una ventina di traduzioni.

Di questo romanzo il regista Luchino Visconti _____ un film di successo con Alain Delon e Claudia Cardinale.

어휘

> **principe** 왕자, **cultura** 문화, **contatto** 접촉, **ambiente** 환경, **letterario** 문학적인, **guerra** 전쟁, **mondiale** 세계의, **fare la carriera militare** 군대 경력을 쌓다, **trascorrere** 세월을 보내다, **resto** 나머지, **comporre** 집필하다, **unico** 유일한, **romanzo** 소설, **morte** 죽음, **pubblicare** 출판하다, **successo** 성공, **sia A che B** A뿐만 아니라 B도, **ventina** 20여개, **traduzione** 번역, **regista** 영화감독, **fare un film** 영화를 만들다.

해석

람페두사(지명)의 왕자, 쥬세페 토마시는 1896년 팔레르모에서 출생했다. 위대한 문화인이었으나 문학적인 환경과 접촉은 적었다. 그는 제1차 세계대전에 참전해서 1925년까지 군경력을 쌓았다. 공부와 해외여행을 오가며 그의 여생을 보냈다.

1955년과 1956년 사이에 그의 유일한 소설 '표범'을 집필했다. 그의 사후에 지오르지오 밧사니가 1958년 그것을 출판했다. 소설 '표범'은 이탈리아에서 뿐만 아니라 20여개 언어로 번역되어 해외에서도 대단한 성공을 거두었다.

이 소설을 바탕으로 루키노 비스콘티 영화감독은 배우 알랑 드롱, 클라우디아 카르디날레와 함께 성공적인 영화를 만들었다.

15.14 텍스트를 읽어라!

SERENA CRUZ

Il 13 gennaio, Francesco Giubergia **torno'** a Racconigi con la bambina [adottata]. Serena Cruz aveva allora venti mesi. A Racconigi, nella loro casa, c'era un altro bambino, Nazario, anche lui filippino.

Serena **vide** accanto a se' una faccia che un po' le somigliava e che somigliava alle facce che aveva sempre visto. Cosi' le **fu** piu' facile capire e accettare il resto.

Serena Cruz Giubergia **fu** il suo nome all'anagrafe. Era una bambina grossa, con una grossa pancia. Aveva occhi grandi, il viso rotondo e i capelli neri. Durante il viaggio la bambina si era affezionata al padre e non voleva stare con la madre. Ma questo **duro'** pochi giorni. Presto la madre **divenne** per lei il centro dell'universo. Rapidamente **imparo'** l'italiano.

1. In quale mese Francesco Giubergia torno' a casa con la bambina?

2. Chi c'era nella loro casa?

3. Da dove venivano i due bambini?

4. Come era Serena?

5. A chi si era affezionata Serena durante il viaggio?

6. Come furono all'inizio i suoi rapporti con la madre?

7. Che cosa divenne in seguito la madre per lei?

어휘

adottato 입양된, **accanto a se'** 그 자신 곁에, **faccia** 얼굴, **somigliare a** ~와 닮다, **accettare** 받아들이다/수용하다, **anagrafe** 호적, **pancia** 배/복부, **viso** 얼굴, **rotondo** 둥근, **affezionarsi a** ~에 착 달라붙다/애착을 갖다, **durare** 지속되다, **centro** 중심, **universo** 우주/천하, **rapidamente** 빠르게/급속하게, **divenire** 변화하다/~이 되다, **imparare** 배우다. **all'inizio** 처음에, **rapporto** 관계.

UNITA' 15

> 해 석

1월13일, 프란체스코 쥬베르지아는 입양된 여자 아이와 라코니지로 돌아왔다. 세레나 크루즈는 당시 20개월이었다. 라코니지에 있는 그들의 집에는 또 다른 남자 아이 나자리노가 있었는데 그도 필리핀 아이였다.

세레나는 자신 옆에서 그녀와 조금은 닮았고 늘 보아왔던 얼굴들과 닮은 얼굴을 목격했다. 그리하여 나자리노를 받아들이고 이해하는 것은 그녀에게는 더욱 쉬웠다.

그의 호적상의 이름은 세레나 크루즈 쥬베르지아였다. 그 아이는 배가 불룩 나온 통통한 여자 아이였다. 눈은 컸고 얼굴은 동글동글했으며 머리는 검은 색이었다. 입양되어 오는 여행 내내 세레나는 양 아버지 프란체스코에게 착 달라붙어 있었고 양 엄마와 있으려고 하지 않았다. 그러나 이런 현상은 며칠 못 갔다. 이윽고 양 엄마는 세레나에게 천하의 중심이 되어버렸다. 세레나는 빠르게 이탈리아어를 배웠다.

UNITA' 16

16.1 Credo che Marta **balli** molto bene.
16.2 Che fa Paolo? Studia? - Si', penso che **studi**.
16.3 Credo che ci **sia** lo sciopero degli autobus.
16.4 Il bambino ha paura? - Non penso proprio che **abbia** paura.
16.5 Credi che il giornale **sia arrivato**?
16.6 E' buono o cattivo? - Speriamo che **sia** buono!
16.7 Che bello! Finalmente parto! - Sono contento che tu **parta**.
16.8 E' incredibile che lei **si sia iscritta** a medicina!
16.9 Non sono certo che Chiara **parli** bene il tedesco.
16.10 Bisogna che tu **venga** con me.
16.11 Mi telefoni stasera? - Vuoi veramente che ti **telefoni**?
16.12 제시된 동사를 접속법(현재/과거)으로 활용하라!
16.13 제시된 동사를 접속법(현재/과거)으로 활용하라!
16.14 접속사(prima che, sebbene, perche', purche')로 완성하라!
16.15 전치사로 완성하라!

- **접속법 현재(Congiuntivo presente)**
- **접속법 과거(Congiuntivo passato)**
  [avere의 접속법 현재+타동사의 과거분사]
  [essere의 접속법 현재+자동사의 과거분사(주어와 성수일치)]
- **종속절에 접속법을 사용하게 하는 주절의 표현들**
  Penso/Spero/Credo/Sono felice/Ho paura che ~...
- **접속사(Congiunzioni)+접속법 현재/과거**
  prima che ~하기 전에
  sebbene, benche', nonostante che ~비록 ~이지만
  affinche', perche' ~하게 하기 위해서
  purche', a patto che, a condizione che ~한다는 조건이라면

UNITA' 16

16.1 보기처럼 변형시켜라!

Marta **balla** molto bene. → **Credo che** Marta **balli** molto bene.
마르타는 춤을 잘 춘다.　　　나는 마르타가 춤을 잘 추리라고 믿는다.

1. Gianni **telefona** ai suoi ogni sera.

2. I bambini **mangiano** troppo dolci.

3. Tu **leggi** pochi libri.

4. Voi **dormite** poco.

5. Marta non **capisce** questo problema.

6. Vittorio **parte** per Parigi.

1. 나는 지안니가 매일 저녁 그의 부모님께 전화하리라고 믿는다. 2. 나는 아이들이 단 것을 과식한다고 믿는다. 3. 나는 자네가 책을 조금밖에 읽지 않는다고 믿는다. 4. 나는 너희들이 잠을 조금 잔다고 믿는다. 5. 나는 마르타가 이 문제를 이해 못한다고 믿는다. 6. 나는 비토리오가 파리로 떠난다고 믿는다.

접속법 현재(Congiuntivo presente)

	규칙활용			불규칙활용	
	torn-**are**	perd-**ere**	part-**ire**	**essere**	**avere**
io	torn-i	perd-a	part-a	sia	abbia
tu	torn-i	perd-a	part-a	sia	abbia
lui	torn-i	perd-a	part-a	sia	abbia

noi	torn-iamo	perd-iamo	part-iamo	siamo	abbiamo
voi	torn-iate	perd-iate	part-iate	siate	abbiate
loro	torn-ino	perd-ano	part-ano	siano	abbiano

Bisogna che (tu) **accetti** questa responsabilita'.
네가 이러한 책임을 받아들일 필요가 있다.

Credo che oggi la segretaria **torni** in ufficio.
나는 오늘 비서가 사무실로 돌아오리라고 믿는다.

E' necessario che (lui) **prenda** una decisione.
그가 결정을 내릴 필요가 있다.

Bisogna che (io) **senta** la sua opinione.
내가 그의 의견을 들을 필요가 있다.

1) 주절의 동사가 불확실성(incertezza), 주관성(soggettivita')을 표현한다면, 종속절의 동사는 접속법을 사용해야 한다.

★ incertezza/opinione soggettiva(불확실성/주관적 견해)

Non sono certo	나는 확신하지 않는다		
Non sono sicuro	나는 확신하지 않는다		
Non sono convinto	나는 확신하지 않는다		
Dubito	나는 의심한다		
Credo	나는 믿는다	che	lui **abbia** raggione.
Mi pare	내가 보기에 ~인 것 같다		그가 옳다(접/현재)
Direi	나는 말하고 싶다		
Immagino	나는 생각한다		
Penso	나는 생각한다		
Suppongo	나는 추측한다		

★ Probabilita',Possibilita'/Improbabilita',Impossibilita' (개연성, 가능성/비개연성, 불가능성)

E' probabile ~개연성이 있다		
E' improbabile ~개연성이 없다	che	Giulio **sia** d'accordo con me.
E' possibile ~할 가능성이 있다		줄리오가 내 말에 동의할(접/현재)
E' impossibile ~할 가능성이 없다		

★ Preoccupazione/Paura (걱정/두려움)

Temo 나는 두렵다	che	Carla **abbia preso** una decisione sbagliata.
Ho paura 나는 걱정이다		카를라가 잘 못된 결정을 내렸을까봐(접/과거)

★ Stato d'animo soggettivo (주관적인 마음의 상태)

| **Sono felice** 나는 행복하다 | che | Carlo **si sia laureato** a pieni voti. |
| **Sono contento** 나는 만족한다 | | 카를로가 만점으로 졸업했기에(접/과거) |

★ Speranza/Attesa (희망/기대)

| **Spero** 나는 희망한다 | che | Marta **sia** di buon umore. |
| **Aspetto** 나는 기대한다 | | 마르타가 기분이 좋기를(접/현재) |

★ Volonta'/Desiderio (의지/바램)

Voglio 나는 원한다		
Non voglio 난 원하지 않는다		Franco **si occupi** di quella faccenda.
Pretendo 나는 기대한다	che	프랑코가 그 일에 전념하기를/하는 것을(접/현재)
Preferisco 나는 더 좋아한다		
Desidero 나는 바란다		

★ Necessita'/Opportunita' (필요성/적절성)

Bisogna		
E' necessario 필요가 있다	che	lui **chieda** il permesso.
Occorre		그가 허락을 받을/받는 것은(접/현재)
E' opportuno 적절하다		

★ Mancanza di certezza (확실성의 결여)

Si dice (사람들이)		
Dicono ~라고들 말한다	che	la festa **sia riuscita**.
Pare ~인 것 같다		파티가 성공적이었다고/성공적이었던 것(접/과거)
Sembra		

★ Domanda indiretta (간접 질문)

　Mi chiedo **come** lei **possa** parlare male di lui.
　나는 그녀가 어떻게 그에 대해 험담할 수 있는지를 자문한다.

16.2 보기처럼 대답하라!

　Che fa Paolo? **Studia**? - Si', **penso che studi.**
　파올라는 뭐 하니? 공부하니? 그래, 나는 그가 공부한다고 생각해.

1. Che fa Daniele? **Lavora**?

___

2. Che fa Giovanni? **Legge**?

___

3. Che fa Alberto? **Mangia**?

___

4. Che fa Antonio? **Dorme**?

___

5. Che fa Maria? **Parte**?

___

6. Che fa Benedetta? **Riposa**?

___

해석

1. 그래, 나는 그가 일한다고 생각해. 2. 그래, 나는 그가 독서한다고 생각해. 3. 그래, 나는 그가 밥 먹는다고 생각해. 4. 그래, 나는 그가 잠을 잔다고 생각해. 5. 그래, 나는 그가 떠난다고 생각해. 6. 그래, 나는 그가 휴식을 취한다고 생각해.

문법

1~6. 접속법 현재. 규칙활용 동사.

16.3 보기처럼 변형시켜라!

Forse c'**e'** lo sciopero degli autobus.
아마도 버스 파업이 있나봐.
→ **Credo che** ci **sia** lo sciopero degli autobus.
    나는 버스 파업이 있다고 믿어.

1. Forse Giorgio **ha** ragione.

___

UNITA' 16

2. Forse i nostri amici **sono** gia' **partiti**.

3. Forse c'**e'** un bel film alla TV.

4. Forse la macchina di Fausto **si e' rotta**.

5. Forse i miei amici **rimangono** ancora un po'.

6. Forse Sergio non **sta** bene.

7. Forse Giuseppina **si e' addormentata** molto tardi.

8. Forse i ragazzi **hanno alzato** un po' il gomito ieri sera.

> **rompersi** 고장나다, **addormentarsi** 잠이 들다, **alzare il gomito** 과음하다 <-팔꿈치를 들어올리다.

1. 나는 지오르지오가 옳다고 믿어. 2. 나는 우리 친구들이 이미 떠났다고 믿어. 3. 나는 TV에서 영화를 한다고 믿어. 4. 나는 파우스토의 차가 고장났다고 믿어. 5. 나는 내 친구들이 아직 좀 더 머물고 있다고 믿어. 6. 나는 세르지오가 아프다고 믿어. 7. 나는 쥬세피나가 매우 늦게 잠들었다고 믿어. 8. 그 청년들이 어제 저녁 과음했다고 믿어.

문법

1,3,5,6. 접속법 현재
불규칙활용 동사

	essere	avere	rimanere	stare
io	sia	abbia	rimanga	stia
tu	sia	abbia	rimanga	stia
lui	sia	abbia	rimanga	stia
noi	siamo	abbiamo	rimaniamo	stiamo
voi	siate	abbiate	rimaniate	stiate
loro	siano	abbiano	rimangano	stiano

2,4,7,8. 접속법 과거 → 16.5 참조.
[avere의 접속법 현재＋타동사의 과거분사]
[essere의 접속법 현재＋자동사의 과거분사(주어와 성수일치)]

16.4 보기처럼 대답하라!

Il bambino **ha** paura? - Non **penso** proprio **che abbia** paura.
그 아이는 겁먹고 있니?　나는 그 아이가 정말 겁먹고 있다고 생각하지 않아.

1. Simone **e'** malato?

2. Gianni **dice** la verita'?

3. I ragazzi **possono parlare** di questo problema con noi?

4. Andrea **deve studiare** stasera?

5. Giulio **vuole studiare** il cinese?

6. I bambini **escono** da soli?

UNITA' 16

essere malato 몸이 아프다/병이 들다, **da soli** 그들(아이들)끼리.

1. 나는 시모네가 정말 아프다고 생각하지 않아. 2. 나는 지안니가 정말로 진실을 말한다고 생각하지 않아. 3. 나는 그 청년들이 이 문제에 대해 우리와 정말로 대화 나눌 수 있다고 생각하지 않아. 4. 나는 안드레아가 오늘 저녁 정말로 공부해야한다고 생각하지 않아. 5. 나는 쥴리오가 중국어를 정말로 공부하고자 한다고 생각하지 않아. 6. 나는 아이들끼리 정말로 밖에 나간다고 생각하지 않아.

1~6. 접속법 현재

불규칙활용 동사

	dire	uscire	potere	dovere	volere
io	dica	esca	possa	debba	voglia
tu	dica	esca	possa	debba	voglia
lui	dica	esca	possa	debba	voglia
noi	diciamo	usciamo	possiamo	dobbiamo	vogliamo
voi	diciate	usciate	possiate	dobbiate	vogliate
loro	dicano	escano	possano	debbano	vogliano

16.5 보기처럼 변형시켜라!

Secondo te, il giornale **e' arrivato?** → **Credi che** il giornale **sia arrivato?**
네 생각에, 신문이 온 것 같니?   너는 신문이 왔다고 믿니?

1. Secondo te, i signori Rossi **sono usciti?**

_____

2. Secondo te, Dino **e' partito**?

3. Secondo te, i bambini **hanno mangiato**?

4. Secondo te, Pia **si e' laureata**?

5. Secondo te, **ha piovuto** stanotte?

6. Secondo te, Gianni **e' tornato**?

어휘

secondo according to, **laurearsi** 대학 졸업하다, **piovere** 비가 내리다.

해석

1. 너는 롯시 씨 부부가 외출했다고 믿니? 2. 너는 디노가 떠났다고 믿니? 3. 너는 아이들이 밥을 먹었다고 믿니? 4. 너는 피아가 대학을 졸업했다고 믿니? 5. 너는 간 밤에 비가 내렸다고 믿니? 6. 너는 지안니가 돌아왔다고 믿니?

문법

접속법 과거(Congiuntivo passato)
[avere의 접속법 현재 + 타동사의 과거분사]

			타동사		
Paola **pensa**	che	io	**abbia**	**mangiato**	troppo ieri sera.
		tu	**abbia**		
		lui/lei/Lei	**abbia**		
		noi	**abbiamo**		
		voi	**abbiate**		
		loro	**abbiano**		

UNITA' 16 **383**

파올라는 내가 어제 저녁 과식했다고 생각한다.

[essere의 접속법 현재+자동사의 과거분사(주어와 성수일치)]

			자동사		
Paola **pensa**	che	io	**sia**	**partito/a**	troppo presto.
		tu	**sia**		
		lui/lei/Lei	**sia**		
		noi	**siamo**	**partiti/e**	
		voi	**siate**		
		loro	**siano**		

파올라는 내가 너무 일찍 출발했다고 생각한다.

[재귀대명사+essere의 접속법 현재+동사의 과거분사(주어와 성수일치)]

			재귀동사(lauearsi)		
E' incredibile	che	io	**mi sia**	**laureato/a**	a medicina.
		tu	**ti sia**		
		lui/lei/Lei	**si sia**		
		noi	**ci siamo**	**laureati/e**	
		voi	**vi siate**		
		loro	**si siano**		

내가 의학부를 졸업했다는 것이 믿기지 않는다.

16.5 보기처럼 변형시켜라!

E' buono o cattivo?- **Speriamo che sia** buono!
맛있어, 아니면 맛없어? 우리는 (그것이) 맛이 있길 바란다.

1. E' veloce o lento?

2. E' maschio e femmina?

3. E' ottimista o pessimista?

4. **Ha** ragione o **ha** torto?
   _____

5. **Ha** molti amici o pochi amici?
   _____

6. **E'** ricco o povero?
   _____

어휘

> **buono** 맛있는, **cattivo** 맛없는, **veloce** 민첩한/빠른, **lento** 느린/더딘, **maschio** 아들, **femmina** 딸, **ottimista** 낙관적/낙관주의자, **pessimista** 비관적/비관주의자, **avere ragione** 옳다, **avere torto** 틀리다, **ricco** 부유한/부자, **povero** 가난한/빈자.

해석

1. 우리는 그가 민첩하길 바란다. 2. 우리는 그가 아들이길 바란다. 3. 우리는 그가 낙관주의자이길 바란다. 4. 우리는 그가 옳기를 바란다. 5. 우리는 그가 많은 친구를 갖길 바란다. 6. 우리는 그가 부자이길 바란다.

16.7 보기처럼 완성하라!

Che bello! Finalmente **parto**! - **Sono conteno che** tu **parta.**
좋아라! 드디어 나는 떠난다!   나는 네가 떠나게 되어 만족한다.

1. Che bello! Finalmente **vado** in vacanza!
   _____

2. Che bello! Finalmente **ho superato** l'esame!
   _____

3. Che bello! Finalmente **ho vinto** al totocalcio!
   _____

4. Che bello! Finalmente **mi sento** molto meglio!
___

5. Che bello! Finalmente **mi rilasso** un po'!
___

6. Che bello! Finalmente **posso fare** questo viaggio!
___

어휘

> **superare** 극복하다, **vincere al totocalcio** 축구복표에 당첨되다, **sentirsi meglio** 컨디션이 좋다, **rilassarsi** 긴장을 풀다.

해석

1. 나는 네가 휴가 가게 되어 만족한다. 2. 나는 네가 시험을 통과했다니 만족한다. 3. 나는 네가 축구복권에 당첨되었다니 만족한다. 4. 나는 네가 컨디션이 좋다니 만족한다. 5. 나는 네가 긴장을 좀 풀고 있다니 만족한다. 6. 나는 네가 이런 여행을 할 수 있다니 만족한다.

문법

1,4,5,6. 접속법 현재
불규칙활용 동사

	andare	fare	poter
io	vada	faccia	possa
tu	vada	faccia	possa
lui	vada	faccia	possa
noi	andiamo	facciamo	possiamo
voi	andiate	facciate	possiate
loro	vadano	facciano	possano

2,3. 접속법 과거

16.8 보기처럼 완성하라!

Davvero?! Marta **si e' iscritta** a medicina?
정말이니?! 마르타가 의학부에 등록했어?
→ **E' incredibile che** lei **si sia iscritta** a medicina!
그녀가 의학부에 등록했다는 것이 믿기질 않는다.

1. Davvero?! Marta **ha trovato** un buon lavoro?
   _____

2. Davvero?! Marta **e' partita** con Giorgio?
   _____

3. Davvero?! Marta **e' diventata** ricca?
   _____

4. Davvero?! Marta **si e' innamorata?**
   _____

5. Davvero?! Marta **si e' pentita** di quello che ha fatto?
   _____

6. Davvero?! Marta **ha finito** tutti i soldi?
   _____

어휘

> **diventare** ~가 되다, **innamorarsi** 사랑에 빠지다, **pentirsi di** ~에 대해 후회하다.

해석

1. 그녀가 좋은 일자리를 구했다니 믿기질 않는다. 2. 그녀가 지오르지오와 함께 떠났다니 믿기질 않는다. 3. 그녀가 부자가 되었다니 믿기질 않는다. 4. 그녀가 사랑에 빠졌다니 믿기질 않는다. 5. 그녀가 저지른 것에 대해 후회했다니 믿기질 않는다. 6. 그녀가 돈을 다 탕진했다니 믿기질 않는다.

UNITA' 16

16.9 보기처럼 변형시켜라!

Sono certo che Chiara **parla** bene il tedesco.
키아라가 독일어를 잘 한다고 나는 확신한다.
→ **Non sono certo che** Chiara **parli** bene il tedesco.
  키아라가 독일어를 잘 한다고 나는 확신하지 못한다.

1. Sono certo che tu **leggi** il giornale ogni giorno.
   _____

2. Sono certo che voi **capite** tutto quello che dico.
   _____

3. Sono certo che Giulia **ha** ragione.
   _____

4. Sono certo che i ragazzi **sono** al bar.
   _____

5. Sono certo che tu **dici** la verita'.
   _____

6. Sono certo che i tuoi amici **parlano** bene l'italiano.
   _____

어휘

> **tutto quello che** ~하는 모든 것(=tutto quanto ~). **avere ragione** 옳다.

해석

1. 자네가 매일 신문을 읽는다고 나는 확신하지 못한다. 2. 너희들이 내가 이야기하는 것을 모두 이해한다고 나는 확신하지 못한다. 3. 쥴리아가 옳다고 나는 확신하지 못한다. 4. 그 청년들이 바에 있다고 나는 확신하지 못한다. 5. 자네가 진실을 말하고 있다고 나는 확신하지 못한다. 6. 자네 친구들이 이탈리아어를 잘 한다고 나는 확신하지 못한다.

문법

1. leggere (**legga** ...). 2. capire (**capisca**...). 3. avere (**abbia**...). 4. essere (**sia** ...).
5. dire (**dica** ...). 6. parlare (**parli** ...).
essere certo che + 직설법.

16.10 보기처럼 변형시켜라!

Devi venire con me. → **Bisogna che** tu **venga** con me.
너는 나와 함께 가야 한다.   너는 나와 함께 갈 필요가 있다.

1. **Devi andare** al lavoro subito.

2. **Devi dire** la verita'.

3. **Devi stare** attento.

4. **Dovete uscire** subito.

5. **Dovete fare** gli esercizi.

6. **Devi fare** un po' di sport.

7. **Devi svegliarsi** prima la mattina.

8. **Dovete andare** dal medico.

9. **Dovete vestirvi** in modo elegante.

10. **Devi spedire** subito la lettera.

11. **Dovete finire** subito il lavoro.

UNITA' 16

12. **Devi essere** gentile.

어휘

> **andare al lavoro** 직장에 가다, **dire la verita'** 진실을 말하다, **stare attento** 주의하다, **fare gli esercizi** 연습문제 풀다, **fare sport** 운동하다, **un po' di** ~ 약간의 ~, **svegliarsi** 잠에서 깨다, **andare dal medico** 병원에 가다, **vestirsi** 옷 입다, **in modo elegante** 우아하게/세련되게.

해석

1. 너는 곧바로 직장에 가야할 필요가 있다. 2. 너는 진실을 말할 필요가 있다. 3. 너는 주의할 필요가 있다. 4. 너희들은 곧바로 외출할 필요가 있다. 5. 너희들은 연습문제를 풀어볼 필요가 있다. 6. 너는 운동을 좀 할 필요가 있다. 7. 너는 아침에 먼저 잠에서 깰 필요가 있다. 8. 너희들은 병원에 갈 필요가 있다. 9. 너희들은 세련되게 옷 입을 필요가 있다. 10. 너는 곧바로 편지를 부칠 필요가 있다. 11. 너희들은 곧 일을 마칠 필요가 있다. 12. 너는 친절해질 필요가 있다.

문법

	andare	dire	stare	uscire	fare
io	vada	dica	stia	esca	faccia

	spedire	finire	essere	svegliarsi	vestirsi
io	spedisca	finisca	sia	mi svegli	mi vesta

16.11 보기처럼 대답하라!

Mi **telefoni** stasera? - **Vuoi** veramente **che** ti **telefoni**?
너 오늘 저녁 내게 전화할래? – 내가 너에게 전화하길 진정으로 원하니?

1. Mi **dici** la verita'?

2. Mi **spedisci** un regalo?

___

3. Mi **inviti** a cena?

___

4. Mi **presti** dei soldi?

___

5. Mi **accompagni** a casa?

___

6. Mi **dai** una mano?

___

어휘

> **regalo** 선물, **invitare** 초대하다, **a cena** 저녁식사에, **prestare** 빌려주다, **dei soldi** some money, **accompagnare** 동행하다, **dare una mano** 도움을 주다.

해석

1. 내가 너에게 진실을 말하길 진정으로 원하니? 2. 내가 너에게 선물을 보내길 진정으로 원하니? 3. 내가 너를 저녁 식사에 초대하길 진정으로 원하니? 4. 내가 너에게 돈을 빌려주길 진정으로 원하니? 5. 내가 너를 집에 동행해주길 진정으로 원하니? 6. 내가 너에게 도움을 주길 진정으로 원하니?

문법

접속법 현재

불규칙활용 동사

	dare (give)
io	dia
tu	dia
lui	dia
noi	diamo
voi	diate
loro	diano

UNITA' 16

16.12 제시된 동사를 접속법(현재/과거)으로 활용하라!

1. **Puo' darsi che** ieri sera Francesco (arrivare) _____ tardi alla stazione e che (perdere) _____ il treno per Monaco.
2. **E' possibile che** i ragazzi (mangiare) _____ alla mensa e **che** (tornare) _____ gia' a casa.
3. **Ci dispiace molto che** l'estate scorsa tu non (rimanere) _____ di piu' a casa nostra.
4. **Abbiamo paura che** ieri mattina Ruggero non (riuscire) _____ a prendere la coincidenza per Parigi.
5. **Ho paura che** ormai (essere) _____ troppo tardi per fare qualcosa.
6. **Bisogna che** la gente (abituarsi) _____ a mettere la carta negli appositi raccoglitori.
7. Federico **non vede l'ora che** (venire) _____ l'estate e **che** i bambini (potere) _____ giocare all'aria aperta.
8. Il professore **vuole che** voi (fare) _____ l'esercizio per domani e **che** glielo (portare) _____ a lezione.
9. **E' tempo che** la gente (fare) _____ qualcosa di concreto per salvare la natura.
10. **Ho paura che** i nostri amici non (capire) _____ l'ora dell'appuntamento o **che** (dimenticarsene) _____ .
11. **E' probabile che** la prossima estate Massimiliano (andare) _____ in vacanza con Beatrice e **che** ci (stare) _____ per piu' di due settimane.
12. **Speriamo che** Ingrid (capire) _____ quando le hai parlato in italiano.

어휘

perdere il treno 기차를 놓치다, **riuscire a ~** 할 수 있다, **prendere la coincidenza** 연결 기차를 타다, **ormai** 이미, **abituarsi a** ~에 익숙해지다, **appositi raccoglitori** 전용폴더, **qualcosa di concreto** 확고한 것/일, **salvare** 구원하다/살리다, **dimenticarsene** ~에 대해 잊다, **piu' di ~** 이상.

해석

1. 어제 저녁 프란체스코는 역에 늦게 도착하여 뮌헨 행 기차를 놓쳤을 수 있다. 2. 그 청년들은 구내식당에서 밥을 먹고 이미 집으로 돌아갔을 가능성이 있다. 3. 지난 여름 자네가 우리 집에서 더 머물지 못한 것이 아주 유감이다. 4. 어제 아침 루제로가 파리 행 연결 열차를 타지 못했을까봐 우리는 두렵다. 5. 무엇인가를 하기에는 시기가 이미 너무 늦었을까봐 나는 두렵다. 6. 사람들은 전용 폴더에 종이를 끼워 넣는 데에 익숙해질 필요가 있다. 7. 페데리코는 여름이 와 아이들이 밖에서 놀 수 있기를 학수고대한다. 8. 교수님은 너희들이 연습문제를 풀어서 내일 수업 시간에 그에게 제출하길 원하신다. 9. 사람들은 자연을 살리기 위해 확고한 일을 할 때다. 10. 우리 친구들이 약속 시간을 이해 못하거나 잊을까봐 나는 두렵다. 11. 다음 여름에 맛시밀리아노는 베아트리체와 휴가를 가서 2주 이상을 머물 가능성이 있다. 12. 자네가 잉그리드에게 이탈리아어로 말했을 때 그녀가 이해했기를 우리는 바란다.

문법

1~12. 주절의 의미가 다음과 같을 때, 접속사가 이끄는 절의 동사를 접속법으로 활용한다. 불확실성, 개연성, 비개연성, 가능성, 불가능성 ; 걱정, 두려움, 주관적 마음, 주관적 견해, 희망, 기대, 의지, 바램, 필요, 적절함 ... ← 16.1 참조.

16.13 제시된 동사를 접속법(현재/과거)으로 활용하라!

1. Ho deciso di mettermi a studiare **a patto che** Mauro mi (aiutare) _____.
2. Ugo e Gino vogliono telefonare ai genitori **prima che** (cominciare) _____ a preoccuparsi.
3. Luciana telefonera' a Federico **perche'** la (accompagnare) _____ alla stazione.
4. Vado fuori con gli amici **benche'** (dovere) _____ studiare per l'esame.
5. Vincenzo vuole guidare la macchina fino a casa **nonostante che** (bere) _____ troppo.
6. Dobbiamo fare qualcosa per salvare la natura **prima che** (essere) _____ tardi.
7 Possiamo parlare di questo problema **purche'** lo (fare) _____ a

UNITA' 16

quattr'occhi.
8. Il professore scrive alla lavagna tutte le parole **perche'** gli studenti (capire) _____ bene.
9. Filippo provera' a dare l'esame **nonostante che** non (studiare) _____ abbastanza.
10. Oggi stesso daro' i soldi a Marina **affinche'** (potere) _____ comprare i libri e (pagare) _____ subito le tasse.
11. Enrico verra' volentieri alla festa **purche'** non ci (essere) _____ troppa gente.
12. **Benche'** Gabriella non ci (fare) _____ niente di male, non ci e' simpatico.

어휘

mettersi a ~에 착수하다/시작하다, **a patto che** ~ 라는 조건이면, **prima che** ~하기 전에, **cominciare a** ~하기 시작하다, **preoccuparsi** 걱정하다, **perche'** ~하도록 하기 위해서, **benche'** 비록 ~이지만, **nonostante che** 비록 ~이지만, **purche'** ~한다는 조건이면, **fare a quattr'occhi** 비밀로 하다, **provare a** ~를 시도하다, **affinche'** ~하도록 하기 위해, **pagare le tasse** 등록금을 내다.

해석

1. 마리오가 나를 돕는다는 조건으로 나는 공부를 시작하기로 결심했다. 2. 우고와 지노는 부모님이 걱정하시기 전에 그분들께 전화하길 원한다. 3. 루치아나는 페데리코가 그녀를 역까지 동행하게 하기 위해서 그에게 전화를 걸 예정이다. 4. 나는 비록 시험공부를 해야 하지만 친구들과 외출한다. 5. 빈첸초는 비록 과음을 했지만 집까지 차를 운전하길 원한다. 6. 늦기 전에 자연을 살리기 위한 무엇인가를 우리는 해야만 한다. 7. 이 문제를 비밀로 한다는 조건이면 우리는 그것에 대해 대화할 수 있다. 8. 교수님은 학생들이 잘 이해하도록 하기 위해 모든 어휘들을 칠판에 쓰신다. 9. 필립보는 비록 충분히 공부하지 못했지만 시험 볼 시도를 할 예정이다. 10. 나는 마리나가 책을 살 수 있고 세금을 곧바로 낼 수 있도록 하기 위해서 바로 오늘 그녀에게 돈을 줄 예정이다. 11. 사람들이 너무 많지 않다는 조건이면 그 파티에 기꺼이 갈 예정이다. 12. 비록 가브리엘라는 우리에게 전혀 나쁜 짓을 하지는 않지만 우리에게 상냥하지는 못하다.

📘 문법

다음과 같은 접속사가 종속절을 이끌 때, 접속법을 사용한다.

1) **perche'/affinche'** (목적절: ~하기 위해)

   Lucia telefonera' a Federico **perche'** la accompagni alla stazione.
   루치아는 페데리코가 그녀를 역까지 동행하게 하기 위해서 그에게 전화를 걸 예정이다.
   Non aiuto Mario **affinche'** impari a fare da solo.
   스스로 하는 법을 배우도록 하기 위해 나는 마리오를 돕지 않는다
   Il professore scrive alla lavagna tutte le parole **perche'** gli studenti capiscano bene.
   교수님은 학생들이 잘 이해하도록 하기 위해 모든 어휘들을 칠판에 쓰신다.
   Mando i soldi a Mariella **perche'** possa comprare i libri per l'Universita'.
   나는 마리엘라가 대학 교재들을 살 수 있도록 하기 위해, 그녀에게 돈을 송금한다.

2) **sebbene/benche'/nonostante che** (양보절: 비록 ~이지만)

   Usciro' con Marta **sebbene** preferisca restare a casa.
   비록 집에 더 머물고 싶지만 나는 마르타와 외출할 것이다.
   Continua a portare quel vestito **benche'** non sia piu' di moda.
   비록 한 물 간 유행이지만 그는 그 옷을 계속 입고 다닌다.
   Vado fuori con gli amici **benche'** debba(deva) studiare per l'esame.
   나는 비록 시험공부를 해야 하지만 친구들과 외출한다.
   Dino vuole guidare la macchina fino a casa **nonostante che** abbia bevuto troppo.
   디노는 비록 과음을 했지만 집까지 차를 운전하길 원한다.
   Filippo provera' a dare l'esame **nonostante che** non abbia studiato abbastanza.
   필립보는 비록 충분히 공부하지 못했지만 시험 볼 시도를 할 예정이다.
   Sebbene Valentina abbia parlato lentamente, non sono riuscita a capirla.
   발렌티나가 비록 천천히 말했지만 나는 그녀의 말을 이해할 수가 없었다.

3) **purche'/a patto che/a condizione che/basta che** (조건절: ~라면)

   Vengo in macchina con voi **purche'** non corriate troppo.
   너희들이 과속하지 않는다면 나는 너희들과 차로 간다.
   Possiamo parlare di questo problema **purche'** lo facciamo a quattr'occhi.

UNITA' 16

우리가 이 문제를 비밀로 한다는 조건이면 그것에 대해 대화할 수 있다.
Cantero' volentieri una canzone **purche'** tu mi accompagni al piano.
자네가 피아노 반주를 해 준다는 조건이면 흔쾌히 노래 한 곡 부르겠다.
Vengo a trovarti stasera **purche'** non guardiamo la TV.
우리가 TV를 보지 않는다는 조건이면 오늘 저녁 너를 보러 간다.
Ti presto volentieri questo libro **purche'** tu me lo renda presto.
내게 책을 곧바로 돌려준다는 조건이면 자네에게 기꺼이 이 책을 빌려주겠다.

4) **prima che** (시간절 : ~하기 전에)

Preparero' il pranzo **prima che** Antonio torni dal lavoro.
안토니오가 직장에서 돌아오기 전에 나는 점심 식사를 준비할 것이다.
Parlero' con Lucio **prima che** voi usciate.
너희들이 외출하기 전에 나는 루치오와 대화할 것이다.

5) **senza che** (제외절 : ~없이)

Faremo tutto in segreto **senza che** loro se ne accorgano.
그들이 알아챔이 없이(알아채지 못하도록) 우리는 모든 것을 비밀로 할 것이다.

6) **che** (필요성과 관련된 문장)

Devo comprare una macchina **che** consumi meno. (non so se esista)
나는 휘발유를 덜 소비하는 차를 한 대 사야한다. (그런 차가 있는지 모르지만)

7) **chiunque**/qualunque persona/qualsiasi persona (누구라도)

E' pronto ad aiutare **chiunque** abbia bisogno.
필요한 사람 누구라도 도울 준비가 되어있다.

8) **dovunque** (어디라도)

Verro' con voi **dovunque** andiate.
너희들이 어디를 가든 나는 너희들과 갈 것이다.

9) **comunque** (어떻든지)

E' sempre allegro **comunque** vadano le cose.
일이 어떻게 되어가든 그는 늘 쾌활하다.

10) **il ~ piu' ~ che** (선행사가 최상급)

Ti dico che Mario e' **il** ragazzo **piu'** intelligente **che** io conosca.
마리오는 내가 알고 있는 가장 똑똑한 청년이라고 네게 말 할 수 있다.

16.14 접속사(prima che, sebbene, perche', purche')로 완성하라!

1. Andrea verra' con noi _____ gli facciamo guidare la macchina.
2. Mi ha telefonato _____ avverta gli studenti che domani non c'e' lezione.
3. Preparero' il pranzo _____ Antonio torni dal lavoro.
4. Cantero' volentieri una canzone _____ tu mi accompagni al piano.
5. Mando i soldi a Mariella _____ possa comprare i libri per l'Universita'.
6. Vengo a trovarti stasera _____ non guardiamo la TV.
7. _____ Valentina abbia parlato lentamente, non sono riuscita a capirla.
8. Ti dico questo segreto _____ tu non lo racconti a nessuno.
9. Partiro' _____ faccia giorno.
10. _____ abbia molto da studiare, vado al cinema.
11. Verremo da te _____ siamo molto occupati.
12. Ti presto volentieri questo libro _____ tu me lo renda presto.

어휘

avvertire 알리다, **accompagnare al piano** 피아노 반주를 해주다, **riuscire a ~** 할 수 있다. **fare giorno** 날이 밝다.

해석

1. 우리가 안드레아에게 차를 운전하게 하기 위해 그는 우리와 함께 갈 것이다. 2. 내일 휴강이라는 사실을 학생들에게 알리기 위해 그는 내게 전화했다. 3. 안토니오가 직장에서 돌아오기 전에 나는 점심 식사를 준비할 것이다. 4. 자네가 피아노 반주를 해 준다는 조건이면 흔쾌히 노래 한 곡 부르겠다. 5. 나는 마리엘라가 대학 교재들을 살 수 있도록 하기 위해 그녀에게 돈을 송금한다. 6. 우리가 TV를 보지 않는다면 오늘 저녁 너를 보러 간다. 7. 발렌티나가 비록 천천히 말했지만 나는 그녀의 말을 이해할 수가 없었다. 8. 자네가 비밀을 어느 누구에게도 이야기하지 않는다는 조건이면 나는 그것을 자네에게 이야기하겠다. 9. 날이 밝기 전에 나는 떠날 예정이다. 10. 나는 비록 해야 할 공부가 많지만 수영장에 간다. 11. 우리는 비록 무척 바쁘지만 자네 집에 갈 예정이다. 12. 내게 책을 곧바로 돌려준다는 조건이면 자네에게 기꺼이 이 책을 빌려주겠다.

16.15 전치사로 완성하라!

1. I signori Bianchi pensano _____ partire _____ due settimane.
2. Carla si e' innamorata _____ un suo collega _____ lavoro.
3. Sono felice _____ camminare _____ centro storico quando e' chiuso _____ traffico.
4. Franz non vede l'ora _____ partire _____ Berlino.
5. Ho deciso _____ smettere _____ fumare.
6. Dobbiamo fare qualcosa _____ salvare la natura.
7. Voglio parlare _____ te _____ quattr'occhi.
8. Non posso uscire _____ voi: ho _____ fare tutto il giorno.
9. Marco sta studiando _____ camera sua _____ Eugenio.
10. I ragazzi possono parlare _____ loro problema _____ noi.

어휘

pensare di ~할 생각을 하다, **innamorarsi di** ~에게 사랑에 빠지다, **collega di lavoro** 직장 동료, **essere felice di** ~해서 행복하다, **essere chiuso al traffico** 러시아워이다, **non vedere l'ora di** ~하기를 학수고대하다, **avere deciso di** ~하기로 결심하다, **smettere di** ~를 중단하다, **qualcosa da salvare** ~를 살릴 일, **parlare a quattr'occhi** 비밀리에 대화하다.

해석

1. 비앙키 씨 부부는 2주 후에 떠나려고 생각한다. 2. 카를라는 직장 동료와 사랑에 빠졌다. 3. 교통 혼잡으로 꽉 막힌 역사가 숨 쉬는 시내를 나는 걷고있어 행복하다. 4. 프란츠는 베를린으로 떠날 날을 학수고대한다. 5. 나는 담배 끊기로 결심했다. 6. 우리는 자연을 살리기 위해 무엇인가를 해야만 한다. 7. 나는 비밀리에 너와 대화하고 싶다. 8. 나는 하루 종일 해야 할 일이 있어서 너희들과 외출할 수 없다. 9. 마르코는 그의 방에서 에우제니오와 함께 공부 중이다. 10. 그 청년들은 그들의 문제에 대해 우리와 대화할 수 있다.

UNITA' 17

17.1	Credevo che Gianni **partisse** per Parigi.
17.2	Pensavo che **fossi** capace di riparare la TV.
17.3	Pensavo che Paolo **fosse** gia' **arrivato**.
17.4	Speravo che **sarebbe piovuto**.
17.5	Non sapevo che tu **fossi** italiano!
17.6	Pensavo che **studiasse**.
17.7	Chiara doveva studiare la lezione? - Si', bisognava proprio che la **studiasse**.
17.8	Perche' non mi hai telefonato? - Volevi veramente che ti **telefonassi**?
17.9	Non ero d'accordo che **partisse**.
17.10	La madre aveva paura che non **mangiassero**.
17.11	Desideravo che voi **veniste**.
17.12	Non sapevo che tu **avessi** gia' **studiato**.
17.13	Credevo che **avesse guadagnato** molto all'estero.
17.14	Pensavo che **sarebbe partita** domani.
17.15	Vorrei che lei mi **telefonasse**.
17.16	Che cosa vuole Lucia da te? - Vorrebbe che io le **traducessi** un documento.
17.17	C'e' il sole da voi? - Magari ci **fosse** il sole!
17.18.	Francesco e' tornato? - Magari **fosse tornato**!
17.19	제시된 동사를 접속법(현재/과거; 불완료과거/대과거)으로 완성하라!
17.20	제시된 동사를 접속법(현재/과거; 불완료과거/대과거)으로 완성하라!
17.21	보기처럼 문장을 연결하라! – 접속법
17.22	Vai al mare per il fine-settimana? - Certo, **se** tutto va bene, ci **vado**.
17.23	Chissa' se Robert torna in Italia?! - **Se tornasse, sarei** felice.
17.24	Ormai non sono piu' giovane. → **Se** io **avessi** vent'anni, **girerei** il mondo.
17.25	Ho perso tempo dal giornalaio. → **Se** non io **avessi perso** tempo dal giornalaio, io **sarei riuscito** a prendere il treno.
17.26	보기처럼 문장을 연결하라! – 가정문
17.26	전치사로 완성하라!

- 접속법 불완료과거(Congiuntivo imperfetto)
- 접속법 대과거(Congiuntivo trapassato)
- 접속사(congiunzioni) + 접속법 불완료과거/대과거
- 가정문(Periodo ipotetico) : [현실성] [가능성] [비현실성/불가능성]

UNITA' 17

17.1 보기처럼 변형시켜라!

Credo che Gianni **parta** per Parigi.
나는 지안니가 파리로 떠난다고 믿는다.

→ **Credevo che** Gianni **partisse** per Parigi.
　나는 지안니가 파리로 떠난다고 믿고 있었다.

1. **Credo** che Marco **lavori** troppo.

2. **Credo** che voi **capiate** bene l'italiano.

3. **Credo** che i bambini **vadano** all'asilo.

4. **Credo** che tu **abbia** molta pazienza.

5. **Credo** che Gianni **venga** alle 3.

6. **Credo** che Marta **torni** presto.

어휘

> **andare all'asilo** 유아원에 가다, **avere pazienza** 참다/인내하다.

해석

1. 나는 마르코가 과로한다고 믿고 있었다. 2. 나는 너희들이 이탈리아어를 잘 이해한다고 믿고 있었다. 3. 나는 아이들이 유아원에 간다고 믿고 있었다. 4. 나는 네가 참을성이 많다고 믿고 있었다. 5. 나는 지안니가 3시에 온다고 믿고 있었다. 6. 나는 마르타가 일찍 돌아온다고 믿고 있었다.

문법

[(주절) 직설법 현재 CHE + 접속법 현재/과거]
Credo che Gianni **parta** per Parigi. 나는 지안니가 파리로 떠난다고 믿는다.
[(주절) 직설법 근과거/불완료과거/원과거 CHE + 접속법 불완료과거/대과거]
Credevo che Gianni **partisse** per Parigi. 나는 지안니가 파리로 떠난다고 믿고 있었다.

두 문장 모두 종속절의 우리말 번역이 현재(~떠난다고)인 것처럼 표현되지만, 주절에서 시제를 결정하는 우리말의 특성으로 그렇게 번역된다. 그러나 이탈리아어 시제 일치에서, 주절이 "과거 삼형제(근과거, 불완료과거, 원과거)" 가운데 하나 일 경우, 종속절에는 접속법 불완료과거 혹은 접속법 대과거가 와야 한다.

직설법에서처럼, 접속법에서도 불완료과거는 거의 대부분 규칙활용을 한다.

접속법 불완료과거(Congiuntivo imperfetto)

	규칙활용동사				불규칙활용
	lavor-**are**	perd-**ere**	cap-**ire**	av-**ere**	**essere**
io	lavor-**assi**	perd-**essi**	cap-**issi**	av-essi	fossi
tu	lavor-**assi**	perd-**essi**	cap-**issi**	av-essi	fossi
lui	lavor-**asse**	perd-**esse**	cap-**isse**	av-esse	fosse
noi	lavor-**assimo**	perd-**essimo**	cap-**issimo**	av-essimo	fossimo
voi	lavor-**aste**	perd-**este**	cap-**iste**	av-este	foste
loro	lavor-**assero**	perd-**essero**	cap-**issero**	av-essero	fossero

아래 예문들은 주절과 종속절의 시제가 같은 '시제의 계단'에 위치하는 경우이다.

Pensavo che lui **avesse** ragione.
나는 그가 옳다고 생각하고 있었다.

Era possibile che Giulio **fosse** d'accordo con me.
쥴리오가 내 의견에 동의할 가능성이 있었다.

Volevo che Franco **si occupasse** di quella faccenda.
나는 프랑코가 그 일에 전념하길 원하고 있었다.

Bisognava che lui **chiedesse** il permesso.
그는 허락을 구할 필요가 있었다.

접속법 대과거(Congiuntivo trapassato)
[avere의 접속법 불완료과거 + 타동사의 과거분사]

[**essere**의 접속법 불완료과거＋자동사의 과거분사(주어와 성수일치)]

	(타동사) mangiare	(자동사) arrivare
io	**avessi mangiato**	**fossi arrivato/a**
tu	avessi mangiato	fossi arrivato/a
lui	avesse mangiato	fosse arrivato/a
noi	avessimo mangiato	**fossimo arrivati/e**
voi	aveste mangiato	foste arrivati/e
loro	avessero mangiato	fossero arrivati/e

주절이 과거 3형제 가운데 하나일 때(대부분은 불완료과거), 종속절의 시제가 한 계단 밑으로 내려가는 아래와 같은 경우 접속법 대과거를 쓴다.

Loro credevano che (lui) **avessi cambiato** idea.
그들은 그가 생각을(이미) 바꾸었다고 믿고 있었다. (바꾼 것이 먼저이고 믿은 것은 나중)

Temevo che Carla **avesse preso** una decisione sbagliata.
나는 카를라가 잘 못된 결정을 했을까봐 두려워하고 있었다.

Credevo che l'altro ieri Marco **fosse tornato** in ufficio.
나는 마르코가 그저께 회사로 돌아왔다고 믿고 있었다.

Ero felice che Carlo **si fosse laureato** a pieni voti.
나는 카를로가 만점으로 졸업을 했기에 기뻤다.

17.2 보기처럼 변형시켜라!

Penso che tu **sia** capace di riparare la TV.
나는 자네가 TV를 고칠 능력이 있다고 생각한다.
→ **Pensavo che** tu **fossi** capace di riparare la TV.
나는 자네가 TV를 고칠 능력이 있다고 생각하고 있었다.

1. **Penso che** Pietro **sia** stanco.

2. **Penso che** tu **beva** troppo.

3. **Penso che** Maria **stia** male.

4. **Penso che** loro **dicano** la verita'.

5. **Penso che** tu **faccia** poco movimento.

6. **Penso che** tu **dia** volentieri una mano a tuo fratello.

어휘

essere capace di ~할 능력이 있다/할 수 있다, **riparare** 고치다, **movimento** 움직임.

해석

1. 나는 피에트로가 피곤하다고 생각하고 있었다. 2. 나는 네가 과음한다고 생각하고 있었다. 3. 나는 마리아가 아프다고 생각하고 있었다. 4. 나는 그들이 진실을 말한다고 생각하고 있었다. 5. 나는 네가 잘 움직이지 않는다고 생각하고 있었다. 6. 나는 네가 형에게 도움을 기꺼이 준다고 생각하고 있었다.

문법

	접속법 불완료과거 불규칙활용 동사					
	essere	bere	stare	dire	fare	dare
io	fossi	bevessi	stessi	dicessi	facessi	dessi
tu	fossi	bevessi	stessi	dicessi	facessi	dessi
lui/lei/Lei	fosse	bevesse	stesse	dicesse	facesse	desse
noi	fossimo	bevessimo	stessimo	dicessimo	facessimo	dessimo
voi	foste	beveste	steste	diceste	faceste	deste
loro	fossero	bevessero	stessero	dicessero	facessero	dessero

UNITA' 17

[(주절) 직설법 현재 CHE + 접속법 현재/과거]

Penso che tu **sia** capace di riparare la TV.

나는 네가 TV를 고칠 능력이 있다고 생각한다.

[(주절) 직설법 근과거/불완료과거/원과거 CHE + 접속법 불완료과거/대과거]

Pensavo che tu **fossi** capace di riparare la TV.

나는 네가 TV를 고칠 능력이 있다고 생각하고 있었다.

17.3 보기처럼 변형시켜라!

Penso che Paolo **sia** gia' **arrivato**.

나는 파올로가 이미 도착했다고 생각한다.

→ **Pensavo** che Paolo **fosse** gia' **arrivato.**

　나는 파올로가 이미 도착했다고 생각하고 있었다.

1. **Penso che** i bambini **abbiano** gia' **mangiato**.
   _____

2. **Penso che** i signori Rossi **siano** gia' **usciti**.
   _____

3. **Penso che** Marta **abbia** gia' **finito** tutti i soldi.
   _____

4. **Penso che** Maria **si sia** gia' **vestita** per uscire.
   _____

5. **Penso che** tu **abbia** gia' **studiato** abbastanza.
   _____

6 **Penso che** voi **vi siete** gia' **riposati**.
   _____

어휘

> **vestirsi** 옷 입다, **riposarsi** 쉬다.

해석

1. 나는 아이들이 이미 밥을 먹었다고 생각하고 있었다. 2. 롯시 씨 부부가 이미 외출했다고 생각하고 있었다. 3. 나는 마르타가 이미 돈을 다 써버렸다고 생각하고 있었다. 4. 나는 마리아가 이미 외출을 위해 옷을 입었다고 생각하고 있었다. 5. 나는 네가 이미 충분히 공부했다고 생각하고 있었다. 6. 나는 너희들이 이미 휴식을 취했다고 생각하고 있었다.

문법

[(주절) 직설법 현재 CHE + 접속법 현재/과거]
Penso che Paolo **sia** gia' **arrivato**.
나는 파올로가 이미 도착했다고 생각한다.

[(주절) 직설법 근과거/불완료과거/원과거 CHE + 접속법 불완료과거/대과거]
Pensavo che Paolo **fosse** gia' **arrivato.**
나는 파올로가 이미 도착했다고 생각하고 있었다.

17.4 보기처럼 변형시켜라!

Spero che piovera'.
나는 비가 올 거라고 기대한다.
→ **Speravo che sarebbe piovuto.**
　나는 비가 올 거라고 기대하고 있었다.

1. **Spero che** lui **tornera'** presto.

2. **Spero che** tu mi **scriverai** subito.

3. **Spero che** lei **finira'** presto l'Universita'.

4. **Spero che** voi **verrete** alla festa.

5. **Spero che** lui non **perdera'** il treno.

6. **Spero che** ci **sara'** il sole.

해석

1. 나는 그가 빨리 올 거라고 기대하고 있었다. 2. 나는 자네가 내게 곧바로 편지 쓸 거라고 기대하고 있었다. 3. 나는 그녀가 대학을 빨리 마칠 거라고 기대하고 있었다. 4. 나는 너희들이 파티에 올 거라고 기대하고 있었다. 5. 나는 그가 기차를 놓치지 않을 거라고 기대하고 있었다. 6. 나는 날씨가 쾌청할 거라고 기대하고 있었다.

문법

'과거 속에서 미래'는 복합조건법으로 표현된다. 직설법 단순미래를 쓸 수가 없다.
즉, Speravo che piovera'. (×) → **Speravo che** sarebbe piovuto. (○)
비가 올 거라고 나는 기대하고 있었다.

복합조건법(Condizionale composto) → 11.9 참조.

	자동사	타동사
io	**sarei** uscito/a	**avrei** pensato
tu	**saresti** uscito/a	**avresti** pensato
lui, lei, Lei	**sarebbe** uscito/a	**avrebbe** pensato
noi	**saremmo** usciti/e	**avremmo** pensato
voi	**sareste** usciti/e	**avreste** pensato
loro	**sarebbero** usciti/e	**avrebbero** pensato

17.5 보기처럼 완성하라!

Sei italiano? 너는 이탈리아인이니?
→ **Non sapevo che** tu **fossi** italiano!
  나는 네가 이탈리아인이라는 사실을 모르고 있었다.

1. **Hai** un appartamento in centro?

2. Valery **conosce** gia' Napoli?

3. **Bevete** molta birra?

4. **Dai** l'esame oggi?

5. Mario **sta** male?

6. **Parlate** francese?

7. **Capisci** bene il russo?

8. Ivo e Rita **abitano** lontano dal centro?

어휘

dare l'esame 시험보다, **lontano da** ~로부터 먼.

해석

1. 나는 네가 시내에서 약속이 있다는 사실을 모르고 있었다. 2. 나는 발레리가 이미 나폴리 도시를 알고 있다는 사실을 모르고 있었다. 3. 나는 너희들이 맥주를 많이 마신다는 사실을 모르고 있었다. 4. 나는 네가 오늘 시험을 본다는 사실을 모르고 있었다. 5. 나는 마리오가 아프다는 사실을 모르고 있었다. 6. 나는 너희들이 불어를 한다는 사실을 모르고 있었다. 7. 나는 네가 러시아어를 잘 이해한다는 사실을 모르고 있었다. 8. 나는 이보와 리타가 도심에서 먼 곳에 거주한다는 사실을 모르고 있었다.

문법

[(주절) 직설법 근과거/불완료과거/원과거 CHE + 접속법 불완료과거/대과거]
Non **sapevo che** tu **fossi** italiano! 나는 네가 이탈리아인이라는 것을 모르고 있었다.

UNITA' 17

bere, dare, stare → 17.2 (접속법 불완료과거 불규칙활용 동사) 참조.

17.6 보기처럼 완성하라!

Piero e' in vacanza? (studiare)
피에로는 휴가 중인가요?
→ **Pensavo che studiasse.**
  나는 그가 공부하고 있다고 생각하고 있었어요.

1. Pietro parte? (**dare** l'esame di matematica)
   _____

2. Pietro e' al lavoro? (**essere** malato)
   _____

3. Pietro dorme? (non **avere** sonno)
   _____

4. Pietro e' fuori? (**essere** a casa)
   _____

5. Pietro guarda la TV? (non gli **piacere**)
   _____

6. Pietro studia l'inglese? (lo **conoscere** gia' bene)
   _____

7. Pietro vuole conoscere Marta? (la **conoscere** gia')
   _____

8. Pietro dice le bugie? (**dire** sempre la verita')
   _____

어휘

> **dare l'esame di** ~의 시험을 보다, **matematica** 수학, **essere malato** 몸이 아프다/병이 나다, **avere sonno** 졸리다, **conoscere** 알다, **bugia** 거짓말, **verita'** 진실.

🔵 **해석**

1. 피에트로는 떠나요? 나는 그가 수학 시험을 본다고 생각하고 있었어요. 2. 피에트로는 직장에 있나요? 나는 그가 아프다고 생각하고 있었어요. 3. 피에트로는 자나요? 나는 그가 졸리지 않다고 생각하고 있었어요. 4. 피에트로는 밖에 있나요? 나는 그가 집에 있다고 생각하고 있었어요. 5. 피에트로는 TV를 보나요? 나는 그가 TV 시청을 싫어한다고 생각하고 있었어요. 6. 피에트로는 영어를 공부하나요? 나는 그가 이미 영어를 잘 한다고 생각하고 있었어요. 7. 피에트로가 마르타를 알고 싶어 하나요? 나는 그가 이미 그녀를 알고 있다고 생각하고 있었어요. 8. 피에트로가 거짓말을 하나요? 나는 그가 늘 진실을 말한다고 생각하고 있었어요.

🔵 **문법**

[(주절) 직설법 근과거/불완료과거/원과거 CHE + 접속법 불완료과거/대과거]
Pensavo che studiasse. 나는 그가 공부하고 있다고 생각하고 있었어요.
dare, essere, avere, dire → 17.2 (접속법 불완료과거 불규칙활용 동사) 참조.

17.7 보기처럼 대답하라!

Chiara **doveva studiare** la lezione?
키아라는 그 과를 공부해만 했니?
- Si', **bisognava** proprio **che** la **studiasse.**
  그래, 정말로 그 과를 공부할 필요가 있었어.

1. Giorgio **doveva tagliare** l'erba in giardino?

2. **Dovevo apparecchiare** la tavola?

3. I ragazzi **dovevano lavare** la macchina?

4. **Dovevamo cucinare** la carne per il pranzo?

5. **Dovevo dire** quello che pensavo?

6. Marta **doveva dare** l'esame?

7. I bambini **dovevano fare** i compiti?

8. **Dovevano comprare** il pane?

어휘

tagliare l'erba 잔디 깎다, **apparecchiare la tavola** 식탁을 세팅하다, **lavare la macchina** 세차하다, **cucinare** 요리하다, **carne** 고기/육류, **quello che pensavo** 내가 생각하던 것, **fare i compiti** 숙제하다, **pane** 빵.

해석

1. 지오르지오가 정원 잔디를 깎아야 했니? 그래, 그는 정말로 잔디를 깎을 필요가 있었어. 2. 내가 식탁을 차려야 했니? 그래, 너는 정말로 식탁을 차릴 필요가 있었어. 3. 그 청년들이 세차를 해야 했니? 그래, 그들은 정말로 세차할 필요가 있었어. 4. 우리는 점심 식사를 위해 그 고기를 요리해야 했니? 그래, 너희들은 정말로 고기를 요리할 필요가 있었어. 5. 나는 내가 생각하는 것을 말해야 했니? 그래, 너는 정말로 네가 생각하는 것을 말할 필요가 있었다. 6. 마르타는 시험을 봐야 했니? 그래, 그녀는 정말로 시험을 볼 필요가 있었어. 7. 아이들은 숙제를 해야 했니? 그래, 그들은 정말로 숙제할 필요가 있었어. 8. 그들은 빵을 사야 했니? 그래, 그들은 정말로 빵을 살 필요가 있었어.

문법

[(주절) 직설법 근과거/불완료과거/원과거 CHE + 접속법 불완료과거/대과거]
Bisognava proprio **che** la **studiasse**. 정말로 그 과를 공부할 필요가 있었어.
dire, dare, fare → 17.2 (접속법 불완료과거 불규칙활용 동사) 참조.

17.8 보기처럼 대답하라.

Perche' non mi **hai telefonato**?
너는 왜 내게 전화하지 않았니?
- **Volevi** veramente **che** (io) ti **telefonassi?**
  내가 자네에게 전화하길 진정으로 원하고 있었어?

1. Perche' non **sei venuto** a trovarmi ieri sera?
   _____

2. Perche' non mi **avete aiutato** ieri sera?
   _____

3. Perche' non mi **avete detto** la verita'?
   _____

4. Perche' non **sei andato** da Carla?
   _____

5. Perche' Mario non mi **ha dato** una mano?
   _____

6. Perche' Gina non **e' venuta** a cena da noi?

해석

1. 왜 너는 어제 저녁에 나를 보러 오지 않았니? 내가 너를 보러 가길 진정으로 원하고 있었니?
2. 왜 너희들은 어제 저녁에 나를 돕지 않았니? 내가 너희들을 돕길 진정으로 원하고 있었니?
3. 왜 너희들은 내게 진실을 말하지 않았니? 내가 너희들에게 진실을 말하길 진정으로 원하고 있었니? 4. 왜 너는 카를라 집에 가지 않았니? 내가 카를라 집에 가길 진정으로 원하고 있었니?
5. 왜 마리오는 내게 도움을 주지 않았니? 내가 마리오에게 도움 주길 진정으로 원하고 있었니?
6. 왜 지나는 우리 집에 저녁 먹으러 오지 않았니? 우리가 그녀 집에 저녁 먹으러 가길 진정으로 원하고 있었니?

문법

[(주절) 직설법 근과거/불완료과거/원과거 CHE + 접속법 불완료과거/대과거]
Volevi veramente **che** (io) ti **telefonassi?**

UNITA' 17

내가 자네에게 전화하길 진정으로 원하고 있었어?

17.9 보기처럼 완성하라!

Giuseppe **e' partito**? → **Non ero d'accordo che partisse.**
쥬세페는 떠났니? 나는 그가 떠난다는 사실에 동의하지 않았다.

1. Giorgio **ha comprato** una macchina nuova?

2. I bambini **sono usciti** da soli?

3. Maria **e' andata** a vivere da sola?

4. Giorgio **ha cambiato** casa?

5. Giorgio **e' andato** al mare?

6. I ragazzi **sono usciti** in macchina.

uscire da soli 그들(아이들)끼리 외출하다, **vivere da solo** 혼자 살다, **cambiare casa** 이사하다.

해석

1. 지오르지오는 새 차를 한 대 구입했니? 나는 그가 새 차를 구입한다는 사실에 동의하지 않았다. 2. 아이들끼리 밖에 나갔니? 나는 그들끼리 밖에 나간다는 사실에 동의하지 않았다. 3. 마리아는 혼자 살림을 꾸리기 위해 나갔니? 나는 그녀가 혼자 살림을 꾸리기 위해 나간다는 사실에 동의하지 않았다. 4. 지오르지오는 이사했니? 나는 그가 이사한다는 사실에 동의하지 않았다. 5. 지오르지오는 바다에 갔니? 나는 그가 바다에 간다는 사실에 동의하지 않았다. 6. 그 청

년들은 승용차 타고 외출했니? 나는 그들이 승용차 타고 외출한다는 사실에 동의하지 않았다.

[(주절) 직설법 근과거/불완료과거/원과거 CHE + 접속법 불완료과거/대과거]
Non ero d'accordo che partisse. 그가 떠난다는 사실에 나는 동의하지 않았다.

17.10 보기처럼 완성하라!

I bambini hanno mangiato?
아이들이 밥을 먹었니?
→ La madre **aveva paura che** non **mangiassero.**
　어머니는 아이들이 밥을 먹지 않을까봐 두려워했다.

1. I bambini **hanno preso** la medicina?
   _____

2. I bambini **hanno studiato**?
   _____

3. I bambini **sono tornati** presto?
   _____

4. I bambini **hanno obbedito** alla baby-sitter?
   _____

5. I bambini **sono andati** alla lezione di pianoforte?
   _____

6. I bambini **si sono addormentati**?
   _____

> **prendere la medicina** 약을 먹다, **obbedire a** ~에게 복종하다/~의 말을 잘 듣다,
> **addormentarsi** 잠이 들다.

1. 아이들이 약을 먹었니? 어머니는 아이들이 약을 먹지 않을까봐 두려워했다. 2. 아이들은 공부했니? 어머니는 아이들이 공부를 안 할까봐 두려워했다. 3. 아이들은 곧바로 돌아왔니? 어머니는 아이들이 곧바로 돌아오지 않을까봐 두려워했다. 4. 아이들은 보모의 말을 잘 들었니(보모에게 복종했니)? 어머니는 아이들이 보모의 말을 안 들을까봐 두려워했다. 5. 아이들이 피아노 레슨에 갔니? 어머니는 아이들이 피아노 레슨에 안 갈까봐 두려워했다. 6. 아이들은 잠이 들었니? 어머니는 아이들이 잠들지 않을까봐 두려워했다.

[(주절) 직설법 근과거/불완료과거/원과거 CHE + 접속법 불완료과거/대과거]
La madre **aveva paura** che non **mangiassero**.
어머니는 아이들이 밥을 먹지 않을까봐 두려워했다.

17.11 보기처럼 변형시켜라!

Desidero che voi **veniate**. → **Desideravo che** voi **veniste**.
너희들이 오길 나는 바란다.   너희들이 오길 나는 바라고 있었다.

1. **Penso che** gli studenti **siano** stanchi.
   _____

2. **Mi pare che** Anna **abiti** a Milano.
   _____

3. Giorgio **non vuole che** tu **fumi**.
   _____

4. **E' neccessario che** tu me lo **dica**.
   _____

5. **Bisogna che** tu **dia** una mano a Lia.
   _____

6. Pino **non crede che** tu **sia** offeso.
   _____

7. **Mi sembra che** voi **siate** stanchi.

8. **Immagino che** Carlo **arrivi** presto.

9. **Siamo contenti che** Marco **venga** a trovarci.

10. **Ho paura che** tu non mi **ascolti** con attenzione.

11. **Mi auguro che** tu **capisca** il nostro problema.

12. **Mi dispiace che** loro **stiamo** male.

해석

1. 학생들이 피곤하다고 나는 생각하고 있었다.   2. 내가 보기에 안나는 밀라노에 거주하는 것 같았다.   3. 지오르지오는 자네가 담배 피우는 것을 원하고 있지 않았다.   4. 자네가 내게 그것을 말할 필요가 있었다.   5. 자네가 리아에게 도움을 줄 필요가 있었다.   6. 피노는 자네가 상처받았다고 믿고 있지 않았다.   7. 내가 보기에 너희들은 피곤한 것 같았다.   8. 나는 카를로가 일찍 온다고 생각하고 있었다.   9. 마르코가 우리를 보러 온다니 우리는 만족스러웠다.   10. 자네가 내 말을 경청하지 않아서 나는 두려웠다.   11. 자네가 우리들의 문제를 이해하길 희망하고 있었다.   12. 그들이 아파서 나는 유감이었다.

문법

[(주절) 직설법 현재 CHE + 접속법 현재/과거]
Desidero che voi **veniate**. 너희들이 오길 나는 바란다.
[(주절) 직설법 근과거/불완료과거/원과거 CHE + 접속법 불완료과거/대과거]
Desideravo che voi **veniste**. 너희들이 오길 나는 바라고 있었다.

essere, dire, dare, stare → 17.2 (접속법 불완료과거 불규칙 활용 동사) 참조.

UNITA' 17

17.12 보기처럼 완성하라!

Hai gia' **studiato** per l'esame?
너 벌써 시험 공부했어?
→ **Non sapevo che** tu **avessi** gia' **studiato.**
네가 이미 공부했다는 사실을 나는 모르고 있었다.

1. **Avete** gia' **mandato** gli inviti per la festa?
   _____

2. **Sei** gia' **andato** a trovare Carla?
   _____

3. Isabella **si e'** gia' **iscritta** al corso di spagnolo?
   _____

4. Marco e Lucia **sono** gia' **stati** a Pisa?
   _____

5. **Hai** gia' **cominciato** a fare la dieta?
   _____

6. **Avete** gia' **smesso** di fumare?
   _____

7. **Siete** gia' **andati** in vacanza?
   _____

8. **Ti sei** gia' **preparato**?
   _____

어휘

> **invito** 초대장, **iscriversi a** ~에 등록하다, **essere stato a** ~에 가봤다, **cominciare a** ~를 시작하다, **fare la dieta** 다이어트하다, **smettere di fumare** 금연하다, **andare in vacanza** 휴가 가다, **prepararsi** 채비를 차리다/갖추다.

해석

1. 너희들은 벌써 파티 초대장을 발송했니? 너희들이 이미 보냈다는 사실을 나는 모르고 있었

다. 2. 너는 카를라를 보러 벌써 갔니? 네가 벌써 갔다는 사실을 나는 모르고 있었다. 3. 이사벨라는 스페인어 과정에 벌써 등록했니? 이사벨라가 이미 등록했다는 사실을 나는 모르고 있었다. 4. 마르코와 루치아는 이미 피사에 가보았니? 그들이 이미 가보았다는 사실을 나는 모르고 있었다. 5. 너 벌써 다이어트를 시작했니? 네가 이미 시작했다는 사실을 나는 모르고 있었다. 6. 너희들은 이미 금연했니? 너희들이 이미 금연했다는 사실을 나는 모르고 있었다. 7. 너희들은 이미 휴가 갔니? 너희들이 벌써 휴가를 갔다는 사실을 나는 모르고 있었다. 8. 너 벌써 채비를 차렸니? 네가 벌써 채비를 차렸다는 사실을 나는 모르고 있었다.

[(주절) 직설법 근과거/불완료과거/원과거 CHE + 접속법 불완료과거/대과거]
Non sapevo che tu **avessi** gia' **studiato**.
네가 이미 공부했다는 사실을 나는 모르고 있었다.

접속법 대과거 → 17.1 참조.

	(타동사) mangiare	(자동사) arrivare
io	**avessi mangiato**	**fossi arrivato/a**
tu	avessi mangiato	fossi arrivato/a
lui	avesse mangiato	fosse arrivato/a
noi	avessimo mangiato	**fossimo arrivati/e**
voi	aveste mangiato	foste arrivati/e
loro	avessero mangiato	fossero arrivati/e

17.13 보기처럼 완성하라!

Piero non ha soldi? (**guadagnare** molto all'estero)
피에로는 돈이 없니?
→ **Credevo che avesse guadagnato** molto all'estero.
　그가 외국에서 돈을 많이 벌었다고 나는 믿고 있었다.

1. Pietro da' l'esame? (non **studiare** abbastanza)

UNITA' 17

2. Pietro va a Verona? (**andar**ci la settimana scorsa)
   _____

3. Pietro va a vedere quel film? (**registrar**lo l'altra sera)
   _____

4. Pietro vuole mangiare gli spaghetti? (**cominciare** una dieta)
   _____

5. Pietro vuole una sigaretta? (**smettere** di fumare)
   _____

6. Pietro torna a vedere quella mostra? (non **piacer**gli)
   _____

7. Pietro vuole partire? (**decidere** di rimanere)
   _____

8. Pietro tornera' in Italia? (**trovarsi** bene all'estero)
   _____

어휘

abbastanza 충분히/꽤/어느 정도, **registrare** 녹화/녹음하다, **l'altra sera** 다른 날 저녁, **mostra** 전시회, **trovarsi bene** 잘 지내다, **all'estero** 외국에서.

해석

1. 피에트로는 시험을 보니? 그가 충분히 공부를 하지 못했다고 나는 믿고 있었다. 2. 피에트로는 베로나에 가니? 그가 지난 주에 이미 그곳에 갔다 왔다고 나는 믿고 있었다. 3. 피에트로는 그 영화 보러 가니? 그가 저번 저녁에 그 영화를 녹화했다고 나는 믿고 있었다. 4. 피에트로가 스파게티를 먹길 원하니? 그가 다이어트를 시작했다고 나는 믿고 있었다. 5. 피에트로가 담배 한 대 원하니? 그가 금연했다고 나는 믿고 있었다. 6. 피에트로는 그 전시회를 보러 돌아가니? 그가 전시회 보러 가는 것을 싫어했다고 나는 믿고 있었다. 7. 피에트로는 떠나길 원하니? 그가 머물기로 결심했다고 나는 믿고 있었다. 8. 피에트로는 이탈리아로 돌아갈 예정이니? 그가 외국에서 잘 지냈다고 나는 믿고 있었다.

[(주절) 직설법 근과거/불완료과거/원과거 CHE + 접속법 불완료과거/대과거]
Credevo che avesse guadagnato molto all'estero.
그가 외국에서 돈을 많이 벌었다고 나는 믿고 있었다.

17.14 보기처럼 완성하라!

Maria **parte** oggi?
마리아는 오늘 떠나니?
→ **Pensavo che sarebbe partita** domani.
나는 그녀가 내일 떠날 거라고 생각하고 있었다.

1. Maria **torna** oggi?
   _____

2. Maria **invita** gli amici oggi?
   _____

3. Maria **da'** una festa oggi?
   _____

4. Maria e Gianna **arrivano** oggi?
   _____

5. Maria e Gianna **lavorano** oggi?
   _____

6. **Esci** con lui oggi?
   _____

7. **Cominci** a studiare oggi?
   _____

8. **Partite** oggi?

UNITA' 17

어휘

> **dare una festa** 파티를 열다/하다, **cominciare a** ~를 시작하다.

해석

1. 마리아는 오늘 돌아오니? 그녀는 내일 돌아올 거라고 나는 생각하고 있었다. 2. 마리아는 오늘 친구들을 초대하니? 그녀는 내일 친구들을 초대할 거라고 나는 생각하고 있었다. 3. 마리아는 오늘 파티를 하니? 그녀는 내일 파티를 할 거라고 나는 생각하고 있었다. 4. 마리아와 지안나는 오늘 도착하니? 그들은 내일 도착할 거라고 나는 생각하고 있었다. 5. 마리아와 지안니는 오늘 일하니? 그들은 내일 일할 거라고 나는 생각하고 있었다. 6. 너는 오늘 그와 함께 외출하니? 너는 내일 그와 함께 외출할 거라고 나는 생각하고 있었다. 7. 너는 오늘 공부를 시작하니? 너는 내일 공부를 시작할 거라고 나는 생각하고 있었다. 8. 너희들은 오늘 떠나니? 너희들은 내일 떠날 거라고 나는 생각하고 있었다.

문법

'과거 속에서 미래'는 복합조건법으로 표현된다. 직설법 단순미래를 쓸 수가 없다.

즉, **Pensavo** che **partira'** domani. (×)
→ **Speravo** che **sarebbe partita** domani. (○)
　나는 그녀가 내일 떠날 거라고 생각하고 있었다.

복합조건법 → 11.9 참조.

	자동사 partire	타동사 invitare
io	**sarei** partito/a	**avrei** invitato
tu	**saresti** partito/a	**avresti** invitato
lui, lei, Lei	**sarebbe** partito/a	**avrebbe** invitato
noi	**saremmo** partiti/e	**avremmo** invitato
voi	**sareste** partiti/e	**avreste** invitato
loro	**sarebbero** partiti/e	**avrebbero** invitato

17.15 보기처럼 변형시켜라!

Desidero che lei mi **telefoni**.
나는 그녀가 내게 전화하길 바란다.
→ **Vorrei che** lei mi **telefonasse**.
   나는 그녀가 내게 전화하길 진정으로 바란다.

1. **Desidero che** lui **torni**.

2. **Desidero che** voi **vi divertiate**.

3. **Desidero che** Ida mi **ascolti**.

4. **Desidero che** loro **studino** di piu'.

5. **Desidero che** tu **veda** la mia citta'.

6. **Desidero che** tu **venga** a trovarmi.

어휘

divertirsi 즐기다/즐거워하다, **di piu'** 더욱, **venire a trovar**mi 나를 보러 오다.

해석

1. 나는 그가 돌아오길 진정으로 바란다. 2. 나는 너희들이 즐겁기를 진정으로 바란다. 3. 나는 이다가 내 말 듣기를 진정으로 바란다. 4. 나는 그들이 공부 더 하기를 진정으로 바란다. 5. 자네가 내가 사는 도시를 보길 나는 진정으로 바란다. 6. 자네가 나 보러 오길 나는 진정으로 바란다.

[**Vorrei** (단순조건법) CHE + 접속법 불완료과거]
Vorrei che lei mi **telefonasse**. 나는 그녀가 내게 전화하길 진정으로 바란다.

단순조건법은 완곡한 욕구, 욕망, 희망을 표현한다. → 11.1 단순조건법 참조.
volere → vorrei, vorresti, vorrebbe, vorremmo, vorreste, vorrebbero

접속법 불완료과거

	접속법 불완료과거 규칙활용			
	torn**are**	ved**ere**	ven**ire**	divert**irsi**
io	tornassi	vedessi	venissi	mi divertissi
tu	tornassi	vedessi	venissi	ti divertissi
lui	tornasse	vedesse	venisse	si divertisse
noi	tornassimo	vedessimo	venissimo	ci divertissimo
voi	tornaste	vedeste	veniste	vi divertiste
loro	tornassero	vedessero	venissero	si divertissero

규칙활용 동사 – ascoltare, studiare

17.16 보기처럼 대답하라!

Che cosa vuole Lucia da te? (**tradurre** un documento)
루치아는 너에게 무엇을 원하니?
- **Vorrebbe che** io le **traducessi** un documento.
  루치아는 내가 그녀에게 서류를 번역해주길 진정으로 원한다.

1. Che cosa vuole Lucia da te? (**accompagnare** alla stazione)

2. Che cosa vuole Lucia da te? (**invitare** a cena)

3. Che cosa vuole Lucia da te? (**prestare** dei soldi)

4. Che cosa vuole Lucia da te? (**andare** dal dottore con lei)

5. Che cosa vuole Lucia da te? (**dare** una mano)
   _____

6. Che cosa vuole Lucia da te? (**dare** il mio numero di telefono)
   _____

7. Che cosa vuole Lucia da te? (**prestare** la mia casa al mare)
   _____

8. Che cosa vuole Lucia da te? (**partire** con lei)
   _____

해석

1. 루치아는 내가 그녀를 역까지 동행해주길 진정으로 원한다. 2. 루치아는 내가 그녀를 저녁 식사에 초대해주길 진정으로 원한다. 3. 루치아는 내가 그녀에게 돈을 빌려주길 진정으로 원한다. 4. 루치아는 내가 그녀와 함께 병원에 가길 진정으로 원한다. 5. 루치아는 내가 그녀에게 도움을 주길 진정으로 원한다. 6. 루치아는 내가 그녀에게 내 전화번호를 주길 진정으로 원한다. 7. 루치아는 내가 그녀에게 바다에 위치한 내 집을 빌려주길 진정으로 원한다. 8. 루치아는 내가 그녀와 함께 떠나기를 진정으로 원한다.

문법

[**Vorrebbe** (단순조건법) CHE + 접속법 불완료과거]
Vorrebbe che io le **traducessi** un documento.
루치아는 내가 그녀에게 서류를 번역해주길 진정으로 원한다.

접속법 불완료과거 불규칙활용 동사
dare → dessi, dessi, desse, dessimo, deste, dessero
tradurre (tradurre) → traducessi, traducessi, traducesse, traducessimo, traduceste, traducessero

17.17 보기처럼 대답하라!

C'**e**' il sole da voi? - **Magari** ci **fosse** il sole!
너희들이 있는 곳 날씨는 맑아? 날씨가 맑으면 좋겠다!

UNITA' 17

1. **Fa** bel tempo da voi?
   _____

2. Il mare **e'** pulito da voi?
   _____

3. Non c'**e'** traffico da voi?
   _____

4. **Funziona** tutto da voi?
   _____

5. L'aria non **e'** inquinata da voi?
   _____

6. Le case **costano** poco da voi?
   _____

어휘

> **fa bel tempo** 날씨가 좋다, **pulito** 깨끗한, **traffico** 교통 혼잡, **funzionare** 기능/작동하다, **inquinato** 오염된, **costare** 비용이 ~이다.

해석

1. 날씨가 좋으면 좋겠다! 2. 바다가 깨끗하면 좋겠다! 3. 교통 혼잡이 없으면 좋겠다! 4. 모든 것이 잘 돌아가면 좋겠다! 5. 공기가 오염되지 않으면 좋겠다! 6. 집 값이 싸면 좋겠다!

문법

[**Magari** + 접속법 불완료과거]: ~하면 좋겠다!

fare (facere) → facessi, facessi, facesse, facessimo, faceste, facessero

essere → fossi, fossi, fosse, fossimo, foste, fossero

17.18. 보기처럼 대답하라!

Francesco **e' tornato**? – **Magari fosse tornato!**
프란체스코는 돌아왔니?　돌아왔다면 좋겠는데!

1. Tuo padre **e' guarito**?
   _____

2. I bambini **sono stati** buoni?
   _____

3. Maria ti **ha scritto**?
   _____

4. Alberto ti **ha detto** la verita'?
   _____

5. **Vi siete divertiti?**
   _____

6. **Hai comprato** quella casa?
   _____

어휘

guarire 병이 낫다, **stare buono** 착하다.

해석

1. 너희 아버지 병이 나았다면 좋겠는데! 2. 아이들이 착했다면 좋겠는데! 3. 마리아가 네게 편지를 썼다면 좋겠는데! 4. 알베르토가 네게 진실을 말했다면 좋겠는데! 5. 너희들이 즐거웠다면 좋겠는데! 6. 네가 저 집을 샀다면 좋겠는데!

문법

[**Magari**+접속법 대과거]: ~했다면 좋겠다!

접속법 대과거

	(타동사) scrivere	(자동사) guarire
io	**avessi** scritto	**fossi** guarito/a
tu	**avessi** scritto	**fossi** guarito/a
lui	**avesse** scritto	**fosse** guarito/a
noi	**avessimo** scritto	**fossimo** guariti/e
voi	**aveste** scritto	**foste** guariti/e
loro	**avessero** scritto	**fossero** guariti/e

17.19 접속법(현재/과거; 불완료과거/대과거)으로 완성하라!

1. **Preferisco che** voi non (fare) _____ le ore piccole.
2. **Volevo che** i nostri figli (andare) _____ a letto presto.
3. **E' meglio che** voi (partire) _____ subito.
4. Carlo **aveva paura che** l'esame (essere) _____ troppo difficile.
5. **E' un peccato che** tu ieri mattina (passare) _____ il tempo in giro per la citta' e **che** non (andare) _____ a lezione.
6. **Penso che** (essere) _____ meglio **che** tu (partire) _____ oggi e non domani.
7. **Mi pare che** tuo fratello (essere) _____ piu' studioso di te.
8. **Mi dispiace che** Maria (vedere) _____ gia' quel film e **che** stasera non (venire) _____ al cinema con noi.
9. **Avevamo paura che** da un momento all'altro (nevicare) _____ .
10. **Penso che** stasera loro (venire) _____ alle 8 in punto.
11. **Non sapevo che** tu (tornare) _____ il giorno dopo.
12. **Vorrei che** loro (potere) _____ venire con me.

어휘

preferisco che ~ 하길 나는 선호한다, **fare le ore piccole** 늦게 잠자리에 들다, **andare a letto** 잠자리에 들다, **e' meglio che** ~ 하는 게 더 낫다, **aveva paura che** ~ 할까봐 두려워하고 있었다, **e' un peccato che** ~ 해서 유감이다, **passare il**

> **tempo in ~** 하느라 시간을 보내다, **mi pare che ~** 내가 볼 때/내 생각엔 ~인 것 같다, **studioso** 학업에 열중하는/공부에 열심인, **penso che ~**라고 나는 생각한다, **mi dispiace che ~** 해서 내겐 유감이다, **da un momento all'altro** 당장 어느 때고, **nevicare** 눈이 오다, **in punto** 정각에, **non sapevo che ~** 한다는 사실을 나는 모르고 있었다, **il giorno dopo** 다음 날, **vorrei che ~** 하기를 나는 진정으로 바란다.

해석

1. 나는 무엇보다 너희들이 늦게 잠들지 않는 것을 선호한다. 2. 나는 우리 자식들이 일찍 잠자리에 들길 원하고 있었다. 3. 너희들은 곧바로 떠나는 것이 더 낫다. 4. 카를로는 시험이 너무 어려울까봐 두려웠다. 5. 네가 어제 오전에 도시를 돌아다니느라 시간을 보낸 것과 수업에 가지 못한 것은 유감이구나. 6. 나는 네가 내일이 아니라 오늘 떠나는 것이 더 낫다고 생각한다. 7. 내가 보기에 자네 형이 너보다 더 공부를 열심히 하는 것 같다. 8. 마리아는 이미 그 영화를 보았기에 오늘 저녁 우리와 함께 영화관에 못 가는 것이 유감이다. 9. 우리는 당장 어느 때고 눈이 올까봐 두려웠다. 10. 나는 오늘 저녁 그들이 8시 정각에 올 거라고 생각한다. 11. 나는 자네가 다음 날 온다는 사실을 모르고 있었다. 12. 나는 정말로 그들이 나와 함께 가기를 원한다.

문법

1,3,5,6,7,8,10
[(주절) 직설법 현재 CHE + 접속법 현재/과거]
Preferisco che/E' meglio che/E' un peccato che/Penso che/Mi pare che/Mi dispiace che ~

2,4,9,11
[(주절) 직설법 근과거/불완료과거/원과거 CHE + 접속법 불완료과거/대과거]
Volevo che/Aveva paura che/Non sapevo che ~

12
[Vorrei (단순조건법) CHE + 접속법 불완료과거]
Vorrei che~

UNITA' 17

17.20 접속법(현재/과거; 불완료과거/대과거)으로 완성하라!

1. **Desidero che** tu (leggere) _____ questo libro.
2. **Volevo che** mio fratello (leggere) _____ questo libro.
3. **Vorrei che** Piero (leggere) _____ questo libro.
4. **Vorrei che** loro (venire) _____ con me.
5. **Mi piacerebbe che** anche tu (conoscere) _____ Lucio.
6. **Ho paura che** Valeria ieri non (studiare) _____ molto.
7. **Non voglio che** lui (andarsene) _____ .
8. **Non volevamo che** loro (andarsene) _____ .
9. Andro' a fare quattro passi **sebbene** (piovere) _____ .
10. Luca ti telefonera' **prima che** tu (uscire) _____ .
11. **Mi pareva che** gli studenti (essere) _____ stanchi.
12. **Sarebbe necessario che** tu (dare) _____ l'esame.
13. Tuo padre **vuole che** tu (dare) _____ l'esame.
14. L'ascoltero' **sebbene** (dire) _____ sempre cose non vere.
15. **E' probabile che** stasera (venire) _____ anch'io al concerto.
16. **Ho paura che** stanotte (nevicare) _____ .
17. Verro' al concerto **benche'** quel cantante non mi (piacere) _____ .
18. **Speravamo che** lui (arrivare) _____ in tempo per la cena.
19. Scrivero' a Giorgio **perche'** (sapere) _____ la verita'.
20. Ho scritto ai tuoi genitori **perche'** (sapere) _____ quello che e' successo.
21. Ti ascolto **a patto che** tu (essere) _____ sincero.
22. Giorgio mi ha ascoltato **a patto che** io (essere) _____ sincero.

어휘

Desidero che ~ 하길 나는 원했다, **Volevo che** ~하길 나는 원했다, **Vorrei che** ~ 하길 나는 진정으로 원한다, **Mi piacerebbe che** ~하길 나는 진정으로 원한다, **Ho paura che** ~ 해서 나는 두렵다, **Non voglio che** ~ 하길 나는 원하지 않는다, **andarsene** 어디론가 가버리다, **fare quattro passi** 산책을 하다, **sebbene** 비록 ~ 이지만, **prima che** ~ 하기 전에, **Mi pareva che** ~ 내가 보기엔 ~ 인 것 같았다,

Sarebbe necessario che ~가 필요할지도 모른다, **dare l'esame** 시험 보다, **cose non vere** 진실되지 못 한 것들, **E' probabile che** ~ 십중팔구 ~할지도 모른다, **benche'** ~ 비록 ~ 이지만, **cantante** 가수, **Speravamo che** ~ 하길 우리는 바라고 있었다, **arrivare in tempo** 제시간에 도착하다, **perche'** (+ 접속법) ~ 할 수 있도록 하기 위해, **quello che e' successo** 생긴/발생한/벌어진 일, **a patto che** ~라는 조건이면, **sincero** 진실한.

해석

1. 나는 자네가 이 책 읽기를 바란다. 2. 나는 나의 형이 이 책 읽기를 원했다. 3. 나는 정말로 피에로가 이 책 읽기를 원한다. 4. 나는 정말로 그들이 나와 함께 가기를 원한다. 5. 나는 정말로 자네도 루치오를 알고 있기를 원한다. 6. 나는 발레리아가 어제 공부를 많이 하지 못해 두렵다. 7. 나는 그가 가버리는 것을 원하지 않는다. 8. 우리는 그들이 가버리는 것을 원하지 않았다. 9. 비가 내림에도 불구하고(비록 비가 내리지만) 나는 산책을 하러 갈 예정이다. 10. 루카는 네가 외출하기 전에 너에게 전화할 예정이다. 11. 내가 보기에 그 학생들은 피곤한 것 같았다. 12. 자네가 시험을 볼 필요가 있을지도 모르겠다. 13. 자네 아버지는 네가 시험 보기를 원하신다. 14. 그는 비록 항상 진실되지 못한 것을 이야기하지만 나는 그의 말을 들을 것이다. 15. 오늘 저녁 나도 콘서트에 십중팔구 갈지도 모르겠다. 16. 나는 오늘 밤 눈이 올까봐 겁난다. 17. 나는 비록 그 가수를 좋아하지 않지만 콘서트에 갈 예정이다. 18. 우리는 그가 저녁 식사 시간에 맞춰 도착하기를 바라고 있었다. 19. 나는 지오르지오가 진실을 알도록 하기 위해 편지를 쓸 예정이다. 20. 나는 부모님이 벌어진 사건을 아시도록 하기 위해 편지를 썼다. 21. 나는 자네가 진실하다는 조건에서 자네 말을 듣겠다. 22. 지오르지오는 내가 진실하다는 조건에서 내 말을 들었다.

문법

3,4,5,12
[Vorrei (단순조건법) CHE + 접속법 불완료과거]
Vorrei che=Mi piacerebbe che /Sarebbe necessario che ~

1,6,7,13,15,16
[(주절) 직설법 현재 CHE + 접속법 현재/과거]
Desidero che/Ho paura che/Non voglio che/Vuole che/E' probabile che~

2,8,11,18

[(주절) 직설법 근과거/불완료과거/원과거 CHE + 접속법 불완료과거/대과거]

Volevo che/Non volevamo che/Mi pareva che/Speravamo che ~

9,10,14,17,19,21

[(주절) 직설법 현재/미래 + **sebbene/perche'/prima che/purche'/** + 접속법 현재/과거]

20,22

[(주절) 직설법 과거3형제 + **sebbene/perche'/prima che/purche'** + 접속법 불완료과거/대과거]

17.21 보기처럼 문장을 연결하라!

1.	Ho portato la macchina dal meccanico	a.	purche' andasse piano.
2.	Sono tornato a casa	b.	nonostante che avessero il figlio malato.
3.	Marta ha preparato la cena	c.	perche' andassi a prendere mio fratello alla stazione.
4.	Sono andato alla festa di Marta	d.	perche' la riparasse.
5.	Gli ho prestato la macchina	e.	benche' avessi gia' cenato e non avessi fame.
6.	Ho mangiato un piatto di spaghetti	f.	sebbene avessi un po' di febbre.
7.	Paolo non le ha detto tutta la verita'	g.	prima che i suoi amici arrivassero.
8.	I miei genitori mi hanno dato la macchina	h.	perche' riportasse il libro che aveva preso in prestito.
9.	I signori Rossi sono usciti	i.	perche' non soffrisse troppo.
10.	La direttrice della biblioteca ha scritto a Sergio	l.	prima che cominciasse a piovere.

1. **d** 2. _____ 3. _____ 4. _____ 5. _____ 6. _____
7. _____ 8. _____ 9. _____ 10. _____

어휘

portare 갖고 가다/운반하다, **dal meccanico** 자동차 정비소에, **prestare** 빌려주다, **il figlio malato** 아픈/병이 난 아들, **prendere** ~를 픽업하다, **riparare** 고치다/수리하다, **cenare** 저녁 먹다, **avere fame** 배가 고프다, **un po' di febbre** 미열/약간의 열, **riportare** 되가져가다/돌려주다, **prendere in prestito** 빌려오다/빌리다/대여 받다, **soffrire** 고통을 겪다, **cominciare a** ~ 하기 시작하다.

해석

1. 정비사가 차를 고치도록 하기 위해 나는 정비소에 차를 가져갔다. 2. 나는 비가 내리기 전에 집에 돌아왔다. 3. 마르타는 친구들이 도착하기 전에 저녁 식사를 준비했다. 4. 비록 나는 열이 좀 있었지만 마르타의 파티에 갔다. 5. 천천히 달린다는 조건으로 나는 그에게 차를 빌려주었다. 6. 나는 비록 이미 저녁을 먹었기에 배가 고프지 않지만 스파게티 한 접시를 먹었다. 7. 파올로는 그녀가 너무 고통을 겪지 않도록 하기 위해 진실을 모두 말하지 않았다. 8. 나의 부모님은 내가 동생을 역으로 픽업하러 가도록 하기 위해 내게 차를 내어 주셨다. 9. 롯시 씨 부부는 비록 병든 아들이 있지만 외출했다. 10. 도서관 대여 담당 부장은 세르지오가 빌려갔었던 책을 반납하도록 하기 위해 그에게 편지를 썼다.

17.22 보기처럼 '현실성'의 가정문으로 완성하라!

Vai al mare per il fine-settimana?
너 주말에 바다에 갈거니?
– Certo, **se** tutto (andare) **va** bene, ci (io-andare) **vado.**
　물론이지, 모든 여건이 좋으면 나는 거기 간다.

1. Che tempaccio! Se (continuare) _____ a piovere, oggi non (io-uscire) _____.

2. A: Hai una penna?
   B: Eccola! Se la (tu-volere) _____, te la (io-prestare) _____.

3. A: Lucia, vuoi un passaggio?

B: Grazie, se mi (tu-aspettare) _____ un attimo, (io-accettare) _____ con piacere.

4. A: Vengo a trovarti sicuramente oggi pomeriggio!
B: Bene, se (tu-venire) _____ a trovarmi, (io-essere) _____ contento.

5. A: La mia macchina non vuole partire stamattina!
B: Bene, se (tu-avere) _____ bisogno della macchina, (tu-potere) _____ prendere la mia.

6. A: Vieni a cena con noi stasera?
B: Si', se mi (voi-venire) _____ a prendere con la macchina, ci (io-venire) _____ .

어휘

il fine-settimana 주말, **andare bene** 좋다/잘 나가다, **tempaccio** 나쁜 날씨, **continuare a ~** 계속해서 ~하다, **Eccola!** 펜 여기 있어, **passaggio** 통과/통행, **accettare con piacere** 기쁨으로/흔쾌히/기꺼이 받아들이다, **contento** 만족하는.

해석

1. 날씨가 엉망이군! 계속해서 비가 내린다면 나는 오늘 외출하지 않겠다. 2. A: 펜 갖고 있니? B: 여기 있어! 자네가 펜을 원하면 자네에게 빌려줄게. 3. A: 루치아, 데려다 줄까? B: 네가 나를 잠시 기다린다면 기꺼이 받아들이겠다. 4. A: 오늘 오후에 나는 확실히 너를 보러 간다! B: 좋아, 네가 나를 보러 오면 나는 만족한다. 5. A: 내 차는 오늘 아침 움직이려 하질 않는구나! B: 자네가 차를 필요로 하면 내 차를 가져가도 된다. 6. A: 오늘 저녁 우리와 함께 저녁 먹으러 갈래 너? B: 그래, 너희들이 차로 나를 데리러 온다면 거기 가겠다.

문법

'현실성'의 가정문 : 가정은 분명하고도 현실적이며, 결과도 확실하고 필연적이다.
[Se + 직설법 현재/미래, 직설법 현재/미래]
만약에 ~하면/할 거면, ~한다/할 거다.

17.23 보기처럼 '가능성'의 가정문으로 완성하라!

Chissa' se Robert torna in Italia?!
로버트가 이탈리아로 돌아올지 누가 알겠어?!
- **Se** (tornare) **tornasse,** (io-essere) **sarei** felice.
  만약 그가 돌아온다면, 나는 기쁠텐데. (돌아 올 수도, 안 올 수도 있다.)

1. Chissa' se Raffaella mi telefona?!
   Se mi (telefonare) _____, le (io-potere) _____ dare la bella notizia.
2. Chissa' se Nicoletta e Gina supereranno l'esame?! Se lo (superare) _____, i loro genitori (essere) _____ contenti.
3. Chissa' se domani fara' bel tempo?! Se (fare) _____ bel tempo, (noi-andare) _____ al mare.
4. Chissa' se Barbara mi invitera' al suo matrimonio?! Se mi (invitare) _____, ci (io-andare) _____ volentieri.
5. Chissa' se Riccardo tornera' in tempo per la cena?! Se (tornare) _____, Marta (preparare) _____ qualcosa di speciale.
6. Chissa' se potremo prendere una settimana di ferie?! Se (noi potere) _____ prenderla, (noi-partire) _____ subito per la montagna.

어휘

> **Chissa' se** ~ 인지 누가 알겠는가, **dare la bella notizia** 좋은 소식을 전하다, **superare l'esame** 시험을 통과하다, **fara' bel tempo** 날씨가 좋을 것이다, **matrimonio** 결혼식, **in tempo** 시간에 맞춰, **qualcosa di speciale** 특별한 것, **ferie** 휴가, **montagna** 산.

해석

1. 라파엘라가 내게 전화할지 누가 알겠는가?! 만약에 그녀가 내게 전화한다면 나는 그녀에게 좋은 소식을 전할 수 있을텐데. 2. 니콜레타와 지노가 시험을 통과할지 누가 알겠는가?! 만약에

그들이 시험을 통과한다면 그들의 부모님은 만족하실텐데. 3. 내일 날씨가 좋을지 누가 알겠는가?! 만약 내일 날씨가 좋다면 우리는 바다에 갈텐데. 4. 바르바라가 그녀의 결혼식에 나를 초대할지 누가 알겠는가?! 만약에 그녀가 나를 초대한다면 나는 거기에 기꺼이 갈텐데. 5. 리카르도가 저녁 식사 시간에 맞춰 돌아올지 누가 알겠는가?! 만약에 그가 시간에 맞춰 돌아온다면 나는 특별한 것을 준비할텐데. 6. 우리가 휴가 일주일을 얻을 수 있을지 누가 알겠는가?! 만약에 우리가 일주일을 얻는다면 곧바로 산으로 떠날텐데.

'**가능성**' **의 가정문** : 가정이 이론적이고 의심이 가지만 가능한 것이고 결과도 실현 가능하다.
[Se + 접속법 불완료과거, 단순조건법]
만약에 ~한다면, ~할텐데.

17.24 보기처럼 '불가능성/비현실성'의 가정문으로 완성하라!

Ormai non sono piu' giovane.
이미 나는 더 이상 젊지 않다. (이제 젊어질 가능성은 없다.)
→ **Se** (io-avere) **avessi** vent'anni, (io-girare) **girerei** il mondo.
　내가 20살이라면, 세계일주를 할텐데. (불가능한 사실을 가정해 본다.)

1. Quella casa e' bella, ma costa troppo!
　　Se (costare) _____ meno, la (io-comprare) _____.
2. Oggi non sto bene.
　　Se (io-stare) _____ bene, (io-andare) _____ a fare una passeggiata.
3. Questa casa e' mia, non devo pagare l'affitto.
　　Se (io-dovere) _____ pagare l'affitto, il mio stipendio non (bastare) _____ per arrivare alla fine del mese.
4. Ti alzi troppo tardi la mattina.
　　Se (tu-alzarsi) _____ prima la mattina, non (tu-perdere) _____ sempre l'autobus.
5. Fate poco sport.

Se (voi-fare) _____ piu' sport, (voi-sentirsi) _____ meglio.

6. Vai troppo veloce con la macchina.
   Se (tu-andare) _____ piu' piano, non (tu-prendere) _____ tante multe!

어휘

> **ormai** 이미, **non ~ piu'** 더 이상 ~하지 않다, **giovane** 젊은, **girare il mondo** 세계일주하다, **fare una passeggiata** 산책하다, **pagare l'affitto** 월세를 내다, **stipendio** 월급/급여/봉급, **bastare per ~** 하는데 충분하다, **alla fine del mese** 월말까지, **perdere l'autobus** 버스를 놓치다, **fare poco sport** 운동을 별로 안 하다, **sentirsi meglio** 컨디션이 더 좋아지다, **prendere multe** 범칙금을 물다.

해석

1. 저 집은 아름답지만 값이 너무 비싸구나! 만약에 값이 덜 비싸면 나는 그것을 살텐데 (아쉽다). 2. 오늘 나는 아프다. 만약에 컨디션이 좋다면 나는 산책하러 갈텐데 (아쉽다). 3. 이 집은 내 소유라서 월세를 내지 않아도 된다. 만약에 내가 월세를 내야 한다면 내 월급은 월말까지 버티기에는 충분하지 않다. (월세를 낼 일이 없다) 4. 아침에 너는 너무 늦게 일어난다. 만약에 네가 아침에 보다 일찍 일어난다면 항상 버스를 놓치지 않을 거다. (지금도 늦게 일어나서 버스를 항상 놓친다) 5. 너희들은 운동을 별로 하지 않는다. 만약 너희들이 보다 더 운동을 많이 한다면 컨디션이 더 나아질텐데. (아직도 운동을 별로 하지 않아 컨디션이 좋아질 수 없다) 6. 너는 차를 타고 너무 빨리 달린다. 만약에 네가 보다 서행을 한다면 많은 범칙금을 물지 않을텐데. (여전히 과속으로 많은 범칙금을 물고 있다)

문법

'불가능성/비현실성'의 가정문 : 가정과 결과가 모두 불가능하거나 비현실적이다.
[Se + 접속법 불완료과거, 단순조건법]
만약에 ~한다면, ~할텐데. (불가능한 사실을 가정해 본다.)

17.25 보기처럼 '불가능성/비현실성'의 가정문으로 완성하라!

Ho perso tempo dal giornalaio.
나는 신문가판대에서 시간을 낭비했다. (행위는 이미 종료되었다.)
→ **Se** non (io-perdere) **avessi perso** tempo dal giornalaio,
(io-riuscire) **sarei riuscito** a prendere il treno.
만약에 내가 신문가판대에서 시간을 낭비하지 않았다면,
나는 기차를 탈 수 있었을텐데. (이루지 못한 사실을 후회한다.)

1. Siamo andati a letto tardi ieri sera.
   Se non (noi-andare) _____ a letto tardi ieri sera, stamattina (noi-svegliarsi) _____ prima.
2. Non mi hai telefonato ieri sera.
   Se mi (tu-telefonare) _____ ieri sera, (io-venire) _____ a prenderti alla stazione.
3. I ragazzi non hanno studiato.
   Se (loro-studiare) _____, (loro-superare) _____ l'esame.
4. La pizzeria era chiusa ieri sera.
   Se la pizzeria (essere) _____ aperta, Andrea (andare) _____ a mangiare una pizza.
5. C'era un ingorgo sull'autostrada.
   Se non ci (essere) _____ un ingorgo sull'autostrada, (noi-arrivare) _____ prima.
6. Stamattina pioveva a dirotto, percio' ho preso l'ombrello.
   Se non (io-prendere) _____ l'ombrello, (io-bagnarsi) _____ dalla testa ai piedi.

어휘

perdere tempo 시간 낭비하다, **dal giornalaio** 신문가판대에서, **riuscire a** ~ 할 수 있다, **prenderti alla stazione** 역에서 너를 픽업하다, **ingorgo**

> **sull'autostrada** 고속도로 상의 혼잡, **piovere a dirotto** 비가 억수같이 내리다, **prendere l'ombrello** 우산을 챙기다, **bagnarsi** 비/물에 젖다, **dalla testa ai piedi** 머리에서 발끝까지.

해석

1. 우리는 어제 저녁 늦게 잠자리에 들었다. 만약 우리가 어제 저녁 늦게 잠자리에 들지 않았었더라면 오늘 아침 보다 일찍 잠에서 깼을텐데. (그러지 못했다) 2. 어제 저녁 너는 내게 전화하지 않았다. 만약 어제 저녁 자네가 내게 전화를 했었더라면 역까지 너를 데리러 갔었을텐데. (전화를 하지 않아 데리러 못 갔다) 3. 그 소년들은 공부를 하지 않았다. 만약 그들이 공부를 했었더라면 시험을 통과했을텐데. (공부하지 않아 통과하지 못했다) 4. 그 피자집은 어제 저녁 문이 닫혀 있었다. 만약 그 피자집 문이 열려 있었더라면 안드레아는 피자를 먹으러 갔을텐데. (문이 닫혀 피자를 먹지 못했다) 5. 고속도로 상에 혼잡이 있었다. 만약 고속도로 상에 혼잡이 없었더라면 우리는 먼저 도착했을텐데. (혼잡해서 먼저 도착하지 못했다) 6. 오늘 아침 비가 억수 같이 내려 나는 우산을 챙겼다. 만약 내가 우산을 챙기지 않았었더라면 머리에서 발끝까지 흠뻑 젖었을텐데. (우산을 챙겼기에 젖지 않았다)

문법

'불가능성/비현실성'의 가정문 : 가정과 결과가 모두 불가능하거나 비현실적이다.
[Se + 접속법 대과거, 복합조건법]
만약에 ~했었다면, ~했을텐데. (이루지 못한 사실을 후회)

'불가능성/비현실성'의 가정문 구조가 매우 복잡하고 어려워서 불규칙이 거의 없는 직설법 불완료과거로 대신하기도 한다.
[Se + 직설법 불완료과거, 직설법 불완료과거]

UNITA' 17

17.26 보기처럼 문장을 연결하라!

1.	Se fossero andati a Roma,	a.	verro' anch'io alla festa.
2.	Se non piove,	b.	studierei ancora un po'.
3.	Se non avessero paura,	c.	non sarebbe sempre triste.
4.	Se non avessi mal di testa,	d.	comprerei una casa al mare.
5.	Se ci sara' Livio,	e.	potrei parlare italiano.
6.	Se tu me lo avessi chiesto,	f.	andrebbero in aereo.
7.	Se fossi ricco,	g.	avrei superato l'esame.
8.	Se avessi molti amici italiani,	h.	avrei conosciuto Stefano.
9.	Se avessi studiato,	i.	si sarebbero divertiti.
10.	Se fossi venuto con voi,	l.	esco a fare quattro passi.
11.	Se voi studierete,	m.	sarei venuto con te.
12.	Se Pino avesse una ragazza,	n.	supererete l'esame.

1. **i**   2. _____   3. _____   4. _____   5. _____   6. _____
7. _____   8. _____   9. _____   10. _____

어휘

avere mal di testa 머리가 아프다, **triste** 슬픈/서글픈/쓸쓸한, **divertirsi** 즐겁다/즐기다, **fare quattro passi** 산책을 하다.

해석

1. 만약 그들이 로마에 갔었더라면 그들은 즐거웠을텐데. 2. 비가 오지 않으면 나는 산책하러 나간다. 3. 만약 그들이 무서워하지 않는다면 비행기로 갈텐데. 4. 만약 머리가 아프지 않으면 나는 공부를 좀 더 할텐데. 5. 리비오가 온다면 나도 파티에 갈 거다. 6. 만약 내게 같이 가자고 부탁했었더라면 나는 너와 함께 갔었을텐데. 7. 나는 부자라면 바닷가에 집 한 채를 살텐데. 8. 만약 내가 많은 이탈리아 친구들을 갖고 있다면 이탈리아어를 할 수 있을텐데. 9. 만약 공부를 했었더라면 나는 시험을 통과했을텐데. 10. 내가 너희들과 함께 갔었더라면 스테파노를 사귀었을텐데. 11. 만약 너희들이 공부를 한다면 시험을 통과할 수 있을텐데. 12. 만약 피노가 애인이 있다면 늘 슬프지 않을텐데.

17.27 전치사로 완성하라!

1. Vado _____ mangiare _____ ristorante _____ i miei amici.
2. Domani partiro' _____ Londra _____ aereo _____ mia madre.
3. Tutte le mattine vado _____ lezione _____ autobus, perche' abito lontano _____ Universita'.
4. Devo telefonare _____ mia moglie _____ mezzogiorno.
5. Ieri sera sono stata _____ Roma _____ treno e ho fatto tutto il viaggio _____ piedi.
6. Studio _____ poco tempo la lingua italiana, ma comincio gia' _____ capire e _____ parlare un po'.
7. Aspetto una telefonata _____ mia fidanzata, che e' _____ vacanza _____ mare.
8. In questo momento vorrei essere _____ montagna o _____ lago.
9. La mattina, prima _____ venire _____ lezione, faccio colazione _____ casa mia.
10. Domenica vado _____ fare una gita _____ macchina _____ Piero e Lino.
11. Ieri pomeriggio, prima _____ tornare _____ casa, sono andato _____ dottore.
12. Ieri Carlo e' uscito _____ casa molto presto _____ fare una gita _____ lago.

어휘

andare a ~ 하러 가다, **partire per** ~로 떠나다/출발하다, **in aereo** 비행기로/항공편으로, **tutte le mattine** (=ogni mattina) 매일 아침, **in autobus** 버스로, **abitare** 거주하다, **lontano da** ~로부터 먼 곳에, **a mezzogiorno** 정오에, **stare a** ~에 가다, **in treno** 기차로, **fare il viaggio** 여행하다, **a piedi** 걸어서, **da poco tempo** ~한지 얼마 되지 않다, **cominciare a** ~ 하기 시작하다, **un po'** 조금/좀, **telefonata** 전화통화, **fidanzata** 약혼녀, **essere in vacanza** 휴가 중이다, **al mare** 바다에서, **in**

UNITA' 17

> **questo momento** 지금, **essere in montagna** 등산 중이다/산에 있다, **al lago** 호수에, **prima di ~** 하기 전에, **venire a lezione** 수업에 가다, **fare colazione** 아침 먹다, **domenica** 일요일에, **fare una gita** 투어를 하다, **in macchina** 승용차로, **pomeriggio** 오후에, **andare dal dottore** 병원에 가다, **uscire di casa** 집을 나서다.

해석

1. 나는 친구들과 레스토랑에 식사하러 간다. 2. 내일 나는 어머니와 비행기로 런던으로 떠날 예정이다. 3. 대학에서 먼 곳에 거주하기 때문에 매일 아침 나는 버스타고 수업에 간다. 4. 나는 정오에 아내에게 전화해야 한다. 5. 어제 저녁 나는 기차로 로마에 가서 도보로 여행했다. 6. 나는 이탈리아어를 공부한지 얼마 되지 않지만 벌써 이해하고 조금은 말하기 시작한다. 7. 나는 바다에서 휴가 중인 약혼녀로부터 걸려올 전화를 기다린다. 8. 지금 나는 정말로 산이나 바다에 있고 싶다. 9. 아침에 수업에 가기 전에 나는 집에서 아침을 먹는다. 10. 일요일에 나는 피에로하고 리노와 함께 차로 여행하러 간다. 11. 어제 오후 집으로 돌아가기 전에 나는 병원에 들렀다. 12. 어제 카를로는 호수에 여행하러 가기 위해 매우 일찍 집을 나섰다.

UNITA' 18

18.1 Gli studenti stimano molto questo professore.
→ Questo professore **e' stimato** molto **da**gli studenti.

18.2 La polizia ha fermato l'assassino.
→ L'assassino **e' stato fermato da**lla polizia.

18.3 Chi musico' la "Boheme"?
– La "Boheme" **fu / venne musicata da** Giacomo Puccini.

18.4 능동태를 (현재, 미래, 원과거, 근과거) 수동태로 변형시켜라!

18.5 Questo vino **e' prodotto** in Italia. → Questo vino **si produce** in Italia.

18.6 Ci vuole molto tempo per finire questo lavoro?
– No, **si puo' finire** in poco tempo.

18.7 In Italia **si possono visitare** molti musei.

18.8 Il formaggio **va conservato** in luogo fresco e asciutto.

18.9 Quando devo scrivere la lettera? – La lettera **va scritta** subito!

18.10 능동태를 수동태로 변형시켜라!

18.11 Uccisione in Uganda di un missionario italiano.
→ Un missionario italiano **e' stato ucciso** in Uganda.

18.12 전치사로 완성하라!

- **수동태(Forma passiva)**
  단순시제 수동태 – 현재, 미래, 불완료과거, 원과거
  복합시제 수동태 – 근과거
  수동태 SI(SI passivante)를 사용한 수동태
  필요성 혹은 의무감을 표현하는 수동태

UNITA' 18

18.1 보기처럼 변형시켜라!

Gli studenti **stimano** molto questo professore.
그 학생들은 이 교수님을 매우 존경한다.
→ Questo professore **e' stimato** molto **da**gli studenti.
　이 교수님은 학생들에 의해 매우 존경 받는다.

1. Molti **seguiranno** questa partita.
   _____

2. La gente **considera** il signor Rossi molto serio.
   _____

3. La Fiat **fabbrica** una nuova "500".
   _____

4. Molte persone **seguono** questi programmi.
   _____

5. **Costruiranno** il ponte sullo stretto di Messina.
   _____

6. Questa malattia **colpisce** molte persone.
   _____

어휘

> **stimare** 존경하다, **seguire la partita** 경기를 관람하다, **considerare serio** 진지하다고 여기다/간주하다, **fabbricare** 제작하다/만들다, **seguire programmi** 프로를 시청하다, **costruire** 건설하다, **ponte** 다리, **stretto** 해협, **malattia** 질병, **colpire** 타격/강타하다.

해석

1. 이 경기는 많은 사람들에 의해 관람될 예정이다. 2. 롯시 씨는 사람들에 의해 매우 진지한 사람으로 여겨진다. 3. 신형 "500"은 피아트 자동차 회사에 의해 제작된다. 4. 이런 프로그램들은 많은 사람들에 의해 시청된다. 5. 메시나 해협의 교량은 건설될 예정이다. 6. 많은 사람들은 이 질병에 의해 쓰러진다.

문법

수동태(Forma passiva)
현재(단순시제) 수동태 : [**essere/venire** 현재+과거분사+**da**]
미래(단순시제) 수동태 : [**essere/venire** 미래+과거분사+**da**]

18.2 보기처럼 변형시켜라!

La polizia **ha fermato** l'assassino.
경찰은 살인범을 구속시켰다.
→ L'assassino **e' stato fermato da**lla polizia.
　살인범은 경찰에 의해 구속되었다.

1. Un killer **ha ucciso** due persone nel centro di Bologna.
　_____

2. Un violento terremoto **ha distrutto** la citta'.
　_____

3. Due ladri giovanissimi **hanno svaligiato** la casa dei signori Rossi.
　_____

4. La polizia **ha arrestato** sei persone per la rapina alla banca.
　_____

5. Un uomo **ha derubato** la signora Bianchi vicino a casa.
　_____

6. I rapinatori **hanno preso** in ostaggio due persone.
　_____

어휘

> **polizia** 경찰, **fermare l'assassino** 살인범을 구속하다, **killer** 살인자, **uccidere** 살해하다, **violento** 강력한, **terremoto** 지진, **distruggere** 파괴시키다, **ladro** 도둑/절도범, **giovanissimo** 아주 젊은, **svaligiare la casa** 집을 털다, **arrestare per ~** 죄로 체포하다, **la rapina alla banca** 은행 강도죄, **derubare** 강탈/탈취하다,

UNITA' 18

> **rapinatore** 강도, **prendere in ostaggio** 인질로 잡다.

1. 볼로냐 도심에서 두 사람이 어느 킬러에 의해 살해되었다. 2. 그 도시는 강력한 지진에 의해 파괴되었다. 3. 롯시 씨 부부의 집이 새파랗게 젊은 두 명의 절도범에 의해 도둑을 맞았다. 4. 6명이 은행 강도죄로 경찰에 의해 체포되었다. 5. 비앙키 부인이 집 근처에서 한 남자에 의해 강탈당했다. 6. 두 명이 강도에 의해 인질로 잡혔다.

근과거(복합시제) 수동태 : [**essere** 현재+**stato/a/i/e**+과거분사+**da**]

18.3 보기처럼 대답하라!

Chi musico' la "Boheme"? (Giacomo Puccini)
누가 "라보헴"을 작곡했니?
→ La "Boheme" **fu/ venne musicata da** Giacomo Puccini.
　"라보헴"은 지아코모 푸치니에 의해 작곡되었다.

1. Chi **dipinsi** "La Gioconda"? (Leonardo da Vinci)
　_____

2. Chi **compose** "Il barbiere di Siviglia"? (Gioacchino Rossini)
　_____

3. Chi **scrisse** la poesia "L'infinito"? (Giacomo Leopardi)
　_____

4. Chi **scopri'** l'America? (Cristoforo Colombo)
　_____

5. Chi **invento'** il telegrafo senza fili? (Guglielmo Marconi)
　_____

6. Chi **scopri'** il vaccino contro la poliomielite? (Albert Bruce Sabin)
　_____

어휘

> **musicare** 작곡하다, **dipingere** 그림 그리다, **comporre** 작곡하다, **poesia** 시, **scoprire** 발견하다, **inventare** 발명하다, **telegrafo senza fili** 무선전신, **vaccino** 백신, **contro la poliomielite** 항 소아마비.

해석

1. '라 지오콘다'는 레오나르도 다 빈치에 의해 그려졌다. 2. '세빌리아 이발사'는 지오아키노 롯시니에 의해 작곡되었다. 3. 시 '린피니토'는 지아코모 레오파르디에 의해 쓰여졌다. 4. 아메리카 대륙은 크리스토포로 콜롬보에 의해 발견되었다. 5. 무선전신은 굴리엘모 마르코니에 의해 발명되었다. 6. 항 소아마비 백신은 알버트 부루스 사빈에 의해 발견되었다.

문법

원과거(단순시제) 수동태 [**essere/venire** 원과거+과거분사+**da**]

18.4 능동태를 (현재, 미래, 원과거, 근과거)수동태로 변형시켜라!

1. Il telegiornale **dara'** questa notizia nell'edizione della notte.

2. I poliziotti **raggiunsero** l'assassino poco dopo il delitto.

3. Molta gente **ha visto** questo film.

4. **Inaugureranno** un nuovo ristorante la settimana prossima.

5. Tutti **considerano** Maria molto bella.

6. Alcuni anni fa **condannarono** Walter Rossi all'ergastolo.

UNITÀ 18

7. **Porteranno** subito i ladri in prigione.

8. **Hanno promosso** tutti gli studenti.

9. **Hanno diffuso** la notizia troppo tardi.

10. **Consegneranno** il pacco a domicilio.

어휘

telegiornale TV 뉴스, **dare notizia** 소식을 전하다, **nell'edizione della notte** 밤에 편성된, **poliziotto** 경찰관, **raggiungere** [raggiunto p.ps] 체포하다, **assassino** 살인범, **poco dopo** ~ 후 곧바로, **delitto** 범행, **gente** (s.) 사람들, **inaugurare** 오픈/개업하다, **settimana prossima** 다음 주, **considerare bella** 아름답다고 여기다, **alcuni anni fa** 몇 년 전, **condannare ~ all'ergastolo** ~를 종신형에 처하다, **portare ~ in prigione** ~를 형무소로 송치하다, **promuovere** [promosso p.ps] 승진/승급/진급시키다, **diffondere** [diffuso p.ps] 확산시키다, **consegnare** 배달하다, **pacco** 소포, **a domicilio** 가정에.

해석

1. 이 소식은 TV 밤 뉴스에 의해 전해질 예정이다. 2. 범행 후 얼마 되지 않아 살해범은 경찰에 의해 체포되었다. 3. 이 영화는 많은 사람들에 의해 관람되었다. 4. 다음 주 새로운 레스토랑 하나가 개점될 예정이다. 5. 마리아는 모든 사람들에 의해 매우 아름다운 여성으로 여겨진다. 6. 몇 년 전 발테르 롯시는 종신형에 처해졌다. 7. 절도범들은 곧바로 형무소로 이송될 예정이다. 8. 학생들이 모두 상급학년에 진급되었다. 9. 그 소식은 너무 늦게 확산되었다. 10. 그 소포는 가정에 배달될 예정이다.

문법

미래(단순시제) 수동태 : [**essere/venire** 미래+과거분사+**da**]

18.5. 보기처럼 변형시켜라!

Questo vino **e' prodotto** in Italia. → Questo vino **si produce** in Italia.
이 와인은 이탈리아에서 생산된다.　　　　이 와인은 이탈리아에서 생산된다.

1. Quest'olio **e' venduto** al supermercato.
   _____

2. Questa macchina **e' fabbricata** in Francia.
   _____

3. Questi vestiti **sono confezionati** a Taiwan.
   _____

4. Questi vini **sono venduti** molto all'estero.
   _____

5. Queste biciclette **sono fabbricate** in Italia.
   _____

6. Questi tortellini **sono prodotti** a Modena.
   _____

어휘

> **produrre** [prodotto p.ps] 생산하다, **fabbricare** 제조/제작/건조하다, **confezionare** (옷을) 만들다/포장하다, **vendere** 팔다/판매하다, **all'estero** 외국/해외에서, **tortellini** (파스타의 일종) 토르텔리니.

해석

1. 이 올리브유는 슈퍼마켓에서 판매된다. 2. 이 승용차는 프랑스에서 제조된다. 3. 이 의류는 대만에서 만들어진다. 4. 이 와인들은 외국에서 많이 판매된다. 5. 이 자전거들은 이탈리아에서 제조된다. 6. 이 토르텔리니는 모데나에서 생산된다.

문법

수동태 SI(SI passivante)를 사용한 수동태 : [(주어)+**Si**+동사]
(주어가 주로 사물일 경우 많이 사용된다.)

UNITA' 18

18.6 보기처럼 대답하라!

Ci vuole molto tempo per finire questo lavoro?
이 일을 끝내는데 많은 시간이 걸리나요?
→ No, **si puo' finire** in poco tempo.
 아니요, (일은) 얼마 안 있어 끝날 수 있어요.

1. Ci vuole molto tempo per **scrivere** questa lettera?
   _____

2. Ci vuole molto tempo per **tradurre** questo documento?
   _____

3. Ci vuole molto tempo per **leggere** questa relazione?
   _____

4. Ci vuole molto tempo per **cambiare** la gomma?
   _____

5. Ci vuole molto tempo per **riparare** il motore?
   _____

6. Ci vuole molto tempo per **lavare** la macchina?
   _____

> **volerci molto tempo** 많은 시간이 걸리다, **in poco tempo** 얼마 안 있어, **relazione** 보고서/레포트, **gomma** 타이어/지우개/껌, **riparare** 고치다/수리하다.

1. 아니요, (이 편지는) 얼마 안 있어 읽혀질 수 있어요. 2. 아니요, (이 서류는) 얼마 안 있어 번역될 수 있어요. 3. 아니요, (이 보고서는) 얼마 안 있어 읽혀질 수 있어요. 4. 아니요, (타이어는) 얼마 안 있어 교체될 수 있어요. 5. 아니요, (엔진은) 얼마 안 있어 수리될 수 있어요. 6. 아니요, (승용차는) 얼마 안 있어 세차될 수 있어요.

문법

수동태 SI(SI passivante)를 사용한 수동태 : [(주어)+**Si**+**potere**+동사]
(주어가 주로 사물일 경우 많이 사용된다.)

18.7 보기처럼 변형시켜라!

In Italia / **visitare** / molti musei
→ In Italia **si possono visitare** molti musei.
   이탈리아에서는 많은 박물관들이 (방문객들에 의해) 방문될 수 있다.

1. A Firenze / **vedere** / molti turisti

2. A Perugia / **incontrare** / molti stranieri

3. Sulle Alpi / **fare** / stupende passeggiate

4. In Italia / **mangiare** / ottimi spaghetti

5. A Napoli / **mangiare** / pizze squisite

6. In Italia / **bere** / vini di qualita'

어휘

> **turista** (pl. turisti/e) 관광객, **straniero** 외국인, **stupendo** 감탄할만한, **passeggiata** 산책/산행, **ottimo** 최상의, **squisito** 맛좋은, **di qualita'** 질 좋은.

1. 피렌체에서는 많은 관광객들이 보여질 수 있다. 2. 페루지아에서는 많은 외국인들이 마주치게 될 수 있다. 3. 알프스 산에서는 감탄할만한 산행이 이루어질 수 있다. 4. 이탈리아에서는 최상의 스파게티가 먹게 될 수 있다. 5. 나폴리에서는 맛있는 피자가 먹게 될 수 있다. 6. 이탈리아에서는 질 좋은 포도주가 마셔질 수 있다.

수동태 SI(SI passivante)를 사용한 수동태 : [(주어)＋Si＋potere＋동사]
(주어가 주로 사물일 경우 많이 사용된다.)

18.8 보기처럼 변형시켜라!

Il formaggio **deve essere conservato** in luogo fresco e asciutto.
치즈는 선선하고 건조한 곳에 보관되어져야 한다.
→ Il formaggio **va conservato** in luogo fresco e asciutto.
　치즈는 선선하고 건조한 곳에 보관되어져야 한다.

1. La pasta **deve essere mangiata** al dente.

2. I tortellini **devono essere conditi** abbondantemente.

3. I formaggi **devono essere conservati** in luogo fresco.

4. Questo pulsante **deve essere premuto** dopo la registrazione.

5. La cassetta **deve essere inserita** subito.

6. L'aspirina effervescente **deve essere sciolta** nell'acqua.

어휘

formaggio 치즈, **conservare** 보관/보존하다, **luogo** 장소, **fresco** 선선한, **asciuto** 건조한, **al dente** 잘 익힌, **condire** 조미/양념하다, **pulsante** 버튼, **premere** (버튼을) 누르다, **registrazione** 녹화/녹음, **inserire** 끼워 넣다/삽입하다, **effervescente** 발포성의, **sciogliere** [sciolto p.ps] 용해되다.

해석

1. 파스타는 잘 익혀 섭취되어야 한다. 2. 토르텔리니는 풍성하게 조미되어야 한다. 3. 치즈는 선선한 곳에서 보관되어야 한다. 4. 이 버튼은 녹화/녹음 후에는 눌려져야 한다. 5. 카세트 테이프는 곧바로 끼워져야 한다. 6. 발포성 아스피린은 물에 용해되어야 한다.

문법

'필요성 혹은 의무감'을 표현하는 수동태 : [(주어)+andare+과거분사]

18.9 보기처럼 대답하라!

Quando **devo scrivere** la lettera? → La lettera **va scritta** subito!
나는 언제 그 편지를 써야하나?　　　　그 편지는 곧바로 쓰여져야 해!

1. Quando **devo spedire** il pacco?
   _____

2. Quando **devo imbuccare** le lettere?
   _____

3. Quando **devo tradurre** quei documenti?
   _____

4. Quando **devo sostituire** il toner?
   _____

5. Quando **devo fare** i fax?
   _____

6. Quando **devo leggere** quell'articolo?
___

7. Quando **devo controllare** la posta elettronica?
___

8. Quando **devo stampare** i documenti?
___

어휘

> **spedire il pacco** 소포를 부치다, **imbuccare le lettere** 편지들을 우체통에 넣다/투입하다, **tradurre** 번역하다, **sostituire** 교체하다, **toner** (복사기의) 토너, **fare il fax** 팩스를 작성하다, **articolo** 신문사설, **controllare** 확인하다, **posta elettronica** (e-mail) 이메일, **stampare** 출력/인쇄하다.

해석

1. 그 소포는 곧바로 발송되어져야 해! 2. 그 편지들은 곧바로 우체통에 투입되어야 해! 3. 그 서류들은 곧바로 번역되어야 해! 4. 토너는 곧바로 교체되어야 해! 5. 팩스는 곧바로 작성되어야 해! 6. 그 사설은 곧바로 읽혀져야 해! 7. 전자우편(이메일)은 곧바로 확인되어야 해! 8. 서류들은 곧바로 출력/인쇄되어야 해!

문법

'필요성 혹은 의무감'을 표현하는 수동태 : [(주어) + **andare** + 과거분사]

18.10 밑줄 친 능동태를 수동태로 변형시켜라!

1. Nel Seicento <u>vendevano</u> _____ il caffe' anche nelle farmacie, come medicina.

2. Secondo quanto dice Aristotele, nell'antica Grecia per raffreddare i cibi <u>usavano</u> _____ la neve e il ghiaccio conservati fino alla stagione calda in profondi pozzi.

3. **Hanno calcolato** _____ che nell'arco della vita ogni cittadino statunitense cambia in media la propria residenza una quindicina di volte.
4. A Sonia Klicevic, un'attempata signorina di Praga, **hanno vietato** _____ l'ingresso a tutte le biblioteche della citta'. Motivo: scriveva il suo numero telefonico su tutte le pagine dei libri presi in prestito, nella speranza di poter cosi' trovare la sua anima gemella.

어휘

nel Seicento 1600년대/17세기에, **vendere** 판매하다, **nelle farmacie** 약국들에서, **medicina** 의약품, **secondo quanto** ~에 따르면, **raffreddare** 냉각시키다/차게 하다, **cibo** 음식, **usare** 사용하다, **neve** 눈, **ghiaccio** 얼음, **conservato** 보존된, **stagione calda** 따뜻한 계절, **profondo** 깊은, **pozzo** 우물, **calcolare** 계산/집계/통계하다, **nell'arco della vita** 일생 동안, **ogni** 모든, **cittadino** 시민, **statunitense** 미국인의, **in media** 평균, **propria** 자신의, **residenza** 거주지, **quindicina di volte** 대략 15번, **attempata signorina** 노처녀, **di Praga** 프라하 출신의, **vietare** 금지시키다, **ingresso** 출입, **motivo** 이유, **tutte le pagine** 모든 페이지, **libri presi in prestito** 빌린 책들, **nella speranza di** ~라는 희망에서, **anima** 영혼, **gemello**(a) 쌍둥이의.

해석

1. 17세기에는 커피가 의약품으로서 약국에서 판매되고 있었다. 2. 아리스토텔레스 말에 따르면 고대 그리스에서는 음식을 차게 하기 위해 더운 계절이 오기까지 깊은 우물에 보관된 눈과 얼음이 사용되고 있었다. 3. 모든 미국인들은 일생 동안 자신의 주거지를 평균 15회 정도 바꾼다고 집계되었다. 4. 프라하의 노처녀 소니아 클리체비치에게 도시의 모든 도서관 출입이 금지되었다. 이유는 그녀의 영혼의 쌍둥이를/짝을 찾을 수 있다는 희망에서, 그녀가 빌린 책의 모든 페이지에 그녀의 전화번호를 쓰곤했기 때문이었다.

문법

불완료과거(단순시제) 수동태 : [essere/venire 불완료과거 + 과거분사 + da]
근과거(복합시제) 수동태 : [essere 현재 + stato/a/i/e + 과거분사 + da]

18.11 보기처럼 신문기사 타이틀을 수동태로 변경시켜라!

Uccisione in Uganda di un missionario italiano.
우간다에서 이탈리아 선교사 피살.
→ Un missionario italiano **e' stato ucciso** in Uganda.
 이탈리아 선교사가 우간다에서 피살되었다.

1. **Inaugurazione** della mostra su Tiziano a Venezia.

2. **Chiusura** al traffico del centro storico a Firenze.

3. **Apertura** di un nuovo tratto dell'Autostrada del Sole.

4. **Uccisione** di un giovane drogato a Bologna.

5. **Furto** di dieci autoradio in un parcheggio alla periferia di Milano.

6. **Interruzione** della partita Italia-Ungheria a causa del maltempo.

7. **Accusa** di spionaggio per quattro cittadini americani.

8. **Rinvio** del pagamento del bollo automobilistico.

9. **Arresto** di due ladri in un autobus a Roma.

10. **Assoluzione** dell'automobilista che non aveva pagato il pedaggio.

uccisione [uccidere; ucciso] 피살, **missionario** 선교사, **inaugurazione** [inaugurare] 오픈/개업, **mostra su Tiziano** 티치아나 화가 작품 전시회, **chiusura** [chiudere; chiuso] 폐쇄, **al traffico** 교통 혼잡 시간에, **apertura** [aprire; aperto]

개통, **nuovo tratto** 신설 노선, **giovane drogato** 약물 복용한 청년, **furto** 절도, **autoradio** 카 오디오, **parcheggio** 주차장, **periferia** 외곽, **interruzione** [interrompere; interrotto] 중단, **partita Italia-Ungheria** 이탈리아 대 헝가리의 경기, **a causa di** ~ (부정적인 원인) 때문에, **maltempo** 악천후, **accusa** [accusare] **di spionaggio** 스파이 혐의로 기소, **rinvio** [rinviare] 연기, **pagamento** 지불, **bollo automobilistico** 자동차세(고지서), **arresto** [arrestare] 체포, **assoluzione** [assolvere; assolto] 훈방, **automobilista** 운전자, **pedaggio** 통행료.

해석

1. 티치아노 화가 전시회가 베네치아에서 오픈되었다. 2. 피렌체에서는 역사적인 의미가 담긴 도심이 교통 혼잡 시간에 폐쇄되었다. 3. '태양의 고속도로' 라는 새로운 노선이 개통되었다. 4. 마약을 복용한 젊은이가 볼로냐에서 피살되었다. 5. 10개의 카 오디오가 밀라노 외곽 주차장에서 도난당했다. 6. 이탈리아 대 헝가리의 축구 경기는 악천후로 중단되었다. 7. 네 명의 미국 시민권자들이 스파이 혐의로 기소되었다. 8. 자동차세 지불이 연기되었다. 9. 두 명의 도둑들이 로마 버스 안에서 체포되었다. 10. 통행료를 지불하지 않았던 그 운전자는 훈방되었다.

18.12 전치사로 완성하라!

1. Giorgio abita _____ una viletta _____ periferia _____ Milano.
2. Maria e' molto amata _____ genitori e _____ amici.
3. Questo albergo si trova _____ dieci chilometri _____ Firenze.
4. La villa _____ Sara e' circondata _____ un bel giardino.
5. I signori Bianchi sono stati derubati _____ due uomini _____ i baffi.
6. _____ Italia, _____ Alpi, ci sono splendidi sentieri.
7. Questo vino va servito _____ temperatura ambiente.
8. Preferisco mangiare gli spaghetti _____ dente.

UNITA' 18

어휘

viletta 작은 빌라, **in periferia** 외곽에 있는, **essere amato da** ~에게 사랑받다, **trovarsi a** ~에 위치하다, **essere circondato di** ~에 둘러싸여있다, **derubare** 강탈하다, **con i baffi** 콧수염 난, **splendido** 감탄할만한, **sentiero** 오솔길, **servire** 제공/서비스하다, **a temperatura ambiente** 실온에서, **spaghetti al dente** 잘 익힌/삶은 스파게티.

해석

1. 지오르지오는 밀라노 외곽 어느 작은 빌라에 거주한다. 2. 마리아는 부모님과 친구들에게 매우 사랑받는다. 3. 이 호텔은 피렌체에서 10km 거리에 위치한다. 4. 사라의 빌라는 아름다운 정원에 둘러싸여 있다. 5. 비앙키 씨 부부는 콧수염 난 두 명의 남자들에 의해 강도당했다. 6. 이탈리아 알프스 산에는 경탄할만한 오솔길들이 있다. 7. 이 와인은 실온에서 제공되어야 한다. 8. 잘 삶은 스파게티를 선호한다.

UNITA' 19

19.1 Ogni giorno, **uscendo** di casa, **incontro** Chiara.
Anche ieri, **uscendo** di casa, **ho incontrato** Chiara.
19.2 Non **avendo** tempo, non **viene** con noi.
19.3 Non **avendo** tempo, Carlo non **e' venuto** con noi.
19.4 Come te l'ha detto? - Me l'ha detto **sorridendo**.
19.5 **Avendo finito** i soldi, non sono andato al ristorante.
19.6 Prima di **uscire**, finisco di **studiare**.
19.7 전치사로 완성하라!

- 단순동명사(Gerundio semplice)
- 복합동명사(Gerundio composto)
- 부정법(Infinito)

UNITA' 19

19.1 보기처럼 변형시켜라!

Ogni giorno, **quando esco** di casa, **incontro** Chiara.
→ Ogni giorno, **uscendo** di casa, **incontro** Chiara.
매일 집을 나설 때 나는 키아라를 만난다.
Anche ieri, **uscendo** di casa, **ho incontrato** Chiara.
어제도 집을 나설 때 나는 키아라를 만났다.

1. Ogni giorno, **quando faccio** colazione, **ascolto** la radio.

2. Ogni giorno, **quando aspetto** l'autobus, **leggo** il giornale.

3. Ogni giorno, **quando telefono, guardo** il panorama dalla finestra dell'ufficio.

4. Ogni giorno, **quando studio, ascolto** la musica.

5. Ogni giorno, **quando passeggio** per il centro, **guardo** le vetrine dei negozi.

6. Ogni giorno, **quando mangio, guardo** la TV.

어휘

uscire di casa 집을 나서다, **passeggio per il centro** 도심을 산책하다, **vetrina** 쇼윈도, **negozio** 상점/점포/가게.

해석

1. 매일 나는 아침을 먹을 때 라디오를 듣는다. 어제도 나는 아침을 먹을 때 라디오를 들었다. 2. 매일 나는 버스를 기다릴 때 신문을 읽는다. 어제도 나는 버스를 기다릴 때 신문을 읽었다. 3. 매일 나는 전화할 때 사무실 창으로 경치를 본다. 어제도 나는 전화할 때 사무실 창으로 경치를 보

았다. 4. 매일 나는 공부할 때 음악을 듣는다. 어제도 나는 공부할 때 음악을 들었다. 5. 매일 나는 시내를 산책할 때 상가 쇼윈도를 본다. 어제도 나는 시내를 산책할 때 상가 쇼윈도를 보았다. 6. 매일 나는 밥 먹을 때 TV를 본다. 어제도 나는 밥 먹을 때 TV를 보았다.

단순동명사(Gerundio semplice)

aspett-are	av-ere	usc-ire
aspett-**ando**	av-**endo**	usc-**endo**

단순동명사의 용법
주절의 시제와 종속절의 시제가 동일하고 주절의 주어와 종속절의 주어가 동일할 경우 사용한다. 양태, 시간, 원인, 조건, 수단, 양보를 표현한다.

|양태|
(lui) Me l'ha detto (lui) **sorridendo**.
그는 웃으면서 내게 그 사실을 말했다.

|시간|
Ogni giorno, (io) **facendo** colazione, (io) ascolto la radio.
매일 나는 아침을 먹으면서 라디오를 듣는다.
Anche ieri, (io) **facendo** colazione, (io) ho ascoltato la radio.
어제도 나는 아침을 먹으면서 라디오를 들었다.

|원인|
(lui) Non **avendo** tempo, (lui) non viene con noi.
그는 시간이 없어서 우리와 함께 가지 못한다.
(Carlo) Non **avendo** tempo, Carlo non e' venuto con noi.
카를로는 시간이 없어서 우리와 함께 가지 못했다.
(Anna) **Essendo** in pensione, Anna ha molto tempo libero.
안나는 연금생활자라서 여유 시간이 많다.

|조건|
(tu) **Parlando** di piu' con la gente, (tu) impareresti prima la lingua.
만약에 사람들과 더 많이 말을 한다면 너는 언어를 일찍 배울텐데.

UNITA' 19

|수단|

Laura mantiene la pelle giovane (Laura) **usando** creme di ottima qualita'.
라우라는 최고급 크림들을 사용함으로써 젊은 피부를 유지한다.

(io) Imparo molte parole, (io) **leggendo** questo romanzo.
나는 이 소설을 읽음으로써 많은 어휘를 배운다.

|양보|

Pure (io) **studiando** molto, (io) non riesco a superare quest'esame.
= Benche' io studi molto, non riesco a superare quest'esame.
비록 내가 공부를 많이 하지만 이 시험을 통과할 수 없다.

19.2 보기처럼 변형시켜라!

Poiche' non **ha** tempo, non **viene** con noi.
→ Non **avendo** tempo, non **viene** con noi.
시간이 없어서 그는 우리와 같이 못 간다.

1. **Poiche' siamo** stanchi, **torniamo** a casa.

2. **Poiche' dovranno** lavorare in Francia, **studieranno** il francese.

3. **Poiche' vuole** prendere un bel voto all'esame, Maria **studia** tutto il giorno.

4. **Poiche' voglio** imparare bene il tedesco, **vado** un anno in Germania.

5. **Poiche'** non **ho** fame, **mangio** solo un po' di frutta.

6. **Poiche'** non **riesco** a vedere bene da qui, **cerco** un posto migliore.

어휘

> **poiche'** ~라서(since, as), **avere tempo** 시간이 있다, **prendere un bel voto** 좋은 점수를 얻다, **riuscire a** ~ 할 수 있다, **posto migliore** 더 좋은 자리/좌석.

해석

1. 우리는 피곤해서 집으로 돌아간다. 2. 그들은 프랑스에서 일을 해야 하기에 불어를 공부할 예정이다. 3. 마리아는 시험에서 좋은 점수 받기를 원하기에 하루 종일 공부한다. 4. 나는 독일어를 제대로 배우길 원해서 독일에 1년 예정으로 간다. 5. 나는 배고프지 않아서 약간의 과일만을 먹는다. 6. 나는 여기서 잘 볼 수가 없어서 더 좋은 자리를 찾는다.

19.3 보기처럼 변형시켜라!

Poiche' non **aveva** tempo, Carlo non **e' venuto** con noi.
→ Non **avendo** tempo, Carlo non **e' venuto** con noi.
   시간이 없었기 때문에 카를로는 우리와 함께 가지 못 했다.

1. **Poiche'** non **conoscevo** bene il marito di Anna, **credevo** che fosse antipatico.
   _____

2. **Poiche' stavo** bene in quella citta', **ho deciso** di fermarmi a lungo.
   _____

3. **Poiche'** non **potevo** uscire, **ho avvertito** Lucia per telefono di non aspettarmi.
   _____

4. **Poiche'** non **era** ancora guarito, Aldo non **e' tornato** in ufficio.
   _____

5. **Poiche'** non **sapevo** che fare, **sono entrato** nel primo cinema che ho trovato.

6. **Poiche'** non **vedevo** Pina da molto tempo, **ho deciso** di andare a trovarla.

어휘

> **antipatico** 무뚝뚝한, **stare bene** 잘 지내다, **decidere di** ~하기로 결정하다, **fermarsi** 머물다, **a lungo** 길게/장기간, **avvertire** 알리다, **guarito** 병이 나은, **sapere che fare** 무엇을 할지 알다, **non vedere da molto tempo** 못 본지 오래다

해석

1. 나는 안나의 남편을 잘 몰랐기 때문에 무뚝뚝한 사람이라고 믿고 있었다. 2. 나는 그 도시에서 잘 지내고 있었기 때문에 장기간 머물기로 결심했다. 3. 나는 외출할 수 없었기 때문에 전화로 루치아에게 나를 기다리지 말라고 알렸다. 4. 알도는 아직도 완쾌되지 않았기 때문에 회사에 오지 않았다. 5. 나는 무엇을 해야 할지 몰랐기 때문에 첫 번째로 발견한 영화관으로 들어갔다. 6. 나는 오랫동안 피나를 보지 못했기 때문에 그녀를 보러 가기로 결정했다.

19.4 보기처럼 대답하라!

Come te l'ha detto? (**sorridere**) - Me l'ha detto **sorridendo.**
그는 네게 그것을 어떻게 말했니?   그는 내게 그것을 웃으면서 말했다.

1. Come te l'ha spiegato? (**piangere**)

2. Come te l'ha raccontato? (**ridere**)

3. Come te l'ha detto? (**scherzare**)

4. Come e' uscito? (**correre**)

5. Come e' entrato? (**brontolare**)
_____

6. Come ti ha salutato? (**togliersi** il cappello)
_____

7. Come e' andato via? (**sbattere** la porta)
_____

8. Come te l'ha detto? (**fare** l'occhiolino)
_____

어휘

> **sorridere** 미소짓다, **spiegare** 설명하다, **piangere** 울다, **raccontare** 이야기하다, **ridere** 웃다, **scherzare** 농담하다, **correre** 달리다/뛰다, **brontolare** 중얼중얼거리다, **salutare** 인사하다, **togliersi il cappello** 모자를 벗다, **sbattere** 발로 차다, **fare l'occhiolino** 윙크하다.

해석

1. 그는 내게 울면서 설명했다. 2. 그는 내게 웃으면서 이야기했다. 3. 그는 내게 농담하면서 말했다. 4. 그는 달려 나갔다. 5. 그는 중얼중얼거리며 들어왔다. 6. 그는 내게 모자를 벗으면서 인사했다. 7. 그는 문을 탕 차면서 가버렸다. 8. 그는 내게 윙크하면서 말했다.

19.5 보기처럼 변형시켜라!

Poiche' avevo finito i soldi, non **sono andato** al ristorante.
→ **Avendo finito** i soldi, non **sono andato** al ristorante.
  나는 돈을 다 써버렸기 때문에 레스토랑에 가지 못했다.

1. **Poiche' aveva fumato** troppo, **si e' sentito** male.
_____

2. **Poiche' aveva comprato** un vestito nuovo, **voleva** andare in discoteca.
_____

3. **Poiche'** non **avevamo preso** l'ombrello, **ci siamo bagnati** tutti.

4. **Poiche' avevamo camminato** per piu' di due ore, **ci siamo seduti** sull'erba per fare uno spuntino.

5. **Poiche' avevo bevuto** troppa birra, non **potevo** guidare la macchina.

6. **Poiche' erano venuti** a piedi, **sono arrivati** in ritardo.

7. **Poiche' ero stata** malata, non **sono andata** a scuola.

8. **Poiche' avevo guidato** tutta la notte, **ho dovuto** fermarmi un po' prima di continuare il viaggio.

어휘

> **sentirsi male** 몸이 아프다, **bagnarsi tutto** 흠뻑 젖다, **camminare** 걷다, **piu' di ~** 이상, **sedersi** 앉다, **sull'erba** 잔디밭에, **fare uno spuntino** 오전 간식을 먹다, **troppa birra** 과도한 맥주, **arrivare in ritardo** 늦게 도착하다, **stare malato** 몸이 아프다, **tutta la notte** 밤새, **fermarsi** 머물다, **continuare** 계속하다.

해석

1. 그는 과도하게 흡연을 했기 때문에 아팠다. 2. 그는 새 옷을 구입했기 때문에 디스코텍에 가길 원했다. 3. 우리는 우산을 챙기지 않았기 때문에 모두 흠뻑 젖었다. 4. 우리는 두 시간 이상을 걸었기 때문에 간식을 먹기 위해 잔디밭에 앉았다. 5. 나는 맥주를 너무 마셨기 때문에 차를 운전할 수 없었다. 6. 그들은 걸어왔기 때문에 늦게 도착했다. 7. 나는 몸이 아팠기 때문에 학교에 가지 못했다. 8. 나는 밤새 운전을 했기 때문에 여행을 계속하기 전에 잠시 머물러야 했다.

복합동명사(Gerundio composto)

[avendo+타동사의 과거분사]
[essendo+자동사의 과거분사(주어와 성수일치)]

주절의 시제보다 먼저 발생하고 주절의 주어와 동일하며 또한 원인, 조건, 양보, 시간을 표현할 경우에 사용한다. 시간을 표현할 경우 dopo와 함께 부정법 과거로도 표현할 수 있다.

Avendo mangiato, (io) sono uscito. |시간|
= Dopo aver mangiato, ~ [부정법 과거 : avere+p.ps]
= Dopo che avevo mangiato, ~
나는 밥을 먹은 후, 외출했다.

Essendo tornata a casa, (io) ho preparato la cena. |시간|
= Dopo essere tornata a casa, ~ [부정법 과거: essere+p.ps(주어와 성수일치)]
= Dopo che ero tornata a casa, ~
나는 집에 돌아온 후에 저녁을 준비했다.

Essendo andata in pensione, Maria ha ora molto tempo libero. |원인|
= Poiche' e' andata in pensione, Maria ha ora molto tempo libero.
마리아는 연금생활에 들어갔기에 지금 자유 시간이 많다.

Avendo parlato di piu' con la gente, (tu) avresti imparato prima la lingua. |조건|
= Se tu avessi parlato di piu' con la gente, avresti imparato prima la lingua.
    (접속법 대과거)   (복합조건법)
네가 만약에 사람들과 더 많이 대화했었더라면 너는 일찍 언어를 배웠을텐데.

19.6 보기처럼 변형시켜라!

Ho mangiato e sono uscito. → **Dopo aver mangiato,** sono uscito.
나는 밥을 먹고 외출했다.   밥을 먹은 후 나는 외출했다.

1. **Ho studiato** e ho fatto un giro in centro.

UNITA' 19

2. **Sono tornata** a casa e ho preparato la cena.

3. **Sono arrivato** in ufficio e ho ascoltato i messaggi sulla segreteria telefonica.

4. Antonio **ha mangiato** una pasta e ha preso un cappuccino.

5. Valeria **ha fatto** ginnastica e ha fatto una doccia.

6. Il professore **e' entrato** in classe e ha salutato gli studenti.

7. **Ho aspettato** un'ora e sono andato via.

8. **Abbiamo fatto** un giro per i negozi e siamo tornate a casa.

9. I miei amici **sono tornati** dalle vacanze e si sono ammalati.

10. **Mi sono alzata** e ho fatto un'abbondante colazione.

11. Patrizia **ha sentito** la notizia alla radio e mi ha subito telefonato.

12. **Ho parlato** con Mario e ho capito che aveva ragione.

어휘

fare un giro in centro 시내를 돌아다니다, **ascoltare i messaggi** 메시지를 듣다, **la segreteria telefonica** 자동응답기, **fare ginnastica** 운동하다, **fare la doccia** 샤워하다, **ammalarsi** 병에 걸리다/병이 나다, **abbondante** 푸짐한, **avere ragione** 옳다.

해석

1. 나는 공부를 한 후 시내에서 돌아다녔다. 2. 나는 집으로 돌아온 후 저녁을 준비했다. 3. 나는 사무실에 도착한 후 자동응답기에 녹음된 메시지를 들었다. 4. 안토니오는 파스타를 먹은 후 카푸치노 한 잔을 마셨다. 5. 발레리아는 운동을 한 후 샤워를 했다. 6. 교수님은 수업에 들어오신 후 학생들에게 인사했다. 7. 나는 한 시간을 기다린 후 가버렸다. 8. 우리는 상가들을 둘러본 후 집으로 돌아왔다. 9. 내 친구들은 휴가에서 돌아온 후 병이 났다. 10. 나는 일어난 후 푸짐한 아침을 먹었다. 11. 파트리치아는 라디오에서 뉴스를 들은 후 내게 곧바로 전화했다. 12. 나는 마리오와 대화를 나눈 후 그가 옳다는 사실을 알았다.

문법

시간을 표현할 경우, dopo와 함께 부정법 과거 형태가 복합동명사를 대신할 수 있다.

Avendo mangiato, (io) sono uscito . |시간|
= Dopo aver mangiato , ~ [부정법 과거 : avere+p.ps]
= Dopo che avevo mangiato , ~
나는 밥을 먹은 후 외출했다.

Essendo tornata a casa, (io) ho preparato la cena. |시간|
= Dopo essere tornata a casa, ~ [부정법 과거 : essere+p.ps(주어와 성수일치)]
= Dopo che ero tornata a casa, ~
나는 집에 돌아온 후에 저녁을 준비했다.

19.7 보기처럼 변형시켜라!

Finisco di studiare ed **esco**. → **Prima di uscire, finisco** di studiare.
나는 공부를 끝내고 외출한다.   외출하기 전에 나는 공부를 끝낸다.

1. **Fanno** il biglietto e **partono**.

2. **Faccio** la spesa e **torno** a casa.

3. **Mangia** e **telefona** a Carlo.
___

4. **Penso** a lungo e **rispondo**.
___

5. **Prende** il caffe' e **fuma** una sigaretta.
___

6. **Ci prepariamo** bene e **diamo** l'esame.
___

어휘

> **fare il biglietto** 표를 끊다, **prepararsi** 채비를 하다/준비하다, **dare l'esame** 시험 보다.

해석

1. 그들은 출발 전에 승차표를 구입한다. 2. 나는 집에 돌아오기 전에 장을 본다. 3. 그녀는 카를로에게 전화하기 전에 밥을 먹는다. 4. 나는 대답하기 전에 오랫동안 생각한다. 5. 그는 담배를 피우기 전에 커피를 마신다. 6. 우리는 시험을 보기 전에 잘 준비한다.

19.8 전치사로 완성하라!

1. Giulio e' uscito _____ casa _____ 7, _____ andare _____ stazione _____ prendere il treno _____ 7.20.
2. Stamattina non sono riuscito _____ alzarmi _____ tempo _____ prendere l'autobus _____ 8.
3. Paolo e' uscito _____ stazione tenendo _____ mano un'enorme valigia _____ pelle.
4. La bambina e' corsa _____ casa tenendo _____ mano un mazzo _____ fiori _____ la mamma.
5. Dopo aver guardato _____ tasca _____ giacca, mi sono accorta

_____ non avere il portafoglio.

6. Prima _____ uscire _____ casa, dobbiamo finire _____ mettere _____ ordine la camera _____ letto.
7. Dopo aver fatto quattro passi _____ aria aperta, dovreste gia' sentirvi _____ forma.
8. Dopo aver dato l'esame _____ chimica, Nicola andra' qualche giorno _____ mare.
9. I signori Bianchi vanno _____ estero _____ motivi _____ lavoro cinque e sei volte _____ anno.
10. Giuglio guadagna 1.500 euro _____ mese.
11. _____ Natale andremo _____ Stati Uniti _____ trovare un vecchio zio.
12. Prima _____ continuare il viaggio, ci siamo fermati _____ un'area _____ servizio _____ fare benzina e _____ riposarci un po'.

어휘

il treno delle 7.20 7시 20분 기차, **alzarsi in tempo** 제시간에 일어나다, **tenere a mano** ~ 손에 ~를 들다, **enorme** 거대한/육중한, **valigia di pelle** 가죽 여행가방, **correre a casa** 집으로 달리다, **un mazzo di** ~ 한 다발/묶음, **guardare in tasca** 주머니 속을 들여다보다, **accorgersi di** ~ 을 알아차리다/깨닫다, **portafolio** 지갑, **mettere in ordine** ~를 정리정돈하다, **camera da letto** 침실, **fare quattro passi** 짧은 산책, **all'aria aperta** 야외에서, **sentirsi in forma** 컨디션이 좋다, **chimica** 화학, **per motivi di lavoro** 업무 상, **all'anno** 1년에, **guadagnare** 돈 벌다, **al mese** 한 달에, **andare a trovare** ~를 보러/만나러 가다, **fermarsi a** ~하기 위해 머물다, **in un'area di servizio** 어느 휴게소에서, **fare benzina** 기름 넣다, **riposare un po'** 잠시 쉬다.

해석

1. 줄리오는 7시 20분 기차를 타러 기차역에 가기 위해 7시에 집을 나섰다. 2. 오늘 아침 나는 8시 버스를 타기 위해 제시간에 일어날 수 없었다. 3. 파올로는 육중한 가죽 가방을 손에 들면

UNITA' 19

서 역을 빠져나왔다. 4. 여자 어린이는 엄마를 위한 꽃 한 다발을 손에 들고 집으로 뛰어갔다. 5. 나는 저고리 주머니를 들여다본 후 여권이 없다는 것을 알았다. 6. 집을 나서기 전에 우리는 침실 정리정돈을 끝내야 한다. 7. 너희들은 야외에서 산책했으니 이미 틀림없이 컨디션이 좋을 텐데. 8. 화학 시험을 본 후 니콜라는 며칠 동안 바다에 갈 예정이다. 9. 비앙키 씨 부부는 업무상 일년에 대여섯 번 해외로 간다. 10. 쥴리오는 한 달에 1500 유로를 번다. 11. 크리스마스 때 우리는 나이 든 삼촌을 뵈러 미국에 갈 예정이다. 12. 여행을 계속하기 전에 우리는 기름도 넣고 잠시 휴식도 취할 겸 휴게소에 머물렀다.

문법

4. **correre**: 달리는 목적지가 정해진 경우, 복합시제에 essere 조동사를 사용한다. E' corsa a casa. 반면, 목적지 없이 달리는 경우, 복합시제에 avere 조동사를 쓴다. Ha corso.

부록

1. 핵심문법
2. 해답

일반동사

1 일반동사(Verbi)

"거의 대부분의 언어가 그러하듯이 동사가 그 언어의 절반 이상을 차지한다고 본다. 이탈리아어는 특히, 동사와 연관되는 유사 어휘들이 많아 동사를 세밀히 분석한다면 어휘력 향상에 적지 않은 영향을 줄 것이다. 또한 동사가 활용하는 언어 구조를 갖고 있어서 그 무엇보다 동사 공부에 집중해야 할 것이다.

이탈리아어 동사는 법(직설법, 조건법, 접속법, 명령법, 부정법), 시제, 주어에 따라 형태를 달리한다. 그러나 일정한 규칙이 존재하고 회화체에서 자주 등장하는 법과 시제를 우선 정복한다면 어렵지 않게 이탈리아어를 자유자재로 구사할 수 있을 것이라 확신한다."

1.1 직설법(Indicativo)

1) 'Indicativo'는 동사 'indicare(지시하다, 지적하다)'의 형용사형이다.
2) 직설법은 사실을 객관적으로 서술할 때 사용하는 법으로서 8개의 시제를 갖고 있었으나 현대 이탈리아어에서는 선립 과거를 거의 사용하고 있지 않고 대과거가 그를 대신한다.
3) 시제 7개는 크게 과거, 현재, 미래로 나눌 수 있다. 한국의 학생들이 어려워하는 부분은 과거 중에서 "근과거, 불완료과거, 원과거('과거 삼형제'라고 부르자!)"인데, 그들을 구별해서 사용하는 것이 그리 쉽지 않기 때문이다. 그러나 맥을 짚고 있다면 의외로 쉽게 풀린다.
4) '시제의 계단'을 통해 시간적인 개념을 이해하자!

					(단순)미래
				복합미래	
		근과거(近)	현재		
		원과거(遠)			
대과거 선립과거*		불완료과거(不完) '과거 삼형제'			

현재를 기준으로 좌측은 과거, 우측은 미래이다. 좌측 낮은 계단에서 우측으로 올라 미래로

간다. 주절이 과거 삼형제 중 어느 하나일 때 종속절이 단 1초라도 먼저 발생한 사건이라면 대과거(한 단계 낮은 계단에 위치)를 사용한다.

주절[과거 삼형제]+접속사+	
	[대과거]

주절이 현재일 때 종속절이 단 1분이라도 먼저 발생한 사건이라면 '과거 삼형제'(한 단계 낮은 계단에 위치)를 사용한다. 이때 행위가 완료된 완료과거(근과거, 원과거; ~했다)를 사용할 것인가, 아니면 행위가 완료되지 못한 채 연속성을 지니는 불완료과거(~하고 있었다, ~하곤 했다)를 사용할 것인가를 결정해야 한다. 쉽게 말해서 근과거는 최근에 발생한 사실을, 원과거는 먼 과거에 발생한 사실을 표현하므로 구분이 어렵지 않을 것이지만, 시간의 연속성이 내재되어 있거나, 과거의 규칙적인 습관이 내포된다면 틀림없이 불완료과거일 것이다. 불완료과거의 용법을 관찰하기 바란다.

주절[현재]+접속사+	
	[과거 삼형제]

주절이 미래일 때 종속절이 먼저 발생할 사건이라면 복합미래(한 단계 낮은 계단에 위치)를 사용한다.

주절[단순미래]+접속사+	
	[복합미래]

주절과 종속절의 시제가 동일 선상에 있다면 같은 그룹에서 선택하여 사용하면 될 것이다. 현재가 미래를 대신하기도 한다.

주절[현재]+접속사+	[현재/단순미래]
주절[과거 삼형제]+접속사+	[과거 삼형제]

1.1.1 현재(Presente indicativo)

규칙활용

		제1활용 동사	제2활용 동사	제3활용 동사	
		-are	-ere	-ire	
io		**-o**	**-o**	**-o**	-isc-o
tu		**-i**	**-i**	**-i**	-isc-i
lui, lei, Lei		-a	-e	-e	-isc-e

noi	-iamo	-iamo	-iamo	-iamo
voi	-ate	-ete	-ite	-ite
loro	-ano	-ono	-ono	-isc-ono

이탈리아어 동사는 도표와 같이 세 가지 그룹이 있다. 대부분의 동사들은 규칙활용 하는데, 주어에 따라 활용어미가 다르다. 그렇다고 어렵지 않다. 주어가 io, tu, noi의 경우 세 가지 동사 모두 활용어미가 동일하다. voi는 -are 동사에서 -ate, -ere 동사에서 -ete, -ire 동사에서 -ite이므로 규칙성이 있다. 다만 3인칭이 다소 복잡한데, -are는 -a, -ere는 -e, 그러나 -ire는 -i여야 하는데, tu에서 이미 사용되었기에 옆집 -ere와 함께 가고 있다. 따라서 3인칭복수도 같은 구조로 형성되고 있다.

또한 제3활용 동사들 가운데 삽입사 -isc-가 들어가는 대표적인 동사로는 capire(이해하다), spedire(발송하다), finire(끝내다/끝나다), preferire(선호하다) 등을 들 수 있다.

1.1.2 근과거(Passato prossimo)

타동사의 근과거

	avere 직설법 현재+	과거분사
io	ho	mangiato
tu	hai	mangiato
lui	ha	mangiato
noi	abbiamo	mangiato
voi	avete	mangiato
loro	hanno	mangiato

자동사의 근과거

	essere 직설법 현재+	과거분사(주어와 성수일치)
io	sono	andato/a
tu	sei	andato/a
lui	e'	andato/a
noi	siamo	andati/e
voi	siete	andati/e
loro	sono	andati/e

타동사의 근과거에 조동사 avere가 사용되는 반면, 자동사의 근과거에는 조동사 essere가 사용된다. 이때, 과거분사의 어미는 주어의 성수와 일치되어야 한다.

* Davide e' andato a Stromboli. 다비데는 스트롬볼리에 갔다.
* Daniela e' andata a Bolzano. 다니엘라는 볼짜노에 갔다.
* Davide e Daniela sono andati in vacanza. 다비데와 다니엘라는 휴가 갔다.
* Daniela e Maria sono andate al lavoro. 다니엘라와 마리아는 직장에 갔다.

특히, -ere 동사에서 불규칙 과거분사를 많이 볼 수 있다. 이유는 규칙과거분사 어미 -uto를 첨가할 때, 발음이 어렵고 둔탁해서 좋은 소리로 변형되어 왔다고 볼 수 있다. 언어는 소리가 우선이다.

essere	io **sono stato/a**
rimanere	io **sono rimasto/a**
venire	io **sono venuto/a**
aprire	io **ho aperto**
bere	io **ho bevuto**
chiudere	io **ho chiuso**
dire	io **ho detto**
fare	io **ho fatto**
legger	eio **ho letto**
mettere	io **ho messo**
prendere	io **ho preso**
scegliere	io **ho scelto**
scrivere	io **ho scritto**
vedere	io **ho visto**

근과거의 용법
~했다

1) '결론지어진 과거의 행위'를 표현할 때

   Ieri sera siamo andati al cinema.

   어제 저녁 우리는 영화관에 갔다.

2) '단 한 번 발생된 행위'를 표현할 때

   Una volta siamo usciti.

   딱 한 번 우리는 외출했다.

3) '연속해서 발생된 사건'에 대해 말할 때

   Sono uscito di casa, ho comprato un giornale e poi sono andato al bar.

   나는 외출해서, 신문을 사고 나서, 빠에 갔다.

1.1.3 불완료과거(Imperfetto indicativo)

규칙활용동사

	parl**are**	viv**ere**	dorm**ire**
io	parl**avo**	viv**evo**	dorm**ivo**
tu	parl**avi**	viv**evi**	dorm**ivi**
lui	parl**ava**	viv**eva**	dorm**iva**
noi	parl**avamo**	viv**evamo**	dorm**ivamo**
voi	parl**avate**	viv**evate**	dorm**ivate**
loro	parl**avano**	viv**evano**	dorm**ivano**

불규칙활용동사

	essere	av**ere**	fare ← fac**ere**	bere ← bev**ere**	dire ← dic**ere**
io	**ero**	av**evo**	fac**evo**	bev**evo**	dic**evo**
tu	**eri**	av**evi**	fac**evi**	bev**evi**	dic**evi**
lui	**era**	av**eva**	fac**eva**	bev**eva**	dic**eva**
noi	**eravamo**	av**evamo**	fac**evamo**	bev**evamo**	dic**evamo**
voi	**eravate**	av**evate**	fac**evate**	bev**evate**	dic**evate**
loro	**erano**	av**evano**	fac**evano**	bev**evano**	dic**evano**

직설법 불완료과거의 불규칙 동사들은 몇 개로 한정되어 있으며, 그나마 불규칙활용동사들도 이탈리아어의 모태인 라틴어 형태를 바탕으로 활용하므로 어렵지 않게 극복할 수 있다. 다시 말해서 불규칙동사가 거의 없다.

직설법 불완료과거의 용법

~했다, ~하고 있었다, ~하곤 했다

1) '불명확한 지속성을 내포한 과거 행위'를 표현할 때
   I miei nonni **abitavano** in campagna.
   나의 조부모님들은 시골에 살고 계셨다.
2) '과거의 규칙적인 습관'을 표현할 때
   Da bambino andavo spesso in montagna.
   어릴 때 난 산에 자주 가곤했다.
3) '인물, 사물, 상황의 특성'을 표현할 때
   Mia nonna **era** molto bella.

나의 할머니는 매우 아름다우셨다.

In treno **faceva** caldo.

기차 내부는 더웠다.

Alla festa **c'era** molta gente.

파티에 많은 사람들이 있었다.

4) '시간의 관용구'와 함께 빈번히 사용된다.

Normalmente **andavo** al mare.

일반적으로 나는 바다에 가곤했다.

Di solito la sera **andavamo** a ballare.

흔히 저녁마다 우리는 춤추러 가곤했다.

Da bambino/a **leggevo** tantissimo.

어릴 때 나는 책을 아주 많이 읽었다.

Da piccolo/a **avevo** un cane.

어릴 때 나는 개를 키웠다.

5) '동시에 발생되는 일련의 사건'에 대해 말할 때

Mentre **guidavo**, lui **controllava** la cartina.

내가 운전하는 동안, 그는 지도를 확인하고 있었다.

6) 두 번째 행위가 시작될 때, 첫 번째 행위가 아직 완료되지 않았다면, '지속성의 행위'는 불완료과거로, '시작하는 새로운 행위'는 근과거로 한다.

Mentre **leggevo**, e/ entrata una ragazza.

내가 독서 하고 있는데, 한 소녀가 들어왔다.

7) 'volere'동사의 직설법 불완료과거형은 친절하게 물어 볼 때, 그리고 의도나 바람을 표현할 때 사용된다.

Volevo chiedere una cosa.

한 가지 여쭤 봐도 되겠습니까?

Stasera **volevamo** andare a trovare Pino.

오늘 저녁 우린 피노를 만나러 가고 싶다.

1.1.4 원과거(Passato remoto)

1) 직설법 과거 삼형제(근과거, 불완료과거, 원과거) 가운데 하나다.
2) 현재와는 관련이 없는 먼 과거의 행위, 즉 역사적 사건, 사실을 표현할 때 사용한다.
3) 원과거는 문어체에서는 사용빈도가 적다. 그러나 전혀 사용되지 않거나, 남부 어떤 지역에서만

사용된다는 것은 사실이 아니다. 분명한 것은 원과거가 이탈리아의 다른 어떤 지역보다 남부지방에서 더욱 빈번히 사용된다는 사실이다. 또한 중부 Toscana 지방에서도 빈번히 사용된다는 점을 잊어서는 안 된다.

	규칙 활용			불규칙 활용	
	gir**are**	pot**ere**	sal**ire**	**essere**	**avere**
io	gir**ai**	pot**ei** (etti)	sal**ii**	fui	ebbi
tu	gir**asti**	pot**esti**	sal**isti**	fosti	avesti
lui/lei	gir**o'**	pot**e'** (ette)	sal**i'**	fu	ebbe
noi	gir**ammo**	pot**emmo**	sal**immo**	fummo	avemmo
voi	gir**aste**	pot**este**	sal**iste**	foste	aveste
loro	gir**arono**	pot**erono** (ettero)	sal**irono**	furono	ebbero

Il suo bisnonno **emigro'** in America nel secolo scorso.
그의 증조부께서는 지난 세기에 미국으로 이민 가셨다.
La seconda guerra mondiale comincio' nel 1939 quando la Germania invase la Polonia.
제2차 세계대전은 독일이 폴란드를 침공했던 1939년에 시작되었다.

위의 예문에서 보듯이 'invase (invadere)'의 경우, 불규칙 활용을 보이고 있는데, 그러나 나름대로의 규칙성을 지니고 있다. io에 대한 활용만 알고 있다면 쉽게 만들 수 있다.

	ved**ere**	prend**ere**	chied**ere**	decid**ere**	mett**ere**
io	**vidi**	**presi**	**chies**i	**decisi**	**misi**
tu	vedesti	prendesti	chiedesti	decidesti	mettesti
lui	**vide**	**prese**	**chiese**	**decise**	**mise**
noi	vedemmo	prendemmo	chiedemmo	decidemmo	mettemmo
voi	vedeste	prendeste	chiedeste	decideste	metteste
loro	**videro**	**presero**	**chiesero**	**decisero**	**misero**

vedere동사의 원과거 활용에 있어서 (io) **vidi**만을 알고 있다면, (lui) **vide**를 유추하고, (loro) **videro**를 만들어 낼 수 있다. 나머지는 규칙 활용하는 tu, voi를 만들고 난 후, 마지막으로 noi를 만든다. 다시 말해서 vidi - vide - videro - vedesti - vedeste - vedemmo와 같이 순서를 바꾸어 연습하면 효과적이다.

빈번하게 사용되는 주요 불규칙 활용 동사 몇 개를 나열한다. 빈 칸을 채워 보자!

	io	tu	lui	noi	voi	loro
rispondere	risposi		rispose			risposero
leggere	lessi					
piacere	piacqui					
nascere	nacqui		nacque			nacquero
rimanere	rimasi					
sapere	seppi					
scrivere	scrissi					
venire	venni					
vivere	vissi		visse			vissero

1.1.5 단순미래(Futuro semplice)

규칙활용

	abit**are**	vend**ere**	part**ire**	sped**ire**
io	abit**ero'**	vend**ero'**	part**iro'**	sped**iro'**
tu	abit**erai**	vend**erai**	part**irai**	sped**irai**
lui	abit**era'**	vend**era'**	part**ira'**	sped**ira'**
noi	abit**eremo**	vend**eremo**	part**iremo**	sped**iremo**
voi	abit**eret**	evend**eret**	epart**iret**	esped**irete**
loro	abit**eranno**	vend**eranno**	part**iranno**	sped**iranno**

-are, -ere 동사의 단순미래 활용어미는 동일하다. -ire 동사 가운데 삽입사 -isc-가 들어가는 동사들도 단순미래 활용에서 삽입사는 필요 없다.

불규칙 활용

	avere	essere
io	av**ro'**	sa**ro'**
tu	av**rai**	sa**rai**
lui	av**ra'**	sa**ra'**
noi	av**remo**	sa**remo**
voi	av**rete**	sa**rete**
loro	av**ranno**	sa**ranno**

불규칙 활용 동사라 하더라도 io에 대한 활용 avro', saro'만 익힌다면 나머지 활용은 규칙적이다.

	and**are**	dovere	potere	sapere	vedere
io	and**ro'**	dov**ro'**	pot**ro'**	sap**ro'**	ved**ro'**
tu	and**rai**	dovrai	potai	saprai	vedrai
lui	and**ra'**	dovra'	potra'	sapra'	vedra'
noi	and**remo**	dovremo	potremo	sapremo	vedremo
voi	and**rete**	dovrete	potrete	saprete	vedrete
loro	and**ranno**	dovranno	potranno	sapranno	vedranno

위와 같은 불규칙활용 동사들은 공통점을 지니고 있다. 단순미래 규칙활용어미는 -are, -ere 동사 모두 -ero', -erai, -era' 인데, 모음 'e'가 탈락된다는 것이다. 즉, andero&가 아니라 andro&인 것이다.

	bere	rimanere	venire	volere	tenere
io	be**rro'**	rima**rro'**	ve**rro'**	vo**rro'**	te**rro'**
tu	be**rrai**	rima**rrai**	ve**rrai**	vo**rrai**	te**rrai**
lui	be**rra'**	rima**rra'**	ve**rra'**	vo**rra'**	te**rra'**
noi	be**rremo**	rima**rremo**	ve**rremo**	vo**rremo**	te**rremo**
voi	be**rrete**	rima**rrete**	ve**rrete**	vo**rrete**	te**rrete**
loro	be**rranno**	rima**rranno**	ve**rranno**	vo**rranno**	te**rranno**

위와 같은 동사들의 특징은 자음 'r'가 첨가된다는 것이다. 즉, bero'가 아니라 berro'인 것이다.

	dare	stare	fare
io	d**aro'**	st**aro'**	f**aro'**
tu	d**arai**	st**arai**	f**arai**
lui	d**ara'**	st**ara'**	f**ara'**
noi	d**aremo**	st**aremo**	f**aremo**
voi	d**arete**	st**arete**	f**arete**
loro	d**aranno**	st**aranno**	f**aranno**

위와 같은 동사들은 단순미래 규칙활용어미인 -ero', -erai, -era'가 아닌 -aro', -arai, -ara'로 활용된다.

단순 미래의 용법
1) 미래에 발생할 사건을 서술할 때

Domenica **andremo** al mare.
우리는 일요일에 바다에 갈 것이다.

2) 가정할 때

Che dici? Questo pesce **sara'** fresco?
넌 어떻게 생각해? 이 생선이 신선할까?

1.		**essere** 단순미래+자동사의 **p.ps.**(성수일치)	**avere** 단순미래+타동사의 **p.ps.**
	io	saro' arrivato/a	avro' dimenticato
	tu	sarai arrivato/a	avrai dimenticato
	lui	sara' arrivato/a	avra' dimenticato
	noi	saremo arrivati/e	avremo dimenticato
	voi	sarete arrivati/e	avrete dimenticato
	loro	saranno arrivati/e	avranno dimenticato

미래 완료의 용법

1) 단순미래 시제보다 앞서 발생할 사실을 표현할 때

Quando **saro' arrivato** a casa, ti **telefonero'**.

내가 집에 도착하면, 네게 전화할게.

	ti **telefonero'**.
Quando **saro' arrivato** a casa,	

2) 과거 사실을 추측할 경우

Magari mi **avra'** gia' dimenticato.
그가 나를 이미 잊었다면 얼마나 좋을까.

1.1.7 대과거(Trapassato)

1) 영어의 과거완료(had+p.p.)에 해당한다. (~했었다)
2) 복문의 경우, 주절의 시제(과거 삼형제 - 근과거, 불완료과거, 원과거) 보다 단 1초라도 먼저 발생한 사실을 표현할 때 사용한다.
3) [**essere** 직설법 불완료과거+**p.ps.**(주어와 성수일치)]
   [**avere** 직설법 불완료과거+자동사의 **p.ps.**]

	(타동사) **mangiare**	(자동사) **tornare**
io	avevo mangiato	ero tornato/a
tu	avevi mangiato	eri tornato/a
lui, lei, Lei	aveva mangiato	era tornato/a
noi	avevamo mangiato	eravamo tornati/e
voi	avevate mangiato	eravate tornati/e
loro	avevano mangiato	erano tornato/a

A: Perche' non sei andato al ristorante con Lino ieri sera?
  왜 너는 어제 저녁 리노와 레스토랑에 가지 않았니?

B: Non ci sono andato perche' avevo gia' mangiato.
  나는 그때 이미 밥을 먹었기 때문에, 거기 안 갔어.

A: E perche' non sei andato al cinema?
  그럼 영화관에는 왜 가지 않았니?

B: Perche' c'era gia' stato.
  왜냐하면 이미 그 영화관에 갔었어(영화를 이미 보았어).

Non ci **sono andato**	
	perche' **avevo** gia' **mangiato**.

1.1.8 선립과거(Trapassato remoto)

주절의 시제가 원과거 일 때, 단 1초라도 먼저 발생한 사실을 표현할 때 사용하지만, 구조가 어려워 지금은 대과거가 그를 대신하므로 사라진 시제라고 할 수 있다.

[**avere** 원과거+타동사의 과거분사]

[**essere** 원과거+자동사의 과거분사(주어와 성수일치)]

	(타동사) **mangiare**	(자동사) **tornare**
io	ebbi mangiato	fui tornato/a
tu	avesti mangiato	fosti tornato/a
lui, lei, Lei	ebbe mangiato	fu tornato/a
noi	avemmo mangiato	fummo tornati/e
voi	aveste mangiato	foste tornati/e
loro	ebbero mangiato	furono tornato/a

1.2 조건법(Condizionale)

1) 조건법은 2가지 형태(단순조건법, 복합조건법)를 갖는다.
2) '단순'이라는 의미는 동사원형을 활용하여 형태를 만들기 때문이며, '복합'은 조동사 avere, essere와 함께 형태를 만들기 때문에 그렇게 부른다. 직설법에서 복합시제는 '복합미래, 근과거, 대과거이다.

1.2.1 단순조건법(Condizionale semplice)
규칙활용동사

	parl**are** 말하다	vend**ere** 팔다	dorm**ire** 잠자다
io	parl**erei**	vend**erei**	dormi**rei**
tu	parl**eresti**	vend**eresti**	dormi**resti**
lui	parl**erebbe**	vend**erebbe**	dormi**rebbe**
noi	parl**eremmo**	vend**eremmo**	dormi**remmo**
voi	parl**ereste**	vend**ereste**	dormi**reste**
loro	parl**erebbero**	vend**erebbero**	dormi**rebbero**

-are, -ere 동사는 -erei로 활용을 시작하는 반면, -ire 동사는 -irei로 시작한다. 그런데 직설법 단순미래 규칙활용과 단순조건법 규칙활용은 밀접한 관계가 있음을 발견할 수 있다.

	동사원형	직설법단순미래(io)	단순조건법(io)
규칙활용 동사	parlare	parlero'	parlerei
	vendere	vendero'	venderei
	dormire	dormiro'	dormirei
불규칙활용 동사	essere	saro'	sarei
	avere	avro'	avrei
	potere	potro'	potrei
	dovere	dovro'	dovrei
	andare	andro'	andrei
	sapere	sapro'	saprei
	vedere	vedro'	vedrei
	volere	vorro'	vorrei
	venire	verro'	verrei
	bere	berro'	berrei

불규칙활용 동사	rimanere	rimarro'	rimarrei
	tenere	terro'	terrei
	tradurre	tradurro'	tradurrei
	fare	faro'	farei
	dare	daro'	darei
	stare	staro'	starei
	dire	diro'	direi

단순조건법의 용법

1) 완곡한 욕구, 욕망을 표현할 때 (desiderio)

  Vorrei fare un corso di spagnolo.

  나는 스페인어 과정을 정말 다니고 싶다.

2) 친절하게 물을 때 (chiedere)

  Mi **darebbe** una mano?

  제게 도움을 좀 주시겠어요?

3) 조심스럽게 조언할 때 (consiglio)

  Dovrebbe fumare meno.

  당신은 담배를 덜 피워야 할 것 같군요.

4) 조심스럽게 제안할 때 (proposta)

  Potremmo andare al cinema!

  우리 영화관에 가면 어떨까?

5) 가능성 혹은 추측을 표현할 때 (possibilita' o supposizione)

  Pensi che **verrebbe** con noi?

  그가 우리와 함께 갈지도 모른다고 너는 생각하니?

1.2.2 복합조건법(Condizionale composto)

[**essere** 단순조건법+자동사의 **p.ps.**(주어와 성일치)]

[**avere** 단순조건법+타동사의 **p.ps.**]

	(자동사) **uscire**	타동사 **pensare**
io	sarei uscito/a	avrei pensato
tu	saresti uscito/a	avresti pensato
lui, lei, Lei	sarebbe uscito/a	avrebbe pensato
noi	saremmo usciti/e	avremmo pensato
voi	sareste usciti/e	avreste pensato
loro	sarebbero usciti/e	avrebbero pensato

복합조건법의 용법

1) 과거 사실을 추측하거나 추정할 때 (supposizione)

    L'**avrebbe fatto** lui.

    그가 그 일을 저질렀을지 몰라.

2) 과거 사실을 빈정거리거나 의혹을 표현할 때

    E tu **avresti studiato**?

    그런데 설마 네가 공부를 했다 이거지?

    Tu **saresti stato** male! Ma va, con quella faccia!

    설마 네가 아팠다고!?! 어이구, 얼굴은 생생한데!?

3) 불가능성, 비현실성의 가정문에서 결과절에 사용할 때 (이루지 못한 사실)

    Se (tu) gli avessi scritto, (lui) ti **avrebbe risposto**.

    만약 네가 그에게 편지를 썼었더라면, 그는 네게 답장을 했었을 텐데.

    Se (io) avessi finito di lavorare presto, ieri sera (io) **sarei venuto** a trovarti.

    만약 내가 일찍 일을 끝냈었더라면, 어제 저녁 나는 너를 보러 갔었을 텐데.

    Se (tu) avessi preso quella medicina, (tu) **saresti guarito** presto.

    만약 네가 그 약을 먹었었더라면, 너는 일찍 병이 나았을 텐데.

4) 과거, 현재, 미래에 있어서 실현 불가능한 사실을 표현할 때

    * 과거에 원했지만 이루지 못한 경우

    Mio padre **avrebbe voluto** vedermi all'universita', ma io non avevo voglia di stare sopra i libri.

    나의 아버지는 대학에 다니는 나를 보고 싶어 했지만, 나는 책 속에 파묻혀 지내기를 원하지 않았다. (실제로 나는 공부가 싫어서 대학에 가지 않았다.)

    * 현재 원하지만 여건 상 이루지 못하는 경우

    Oggi (io) **sarei andata** volentieri a Venezia, ma devo restare a casa.

오늘 나는 즐거운 마음으로 베네치아에 가고 싶지만, 집에 남아야 한다.

* 미래에 무엇을 하고 싶으나, 여건 상 이룰 수 없는 경우

Domani (io) **sarei andata** volentieri a Venezia, ma dovro' restare a casa.

내일 나는 즐거운 마음으로 베네치아에 가고 싶지만, 집에 남아야 할 것이다.

5) 과거에 있어서 미래를 표현할 때

Clara mi ha detto che il sabato seguente **sarebbe andata** a Milano.

클라라는 다가오는 토요일에 밀라노에 갈 거라고 내게 말했다.

1.3 접속법(Congiuntivo)

1.3.1 접속법 현재(Congiuntivo presente)

	규칙활용			불규칙활용	
	torn-**are**	perd-**ere**	part-**ire**	**essere**	**avere**
io	torn-i	perd-a	part-a	sia	abbia
tu	torn-i	perd-a	part-a	sia	abbia
lui	torn-i	perd-a	part-a	sia	abbia
noi	torn-iamo	perd-iamo	part-iamo	siamo	abbiamo
voi	torn-iate	perd-iate	part-iate	siate	abbiate
loro	torn-ino	perd-ano	part-ano	siano	abbiano

Bisogna che (tu) **accetti** questa responsabilita'.

네가 이러한 책임을 받아들일 필요가 있다.

Credo che oggi la segretaria **torni** in ufficio.

나는 오늘 비서가 사무실로 돌아오리라고 믿는다.

E' necessario che (lui) **prenda** una decisione.

그가 결정을 내릴 필요가 있다.

Bisogna che (io) senta la sua opinione.

내가 그의 의견을 들을 필요가 있다.

주절의 동사가 불확실성(incertezza), 주관성(soggettivita')을 표현한다면, 종속절의 동사는 접속법을 사용해야 한다.

incertezza/opinione soggettiva (불확실성/주관적 견해)

Non sono certo	나는 확신하지 않는다	che	lui **abbia** raggione. 그가 옳다(접/현재)
Non sono sicuro	나는 확신하지 않는다		
Non sono convinto	나는 확신하지 않는다		
Dubito	나는 의심한다		
Credo	나는 믿는다		
Mi pare	내가 보기에 ~인 것 같다		
Direi	나는 말하고 싶다		
Immagino	나는 생각한다		
Penso	나는 생각한다		
Suppongo	나는 추측한다		

Probabilita'/,Possibilita'/Improbabilita',Impossibilita' (개연성, 가능성/비개연성, 불가능성)

E' probabile	~할 가능성이 많다	che	Giulio **sia** d'accordo con me. 쥴리오가 내 말에 동의할(접/현재)
E' improbabile	~할 가능성이 적다		
E' possibile	~할 가능성이 있다		
E' impossibile	~할 가능성이 없다		

Preoccupazione/Paura (걱정/두려움)

Temo	나는 두렵다	che	Carla **abbia preso** una decisione sbagliata. 카를라는 잘 못된 결정을 내렸을까봐(접/과거)
Ho paura	나는 걱정이다		

Stato d'animo soggettivo (주관적인 마음의 상태)

Sono felice	나는 행복하다	che	Carlo **si sia laureato** a pieni voti. 카를로가 만점으로 졸업했기에(접/과거)
Sono contento	나는 만족한다		

Speranza/Attesa (희망/기대)

Spero	나는 희망한다	che	Marta **sia** di buon umore. 마르타가 기분이 좋기를
Aspetto	나는 기대한다		

Volonta'/Desiderio (의지/바램)

Voglio	나는 원한다	che	Franco **si occupi** di quella faccenda. 프랑코가 그 일에 전념하기를/하는 것을
Non voglio	난 원하지 않는다		
Pretendo	나는 기대한다		
Preferisco	나는 더 좋아한다		
Desiderio	나는 바란다		

Necessita'/Opportunita' (필요성/적절성)

Bisogna E' necessario 필요가 있다 Occorre E' opportuno 적절하다	che	lui **chieda** il permesso. 그가 허락을 받을/받는 것은

Mancanza di certezza (확실성의 결여)

Si dice (사람들이) Dicono ~라고들 말한다 Pare ~인 것 같다 Sembra	che	la festa **sia riuscita**. 파티가 성공적이었다고/성공적이었던 것(접/과거)

Domanda indiretta (간접 질문)

Mi chiedo **come** lei possa parlare male di lui.

나는 그녀가 어떻게 그에 대해 험담을 할 수 있는지를 자문한다.

다음과 같은 접속사가 종속절을 이끌 때, 접속법을 사용한다.

1) **perche'/affinche'** (목적절 : ~하게 하기 위해)

   Lucia telefonera' a Federico **perche'** la accompagni alla stazione.

   루치아는 페데리코가 그녀를 역까지 동행하게 하기 위해서 그에게 전화를 걸 예정이다.

   Non aiuto Mario **affinche'** impari a fare da solo.

   스스로 하는 법을 배우도록 하기 위해 나는 마리오를 돕지 않는다.

   Il professore scrive alla lavagna tutte le parole **perche'** gli studenti capiscano bene.

   교수님은 학생들이 잘 이해하도록 하기 위해, 모든 어휘들을 칠판에 쓰신다.

   Mando i soldi a Mariella **perche'** possa comprare i libri per l'Universita'.

   나는 마리엘라가 대학 교재들을 살 수 있도록 하기 위해, 그녀에게 돈을 송금한다.

2) **sebbene/benche'/nonostante che** (양보절: 비록 ~이지만)

   Usciro' con Marta **sebbene** preferisca restare a casa.

   비록 집에 더 머물고 싶지만, 나는 마르타와 외출할 것이다.

   Continua a portare quel vestito **benche'** non sia piu' di moda.

   비록 한 물 간 유행이지만, 그는 그 옷을 계속 입고 다닌다.

   Vado fuori con gli amici **benche'** debba(deva) studiare per l'esame.

   나는 비록 시험공부를 해야 하지만, 친구들과 외출한다.

Dino vuole guidare la macchina fino a casa **nonostante che** abbia bevuto troppo.

디노는 비록 과음을 했지만, 집까지 차를 운전하길 원한다.

Filippo provera' a dare l'esame **nonostante che** non abbia studiato abbastanza.

필립보는 비록 충분히 공부하지 못했지만, 시험 볼 시도를 할 예정이다.

Sebbene Valentina abbia parlato lentamente, non sono riuscita a capirla.

발렌티나가 비록 천천히 말했지만, 나는 그녀의 말을 이해할 수가 없었다.

3) **purche'**/a patto che/a condizione che/basta che (조건절: ~라면)

Vengo in macchina con voi **purche'** non corriate troppo.

너희들이 과속하지 않는다면, 나는 너희들과 차로 간다.

Possiamo parlare di questo problema **purche'** lo facciamo a quattr'occhi.

우리가 이 문제를 비밀로 한다는 조건이면, 그것에 대해 대화할 수 있다.

Cantero' volentieri una canzone **purche'** tu mi accompagni al piano.

자네가 피아노 반주를 해 준다는 조건이면, 흔쾌히 노래 한 곡 부르겠다.

Vengo a trovarti stasera **purche'** non guardiamo la TV.

우리가 TV를 보지 않는다는 조건이면, 오늘 저녁 너를 보러 간다.

Ti presto volentieri questo libro **purche'** tu me lo renda presto.

내게 책을 곧바로 돌려준다는 조건이면, 자네에게 기꺼이 이 책을 빌려주겠다.

4) **prima che** (시간절: ~하기 전에)

Preparero' il pranzo **prima che** Antonio torni dal lavoro.

안토니오가 직장에서 돌아오기 전에, 나는 점심 식사를 준비할 것이다.

Parlero' con Lucio **prima che** voi usciate.

너희들이 외출하기 전에, 나는 루치오와 대화할 것이다.

5) **senza che** (제외절: ~없이)

Faremo tutto in segreto **senza che** loro se ne accorgano.

그들이 알아챔이 없이(알아채지 못하도록), 우리는 모든 것을 비밀로 할 것이다.

6) che (필요성과 관련된 문장)

Devo comprare una macchina **che** consumi meno. (non so se esista)

나는 휘발유를 덜 소비하는 차를 한대 사야한다. (그런 차가 있는지 모르는 경우)

7) **chiunque**/qualunque persona/qualsiasi persona (누구라도)

E' pronto ad aiutare **chiunque** abbia bisogno.

필요한 사람 누구라도 도울 준비가 되어있다.

8) **dovunque** (어디라도)

Verro' con voi dovunque andiate.

너희들이 어디를 가든, 나는 너희들과 갈 것이다.

9) **comunque** (어떻든지)

E' sempre allegro **comunque** vadano le cose.

일이 어떻게 되어가든, 그는 늘 쾌활하다.

10) **il ~ piu' ~ che** (선행사가 최상급)

Ti dico che Mario e' il ragazzo **piu' intelligente che** io conosca.

마리오는 내가 알고 있는 가장 똑똑한 청년이라고 네게 말 할 수 있다.

접속법의 시제는 4개: [현재/과거], [불완료과거/대과거]

주절[직설법 현재]+che, purche' ... +접속법[현재/과거]

주절[직설법 과거 삼형제]+che, purche& ... + 접속법[불완료과거/대과거]

주절[단순조건법]+che +접속법[불완료과거]

1.3.2 접속법 과거(Congiuntivo passato)

[avere 접속법 현재+타동사의 과거분사]

[essere 접속법 현재+자동사의 과거분사(주어와 성수일치)]

	(타동사) **mangiare**	(자동사) **arrivare**
io	abbia mangiato	sia arrivato/a
tu	abbia mangiato	sia arrivato/a
lui	abbia mangiato	sia arrivato/a
noi	abbiamo mangiato	siamo arrivati/e
voi	abbiate mangiato	siate arrivati/e
loro	abbiano mangiato	siano arrivati/e

다음 예문들은 종속절의 시제가 주절의 그것보다 한 계단 밑에 위치하는 경우이다.

* Marco e' contento che tu **abbia accettato** l'invito.

네가 초대를 받았기에, 마르코는 만족한다.

Marco e' contento che	
	tu **abbia accettato** l'invito.

＊Temo che Carla **abbia preso** una decisione sbagliata.

카를라가 잘 못된 결정을 내렸을까봐 나는 두렵다.

Temo che	
	Carla **abbia preso** una decisione sbagliata.

＊Sono felice che Carlo **si e' laureato** a pieni voti.

카를로가 만점으로 졸업을 했기에, 나는 행복하다.

Sono felice che	
	Carlo **si e' laureato** a pieni voti.

1.3.3 접속법 불완료과거(Congiuntivo imperfetto)

	규칙활용 동사				불규칙활용 동사
	torn-**are**	perd-**ere**	part-**ire**	av-**ere**	**essere**
io	torn-assi	perd-essi	part-issi	av-essi	fossi
tu	torn-assi	perd-essi	part-issi	av-essi	fossi
lui	torn-asse	perd-esse	part-isse	av-esse	fosse
noi	torn-assimo	perd-essimo	part-issimo	av-essimo	fossimo
voi	torn-aste	perd-este	part-iste	av-este	foste
loro	torn-assero	perd-essero	part-issero	av-essero	fossero

종속절의 우리말 번역이 현재인 것처럼 보이지만 주절에서 시제를 결정하는 우리말의 특성으로 그렇게 번역된다. 그러나 시제 일치에서, 주절이 과거 삼형제 가운데 하나 일 경우 종속절에는 접/불완료과거 혹은 접/대과거가 올 수 있다.

아래 예문들은 주절과 종속절의 시제가 같은 '시제의 계단' 에 위치하는 경우이다.

Pensavo che lui **avesse** ragione.

나는 그가 옳다고 생각하고 있었다.

Pensavo che	lui **avesse** ragione.

Era possibile che Giulio **fosse** d'accordo con me.

쥴리오가 내 의견에 동의하는 것은 가능했다.

Era possibile che	Giulio **fosse d'accordo** con me.

Volevo che Franco **si occupasse** di quella faccenda.

나는 프랑코가 그 일에 전념하길 원하고 있었다.

| Volevo che | Franco si occupasse di quella faccenda. |

Bisognava che lui **chiedesse** il permesso.

그는 허락을 구하는 것이 필요했다.

| Bisognava che | lui chiedesse il permesso. |

1.3.4 접속법 대과거(Congiuntivo trapassato)

[avere 접속법 불완료과거+타동사의 과거분사]

[essere 접속법 불완료과거+자동사의 과거분사(주어와 성수일치)]

	(타동사) **mangiare**	(자동사) **arrivare**
io	avessi mangiato	fossi arrivato/a
tu	avessi mangiato	fossi arrivato/a
lui	avesse mangiato	fosse arrivato/a
noi	avessimo mangiato	fossimo arrivati/e
voi	aveste mangiato	foste arrivati/e
loro	avessero mangiato	fossero arrivati/e

주절이 과거 삼형제 가운데 하나일 때(대부분은 불완료과거), 종속절의 시제가 한 계단 밑으로 내려가는 아래와 같은 경우 접속법 대과거를 쓴다.

아래 예문들은 종속절의 시제가 주절의 그것보다 한 계단 밑에 위치하는 경우이다.

Loro credevano che (lui) **avessi cambiato** idea.

그들은 그가 생각을 바꾸었다고 믿고 있었다. (바꾼 것이 먼저이고 믿은 것은 나중)

Loro credevano che	
	(lui) avessi cambiato idea.

Temevo che Carla **avesse preso** una decisione sbagliata.

나는 카를라가 잘 못된 결정을 했을까봐 두려워하고 있었다.

Temevo che	
	Carla avesse preso una decisione sbagliata.

Credevo che l'altro ieri Marco **fosse tornato** in ufficio.

나는 마르코가 그저께 회사로 돌아왔다고 믿고 있었다.

Credevo che	
	l'altro ieri Marco fosse tornato in ufficio.

Ero felice che Carlo si **fosse laureato** a pieni voti.
나는 카를로가 만점으로 졸업을 했기에 기뻤다.

Ero felice che	
	Carlo si fosse laureato a pieni voti.

1.4 명령법(Imperativo)

1.4.1 긍정명령(Imperativo positivo)

규칙활용 동사

	ascolt-**are**	ripet-**ere**	sent-**ire**
Tu	ascolt-**a**	ripet-**i**	sent-**i**
Voi	ascolt-**ate**	ripet-**ete**	sent-**ite**
Noi	ascolt-**iamo**	ripet-**iamo**	sent-**iamo**
Lei (당신)	ascolt-**i**	ripet-**a**	sent-**a**
Loro (당신들)	ascolt-**ino**	ripet-**ano**	sent-**ano**

1) 이탈리아어 명령에는 긍정명령과 부정명령이 있다.
2) 긍정명령의 경우, -are 동사 'Tu'에 대한 명령(-a)을 제외하고는 'Tu, Voi, Noi'에 대한 명령은 직설법 현재형을 따른다.
3) 존칭명령(Lei, Loro)은 접속법 현재형을 따른다.

불규칙활용 동사

	andare	**avere**	**dare**	**dire**	**essere**
tu	**va'**	**abbi**	**da'**	**di'**	**sii**
Lei	vada	abbia	dia	dica	sia
voi	andate	abbiate	date	dite	siate
	fare	**sapere**	**stare**	**tenere**	**venire**
tu	**fa'**	**sappi**	**sta'**	**tieni**	**vieni**
Lei	faccia	sappia	stia	tanga	venga
voi	fate	sappiate	state	tenete	venite

1.4.2 부정명령(Imperativo negativo)

1) 부정명령(Tu)=**NON**+동사원형
2) 부정명령(Noi, Voi, Lei, Loro)=**NON**+긍정명령
3) tu/voi 부정명령에서 대명사는 동사 앞에 가거나 혹은 뒤에 올 수 있다.
　(tu) Non **ti** alzare tardi!/Non alzarti tardi! 늦게 일어나지 마라!
　(voi) Non **lo** bevete tutto!/Non bevetelo tutto! 그것을 모두 마시지 마라, 너희들!
4) Lei 부정명령에서 대명사는 반드시 non과 동사 사이에 와야 한다.
　(Lei) Non **lo** beva tutto! 그것을 모두 마시지 마세요!

tu	non	**fumare!**	담배 피우지 마라!
		disturbare!	방해하지 마라!
		essere triste!	슬퍼하지 마라!
		avere fretta!	서두르지 마라!
		dimenticare di spegnere il gas!	가스 끄는 것 잊지 마라!
Lei	non	**fumi!**	담배 피우지 마세요!
		disturbi!	방해하지 마세요!
		sia triste!	슬퍼하지 마세요!
		abbia fretta!	서두르지 마세요!
		dimentichi di spegnere il gas!	가스 끄는 것 잊지 마세요!
voi	non	**fumate!**	담배 피우지들 말거라!
		disturbate!	방해하지들 말거라!
		siate tristi!	슬퍼하지들 말거라!
		abbiate fretta!	서두르지들 말거라!
		dimenticate di spegnere il gas!	가스 끄는 것 잊지들 말거라!

1.4.3 명령형에서 대명사 위치(Posizione dei pronomi nell'imperativo)

1) tu와 voi에 대한 명령형에서 직/간접/재귀대명사와 대명사 ne, 장소부사 ci는 결합한다.
2) Lei에 대한 명령형에서 직/간접/재귀대명사, 대명사 ne, 부사 ci는 동사 앞에 온다.

	대명사의 위치	
tu	Prendil**o**, se vuoi!	네가 원하면, 그것 가져라(먹어라)!
	Compra**ne** due!	그중에 2개 사라!
voi	Alzate**vi**!	너희들 일어나라!

Lei(존칭)	Ci vada subito!	곧 거기 가세요!
	Si accomodi!	앉으세요/편히 하세요!
	Ne prenda ancora uno!	그중에 하나만 더 사세요/가지세요/드세요!

3) 직접대명사, 간접대명사(gli는 예외), 대명사 ne, 장소부사 ci와 andare, dare, dire, fare, stare 동사의 명령형이 만날 때 대명사의 자음을 하나 더 첨가한다. 음성학적 효과이다.

동사원형	(tu) 명령형	대명사의 자음 첨가	해 석
andare	va'	In ufficio **vacci** a piedi!	회사에 걸어서 가라!
dare	da'	Il giornale **dallo** a Piero!	삐에로에게 신문을 줘라!
fare	fa'	**Fammi** vedre le foto!	내게 사진을 보게 해 주라!
stare	sta'	**Stammi** bene!	날 잘 있게 해 줘!
dire	di'	**Digli** la verita'!	진실을 그에게 말해라!

1.5 부정법(Infinito)

1) 동사원형을 사용해야 하는 여러 가지 경우에 관한 법이다.
2) 부정법 현재와 부정법 과거가 있다.

1.5.1 부정법 현재(Infinito presente)

1) 부정법 현재는 동사원형으로 표현한다.
2) 주절의 시제와 동일 선상에 있다. 또한 명사로 쓰이기도 한다.
3) 주절의 주어와 동일해야 한다.

volere+inf. (~하길 원하다)

(io) Vorrei/(io) **prenotare** un posto.

좌석 하나 예약하고 싶은데요.

potere, dovere+**inf**. (~ 할 수 있다, ~해야 한다)

(io) Potrei (io) **ordinare**?

주문해도 되나요?

(io) Dovrei (io) **fare** una passeggiata.

나는 산책해야 될 것 같아.

Il treno deve (il treno) **restare** fermo ancora mezz'ora.

기차는 30분 더 머물러 있어야 한다.

(tu) Non devi (tu) **preparare** la cena, stasera ceniamo fuori.
오늘 저녁 우리 외식하니까, 너는 저녁 식사 준비할 필요 없다.

stare+per+inf. (막 ~하려하다)
(noi) Stavamo per (noi) **uscire**, ma poi Gianni si e' sentito male.
우리는 막 외출하려던 참이었는데, 지안니가 커디션이 좋지 않았다.

명사화되어 주어로 사용 (~하는 것)
E' possibile **prenotare** un tavolo per 4 persone?
4인 테이블 예약이 가능한가요?
E' piu' interessante **imparare** la lingua viva che **studiare** a fondo la grammatica.
문법을 깊게 공부하는 것보다 생생한 언어를 배우는 것이 더 흥미롭다.
Mi piace piu' **mangiare** a casa che alla mensa.
구내식당 보다 집에서 밥 먹는 것이 나는 더 좋다.

cercare di+inf. (~하려고 애쓰다)
Annarita cerca di (Annarita) **rispondere** a tutti.
안나리따는 모두에게 대답하려고 애쓴다.

bisogna+inf. (~할 필요가 있다)
Bisogna (si) **comprare** il biglietto prima di salire sull'autobus.
사람들은 버스에 오르기 전에 버스표를 살 필요가 있다.

provare a+inf. (~하려고 시도하다)
(lui, lei) Prova ad (lui, lei) **indovinare** le distanze.
그는 간격/거리를 맞혀보려고 애쓴다.

finire di+inf. (~를 끝내다)
(io) Finisco di (io) **lavorare** alle 18.
나는 18시에 일을 끝낸다.

iniziare a+inf. (~를 시작하다)
(noi) Iniziamo a (noi) **lavorare** alle 9.
우리는 9시에 일을 시작한다.

credere di+inf. (~라고 믿다)
Carlo crede di (Carlo) **avere** ragione.

까를로는 자신이 옳다고 믿는다.

sperare di+inf. (~를 희망하다)
Carlo sperava di (Carlo) **tornare** al piu' presto.
까를로는 자신이 최대한 빨리 돌아오기를 희망했다.

prima di+inf. (~하기 전에)
Bisogna (si) comprare il biglietto prima di (si) **salire** sull'autobus.
사람들은 버스에 오르기 전에 버스표를 살 필요가 있다.

1.5.2 부정법 과거(Infinito passato)

1) 부정법 과거는 avere/essere 원형+p.ps.로 표현된다.
2) 주절의 시제보다 먼저 발생한 시점의 표현이다.
3) 주절의 주어와 동일해야 한다.

(noi) Confermiamo di (noi) **aver ricevuto** tale merce.
(우리가) 그 물품을 받았다는 것을 (우리는) 확인합니다.

(noi) Confermiamo di (현재)	
	(noi) **aver ricevuto** tale merce. (근과거)

Dopo (voi) **aver analizzato** il testo, (voi) provate a costruire una regola!
(너희들이) 텍스트를 분석한 후에, (너희들이) 하나의 규칙을 정립해 보도록 하라!

	(voi) provate a costruire una regola! (현재)
Dopo (voi) **aver analizzato** il testo, (근과거)	

Dopo (Anna) **essere guarita** dall&influenza, Anna ha dovuto fare una cura per lo stomaco. (안나는) 독감이 나은 후, (안나는) 위장 치료를 받아야만 한다.

	Anna ha dovuto fare una cura per lo stomaco. (근과거)
Dopo (Anna) **essere guarita** dall'influenza, (대과거)	

* Carla pensa di (Carla) **essere arrivata** in orario.
까를라는 (자신이) 정시에 도착했다고 생각한다.

Carla pensa di (현재)	
	(Carla) essere arrivata in orario. (근과거)

* Paola pensava di (Paola) **avere mangiato** troppo la sera prima.

까를라는 (자신이) 전 날 저녁 과식했다고 생각하고 있었다.

Paola pensava di(불완료과거)	
	(Paola) **avere mangiato** troppo la sera prima. (대과거)

시제의 계단

2 재귀동사 (verbi riflessivi)

2.1 현재(Presente)

재귀동사는 일반 동사와 동일한 활용을 하는데. 이 때 재귀대명사는 활용된 동사 앞에 위치한다. 그러나 조동사 volere, dovere, potere 등과 함께 할 경우엔 동사원형 뒤에 바로 이어질 수 있다.

	alzar**si**(alzare + si)
io	**mi** alzo 나 자신(myself)을 일으킨다
tu	**ti** alzi 너 자신(yourself)을 일으킨다
lui, lei, Lei	**si** alza 그(himself)/그녀(herself)/당신 자신(Yourself)을 일으킨다
noi	**ci** alziamo 우리들 자신(ourselves)을 일으킨다
voi	vi alzate 너희들 자신(yourselves)을 일으킨다
loro	si alzano 그들 자신(themselves)을 일으킨다.

'io(나는) mi(나 자신을) alzo(일으킨다)', 다시 말해 '나는 일어난다.' 의 뜻이다. 따라서 'tu(너는) ti(너 자신을) alzi(일으킨다)', 'Lei(당신은) si(당신 자신을) alza(일으킨다)' 로 이해하면 된다.
　재귀동사 **alzarsi**는 '타동사 **alzare**(~를 일으키다)+재귀대명사 **si**(oneself)' 인데, '재귀' 는 '다시 돌아온다.' 라는 의미로서 내가 일으키는 행위를 하는데 대상이 바로 나 자신이다. 그래서 '재귀동사' 라 부르는 것이다. alzare의 어미 'e'가 탈락되어 alzarsi가 원형이 되는 이유는 소리 때문이다. 그럼 다른 예를 들어보자.

* Come **si chiama** Lei? 당신은 이름이 뭐죠?
  (chiamarsi 자신을 부르다, 불리어지다)
* **Mi lavo** con acqua calda. 나는 더운 물로 씻는다.
  (lavarsi 자신을 씻기다, 씻다)

* **Ti trucchi** un po'? 너는 화장을 조금만 하니?
  (truccarsi 자신을 메이크업시키다, 화장하다)
* Loro **si riposano**. 그들은 쉰다.
  (riposarsi 자신을 쉬게 하다, 쉬다)
* Voi **vi svegliate** alle 8.00? 너희들은 8시에 깨니?
  (svegliarsi 자신을 깨우게 하다, 깨다)
* **Mi vesto** in fretta. 나는 급히 옷을 입는다.
  (vestirsi 자신을 옷 입히다, 옷 입다)
* **Devo alzarmi** subito. =**Mi devo alzare** subito.
  나는 곧바로 일어나야 한다.
* Marta **deve riposarsi** dopo il lavoro. =Marta **si deve riposare** dopo il lavoro.
  마르타는 퇴근 후 쉬어야 한다.
* **Devo vestirmi** in fretta. =**Mi devo vestire** in fretta.
  나는 급히 옷을 입어야 한다.

2.2 근과거(Passato prossimo)

1) 재귀동사는 자동사화 된 것이므로 조동사는 반드시 essere를 사용해야 한다.
2) 과거분사의 어미는 주어와 성, 수 일치해야 한다.
3) [재귀대명사(**mi, ti, si, ci, vi, si**)+**essere**+**p.ps.**(주어와 성수일치)]

	addormentarsi 잠이 들다
(io)	mi sono addormentato/a
(tu)	ti sei addormentato/a
(lui, lei, Lei)	si e' addormentato/a
(noi)	ci siamo addormentati/e
(voi)	vi siete addormentati/e
(loro)	si sono addormentati/e

* **Mi sono vestito** in fretta.
  나는 급히 옷을 입었다.
* **Mi sono fatto** la barba.
  나는 면도를 했다.
* **Ti sei lavato** con l'acqua fredda?

너는 찬 물로 씻었니?
* **Ti sei dimenticato** di chiudere la porta a chiave?
  너는 열쇄로 문 잠그는 것을 잊었니?
* Mario **si e' alzato** in fretta.
  마리오는 급하게 일어났다.
* Mario **si e' divertito** con gli amici.
  마리오는 친구들과 즐거웠다.
* Maria **si e' annoiata** davanti alla TV.
  마리아는 TV 앞에서 지루했다.
* Maria **si e' truccata** in fretta.
  마리아는 급하게 화장했다.
* Noi **ci siamo lavati** i capelli.
  우리는 머리를 감았다.
* Noi **ci siamo fermati** al bar dopo la lezione.
  우리는 수업 후에 빠에 머물렀다.
* Mario e Giorgio **si sono svegliati** alle 7.
  마리오와 지오르지오는 7시에 잠에서 깼다.
* Mario e Giorgio **si sono fatti** la doccia.
  마리오와 지오르지오는 샤워를 했다.

3 비인칭 "SI"(SI impersonale)

1) 불특정 주어를 대신해 사용된다.
2) "SI"를 '사람들은'으로 보면 되고 동사는 3인칭 단수로 활용된다.

* D'estate **si beve** di piu'.
  여름에 (사람들은) 더욱 마신다.
* **Si consiglia** di evitare l'autostrada.
  (사람들은) 고속도로를 피하라고 충고한다.
* Non **si sa** mai.
  (사람들은) 절대로 모른다.

* **Si puo'** passare di qui?

  (사람들이) 이쪽으로 지나갈 수 있나요?

* Per chiamare l'Italia da Londra **si deve** fare il prefisso internazionale.

  런던에서 이탈리아를 부르기 위해서 (사람들은) 국가 번호를 눌러야 한다.

* Per chiamare la polizia **si deve** fare il numero 113.

  경찰을 부르려면 (사람들은) 113을 눌러야 한다.

4 수동태 (Forma passiva)

4.1 일반형태의 수동태

1) 단순시제 수동태와 복합시제 수동태가 있다.
2) 조동사는 essere 혹은 venire가 사용된다.
3) 과거분사의 어미는 주어와 성수일치 되어야 한다.

	단순시제 수동태
현재 수동	essere/venire 현재 + p.ps. + (da) La "Sonata" **e'/viene fabbricata** dalla Hyundai. 소나타는 현대에 의해 제작된다.
불완료과거 수동	essere/venire 불완료과거 + p.ps. + (da) Anche la "Pony" **era/veniva fabbricata** dalla Hyundai. 포니도 현대에 의해 제작되고 있었다.
원과거 수동	essere/venire 원과거 + p.ps. + (da) Un uomo **fu/venne ucciso** davanti a un cinema. 한 남자가 어느 영화관 앞에서 피살되었다.
미래 수동	essere/venire 미래 + p.ps. + (da) Una nuova macchina **sara'/verra' fabbricata** dalla Hyundai. 신형 자동차는 현대에 의해 제작될 것이다.
	복합시제 수동태
근과거 수동	essere 현재 + **stato/a/i/e** + p.ps. + (da) Un uomo **e' stato ucciso** da un rapinatore. 한 남자가 강도에 의해 피살되었다. La ragazza **e' stata uccisa** da un rapinatore. 그 소녀는 강도에 의해 피살되었다.

근과거 수동	I ladri **sono stati arrestati** dalla polizia. 도둑들은 경찰에 의해 체포되었다. Le donne **sono state arrestate** dalla polizia. 그 여인들은 경찰에 의해 체포되었다.

4.2 수동태 "SI"(SI passivante)

1) 대체로 사물이 주어일 경우 수동태 "SI"가 사용된다.
2) 사물이 주어가 되므로 동사는 3인칭단수 혹은 복수로 활용된다.

- Il parmigiano reggiano **si produce** in Emilia Romagna. (=e'/iene prodotto)
  파르마산 치즈는 에밀리아 로마냐 주에서 생산된다.
- I tortellini **si producono** in Emilia. (=sono/vengono prodotti)
  또르뗄리니는 에밀리아 주에서 생산된다.
- La colazione **si serve** alle 8.
  아침 식사는 8시에 서비스/제공된다.
- Come **si pronunciano** queste parole?
  이 단어들은 어떻게 발음되어지나요?
- Quale lingua **si parla** nel tuo paese?
  네 나라에서는 어떤 언어가 통용되니?
- In macelleria **si vende** la carne.
  고기는 정육점에서 팔린다.
- In macelleria non **si vendono** i salumi.
  쌀루미(돼지고기)는 정육점에서는 안 팔린다.
- Con il pesce **si beve** il vino bianco.
  백포도주는 생선요리와 함께 마셔진다.
- Gli spaghetti non **si mangiano** solo con la forchetta.
  스빠겟띠는 포크로만 식사되지 않는다.
- Dopo i pasti non **si beve** il cappuccino.
  까뿌치노는 식후에 마셔지지 않는다.
- Il salame non **si compra** in macelleria.
  쌀라메(소시지)는 정육점에서 구입되지 않는다.
- I vini rossi non **si bevono** freddi.

적포도주들은 차갑게 마셔지지 않는다.
* A colazione **si mangiano** i salumi.
쌀루미(돼지고기)는 아침식사 때 섭취된다.
* La vera pizza **si prepara** con la mozzarella.
진정한 삣짜는 못짜렐라 치즈로 만들어 진다.
* Qui **si parla** francese.
여기서는 불어가 통용된다.
* Qui **si parlano** quattro lingue.
여기서는 4개 국어가 통용된다.

5 동명사(Gerundio)

5.1 단순동명사(Gerundio semplice)

| aspett-**are** | av-**ere** | usc-**ire** |
| aspett-**ando** | av-**endo** | usc-**endo** |

단순동명사의 용법
 주절의 시제와 종속절의 시제가 동일하고, 주절의 주어와 종속절의 주어가 동일할 경우 사용한다. 양태, 시간, 원인, 조건, 수단, 양보를 표현한다.

|양태|
(lui) Me l'ha detto (lui) **sorridendo**.
그는 웃으면서 내게 그 사실을 말했다.
|시간|
Ogni giorno, (io) **facendo** colazione, (io) ascolto la radio.
매일, 나는 아침을 먹으면서, 라디오를 듣는다.
Anche ieri, (io) **facendo** colazione, (io) ho ascoltato la radio.
어제도, 나는 아침을 먹으면서, 라디오를 들었다.
|원인|
(lui) Non **avendo** tempo, (lui) non viene con noi.
그는 시간이 없어서, 우리와 함께 가지 못한다.
(Carlo) Non **avendo** tempo, Carlo non e' venuto con noi.
카를로는 시간이 없어서, 우리와 함께 가지 못했다.
(Anna) **Essendo** in pensione, Anna ha molto tempo libero.
안나는 연금생활자라서, 여유 시간이 많다.
|조건|
(tu) **Parlando** di piu' con la gente, (tu) impareresti prima la lingua.
사람들과 더 많이 말을 한다면, 너는 언어를 일찍 배울 텐데.
|수단|
Laura mantiene la pelle giovane (Laura) **usando** creme di ottima qualita'.
최고급 크림을 사용함으로써, 라우라는 젊은 피부를 유지한다.

(io) Imparo molte parole, (io) **leggendo** questo romanzo.
이 소설을 읽음으로써, 나는 많은 어휘를 배운다.

|양보|

Pure (io) **studiando** molto, (io) non riesco a superare quest'esame.
=Benche' io studi molto, non riesco a superare quest'esame.
비록 내가 공부를 많이 한다 하더라도, 이 시험을 통과할 수 없다.

5.2 복합동명사(Gerundio composto)

[**avendo**＋타동사의 과거분사]
[**essendo**＋자동사의 과거분사(주어와 성수일치)]

주절의 시제보다 먼저 발생하고, 주절의 주어와 동일하며, 또한 원인, 조건, 양보, 시간을 표현할 경우에 사용한다. 시간을 표현할 경우, dopo와 함께 부정법 과거로도 표현 할 수 있다.

Avendo mangiato, (io) sono uscito. |시간|
=Dopo aver mangiato, ~ [부정법 과거 : avere+p.ps]
=Dopo che avevo mangiato, ~
나는 밥을 먹은 후, 외출했다.

Essendo tornata a casa, (io) ho preparato la cena. |시간|
=Dopo essere tornata a casa, ~ [부정법 과거 : essere+p.ps(주어와 성수일치)]
=Dopo che ero tornata a casa, ~
나는 집에 돌아 온 후에, 저녁을 준비했다.

Essendo andata in pensione, Maria ha ora molto tempo libero. |원인|
=Poiche' e' andata in pensione, ~
마리아는 연금생활에 들어갔기에, 지금 자유 시간이 많다.

Avendo parlato di piu' con la gente, (tu) avresti imparato prima la lingua. |조건|
=Se tu avessi parlato di piu' con la gente, avresti imparato prima la lingua.
　　　(접속법 대과거)　　　　　　　　(복합조건법)
네가 만약에 사람들과 더 많이 대화했었더라면, 너는 일찍 언어를 배웠을 텐데.

5.3 진행형(Forma progressiva)

		현재진행형 : stare 직설법 현재+gerundio
io	sto	parl**ando** 말을 하고 있는 중이다.
tu	stai	* fac**endo** (fare) ~하고 있는 중이다.
lui	sta	scriv**endo** 글을 쓰고 있는 중이다.
noi	stiamo	* bev**endo** (bere) ~를 마시고 있는 중이다.
voi	state	sent**endo** 듣고 있는 중이다.
loro	stanno	* dic**endo** (dire) ~를 이야기 하고 있는 중이다.
		과거진행형 : stare 직설법 불완료과거+gerundio
io	stavo	
tu	stavi	
lui	stava	parl**ando** 말을 하고 있는 중이었다.
noi	stavamo	scriv**endo** 글을 쓰고 있는 중이었다.
voi	stavate	sent**endo** 듣고 있는 중이었다.
loro	stavano	

6 명사(Nomi)

6.1 성(Il genere)

1) 이탈리아어의 모든 명사는 남성과 여성으로 나뉘어 진다.
2) 대표적인 남성명사 어미는 -o, 여성명사 어미는 -a, 남성과 여성 명사를 가질 수 있는 어미는 -e이다.

남성(maschile)	여성(femminile)
il libr**o** 책	la cas**a** 집
il signor**e** 신사	la pension**e** 모텔, 연금/노후생활

3) -o 어미를 지니지만 여성명사인 어휘들이 있다.

la mano, la radio, la moto(cicletta), l'auto(mobile)

4) 생명체에 관련된 명사들의 경우, 문법적인 성은 자연적인 성과 일치한다. 대부분의 경우 남성 명사가 -o 어미를 지니는 경우, 어미를 -a로 바꾸면 여성명사가 만들어진다.

남성(maschile)	여성(femminile)
il commess**o** 남자 점원	la commess**a** 여자 점원
il bambin**o** 남자 어린이	la bambin**a** 여자 어린이

5) 몇 몇 경우에는 남성, 여성 명사가 동일한 형태를 갖는다. 이때 관사로 남성, 여성을 구분할 수 밖에 없다.

남성(maschile)	여성(femminile)
il colleg**a** 남자 동료	**la** colleg**a** 여자 동료
il turist**a** 남자 관광객	**la** turist**a** 여자 관광객
il frances**e** 프랑스 남자	**la** frances**e** 프랑스 여자
il client**e** 남자 손님	**la** client**e** 여자 손님

6) 모음 -e로 끝나는 몇 몇 남성명사들은 -essa를 첨가시켜 여성명사로 만들고, -tore로 끝나는 남성명사에 -trice를 대체하면 여성명사가 만들어 진다.

남성(maschile)	여성(femminile)
lo student**e** 남학생	la student**essa** 여학생
il dottor**e** 남자 의사	la dottor**essa** 여자 의사
il tradut**tore** 남자 번역사	la tradut**trice** 여자 번역사

7) 축소형 변의어미 -ino, -etto는 'piccolo' 혹은 'carino'의 의미를 부여한다.

anell(o)+ino=**anellino** (piccolo anello) 작은 반지
mamm(a)+ina=**mammina** (mamma buona e dolce) 성격 좋고 부드러운 엄마
libr(o)+etto=**libretto** (piccolo libro) 작은 책
cas(a)+etta=**casetta** (casa piccola e carina) 작고 예쁜 집

6.2 복수(Il plurale)

1) 어미 -o와 -e를 지니는 남성명사의 복수는 어미 -i를 갖는다. 어미 -a를 지니는 여성명사는 -e를, 어미 -e를 지니는 여성명사의 복수는 어미 -i를 갖는다.

	단수(singolare)	복수(plurale)
남성(maschile)	il negozio 상점	i negozi 상점들
	il ponte 교각	i ponti 교각들
여성(femminile)	la casa 집	le case 집들
	la notte 밤	le notti 밤들

2) -a 어미를 갖는 남성명사들은 복수가 될 때 본래의 위치(-i)로 돌아온다.

단수(singolare)	복수(plurale)
il probl**ema** 문제	**i** probl**emi** 문제들
il tur**ista** 남자 관광객	**i** tur**isti** 남자 관광객들
la tur**ista** 여자 관광객	**le** tur**iste** 여자 관광객들

3) 복수가 되더라도 단수와 같은 형태를 취하는 명사가 있다. 끝 모음에 강세가 오는 어휘, 외래어인 어휘, 단축된 어휘들이 그렇다.

	단수(singolare)	복수(plurale)
남성(maschile)	il caffe'	i caffe'
	il film	i film
	il cinema(tografo)	i cinema(tografi)
여성(femminile)	la citta'	le citta'
	la bici(cletta)	le bici(clette)
	la foto(grafia)	le foto(grafie)

4) -ca/-ga로 끝나는 명사의 복수형은 -che/-ghe이다.

l'ami**ca** – le ami**che**

5) -co/-go로 끝나는 명사들 중에 강세가 끝에서 두 번째 음절에 올 경우 복수는 -chi/-ghi가 된다.

il tede'**sco** – i tede'**schi**, l'albe'r**go** – gli albe'r**ghi**

예외 : l'ami'**co** – gli ami'**ci**, l'urolo'**go** – gli urolo'**gi**

6) -co/-go로 끝나는 명사들 중에 강세가 끝에서 세 번째 음절에 올 경우 복수는 -ci/-gi가 된다.

il me'di**co** – i medi**ci**, l'aspa'ra**go** – gli aspara**gi**, lo psico'lo**go** – gli psico'lo**gi**

7) 자음 다음에 -cia/-gia가 올 경우 복수는 -ce/-ge이고, 모음 다음에 -cia/-gia가 올 경우 복수

는 -cie/-gie이다.

la ma**n**cia 팁, 사례금	le ma**n**ce 팁들, 사례금들
la spia**gg**ia 해변	le spia**gg**e 해변들
la cam**i**cia 티셔츠	le cam**i**cie 티셔츠들
la val**i**gia 여행가방	le val**i**gie 여행가방들
la farm**a**cia 약국	le farm**a**cie 약국들

8) -io로 끝나는 명사의 복수는 일반적으로 복수 어미 –i를 갖는다.
   il nego'z**io**–i negoz**i**, il via'gg**io**–i viagg**i**

9) -io로 끝나지만 -i 모음에 강세가 있는 명사의 복수는 어미 -ii를 갖는다.
   lo zi'**o**–gli z**ii**

10) 불규칙 복수형태도 존재한다.
    l'uovo(계란)–le uova
    il paio(한 켤레)–le paia
    la mano(손)–le mani

남성/여성, 단수/복수 어미변화 규칙 도표

7 대명사(Pronomi)

7.1 직접대명사(Pronomi diretti)

주격인칭대명사	무강세형(forme atone)	강세형(forme toniche)
io	**mi** (나를)	**me**
tu	**ti** (너를)	**te**
lui	**lo** (그를, 그것을)	lui
lei	**la** (그녀를, 그것을)	lei
Lei	**La** (당신을)	Lei
noi	**ci** (우리들을)	noi
voi	**vi** (너희들을)	voi
loro	**li/le** (그들을, 그것들을)	loro

1) 앞에서 표현된 명사를 대신하는 직접대명사는 '–을/를'로 번역된다.

2) 대체되는 명사의 성, 수에 따라 lo, la, li, le를 선택한다.
* Quando vedi **Mario**? **Lo** incontro domani.
   넌 언제 마리오를 보니? 내일 그를 만나.
* Quando vedi **Maria**? **La** incontro domani.
   넌 언제 마리아를 보니? 내일 그녀를 만나.
* Quando vedi **i colleghi**? **Li** incontro domani.
   넌 언제 동료들을 보니? 내일 그들을 만나.
* Quando vedi **le colleghe**? **Le** incontro domani.
   넌 언제 동료들을 보니? 내일 그들을 만나.
* **Il parmigiano** come **lo** vuole?
   파르마 산 치즈, 그것을 어떻게 드릴까요?
* **La mortadella** come **la** vuole?
   모르따델라, 그것을 어떻게 드릴까요?
* **I peperoni** come **li** vuole?
   피망, 그것을 어떻게 드릴까요?
* Le olive come **le** vuole?
   올리브 열매, 그것을 어떻게 드릴까요?

3) 무강세 직접대명사가 동사 앞에 올 때, lo, la는 동사의 첫 모음과 축약되는 반면, li, le는 축약되지 못한다.
* L'accompagno (**Lo** accompagno) domani.
   나는 내일 그를 동행한다.
* L'accompagno (**La** accompagno) domani.
   나는 내일 그녀를 동행한다.
* **Li/Le** accompagno domani.
   나는 내일 그들(남자)을 / 그들(여자)을 동행한다.

4) lo는 문장 전체를 대신할 수 있다.
* Dov'e' Mario?-Non **lo** so. (=non so **dov'e' Mario**)
   마리오 어디 있니?-몰라.

5) 강조하기 위해서는 강세형 직접대명사를 사용할 수 있다. 활용된 동사 뒤에 위치한다.
* Chi vuole?-Vuole te. (=ti vuole)
   그는 누구를 원하니?-바로 너를 원해.

6) 전치사와 함께 사용될 경우 반드시 강세형 직접대명사가 와야 한다. 위치는 자유롭다.

* Questo e' un regalo per lei. 이것은 그녀를 위한 선물이다.

7.1.1 직접대명사와 과거분사 성수일치
(La concordanza del p.ps. con il pronome diretto)

1) 근과거에 avere 조동사가 쓰이면 과거분사 어미는 변화가 없다.
2) 그러나 근과거가 직접대명사 lo, la, li, le와 함께할 경우 과거분사의 어미는 그 대명사와 성, 수 일치되어야 한다.
3) 단수 직접대명사 lo, la만이 뒤따르는 모음과 축약될 수 있다.
4) 대명사 NE와 함께 할 경우에는 직접목적어와 성수 일치 한다.

Hai visto **il film**?	Si', **l'**ho vist**o**. (il film)
Ha chiuso **la finestra**?	Si', **l'**ho chius**a**. (la finestra)
Hai chiamato **i ragazzi**?	Si', **li** ho chiamat**i**. (i ragazzi)
Ha spedito **le lettere**?	No, non **le** ho ancora spedit**e**. (le lettere)
Quanti panini hai mangiato?	Ne ho mangiati **tre (panini)**. *ne=di panini
Quante cassette hai portato?	Ne ho portat**a** solo **una (cassetta)**. *ne=di cassette

7.1.2 직접대명사+salutare/pregare/ringraziare

우리말로 "~에게 인사하다, ~에게 부탁하다, ~에게 감사하다"인데, 간접대명사(~에게)가 오지 않고 직접대명사(~을/를) mi, ti, lo, la, La, ci, vi, li, le가 온다. 이것은 전적으로 동사의 특성상 그런 것이다.

* Incontro Annarita e **la** saluto.
  나는 Annarita를 만나 <u>그녀에게</u> 인사한다.
* Signorina, **La** prego di fare silenzio!
  아가씨, 조용히 해 주시길 <u>당신께</u> 부탁드립니다.
* Dottore, **La** ringrazio del Suo aiuto.
  의사 선생님, 당신의 도움에 대해 <u>당신께</u> 감사드립니다.

7.1.3 강조용법

<u>Il medico</u> io **lo** chiamo.
의사, 나는 그를 부른다(그에게 전화한다).
<u>La signorina</u> io **la** chiamo.
그 아가씨, 나는 그녀를 부른다(그녀에게 전화한다).

<u>Mario e Claudio</u> io **li** chiamo.
마리오와 클라우디오, 나는 그들을 부른다(그들에게 전화한다).
<u>Maria e Claudia</u> io **le** chiamo.
마리아와 클라우디아, 나는 그녀들을 부른다(그들에게 전화한다).

위 문장에서 보듯이 강조 대상을 먼저 언급하고 이어서 직접대명사를 사용하여 강조하고 있다.

7.2 간접대명사(Pronomi indiretti)

주격인칭대명사	무강세형(forme atone)	강세형(forme toniche)
io	**mi**	**a me**
tu	**ti**	**a te**
lui	**gli**	a lui
lei	**le**	a lei
Lei	**Le**	a Lei
noi	**ci**	a noi
voi	**vi**	a voi
loro	**gli**	a loto

1) '~ 에게'로 번역된다.
2) 강세형은 항상 전치사와 함께 쓰인다. a me, di me, per me, da me ...
3) 무강세형 대명사는 항상 활용된 동사 앞에 온다. 부정어 non은 무강세형 앞에, 강세형 뒤에 온다. 다시 말해서 무강세는 약한 형태이므로 막강한 동사와 바로 붙어 있어야 된다.
   * (Non) **Mi piace** sciare. = **A me** (non) **piace** sciare.
        나에게 스키 타는 것은 좋다. (나는 스키 타는 것을 좋아해.)
   * (Non) **Ti piace** il corso d'italiano? = **A te** (non) **piace** il corso d'italiano?
        네게 이탈리아어 과정이 좋으니? (너는 이탈리아어 과정을 좋아하니?)
   * (Non) **Le piace** navigare su Internet? = **A Lei** (non) **piace** navigare su Internet?
        당신에게 인터넷 검색이 좋아요? (당신은 인터넷 검색을 좋아하세요?)
4) 강세형은 강조할 때 주로 사용된다.
   A me non piace sciare. E **a te**? 나는 스키 타는 것을 좋아하지 않아. 근데 너는?

7.3 복합대명사(Pronomi combinati)

1) 간접대명사+직접대명사를 일컫는다.
2) mi lo가 me lo로 변화되는 이유는 모음동화작용에 의해 소리를 편하게 하기 위함이다.
3) gli lo 사이에 모음 'e'가 삽입된 것은 모음 'i'에서 'o' 넘어가는 중간에 마치 징검다리를 놓아 발음을 부드럽게 넘기는 것과 같다. 언어는 소리에 기초하고 있음을 명심해야 한다.
4) gliene에서 ne는 직접목적어를 100% 대신하지 못할 경우 사용하는 대명사로서 '그 중에 일부' 라는 의미이다. 예문에서 '나는 그들에게 디스크 몇 개를 빌려 준다' 인데, alcuni dischi(디스크 몇 개)를 직접대명사 'li'로 받을 수가 없다. 만약 'i dischi'라고 했다면, 'li'로 받아 glieli로 사용되었을 것이다.

	간접대명사		직접목적어		복합대명사		
Paolo	mi	presta	il libro.	=	Me	lo	presta.
	ti		la penna.		Te	la	
	ci		i libri.		Ce	li	
	vi		le penne.		Ve	le	

	간접대명사		직접목적어		복합대명사	
Io	gli (a lui)	presto	il libro.	=	Glielo	presto.
	le (a lei)		la penna.		Gliela	
	Le (a Lei)		I libri.		Glieli	
	gli (a loro)		le penne.		Gliele	
			alcuni dischi.		Gliene	presto alcuni.

7.4 지시대명사(Pronomi dimostrativi)

questo(this)/questi(these), quello(that)/quelli(those)

	단 수	복 수
남 성	questo / quello	questi / quelli
여 성	questa / quella	queste / quelle
	Questo e' il suo orologio. Questa e' la mia macchina. Quello e' il suo orologio. Quella e' la mia macchina.	Questi sono i suoi orologi. Queste sono le mie macchine. Quelli sono i suoi orologi. Quelle sono le mie macchine.

1) 사람이나 사물의 명사를 대신하며, 화자와 근거리에 있으면 questo, 화자와 비교적 원거리에 있으면 quello를 사용한다.
2) 지시하는 대상의 성수를 따른다.

7.5 대명사 NE

1) 전체 중에 일부분을 의미한다.

1. Signora, **quanti figli** ha? 부인, 자녀를 몇 명 두셨나요?	Ne ho uno.
	Ne ho tre.
	Non ne ho nessuno.

2. Ida, **quante persone** conosci a Perugia? 이다, 페루지아에 몇 사람을 알고 있니?	Ne conosco una.
	Ne conosco alcune.
	Ne conosco molte.

3. Ivo, **quanti amici** hai in questa citta'? 이보, 이 도시에 친구 몇 명 있니?	Ne ho uno.
	Ne bevo due.
	Ne ho pochi.
	Non ne ho nessuno.

4. Signor Pini, **quanti caffe'** beve al giorno? 피니 씨, 하루에 커피 몇 잔 마시나요?	Ne bevo uno
	Ne bevo due.
	Ne bevo quattro.
	Ne bevo parecchi.
	Ne bevo pochi.
	Non ne bevo nessuno.

5. Ada, **quante telefonate** fai il pomeriggio? 아다, 오후에 전화 몇 통 하니?	Ne faccio soltanto una.
	Ne faccio tre.
	Ne faccio tante.
	Ne faccio moltissime.
	Ne faccio un sacco.
	Non ne faccio nessuna.

앞에서 보듯이, "몇 명의 자녀를 두었나요?"라는 질문에 '한 명, 두 명, 서너 명, 없어요'와 같은 대답이 나올 것이다. 이때 자녀 'figli'를 직접대명사 'li'가 대체할 수 없는 이유는 '일부 몇 명'으로 대답해야 한다는 사실이다. 쉽게 말해서 '피자 8조각 가운데 몇 조각을 먹는다'라는 표현은 'NE'를 사용해서 일부분을 표현해야 한다는 뜻이다. Ne mangio due fette(8조각 중에 두 조각을 먹는다). pizza를 'la'로 받으면 La mangio!! 피자 한 판 다 먹는다는 의미가 된다.

- Vorrei **del parmigiano**.

  파르마 산 치즈 좀 주세요.

- Lo vuole stagionato o fresco? **Quanto** (parmigiano) **ne** vuole?

  숙성된 것을 원하세요 아니면 신선한 것을 원하세요? 얼마나 드릴까요?

- Vorrei **dell'uva**.

  포도 좀 주세요.

- **La** vuole bianca o nera? **Quanta** (uva) **ne** vuole?

  백 포도를 원하세요 아니면 흑포도를 원하세요? 얼마나 드릴까요?

- Vorrei **dei peperoni**.

  피망 좀 주세요.

- Li vuole verdi o gialli? **Quanti** (peperoni) **ne** vuole?

  초록색 피망을 원하세요 아니면 노란색 피망을 원하세요? 얼마나 드릴까요?

- Vorrei **delle olive**.

  올리브 열매 좀 주세요.

- **Le** vuole verdi o nere? **Quante** (olive) ne vuole?

  녹색 올리브를 원하세요 아니면 검정색 올리브를 원하세요? 얼마나 드릴까요?

- Hai **dei pomodori**? - Si', **ne** ho due/**ne** ho alcuni/**ne** ho molti.

  토마토 있니? – 응, 두 개 있어/몇 개 있어/많이 있어.

- Vuoi il panettone? - Grazie, **ne** prendo volentieri **un fetta**.

  성탄절 케이크 먹을래? – 고마워, 한 조각 먹을게.

- Vuoi un po' di birra? - Grazie, **ne** bevo volentieri **un bicchiere**.

  맥주 좀 마실래? – 고마워, 한 잔 마실게.

- Vuoi un po' di te'? - Grazie, ne prendo volentieri **una tazza**.

  차 좀 마실래? – 고마워, 한 잔 마실게.

- Vuoi un po' di brandy? - Grazie, ne bevo volentieri **un bicchierino**.

  브랜디 한 잔 마실래? – 고마워, 한 잔 마실게.

- Vuoi un po' di caffe'? - Grazie, ne prendo volentieri **una tazzina**.

커피 한 잔 마실래? - 고마워, 한 잔 마실게.
* Vuoi un po' di dolce? - Grazie, ne mangio volentieri **un pezzetto**.
돌체 좀 먹을래? - 고마워, 한 조각 먹을게.

7.6 의문대명사(Pronome interrogativo) CHI

의문문을 만들어 주는 대명사
* **Chi** compra il vino per stasera?
  오늘 저녁을 위해 누가 와인을 사 올래?
* **Chi** e'?
  누구세요? (bussano alla porta, 문을 노크하는 사람에게)
* **Chi** parla?
  누구세요? (al telefono, 전화 통화에서)

7.7 복합관계대명사(Pronomi relativi composti) CHI

1) 선행사를 포함한 관계대명사인 chi는 사람에게만 사용한다.
2) 지시대명사와 관계대명사의 기능을 모두 포함한다.
3) la persona che/le persone che/colui che/colei che를 의미한다.
4) chi 앞에 정관사는 오지 않는다.
5) 성, 수에 관계없이 항상 chi의 형태를 유지한다.
6) 주격, 목적격으로 사용되며, 간접보어로 쓰일 때 전치사를 동반한다.

(주격)
Chi cerca, trova!
구하는 자는 얻는다!
Chi va al alvoro in macchina ha sempre problemi con il parcheggio.
자동차로 직장에 가는 사람은 항상 주차의 문제를 지닌다.
Chi vuole venire alla festa stasera deve portare qualcosa da bere o da mangiare.
오늘 저녁 파티에 오고 싶은 사람은 마실 것 혹은 먹을 것을 가져와야 한다.
Chi naviga in internet puo' avere contatti interessanti.

인터넷 검색을 하는 사람은 흥미로운 접촉을 할 수 있다.

(목적격)

Non sopporto **chi** parla male degli altri.
나는 타인에 대해 험담하는 사람을 참지 못한다.

(간접보어)

Non parlo mai dei miei affari **con chi** non conoscono.
나는 모르는 사람하고 나의 일에 대해 절대로 말하지 않는다.

7.8 관계대명사(Pronomi relativi)

CHE

Quella maglietta **che** hai comprato, non mi piace per niente. 네가 구입한 그 티셔츠는 내게 전혀 마음에 들지 않는다.	목적격
Ma chi e' questa tua amica **che** (=la quale) viene a cena da noi stasera? 근데 오늘 저녁 우리 집에 저녁 식사하러 오는 네 여자 친구는 누구니?	주격

1) 형태의 변화가 없고 주격과 목적격의 기능을 한다.
2) 주격관계대명사 che를 **il quale/la quale/i quali/le quali**가 대신할 수 있다. 그러나 이 것들은 구어체에서는 사용 빈도가 낮지만, 일간지 문체에 특히 자주 사용된다. 왜냐하면, 기사 쓰는 공간이 좁고 길게 형성되어 있어 문장이 길어지는 경우, 무변인 che를 사용하면 선행사를 재빨리 찾기 어렵다. 그러므로 성, 수를 표현해 주는 quale를 더욱 빈번하게 사용하는 것이다. 다시 말해서 선행사 찾기가 매우 쉽다.

CUI

1) 항상 전치사를 앞에 둔다. 그러므로 주격과 목적격의 기능을 가질 수 없다.
2) 또한 il quale/la quale/i quali/le quali로 대체될 수 있다.

  * Dimmi un solo motivo **per cui** (per il quale) dovrei restare qui!
    정말 내가 여기 있어야 하는 유일한 이유를 내게 말해줘!

  * La persona **con cui** (con la quale) ho parlato e' il direttore!
    내가 함께 대화를 나눈 사람은 사장님이야!

* Ho molti amici stranieri, **tra cui** (tra i quali) anche degli americani.
  나는 많은 외국인 친구들을 갖고 있는데, 그 가운데 미국인들도 있어.
* L'amica **a cui** (alla quale) scrivo questo e-mail vive a New York.
  내가 이 이메일을 쓰고 있는 여자 친구는 뉴욕에 살고 있다.
* Il libro **di cui** (del quale) ti ho parlato e' di un autore indiano.
  내가 네게 말한 그 책은 인도 작가의 작품이다.
* Il negozio **in cui** (nel quale) vendono questi strani oggetti si trova in centro.
  이런 이상한 물건들을 파는 상점은 시내에 있다.
* Il dentista **da cui** (dal quale) vado e' veramente bravo.
  내가 가는 치과의 의사는 정말 훌륭하다.
* Giovanni e' il mio grande amico **su cui** (sul quale) conto molto sempre.
  지오반니는 내가 항상 염려하는 대단한 친구이다.

8 형용사(Aggettivi)

8.1 소유형용사(Aggettivi possessivi)

1) 형용사이므로 명사와 성, 수 일치해야 한다.
2) 피소유물의 성, 수에 따라 형용사 어미를 일치시킨다. '그녀의 외투'를 la sua cappotto라고 해서는 안 된다. 'cappotto'에 성수 일치하여 il suo cappotto가 올바른 표현이다.
3) loro는 성수에 무관하게 동형이다.

io	**mio,** mia, miei, mie	나의	la **mia** casa 나의 집
tu	**tuo,** tua, tuoi, tue	너의	il **tuo** libro 너의 책
lui	**suo,** sua, suoi, sue	그의	il **suo** cappotto 그의 외투
lei	**suo,** sua, suoi, sue	그녀의	il **suo** cappotto 그녀의 외투
Lei	**Suo,** Sua, Suoi, Sue	당신의	la **Sua** borsa 당신의 가방
noi	**nostro**/a/i/e	우리들의	il **nostro** gatto 우리들의 고양이
voi	**vostro**/a/i/e	너희들의	la **vostra** camera 너희들의 방
loro	**loro***	그들의	la **loro** amicizia 그들의 우정

8.2 지시형용사(Aggettivi dimostrativi)

1) questo(this)는 화자와 가까운 곳에 있는 사물이나 생명체를 지시할 때 사용
   quello(that)는 화자와 먼 곳에 있는 사물이나 생명체를 지시할 때 사용
2) 지시 대상의 성수를 따른다.
   questo tavolo, questi tavoli, questa sedia, queste sedie
3) quello는 지시형용사로 사용될 경우 뒤따르는 명사와 정관사규칙을 준수한다. 정관사규칙이란 본래 뒤따르는 명사와 성, 수 일치하는 것이나 소리를 부드럽게 하기 위해 형태를 달리하는 이유도 있다. questo는 소리가 쉬워 정관사규칙을 따르지 않는 반면, quello는 발음이 어려워 정관사규칙을 따르도록 하는 것이다.
   quello tavolo, quelli tavoli (×) **quel tavolo, quei tavoli** (○)
4) 지시하는 대상의 첫 철자가 모음일 경우 축약된다.
   quest'anno, quest'estate, quell'albergo, quell'isola

questo(this)

	단 수	복 수
남 성	**questo**	**questi**
여 성	**questa**	**queste**
	Questo orologio e' molto bello. Questa strada e' molto stretta.	Questi esercizi sono molto difficile. Queste bambine sono molto carine.

quel, quello, quella(that) – 뒤 따르는 명사와 정관사 규칙을 따라야 한다. 소리 때문이다.

	단 수	복 수
남 성	quel, quello	quei, quegli
여 성	quella	quelle
	Quel ragazzo e& molto gentile. Quello studente e& molto bravo. Quell&orologio e& molto bello. Quella storia e& molto divertente.	Quei ragazzi sono molto gentili. Quegli studenti sono molto bravi. Quegli orologi sono molto belli. Quelle storie sono molto divertenti.

8.3 수 형용사(Aggettivi numerali)

1) 기수와 서수가 있다.
2) 기수는 영어로 one, two, three ..., 서수는 first, second, third ...
3) 기수는 성, 수일치 없고, 서수만 성, 수일치 한다.
4) 영어의 수읽기 구조와 동일하다.
5) 1.000은 mille, 2.000부터 mila인 것에 주의
6) 10.000은 '천 원짜리가 열장 있다'고 생각한다.
7) 구두점은 우리와 달리 마침표를 사용한다.
8) 1.000.000 미만의 숫자는 서법 상 모두 붙여 쓴다.

8.3.1 기수(Numeri cardinali)

0	zero	10	dieci
1	uno	11	un**dici**
2	due	12	do**dici**
3	tre	13	tre**dici**
4	quattro	14	quattor**dici**
5	cinque	15	quin**dici**
6	sei	16	se**dici**
7	sette	17	**dic**iassette
8	otto	18	**dic**iotto
9	nove	19	**dic**iannove
		20	venti

20 venti, 21 ventuno, 28 ventotto, **30 trenta**, 31 trentuno, 38 trenotto, **40 quaranta**, **50 cinquanta**, **60 sessanta**, **70 settanta**, **80 ottanta**, **90 novanta**, 98 novantotto

100	cento	
101	centouno	100+1
112	centododici	100+12
200	duecento	2*100
250	duecentocinquanta	2*100+50
290	duecentonovanta	2*100+90
800	ottocento	8*100
900	novecento	9*100

933	novecentotrentatre	9*100+33
*1.000	mille	millennium (mille anni) 1000년
2.000	duemila	2*1000
10.000	diecimila	10*1000
1.000.000	un milione	
2.000.000	due milioni	2*1.000.000
1.000.000.000	un miliardo	
2.000.000.000	due miliardi	2*1.000.000.000

8.3.2 서수(Numeri ordinali)

1) 서수는 명사와 성, 수일치 한다.
2) XI부터 무한대의 서수는 기수의 끝 모음 탈락시키고 -esimo 첨가한다.

　　XI=undici(11)+esimo=undicesimo
　　XII=dodici(12)+esimo=dodicesimo
　XXX=trenta(30)+esimo=trentesimo

I	**primo**	Lezione Prima 제1과
II	**secondo**	Secondo Atto 제2막
III	**terzo**	Terza scena 제3장
IV	**quarto**	quarto piano 4층(5층이라고도 함)
V	**quinto**	quinto posto 제5위
VI	**sesto**	sesto anno 여섯 번째 해
VII	**settimo**	settimo compleanno 일곱 번째 생일
VIII	**ottavo**	ottava fila 여덟 번째 줄
IX	**nono**	nono autobus 아홉 번째 버스
X	**decimo**	decimo giocatore 열 번째 선수

8.4 비교급(Gradi comparativi)

piu' ~ di :
두 개의 명사(사물, 사람)들 간의 비교

1) 우등비교급 : A＋piu'＋형용사＋di＋B
2) 열등비교급 : A＋meno＋형용사＋di＋B
3) 동등비교급 : A＋형용사＋come＋B

Questa poltrona e' **piu'** comoda **del** divano. 1인용 소파는 다인용 소파보다 편안하다.
I pantaloni sono **piu'** pratici **de**lle gonne. 바지는 치마보다 실용적이다.
Cerco una borsa **meno** cara **di** questa. 난 이것보다 비싸지 않은 가방을 찾는다.
Il papa' e' (tanto/cosi') alto **come** la mamma. 아빠 키는 엄마만하다.

* Il problema e' **piu'** complesso **di** quello che (=quanto) pensavo.
  문제는 내가 생각하고 있었던 것보다 더 복잡하다.(우등비교절)
* Guidare bene e' **meno** facile **di** quello che (=come) credi tu.
  운전을 잘 한다는 것은 네가 믿고 있는 것보다 덜 쉽다.(열등비교절)

piu' ~ che:
두 개의 형용사, 동사(구), 부사, 전치사구, 수량명사들 간의 비교할 때

Carla e' **piu'** simpatica **che** bella.
카를라는 아름답다기보다 상냥하다.(형용사)
Per me e' **piu'** interessante imparare la lingua viva **che** studiare a fondo grammatica.
내 생각에 문법을 깊게 공부하는 것보다 생생한 언어를 배우는 것이 더 흥미롭다.(동사)
Lui agisce **piu'** istintivamente **che** razionalmente.
그는 이성적으로라기보다 본능적으로 행동한다.(부사)
Mi piace **piu'** mangiare a casa **che** (mangiare) alla mensa.
나는 구내식당에서 밥 먹는 것보다 집에서 먹는 것을 좋아한다.(전치사구)
In treno viaggio **meglio che** (=piu' bene che) in macchina.(전치사구)
나는 자동차보다는 기차로 더 잘 여행한다.
Ho **piu'** cassette **che** dischi.
나는 디스크들보다 카세트들을 더 갖고 있다.(수량명사)

8.5 최상급(Gradi superlativi)

상대적 최상급(**Superlativo relativo**)

[정관사＋명사＋piu'＋형용사＋(di/in)]

* l'uomo **piu'** alto del mondo
  세계에서 가장 키가 큰 남자
* l'automobile **piu'** famosa in Corea
  한국에서 가장 유명한 자동차
* lo sport **piu'** popolare d'Italia
  이탈리아에서 가장 대중적인 스포츠
* le cose **piu'** importanti
  가장 중요한 것들

절대적 최상급(**Superlativo assoluto**)

[형용사/부사＋issimo]=[molto＋형용사/부사]

비교 대상 없이 '대단히, 매우, 아주 ~하다'로 사용되는 경우
La Ferrari e' una macchina **velocissima**. =una macchina **molto veloce**
페라리는 매우 빠른 자동차이다.
Mio zio e' **ricchissimo**. =**molto ricco**
나의 삼촌은 매우 부자이다.
Sono tornato a casa **tardissimo**. =**molto tardi**
나는 매우 늦게 집에 돌아 왔다.
In quel ristorante ho sempre mangiato **benissimo**. =**molto bene**
그 레스토랑에서 나는 항상 아주 맛있게 잘 먹었다.

9 부사(Avverbio)

1) 형용사에 여성어미를 첨가시킨 후 접미사 -mente를 붙여 만든다.

형용사	여성어미 첨가(a/e)	+mente	
tranquillo	tranquill+a	tranquilla+mente	조용하게
libero	liber+a	libera+mente	자유롭게
elegante	elegant+e	elegante+mente	우아하게

2) 반면, -le, -re 어미를 갖는 형용사들은 모음 -e를 탈락시키고 -mente를 붙이다.

형용사	e 모음 탈락	+mente	
norma**le**	normal	normal+mente	정상적으로
regola**re**	regolar	regolar+mente	규칙적으로
genti**le**	gentil	gentil+mente	친절하게

3) 시간 부사(구)

* Ho **gia'** fatto la spesa.

  나는 이미 장을 보았다.
* **Non** ho **ancora** telefonato al medico.

  나는 아직 그 의사에게 전화하지 못했다.
* **All'inizio** non mi ha riconosciuto.

  처음에 그는 나를 알지 못했다.
* **Alla fine** siamo andati a bere qualcosa.

  결국 우리는 무엇을 좀 마시러 갔다.
* Lavoro **fino a**lle 15.00

  나는 15시까지 일한다.

10 전치사(Preposizioni)

10.1 단순전치사(Preposizioni semplici)

DI

출신(Provenienza)

Sei **di qui**? – No, sono **di Ferrara**. 너 이곳 출신이니? – 아니, 페라라 출신이다.

시간(Tempo)
di mattina/di sera/di giorno/di notte/di domenica 아침의/저녁의/낮의/밤의/일요일의

재료/내용물(Materiale/Contenuto)
una cravatta **di seta** 실크(로 만든) 타이
una bottiglia **di vino** 포도주(가 들어 있는) 한 병

량(Quantita')
un chilo **di zucchero** 설탕 1킬로그램
un litro **di latte** 우유 1리터
un po' **di pane** 약간의 빵

일부분(Funzione partitiva)
Vorrei **del pesce**. 생선 몇 마리 주세요.

상술(Specificazione)
il figlio **di Franco** 프랑코의 아들
gli orari **dei negozi** 상점들의 영업시간들

비교(Paragone)
Edoardo e' **piu'** piccolo **di Piero**. 에도아르도는 피에로보다 작다.
Il Po e' **piu'** lungo **dell'Adige**. 포 강은 아디제 강보다 길다.

주제(Argomento)
corso **d'italiano** 이탈리아어 과정

다른 동사원형/동사활용과 조합될 때(In combinazione con alcuni verbi/forme verbali)
Finisco **di lavorare** alle 18.00. 나는 18시에 일을 마친다.
Ho intenzione **di andare** in Italia in estate. 나는 여름에 이탈리아에 갈 의향이 있다.
Che ne **dici di** quel film? 너는 그 영화에 대해 어떻게 생각하니?

A
장소에 존재, 장소로 이동(Stato in luogo e moto a luogo)

Sono a Firenze/casa/scuola/teatro. 나는 피렌체에/집에/학교에/오페라극장에 있다.
Vado a Firenze/casa/scuola/teatro. 나는 피렌체에/집에/학교에/오페라극장에 간다.
Sono al bar/ristorante/cinema. 나는 빠에/레스토랑에/영화관에 있다.
Vado al bar/ristorante/cinema. 나는 빠에/레스토랑에/영화관에 간다.

거리(Distanza)
a 50 metri dal mare 바다에서 50미터 떨어진(거리에)
a 10 chilometri da Roma 로마에서 10킬로미터 떨어진(거리에)

시간(Tempo)
alle tre/a mezzanotte 3시에/자정에
A piu' tardi!/A domani! 이따 봐!/내일 봐!
Vieni **a Natale/a Pasqua**? 성탄절 때/부활절 때 너 오니?

양식 혹은 방식(Modo o maniera)
te' **al limone** 레몬(이 들어 간) 차
andare **a piedi** 걸어서 가다

간접보어(Complemento di termine)
Ho scritto **a mia madre**. 나는 어머니께 편지를 썼다.

배분(Distributivo)
due volte **al giorno** 하루에 두 번
una volta **alla settimana** 일주일에 한 번

다른 동사원형과 조합될 때(In combinazione con alcuni verbi)
Vado spesso **a ballare**. 나는 자주 춤추러 간다.
Adesso comincio **a studiare**. 지금 나는 공부를 시작한다.

DA
장소에 존재, 장소로 이동(Stato in luogo e moto a luogo)
Com'e' il tempo **da voi**? 너희가 있는 곳(너희 나라, 너희 고향) 날씨 어때?

Domani vado **da una mia amica**. 내일 나는 내 여자 친구 집에 간다.

출신/출발(Provenienza)
Da dove viene? - **Da Roma**. 당신은 어디 출신인가요? - 로마 출신입니다.
il treno **da Milano** 밀라노 발 기차

시간(Tempo)
Lavoro qui **da cinque anni**. 나는 여기서 5년 전부터 일하고 있다.
Da lunedi' comincio un nuovo lavoro. 월요일부터 나는 새로운 일을 시작한다.
Lavoro **da lunedi'** a sabato. 나는 월요일부터 토요일까지 일한다.
Lavoro **dalle 8** alle 17. 나는 8시에 17시까지 일한다.

목적(Scopo)
scarpe **da ginnastica** 운동화(운동 용 신발)
scarpe **da tennis** 테니스 화(테니스 용 신발)

IN
장소에 존재, 장소로 이동(Stato in luogo e moto a luogo)
Sono/Vado in Italia/banca/un bar/vacanza.
나는 이탈리아에/은행에/어느 빠에/휴가에 있다/간다.

양식 혹은 방식(Modo o maniera)
andare **in treno** o **in macchina** 기차로 혹은 자동차로 가다

시간(Tempo)
in gennaio 1월에
in inverno 겨울에

CON
동행(Compagnia)
Esci sempre **con gli amici**? 너는 늘 친구들과 함께 외출하니?

품질(Qualita')
Per me un cornetto **con la marmellata**. 저는 쨈 바른 크라상 주세요.
Mi piacciono le scarpe **con i tacchi alti**. 높은 굽이 달린 구두가 나는 좋다.

수단(Mezzo)
pagare **con la carta di credito** 신용카드로 지불하다
andare **con la macchina** 자동차로 가다 *con+정관사+교통수단/in+교통수단

SU
장소(Luogo)
Ho fatto un'escursione **sulle Alp**i. 나는 알프스 산맥에서 하이킹했다.
Sono salito anche **sul cratere**. 나는 분화구 위에도 올라갔다.
navigare **su Internet** 인터넷 상에서 검색하다

주제(Argomento)
Vorrei una guida/un libro **sulla Toscana**. 토스카나에 관한 가이드 북/책 한 권 주세요.

PER
지명/지정(Destinazione)
Per me un caffe', per cortesia. 저에게는 커피 한 잔 주세요.

목적/의도(Fine)
Siamo qui **per visitare** la citta'. 우리는 도시를 방문하기 위해 여기 와 있다.

시간(Tempo)
Per quanto tempo resta qui? 얼마 동안 당신은 여기 체류하시나요?
Posso restare qui solo **per un'ora**. 저는 겨우 한 시간 동안만 여기 머물 수 있어요.

장소로 이동(moto a luogo con il verbo "partire")
L'altro ieri e' partito **per la Svizera**. 그저께 그는 스위스로 떠났다.

목적(Scopo)

Sono qui **per** (motivi di) lavoro. 나는 일 때문에 여기 와 있다.

화법(Modi di dire)
Puo' venire **per piacere/per cortesia/per favore**? 와 주실 수 있습니까? 부탁입니다.
Per fortuna e' arrivata. 다행히 그녀는 도착했다.
Per carita'! 자비를 베푸소서!
per esempio 예를 들어

FRA/TRA
시간(Tempo)
Il corso d'italiano finisce **fra** due mesi. 이탈리아어 과정은 2개월 후 끝난다.
Vengo **fra** le due **e** le due e mezza. 나는 2시에서 2시 반 사이에 가겠다.

장소(Luogo)
La chiesa e' **fra** il museo **e** il teatro. 교회는 박물관과 오페라극장 사이에 있다.

10.2 기타 전치사(Altre preposizioni)

DIETRO ~ 뒤에
Dietro la stazione c'e' una chiesa. 역 뒤에 교회가 하나 있다.

DOPO ~ 후에, 넘어
Torno a casa **dopo le dodici**. 나는 12시 넘어 집에 돌아온다.
Dopo cena resti a casa? 저녁 식사 후 집에 있니?

DURANTE ~ 동안
Durante le vacanze non voglio fare niente! 휴가 동안 나는 아무 것도 하고 싶지 않다.

SENZA ~ 없이
La coca **senza ghiaccio**, per cortesia. 얼음 없이 콜라 한 잔 주세요.

SOPRA ~ 위에
Oggi la temperatura e' **sopra la media**. 오늘 기온이 평균을 웃돈다.

SOTTO ~ 밑에, 속에
Sotto il cappotto indossa un vestito blu. 그는 외투 속에 파란색 옷을 입는다.

VERSO ~ 쯤에, ~ 경에
Vengo **verso mezzanotte/verso le nove/verso l'una**.
나는 자정쯤/9시 경/한 시경 가겠다.

10.3 전치사구(Locuzioni preposizionali)

ACCANTO A ~ 옆에
La chiesa e' **accanto alla stazione**. 교회는 역 옆에 있다.

DI FRONTE A ~ 맞은편에
Abitiamo **di fronte alla stazione**. 우리는 역 맞은편에 거주한다.

DAVANTI A ~ 앞에
Davanti alla posta c'e' una cabina telefonica. 우체국 앞에 공중전화박스가 있다.

FINO A ~까지
Resto fuori **fino a tardi/fino alle due**. 나는 늦게까지/ 두 시까지 밖에 머문다.

IN MEZZO A ~ 한 복판에
In mezzo all'incrocio c'e' un semaforo. 사거리 한 복판에 신호등이 하나 있다.

INSIEME A ~와 함께
Oggi esco **insieme a un mio amico**. 오늘 나는 내 친구와 함께 외출한다.

PRIMA DI ~ 전에

Vengo **prima delle otto/prima della lezione**. 나는 8시 전/수업 전에 가겠다.

OLTRE A ~ 외에
Oltre al pane puoi comprare del latte? 빵 외에 우유도 사다 줄 수 있겠니?

VICINO A ~ 근처에, ~에 가까운
Abito **vicino all'ospedale**. 나는 병원 근처에 거주한다.

10.4 전치사관사(Preposizioni articolati)

	il	i	lo	gli	la	le	l'
di	del	dei	dello	degli	della	delle	dell'
a	al	ai	allo	agli	alla	alle	all'
da	dal	dai	dallo	dagli	dalla	dalle	dall'
in	nel	nei	nello	negli	nella	nelle	nell'
su	sui	sul	sullo	sugli	sulla	sulle	sull'

Antonio e Gabriele sono due gemeli **del** mio fratellino Giovanni.
안토니오와 가브리엘레는 나의 남동생 지오반니의 두 쌍둥이다.
Vado spesso a prendere qualcosa **al** bar con i miei amici.
나는 자주 친구들과 뭘 좀 마시기 위해 빠에 간다.
Dovresti andare **dal** medico per farti visitare.
너는 건강검진을 받기 위해 병원에 가봐야 할 것 같다.
Nel 1960 e' nato ad un piccolo paese.
1960년에 그는 어느 한 작은 마을에서 태어났다.
E' salita **sul** treno una donna con sua figlia.
어느 한 여자가 그의 딸과 기차에 올랐다.

11 접속사(Congiunzioni)

* **Mentre** studiavo ascoltavo la musica.
  나는 공부를 하면서/하는 동안, 음악을 듣고 있었다.
* L'ho incontrato **mentre** tornavo a casa.
  나는 집으로 돌아오는 길에/돌아오는 동안 그를 만났다.

* Stavo leggendo **quando** e' entrata.
  그녀가 들어왔을 때 나는 책을 읽고 있는 중이었다.
* **Quando** si e' sposato aveva solo 23 anni.
  그가 결혼했을 때 겨우 23살이었다.
* **Quando** abitavo in citta' non uscivo mai fuori a giocare.
  나는 도시에 거주할 때 한 번도 밖에 놀러나간 적이 없었다.

* Siamo rimasti a casa **perche'** pioveva.
  비가 내리고 있었기 때문에 우리는 집에 머물렀다.
* **Siccome** pioveva siamo rimasti a casa. (이유절이 주절 보다 앞에 나올 때)
  비가 내리고 있었기 때문에 우리는 집에 머물렀다.

* **Comun**que ti sforzi, non riuscirai di certo.
  네가 아무리 노력한다 하더라도 분명히 성공하지 못할 것이다.

* Penso, **dunque** sono.
  나는 생각한다. 고로/그러므로/그렇기 때문에 존재한다.

* **Se** arrivo tardi, ti chiamo.
  내가 늦게 도착하면, 네게 전화할게.
* **Se** apriro' uno studio, prendero' te come socio.
  내가 스튜디오를 오픈하면, 너를 회원으로 받아들일 것이다.
* **Se** vedi Teresa, dille di portarmi il libro.
  테레사를 보면, 내게 책을 가져오라고 말해주라.

* Aspettami, se **pero'** non saro' di ritorno per le tre, vai pure.
  나를 기다려라, 그러나(그런데) 3시까지 내가 돌아오지 않으면, 그냥 가라.

* E' un libro difficile **ma** interessante.
  어려운 책이지만 흥미롭다.

* **Pur(e)** non essendo un angelo, non e' tuttavia un cattivo ragazzo.
  비록 천사는 아니더라도, 나쁜 청년은 아니다.
* **Pur(e)** volendo, non riuscirei a farlo.
  비록 하고 싶다 하더라도, 나는 그것을 할 수 없을 텐데…

* Verro' anch'io, **purche'** mi accompagnate.
  너희들이 나를 동행한다는 조건이면, 나도 갈 것이다.

* **Anche se** volendo, non finiremmo in tempo.
  비록 하고 싶다 하더라도, 우리는 시간 안에 끝내지 못 할 텐데…

* Dovrai affrettarti, **oppure** perderai il treno.
  너는 서둘러야 할 것이다. 그렇지 않으면 기차를 놓칠 것이다.

* Credo **che** Carlo abbia ragione.
  나는 카를로가 옳다고 믿는다.

* Scrivo a Marta **affinche'/perche'** mi prenoti una camera in albergo.
  (마르타가) 내게 호텔 방 예약해 주도록, 나는 마르타에게 편지 쓴다

* Esco di casa **benche'/sebbene** il medico me l'abbia proibito.
  비록 의사가 내게 외출을 금지했지만, 나는 외출한다.

* Vorrei/Desidererei/Mi piacerebbe **che** lui tornasse al piu' presto
  그가 최대한 빨리 돌아오기를 나는 진정으로 바란다.

12 관사(Articoli)

12.1 정관사(Articoli determinativi)

12.1.1 남성 정관사

lo를 사용하는 경우

1) '**s**+자음' 으로 시작하는 남성명사 : **st**udente, **sv**izzero ...
2) **z**로 시작하는 남성명사 : **z**io, **z**aino ...
3) **pn, ps, sc, gn**로 시작하는 남성명사 : **sc**ioco ...
4) 모음 **a,e,i,o,u**로 시작하는 남성명사 : l'**a**mico, l'**e**ffetto, l'**i**ncendio, l'**o**rologio, l'**u**rologo

위의 네 가지 경우를 제외한 나머지 남성명사에 정관사 'il'을 사용한다.

끝 모음에 강세가 오면 단, 복수 동형이다.

 il te' → i te', la specialita' → le specialita'

대부분 남성명사인 외래어는 어미변화가 불가능하여 관사로 성, 수를 구분한다.

 il **toast** → i **toast**

단수		복수	
il	treno 기차 panino 샌드위치 giornale 신문 caffe' 커피 toast 토스트	gli	treni panini giornali **caffe'** *끝 모음 강세는 불변 **toast** *외래어는 불변
lo	**st**udente 학생 **sc**ompartimento 6인용 열차객실 **z**io 삼촌, 숙부 **pn**eumonite 폐렴 **ps**icologo 정신과 의사 **sc**ioco 바보, 얼간이 **gn**occo 이탈리아 식 떡 **a**lbergo (l'albergo) 호텔 **e**ffetto (l'effetto) 효과 **i**ncendio (l'incendio) 불, 화재 **o**rologio (l'orologio) 시계 **u**rologo (l'urologo) 비뇨기과 의사	gli	studenti scompartimenti zii pneumoniti psicologi sciocchi gnocchi alberghi effetti incendi (gl'incendi) orologi urologi

12.1.2 여성 정관사

단수		복수	
la	strada 길, 도로 pizza 피자 stagione 계절 **specialita'** 특수성, 특별성 isola (l'isola) 섬 amica (l'amica) 여자 친구 erba (l'erba) 잔디, 풀밭	le	strade pizze stagioni **specialita'** *끝 모음 강세는 불변 isole amiche erbe (l'erbe)

12.1.3 모음축약(Abbreviazione)

lo la	어떤 모음과도 축약 (a,o는 강한 모음)
gli	i만 축약 (i는 약한 모음)
le	e만 축약 (e는 약한 모음)

1) l'albergo는 lo albergo, l'amico는 lo amico의 축약형인데, lo의 모음 'o'는 강한 모음이므로 모든 모음들과 바로 친해진다.

2) 또한 l'isola는 la isola, l'amica는 la amica의 축약형으로서 역시 la의 모음 'a'도 강한 모음이라 축약이 된다.

3) 그러나 gli alberghi, gli amici, le isole, le amiche 들은 축약이 불가능하다. gli의 'i'와 le의 'e'는 약한 모음이라 자신과 똑같은 모음이 올 경우에만 축약된다.
gli incendi → gl'incendi 불, 화재 : le elezioni → l'elezioni 선거

12.2 부정관사(Articoli indeterminati)

남성/여성 부정관사

uno를 사용하는 경우

1) 's+자음'으로 시작하는 남성명사 : **st**udente, **sv**izzero ...
2) z, pn, ps, gn, sc로 시작하는 남성명사 : **sc**ioco ...

un
위의 두 가지 경우를 제외한 나머지 남성명사.

una를 사용하는 경우

모든 여성 명사 앞에서 사용된다. 모음으로 시작하는 명사와 만날 경우 축약된다.

un	carrello 쇼핑 카터 libro 책 biglietto 티켓 binario 플랫폼 tavolino 작은 탁자 telefonino 휴대폰 caffe' 커피 annuncio 알림, 광고	dei (some) degli	carrelli libri biglietti binari tavolini telefonini caffe' * (끝 모음 강세는 무변) annunci
uno	straniero 외국인 sport 스포츠 specchio 거울 zaino 배낭, 쌕 psicologo 정신과 의사 gnomo 땅의 혼	degli	stranieri sport * (외래어는 무변) specchi zaini psicologi gnomi
una	birra 맥주 bottiglia 병 citta' 도시 valigia 여행가방 stazione 역 commessa 여점원 aranciata (un'aranciata) 오렌지 impiegata (un'impiegata) 여직원	delle	birre bottiglie citta' * (끝 모음 강세는 무변) valigie stazioni commesse aranciate impiegate

dei, degli, delle등은 **부분관사**라 부르며, 부정관사의 복수로 사용된다. 영어의 some이다.

13 음과 철자(Suoni e scrittura)

13.1 알파벳(Alfabeto)

a	a	h	acca	q	cu		외래문자
b	bi	i	i	r	erre	j	i lunga
c	ci	l	elle	s	esse	k	cappa
d	di	m	emme	t	ti	w	doppia vu
e	e	n	enne	u	u	x	ics
f	effe	o	o	v	vi/vu	y	ipsilon/i greca
g	gi	p	pi	z	zeta		

13.2 발음(Pronuncia)

1) 자음 16개와 모음 5개가 만나 소리를 낸다.
2) h는 묵음이다. ha는 '아', ho는 '오'.
3) 양순음 'ba'와 순치음 'va' 구분해서 읽어야 한다.
4) 자음 'q'는 항상 모음 'u'를 달고 다닌다.

	b	c	d	f	g	h	i	m	n	p	pu	r	s	t	v	z
a	ba		da	fa		ha	la	ma	na	pa	qua	ra	sa	ta	va	za
e	be		de	fe		*	le	me	ne	pe	que	re	se	te	ve	ze
i	bi		di	fi		*	li	mi	ni	pi	qui	ri	si	ti	vi	zi
o	bo		do	fo		ho	lo	mo	no	po	quo	ro	so	to	vo	zo
u	bu		du	fu		*	lu	mu	nu	pu	quu	ru	su	tu	vu	zu

	c	g	sc	gn	gl
a	ca 까	ga 가	sca 스까	gna 냐	gla 글라
e	**che/ce** 께/체	**ghe/ge** 게/제	**sche/sce** 스께/쉐	gne 네	gle 글레
i	**chi/ci** 끼/치	**ghi/gi** 기/쥐	**schi/sci** 스끼/쉬	gni 니	gli 리*

o	co 꼬	go 고	sco 스꼬	gno 뇨	glo 글로
u	cu 꾸	gu 구	scu 스꾸	gnu 뉴	glu 글루

5) 자음 'c'와 'g'가 강한 모음 'a, o, u'와 짝을 이룰 경우와 약한 모음 'e, i'와 짝을 이룰 경우 소리가 달리 난다. 그러나 'h'를 삽입하여 동일한 음가를 갖도록 한다.

　　ca, che, chi, co, cú ga, ghe, ghi, go, gu

6) 'gli'를 '글리' 라고 읽지 않도록 조심한다. Pagliucca (빨리웃까)

7) 이탈리아어는 기본적으로 서법대로 읽기 때문에 쉽게 읽혀진다. 다음과 같은 독특한 발음들만 주의하면 된다.

Lettera singola/composta	Pronuncia	Esempio
c (+a, o, u)	까, 꼬, 꾸	**ca**rota, **co**lore, **cu**oco
ch (+e, i)	께, 끼	an**che**, **chi**lo
c (+e, i)	체, 치	**ce**llulare, **ci**tta'
ci (+a, o, u)	쟈(치아), 죠(치오), 쥬(치우)	**cia**o, **cio**ccolata, **ciu**ffo
g (+a, o, u)	가, 고, 구	**Ga**rda, **go**nna, **gu**anto
gh (+e, i)	게, 기	lun**ghe**, **ghi**accio
g (+e, i)	제, 쥐	**ge**lato, **Gi**gi
gi (+a, o, u)	쟈(지아), 죠(지오), 쥬(지우)	**gia**cca, **gio**rnale, **giu**sto
gl (+i)	리	**gli**, bi**gli**etto, fami**gli**a
gn (+a, e, i, o, u)	냐, 녜, 니, 뇨, 뉴	dise**gn**are, si**gn**ora
h (+a, o)	아, 오	**h**otel, **h**o, **h**anno
qu (+a, e, i, o, u)	꾸아, 꾸에, 뀌, 꾸오, 꾸우	**qu**asi, **qu**attro, **qu**esto
r (+a,e,i,o,u) 굴려서	라, fp, 리, 로, 루	**r**iso, **r**osso, **r**isposta
sc (+a, o, u)	스까, 스꼬, 스꾸	**sc**arpa, **sc**onto, **sc**uola
sch (+e, i)	스께, 스끼	**sch**ema, **sch**iavo
sc (+e, i)	쉐, 쉬	**sc**elta, **sc**i
sci (+a, e, o, u)	쉬아, 쉬에, 쉬오, 쉬우	**sci**arpa, **sci**enza, la**sci**o, **sci**upare
v (+a,e,i,o,u) 순치음	봐, 붸, 뷔, 보, 부	**v**ento, **v**erde, **v**erdura

13.3 강세(Accento)

1) 대부분의 어휘들은 끝에서 두 번째 음절에 강세가 온다. 이유는 소리내기 편해서다.
2) 강세가 있는 음절의 위치에 따라 4가지로 분류된다.

끝 음절에 오는 강세(accento sull 'ultima sillaba)
cit-**ta'** (글을 쓸 때, 끝 음절 강세는 반드시 표기되어야 한다)
끝에서 두 번째 음절에 오는 강세(accento sulla penultima sillaba)
stra'-da
끝에서 세 번째 음절에 오는 강세(accento sulla terz'ultima sillaba)
me'-di-co
끝에서 네 번째 음절에 오는 강세(accento sulla quart'ultima sillaba)
te-**le'**-fo-na-no

CHIAVI

1.1

1. Naomi e' **giapponese**, di Osaka. **2.** Abdul e' **marocchino**, di Fez. **3.** Peter e' **olandese**, di Amsterdam. **4.** Alina e' **polacca**, di Cracovia. **5.** Klaus e' **svizzero**, di Lucerna. **6.** Ivana e' **russa**, di Pietroburgo.

1.2

1. e 2. o 3. a 4. a 5. o 6. e 7. o 8. e 9. a 10. e 11. a 12. o

1.3

1. E' australiana. **2.** E' russa. **3.** E' coreana. **4.** E' cinese. **5.** E' spagnolo. **6.** E' svizzero. **7.** E' austriaco. **8.** E' italiano. **9.** E' olandese. **10.** E' greca. **11.** E' francese. **12.** E' tedesco.

1.4

1. Anche noi **siamo** in piedi. **2.** Anche Laura e Chiara **sono** a scuola. **3.** Anche Giovanni e Gabriele **sono** a Firenze. **4.** Anche noi **siamo** in classe. **5.** Anche Elena **e'** in Italia. **6.** Anche Bianca e Marina **sono** sedute. **7.** Anche noi **siamo** inglesi. **8.** Anche Angelo e Dimitri **sono** greci. **9.** Anche tu **sei** tedesco. **10.** Anch'io **sono** francese. **11.** Anche Lucio **e'** italiano. **12.** Anch'io **sono** straniero.

1.5

1. Yuri e' di Mosca, e' russo. **2.** Olga e' di Mosca, e' russa. **3.** Paul e' di Londra, e' inglese. **4.** Brenda e' di Liverpool, e' inglese. **5.** Le ragazze sono di Atene, sono greche. **6.** I ragazzi sono di Seoul, sono coreani. **7.** Paolo e Claudio sono di Roma, sono italiani. **8.** Cristina e Daniela sono di Firenze, sono italiane.

1.6

1. Anche voi **avete** un amico russo. **2.** Anche voi **avete** un cane. **3.** Anche loro **hanno** pochi amici. **4.** Anche loro **hanno** molti amici stranieri. **5.** Anche noi **abbiamo** una macchina coreana. **6.** Anche noi **abbiamo** un gatto.

1.7

1. Anch'io **ho** una casa piccola. **2.** Anche lui **ha** una macchina nuova. **3.** Anche lei **ha** una bella camera. **4.** Anche Giovanni **ha** un professore molto bravo. **5.** Anche tu **hai** molti soldi. **6.** Anche tu **hai** una macchina italiana.

1.8

1. Mercedes: Tu hai una macchina tedesca. **2.** Volkswagen: Dino ha una macchina tedesca. **3.** Ford: Massimo ha una macchina americana. **4.** FIAT: Clara ha una macchina italiana. **5.** Mitsubishi: I miei amici hanno una macchina giapponese. **6.** Peugeot: Gli amici di Daniel hanno una macchina francese.

1.9

1. Massimo, **hai** la macchina? **2.** Massimo, **hai** un'amica coreana? **3.** Massimo, **hai** molti amici? **4.** Massimo, **hai** un amico russo? **5.** Massimo, **hai** una bella casa? **6.** Massimo, **hai** un professore bravo?

1.10

1. Avete una bella camera? **2. Avete** una professoressa brava? **3. Avete** molti amici? **4. Avete** una macchina italiana? **5. Avete** un amico russo? **6. Avete** una casa grande?

1.11

una	borsa	un	giornale	una	sedia	un	bicchiere
una	chiave	un	pennarello	una	gomma	una	patente
un	cellulare	un	cornetto	un	portafoglio	un	libro
un	corso	una	penna	una	pizza	un	passaporto
un	quaderno	un	panino	una	birra	una	matita

1.12

A: Ciao, io mi chiamo Sophia, e tu?

B: Io sono Brad e questa e' la mia amica Jimin. Di che nazionalita' sei, Sophia?

A: Sono norvegese, di Oslo, e voi?

B: Io sono di Londra, sono inglese e Jimin, che non dice una parola di italiano, e' coreana.

A: Coreana?

B: Si', coreana di Seoul.

A: Che fate in Italia?

B: Io sono qui per le vacanze e la mia amica e' qui per studiare l'italiano. E tu, perche' sei qui?

A: Io sono in Italia per lavoro: sono una stilista.

1.13

1. e' un attore **americano**. **2.** e' un tenore **italiano**. **3.** e' un pittore **spagnolo**. **4.** e' un attore **spagnolo**. **5.** e' una attrice **americana**. **6.** e' un pittore **olandese**.

1.14

la	borsa	il	giornale	la	sedia	il	bicchiere
la	chiave	il	pennarello	la	gomma	la	patente
il	cellulare	il	cornetto	il	portafoglio	il	libro
il	corso	la	penna	la	pizza	il	passaporto
il	quaderno	il	panino	la	birra	la	matita

1.15

1. I banchi sono nell'aula. **2. Le matite sono** nella borsa. **3. I quaderni sono** nel cassetto. **4. I bicchieri sono** sul tavolo. **5. I dizionari sono** sulla sedia. **6. Le borse sono** sulla sedia. **7. Le gomme sono** nella borsa. **8. Le chiavi sono** nella borsa. **9. Le penne sono** nel cassetto. **10. I libri sono** sul tavolo. **11. I giornali sono** sul tavolo. **12. I fogli sono** nel cassetto.

1.16

1. I tavoli sono piccoli. **2.** Le lavagne sono nere. **3.** I libri sono nuovi. **4.** Le porte sono chiuse. **5.** I giornali sono interessanti. **6.** Le signore sono francesi. **7.** I quaderni sono aperti. **8.** I libri sono chiusi. **9.** Le studentesse sono straniere. **10.** I professori sono bravi. **11.** Le finestre sono aperte. **12.** Le signorine sono sedute.

1.17

1. Brad Pitt e' un attore americano. **2.** Luciano Pavarotti e' un tenore italiano. **3.** Gwyneth Paltrow e' una attrice americana. **4.** Vincent Van Gogh e' un pittore olandese. **5.** Pablo Picasso e' un pittore spagnolo. **6.** Jovanotti e' un cantautore italiano. **7.** Antonio Banderas e' un attore spagnolo. **8.** Sophia Loren e' una attrice italiana.

1.18

1. di **2.** in/per **3.** in **4.** a/per **5.** di **6.** di **7.** sul **8.** di/nel **9.** nella/di **10.** nel **11.** sulla **12.** in/sulla

2.1

	lavorare	**leggere**	**partire**
io	lavoro	leggo	parto
tu	lavori	leggi	parti
lui/lei/Lei	lavora	legge	parte
noi	lavoriamo	leggiamo	partiamo
voi	lavorate	leggete	partite
loro	lavorano	leggono	partono

2.2

1. Studio a scuola /all'universita'. **2.** Lavoro in banca /in ufficio. **3.** Vivo in Corea /a Seoul. **4.** Studiamo a scuola /all'universita'. **5.** Lavoriamo in banca /in ufficio. **6.** Viviamo in Corea /a Seoul.

2.3

1. Paolo **scrive** un'e-mail. **2.** Paolo **mangia** un panino. **3.** Paolo **canta** una canzone italiana. **4.** Paolo **suona** il violino. **5.** I ragazzi **leggono** il giornale. **6.** I bambini **mangiano** il gelato. **7.** I ragazzi **scrivono** gli esercizi. **8.** I ragazzi **ascoltano** la musica.

2.4

1. mangiamo **2.** scriviamo **3.** dormiamo **4.** leggiamo **5.** parlate **6.** conoscete **7.** partite **8.** suonate **9.** aprono **10.** ascoltano **11.** prendono **12.** giocano

2.5

1. compro il giornale. **2. bevo** solo acqua minerale. **3. leggo** un libro. **4. arrivi** sempre tardi. **5. dormi** in albergo stanotte? **6. scrivi** un'e-mail? **7. prendi** l'autobus? **8. studia** l'inglese. **9. apre** il libro d'italiano. **10.** non **fuma**. **11. cerca** un appartamento. **12. gioca** a calcio.

2.6

1. vivo **2.** abito **3.** mangiamo **4.** dorme **5.** ascoltano **6.** prendete **7.** viaggio **8.** cerchi **9.** mangiano **10.** beviamo **11.** giocate **12.** suoni

2.7

1. Leggi il giornale la mattina? **2. Abiti** in centro o in periferia? **3.** Vivi da solo o con amici? **4. Fumi** molte sigarette? **5. Resti** a casa la sera? **6. Mangi** alla mensa? **7. Ascolti** la radio in macchina? **8. Giochi** bene a tennis? **9. Viaggi** con la macchina o con il treno? **10. Vivi** in citta' o in campagna? **11. Suoni** il piano o il violino? **12. Giochi** a calcio o a tennis?

2.8 Completate con i verbi!

1. spedisce **2.** spedisco **3.** spediamo **4.** capite **5.** capisco **6.** capiscono **7.** capisci **8.** finisco **9.** finisce **10.** finiamo **11.** finiscono **12.** finisci

2.9

1. non legge mai il giornale. **2.** non ascolto mai la radio. **3.** non studia mai. **4.** non prendiamo mai l'autobus. **5.** non finisci mai di lavorare tardi. **6.** non bevo mai la birra. **7.** non arrivate mai tardi. **8.** non prendono mai l'ascensore. **9.** non guardo mai la TV. **10.** non giochi mai a tennis. **11.** non dormono mai il pomeriggio. **12.** non suoniamo mai il piano.

2.10

1. Nell'aula **ci sono gli studenti**. **2.** Nell'aula **c'e' la professoressa**. **3.** Nell'aula **c'e' una ragazza tedesca**. **4.** Nell'aula **c'e' un ragazzo danese**. **5.** In Italia **ci sono molti studenti**. **6.** A Firenze **ci sono molti turisti**. **7.** Sul banco **c'e' il libro** di Ingrid. **8.** Sul banco **ci sono i fogli**. **9.** Sul tavolo **c'e' il telefonino** di Giorgio. **10.** Nella borsa **ci sono i soldi**. **11.** Nella borsa **c'e' il portafoglio**. **12.** Nella borsa **ci sono le chiavi**.

2.11

1. Sul tavolo c'e' un foglio. **2. Nel cassetto** c'e' un giornale. **3. Nalla borsa** c'e' un quaderno. **4. Sulla sedia** c'e' uno zaino. **5. Nel portafoglio** c'e' una fotografia. **6. Sul banco** c'e' una gomma. **7. Nel frigorifero** c'e' una bottiglia di latte. **8. Sulla sedia** c'e' un maglione. **9. Sul comodino** c'e' un bicchiere. **10. Sul letto** c'e' un libro. **11. Sul tavolo** c'e' una lampada. **12. Nell'armadio** c'e' una borsa.

2.12

1. finisce /torna **2.** frequentano **3.** mangiamo /spendiamo **4.** Telefono **5.** Prendiamo **6.** resto /guardo **7.** Scrivi /scrivo **8.** Paghiamo **9.** incontra **10.** Ricevo **11.** gioca **12.** suona

2.13

1. Questo signore **si chiama** Paolo Caruso. **Vive** a Napoli. Nel tempo libero **legge** i libri e **ascolta** la musica classica. **2.** Questo signore si chiama Claudio Poli. Vive a Venezia. Nel tempo libero **guarda** la TV e **gioca** a carte. **3.** Questa signora si chiama Carla Berni. Vive a Terni. Nel tempo libero **suona** il pianoforte ed ascolta la musica. **4.**

Questo signore si chiama Irene Billi. Vive a Genova. Nel tempo libero **legge** le poesie e **passeggia** con il suo gatto. **5.** Questa signora si chiama Lucia Stocco. Vive a Pisa. Nel tempo libero **suona** la chitarra ed **esce** con isuoi amici. **6.** Questo signore si chiama Maurizio Nappi. Vive a Palermo. Nel tempo libero **fa** passeggiate.

2.14

1. vive **2.** conoscono **3.** scrive **4.** suona **5.** partono **6.** Bevo **7.** dorme **8.** ascoltiamo **9.** Capisci /parla **10.** gioca **11.** Prendo **12.** Prendete

2.15

1. lavora **2.** compro /leggo **3.** aprono /chiudono **4.** Finiamo /facciamo(scriviamo) **5.** arriva /arriviamo **6.** abitano **7.** Parlo **8.** Restate **9.** telefona **10.** veste **11.** Fumi **12.** scrive(spedisce)

2.16

la	famiglia	la	villa	il	parco	gli	esercizi
la	lezione	gli	amici	le	camere	l'	appartamento
la	cucina	il	bagno	le	finestre	il	soggiorno
il	giardino	lo	specchio	lo	sbaglio	l'	armadio
la	vasca da bagno	gli	armadi	le	sedie	i	comodini
l'	aula	gli	sbagli	l'	amica	gli	studenti
l'	albergo	i	quadri	gli	orologi	le	chiave

2.17

una	famiglia	una	villa	un	parco	degli	esercizi
una	lezione	degli	amici	delle	camere	un	appartamento
una	cucina	un	bagno	delle	finestre	un	soggiorno
un	giardino	uno	specchio	uno	sbaglio	un	armadio
una	vasca da bagno	degli	armadi	delle	sedie	dei	comodini
un'	aula	degli	sbagli	un'	amica	degli	studenti
un	albergo	dei	quadri	degli	orologi	delle	chiave

2.18

1. negli **2.** a/con **3.** a/a **4.** a/alle **5.** in **6.** all' **7.** Nella/da **8.** in **9.** in/alla **10.** sul **11.** della/nella **12.** a

3.1

1. Di solito Carlo **legge** un po' prima di dormire. **2.** Di solito **andiamo** al lago la domenica. **3.** Di solito i miei amici **passano** le vacanze in montagna. **4.** Di solito **fumo** una sigaretta dopo pranzo. **5.** Di solito **fai** colazione al bar? **6.** Di solito Maco **torna** tardi la sera. **7.** Di solito **riposate** un po' il pomeriggio? **8.** Di solito **guardo** la TV mentre mangio. **9.** Di solito **beviamo** un aperitivo prima di cena. **10.** Di solito Lucia **va** in ufficio a piedi. **11.** Di solito **leggo** il giornale la mattina. **12.** Di solito Marco e Sergio **dormono** fino a tardi la domenica.

3.2

1. Ogni giorno **mi sveglio** presto. **2.** Ogni sera **guardo** la TV fino a tardi. **3.** Ogni notte **dormo** almeno sette ore. **4.** Ogni settimana **telefono** ai miei genitori in Germania. **5.** Ogni anno **vanno** un mese al mare. **6.** Ogni lunedi' Sandro **va** in piscina.

3.3

1. va **2.** vanno **3.** vado **4.** Andiamo **5.** vai **6.** Vai **7.** Andate **8.** vanno

3.4

1. Andiamo all'aeroporto. **2.** Eleonora **va** all'Universita'. **3. Vado** al mercato. **4.** Gli studenti **vanno** alla mensa. **5. Andiamo** al concerto. **6. Andiamo** al museo. **7. Vado** dal professore. **8. Va** dal meccanico. **9. Va** dalla sua amica Chiara. **10. Andiamo** dal dentista. **11. Vanno** dalla professoressa. **12. Vado** dal direttore.

3.5

1. viene **2.** vengono **3.** vieni **4.** viene **5.** Vengo **6.** venite **7.** Veniamo **8.** vieni

3.6

1. Vengo dalla Norvegia. **2. Vengono** dagli Stati Uniti. **3. Viene** dall'Olanda. **4. Veniamo** dal Messico. **5. Vengo** dalla Corea. **6. Vengono** dall'Egitto. **7. Viene** dal Giappone.

3.7

Paolo:	Dove vai?	Bruno:	Vado in Grecia.
	Con che cosa ci vai?		Ci vado con la nave.
	Quando ci vai?		Ci vado sabato.
	Con chi ci vai?		Ci vado con Marta.
	Sabato Bruno va in Grecia con la nave con Marta.		

Paolo:	Dove andate?	Ivo e Ada:	Andiamo a Parigi.
	Con che cosa ci andate?		Ci andiamo in aereo.
	Quando ci andate?		Ci andiamo a marzo.
	Con chi ci andate?		Ci andiamo con Gino.
	A marzo Ivo e Ada vanno a Parigi in aereo con Gino.		

Paolo:	Dove vanno Pia e Lea?	Maria:	Pia e Lea vanno a casa.
	Con che cosa ci vanno?		Ci vanno in autobus.
	Quando ci vanno?		Ci vanno alle sei.
	Con chi ci vanno?		Ci vanno con Silvia.
	Alle 6 Pia e Lea vanno a casa in autobus con Silvia.		

3.8

1. esce **2.** Esco **3.** esci **4.** escono **5.** uscite **6.** Usciamo **7.** esce **8.** esco

3.9

1. parti /Parto **2.** Parto **3.** partite /Partiamo **4.** parte /Parte **5.** partono /Partono **6.** Partiamo

3.10

1. I miei amici **vengono** da Berlino. **2.** Marco e Pietro **escono** di casa ogni giorno alle 8. **3. Andate** sempre a scuola a piedi? **4.** Oggi pomeriggio **andiamo** in piscina. **5.** Chiara e Giulia **vanno** a lezione di francese ogni lunedi'. **6. Usciamo** tardi dall'ufficio stasera. **7. Venite** sempre a scuola in ritardo! **8. Veniamo** a pranzo da voi oggi. **9. Uscite** con noi stasera? **10.** Domattina **partiamo** presto per la montagna. **11.** Marta e Linda **vanno** a dormire sempre prima delle undici. **12.** Piero e Carlo **partono** domani per un viaggio in Europa.

3.11

1. Di solito **studio** a casa, qualche volta (**studio**) in biblioteca. **2.** Di solito Anna **fa** colazione al bar, qualche volta (**fa** colazione) a casa. **3.** Di solito **prendiamo** la macchina, qualche volta (**prendiamo**) l'autobus. **4.** Di solito i miei amici **vanno** in vacanza al mare, qualche volta (**vanno** in vacanza) in montagna. **5.** Di solito **vengo** a lezione in autobus, qualche volta (**vengo** a lezione) a piedi. **6.** Di solito Stefano **viaggia** con i suoi amici, qualche volta (**viaggia**) da solo. **7.** Di solito **pranzo** alla mensa, qualche volta (**pranzo**) a casa. **8.** Di solito Clara **va** a letto presto, qualche volta (**va** a letto) tardi.

3.12

1. Esco di casa alle **7. 2. Vengo** a prazo da te. **3. Parto** per gli Stati Uniti domani. **4. Vado** da mia sorella in campagna. **5. Vado** a cena in pizzeria. **6. Esco** volentieri con gli amici.

3.13

1. Venite sempre a scuola con l'autobus? **2. Uscite** con noi stasera? **3.** A che ora **uscite** dall'Universita' domani? **4. Venite** a cena con noi al ristorante? **5. Andate** anche voi alla partita domenica? **6.** Quanda **partite** per la Germania?

3.14

1. Parto **2.** Esco **3.** Vado **4.** Usciamo **5.** Veniamo **6.** Partiamo

3.15

1. Paolo, **posso** telefonare a casa? **2.** Paolo, **posso** andare in bagno? **3.** Paolo, **posso** prendere un bicchiere d'acqua? **4.** Paolo, **posso** accendere la TV? **5.** Paolo, **posso** entrare? **6.** Paolo, **posso** aprire la finestra?

3.16

1. Marta, **puoi** abbassare la radio? **2.** Marta, **puoi** comprare il giornale? **3.** Marta, **puoi** ripetere la domanda? **4.** Marta, **puoi** parlare a bassa voce? **5.** Marta, **puoi** fare meno rumore? **6.** Marta, **puoi** aspettare un momento?

3.17

1. Signor Fioretto, **vuole** un passaggio per il centro? **2.** Signor Fioretto, **vuole** qualcosa da mangiare? **3.** Signor Fioretto, **vuole** venire al bar? **4.** Signor Fioretto, **vuole** bere qualcosa di fresco? **5.** Signor Fioretto, **vuole** rimanere a cena? **6.** Signor Fioretto, **vuole** venire al cinema stasera?

3.18

1. No, non **posso, devo** ripassare la lezione. **2.** No, non **possiamo, dobbiamo** lavare la macchina. **3.** No, non **posso, devo** tornare a casa. **4.** No, non **possiamo, dobbiamo** finire i compiti. **5.** No, non **posso, devo** fare una dieta. **6.** No, non **posso, devo** andare a fare la spesa.

3.19

1. Faccio merenda. **2. Facciamo** la spesa. **3. Fa** gli esercizi. **4. Facciamo** una passeggiata. **5. Fanno** un giro in macchina. **6. Fa** la doccia.

3.20

1. viene **2.** Cerchiamo **3.** capiscono /parlano **4.** Rimango /guardo **5.** va /ha **6.** fanno /faccio /bevo /mangio **7.** puo' /deve **8.** stanno /conoscono **9.** arriva /Arriva /ha **10.** da' /vieni **11.** vado /voglio /devo **12.** e' /preferisce

3.21

1. Dove **vanno** i signori Fioretto? **2.** Chi **vanno** a Firenze? **3.** Da dove **viene** Peter? **4.** Con chi **va** Maria a Firenze? **5.** Dove **va** John? **6.** Chi **va** all'ospedale? **7.** Con che cosa **vanno** gli studenti a casa? **8.** Per chi **compra** Andrea un libro? **9.** Quando **parte** Giorgia? **10.** Perche' Bianca **va** a Parigi? **11.** A chi **presta** Ornella la macchina? **12.** A chi **telefona** Bruno?

3.22

1. in/alle **2.** a/al/con **3.** alla **4.** per/in **5.** a/a(verso) **6.** in/a/a **7.** alla/a **8.** di **9.** con/a/in **10.** di/di/di/d' **11.** a **12.** dalla/da

4.1

1. ho studiato molto. **2.** Anche ieri **ho telefonato** ai miei genitori. **3.** Anche ieri **ho dormito** fino a tardi. **4.** Anche ieri **ho ricevuto** molte e-mail. **5.** Anche ieri **ho incontrato** i miei amici in centro. **6.** Anche ieri **ho guardato** la TV.

4.2

1. Anche ieri pomeriggio Sandro **e' venuto** a casa mia. **2.** Anche ieri sera Gianni **e' tornata** a casa tardi. **3.** Anche ieri sera Elena **e' andata** in centro. **4.** Anche ieri mattina Martina **e' arrivata** a lezione in ritardo. **5.** Anche ieri mattina Francesco **e' uscito** di casa alle 17. **6.** Anche ieri pomeriggio Pietro **e' andato** in palestra.

4.3

1. Sono partito per Milano alle 9. **2. Ho fatto** una passeggiata in centro. **3. Sei tornato** a casa tardi? **4. Hai comprato** una macchina nuova? **5.** Laura **e' arrivata** alle 11. **6.** Lucio **ha avuto** l'influenza. **7. Siamo andati** al cinema con Antonio. **8. Abbiamo preso** il treno delle 9. **9. Siete partiti** con l'aereo? **10. Avete lavorato** fino a tardi? **11.** I ragazzi **sono andati** al cinema. **12.** Anna e Stella **sono restate** a casa.

4.4

1. Sono tornato **2.** Sono venuto **3.** Ho comprato **4.** E' partita **5.** Ha telefonato **6.** E'

arrivato **7.** Abbiamo cambiato **8.** Siamo usciti **9.** Abbiamo finito **10.** Hanno passato **11.** Sono partiti **12.** Hanno telefonato

4.5

1. Ieri, invece, Ernesto **e' andato** a lezione di francese. **2.** L'altro ieri, , invece, **siamo usciti** tardi dall'ufficio. **3.** Ieri mattina, invece, Paola e Nora **hanno studiato** fino alle 11. **4.** Ieri pomeriggio, invece, **sono uscito** con Maria. **5.** Ieri sera, invece, **siamo andati** a cena al ristorante. **6.** Un mese fa, invece, **e' arrivata** mia zia da Milano. **7.** Due giorni fa, invece, **ho scritto** una cartolina a Luisa. **8.** Sabato scorso, invece, Claudia **ha finito** di lavorare all'una. **9.** Domenica scorsa, invece, i ragazzi **hanno passato** tutto il giorno al mare. **10.** Ieri, invece, **sono venuto** a casa tua con la macchina. **11.** Ieri mattina, invece, Stefano **ha dormito** fino alle 7. **12.** Ieri pomeriggio, invece, **siamo andati** in campagna.

4.6

1. Anche domenica scorsa **e' andato** allo stadio. **2.** Anche stamattina **ho dormito** fino a tardi. **3.** Anche ieri mattina **hai fatto** la spesa al mercato? **4.** Anche stamattina **abbiamo letto** "La Repubblica". **5.** Anche ieri **hanno fatto** una passeggiata dopo pranzo. **6.** Anche l'inverno scorso **siete andati** a sciare? **7.** Anche ieri sera **sono rimasti** a casa. **8.** Anche l'estate scorsa A Firenze **sono arrivati** molti turisti. **9.** Anche lo scorso Natale **ha ricevuto** molti regali. **10.** Anche l'altro ieri, dopo la lezione, **sono andato** a fare un giro in centro. **11.** Anche ieri sera **e' uscita** con le sue amiche dopo cena. **12.** Anche stamattina **e' andato** in ufficio a piedi.

4.7

1. Hai mangiato bene nel nuovo ristorante? **2. Hai letto** l'ultimo romanzo di Oriana Fallaci? **3. Sei andato** allo stadio domenica scorsa? **4. Hai avuto** molto da fare la settimana scorsa? **5. Hai visto** Maura ultimamente? **6. Sei venuto** a lavorare in macchina o con l'autobus?

4.8

1. Signor Fioretto, quando **e' tornato** dalle vacanze? **2.** Signor Fioretto, fino a che ora

ha lavorato ieri sera? **3.** Signor Fioretto, dove **ha passato** il fine settimana? **4.** Signor Fioretto, perche' non **e' venuto** alla festa ieri sera? **5.** Signor Fioretto, a chi **ha telefonato** stamattina? **6.** Signor Fioretto, con chi **e' andato** a Venezia?

4.9

1. -o **2.** -o **3.** -i **4.** -a **5.** -e **6.** -a **7.** -i/-i **8.** -i **9.** -o **10.** -i **11.** -a **12.** -e

4.10

1. ha finito /ha acceso **2.** sono arrivato /ho perso **3.** sono andati /hanno prenotato **4.** abbiamo incontrato /abbiamo parlato /e' salito /abbiamo preso **5.** e' rimasta /ha ascoltato /ha scritto /ha conosciuto **6.** sei tornato **7.** abbiamo fatto /abbiamo passato /abbiamo pranzato /siamo tornati **8.** siete partiti **9.** ha preso **10.** ho letto /ho avuto **11.** e' arrivata /sono stata /sono andata **12.** ha cominciato

4.11

1. Anche ieri **ho potuto fare** colazione a casa. **2.** Anche ieri **ho potuto lasciare** il bambino a mia madre. **3.** Anche ieri **ho potuto prendere** la macchina di mio padre. **4.** Anche ieri **ho dovuto studiare** molte ore. **5.** Anche ieri **ho dovuto lavorare** fino a tardi. **6.** Anche ieri **ho dovuto preparare** il pranzo in fretta.

4.12

1. Ieri, invece, non **e' voluta uscire** con Elena. **2.** Ieri, invece, non **e' voluta restare** a casa. **3.** Ieri, invece, non **e' voluta andare** in centro. **4.** Ieri, invece, non **e' dovuta uscire** di casa presto. **5.** Ieri, invece, non **e' dovuta tornare** a casa presto. **6.** Ieri, invece, non **e' dovuta stare** a scuola fino alle 11.

4.13

1. Si', **ci** vengo. **2.** Si', **ci** vado. **3.** Si', **ci** sto **4.** Si', **ci** resto **5.** Si', **ci** vengo. **6.** Si', **ci** vado. **7.** Si', **ci** veniamo. **8.** Si', **ci** andiamo. **9.** Si', **ci** stiamo **10.** Si', **ci** restiamo **11.** Si', **ci** andiamo. **12.** Si', **ci** restiamo

4.14

1. Ci sono andato il mese scorso. **2. Ci** sono andato alle 9. **3. Ci** sono stato molto bene. **4. Ci** sono rimasta due settimane. **5. Ci** siamo andate l'estate escorsa. **6. Ci** siamo andate da sole. **7. Ci** siamo rimaste una settimana. **8. Ci** siamo andate con l'aereo. **9. Ci** e' andato due anni fa. **10. Ci** sono stato abbastanza bene. **11. Ci** e' andato con sua moglie. **12. Ci** sono rimasto 20 giorni.

4.15

1. Le notizie importanti. **2.** I libri noiosi. **3.** Le amiche gentili. **4.** Gli studenti bravi. **5.** Le macchine veloci. **6.** Le pareti bianche. **7.** I quadri antichi. **8.** Gli spettacoli divertenti. **9.** Gli zaini nuovi. **10.** Le signore eleganti. **11.** Gli attori francesi. **12.** I cantanti americani.

4.16

1. Queste storie sono molto divertenti. **2. Queste frasi** sono molto facili. **3. Queste bambine** sono molto carine. **4. Questi esercizi** sono molto difficili. **5. Queste aule** sono molto grandi. **6. Questi orologi** sono molto belli. **7. Queste strade** sono molto strette. **8. Questi studenti** sono molto intelligenti. **9. Questi ragazzi** sono molto gentili. **10. Questi documenti** sono molto importanti. **11. Questi vestiti** sono molto cari. **12. Questi signori** sono molto eleganti.

4.17

1. Carlo dice che **ha ricevuto** una lettera importante. **2.** Carlo dice che ieri **ha lavorato** tutto il giorno. **3.** Carlo dice che Ieri sera **e' tornato** a casa tardi. **4.** Carlo dice che **ha passato** una settimana in Sicilia. **5.** Carlo dice che **e' stato** a Milano la settimana scorsa. **6.** Carlo dice che **ha avuto** l'influenza.

4.18

1. Franco e Lino dicono che **hanno fatto** un viaggio all'estero. **2.** Franco e Lino dicono che sono usciti di casa alle 8. **3.** Franco e Lino dicono che **hanno avuto** molto da fare la settimana scorsa. **4.** Franco e Lino dicono che non **hanno visto** Maria. **5.** Franco e Lino dicono che Ieri **sono andati** allo stadio. **6.** Franco e Lino dicono che

hanno mangiato bene nel nuovo ristorante.

4.19

1. alle 2. da 3. con 4. di/alle 5. Di/alle 6. di 7. da 8. dalla 9. dal 10. di/sul 11. a 12. di/nella

4.20

1. in/al 2. in/con/di 3. all' 4. in/con 5. da/alle/a/alle 6. A/in 7. per 8. a/a 9. da/in 10. in/con 11. al/con 12. in/a

5.1

1. **Il mio vicino** di casa e' simpatico. 2. **Le mie scarpe** sono nuove. 3. **La mia maglietta** e' azzurra. 4. **Il tuo vestito** e' elegante. 5. **La tua amica** e' carina. 6. **I tuoi guanti** sono di lana. 7. **I suoi capelli** sono lunghi. 8. **La sua fidanzata** e' francese. 9. **La sua camicia** e' bianca. 10. **I suoi pantaloni** sono neri. 11. **La sua gonna** e' di seta. 12. **Il suo cappotto** e' nuovo.

5.2

1. **La nostra casa** e' grande. 2. **Il nostro giardino** e' pieno di fiori. 3. **La nostra famiglia** e' numerosa. 4. **Dei nostri amici** sono stranieri. 5. **La vostra macchina** e' veloce. 6. **Dei vostri professori** sono bravi. 7. **Dei vostri vicini** di casa sono antipatici. 8. **La vostra casa** e' accogliente. 9. **Il loro appartamento** e' in centro. 10. **Dei loro vicini** di casa sono gentili. 11. **La loro casa** e' in periferia. 12. **Il loro lavoro** e' interessante.

5.3

1. Ho guardato **le sue foto**. 2. Ho conosciuto **il suo ragazzo**. 3. Ho salutato **i suoi genitori**. 4. Ho lavato **la sua camicia**. 5. Ho ascoltato **le sue cassette**. 6. Ho ricevuto **la sua cartolina**.

5.4

1. Ho visto **la loro casa**. 2. Ho salutato **i loro zii**. 3. Ho conosciuto **le loro amiche**. 4. Ho ricevuto **la loro lettera**. 5. Ho visitato **la loro citta'**. 6. Ho

ricevuto **il loro pacco**.

5.5

1. il tuo **2.** i tuoi **3.** la Sua **4.** le Sue **5.** i tuoi **6.** le Sue **7.** il tuo **8.** i Suoi **9.** la Sua **10.** i vostri **11.** la vostra **12.** la vostra

5.6

1. Si', e' (la) mia. **2.** Si', sono (le) mie. **3.** Si', e' (il) mio. **4.** Si', sono (i) miei. **5.** Si', e' (la) sua. **6.** Si', sono (i) suoi. **7.** Si', e' (la) sua. **8.** Si', sono (i) suoi. **9.** Si', e' (la) sua. **10.** Si', sono (i) suoi. **11.** Si', e' (il) suo. **12.** Si', sono (le) sue.

5.7

1. Il mio vicino di casa e' americano. **2. Sua sorella** abita a Roma. **3. La nostra ospite** viene da Catania. **4. Vostro zio** viene spesso da voi? **5. La mia insegnante** e' simpatica. **6. Mio figlio** studia all'Universita'. **7. Il tuo amico** arriva stasera? **8. La loro figlia** frequenta un corso di restauro. **9. Suo fratello** e' arrivato da Pisa ieri sera. **10. Nostra cugina** lavora in una fabbrica di scarpe. **11. La vostra amica** e' straniera? **12. Il loro amico** abita in campagna.

5.8

1. la sua **2.** tua **3.** il mio **4.** il Suo **5.** la vostra **6.** sua **7.** tuo **8.** i suoi/mia **9.** il mio **10.** tua **11.** i suoi **12.** la vostra

5.9

1. Matteo dice che **il suo cappotto** e' nuovo. **2.** Matteo dice che **i suoi guanti** sono di lana. **3.** Matteo dice che **la sua fidanzata** e' francese. **4.** Matteo dice che **le sue sorelle** hanno una macchina nuova. **5.** Matteo dice che **suo padre** fa l'avvocato. **6.** Matteo dice che **suo fratello** va ancora a scuola.

5.10

1. I signori Fioretto dicono che **il loro giardino** e' pieno di fiori. **2.** I signori Fioretto dicono che **il loro cane** e' un vero amico. **3.** I signori Fioretto dicono che **la loro**

macchina non funziona bene. **4.** I signori Fioretto dicono che **le loro figlie** vanno ancora a scuola. **5.** I signori Fioretto dicono che **il loro figlio** fa l'insegnante. **6.** I signori Fioretto dicono che **la loro figlia** ha gia' il motorino.

5.11

1. al/con **2.** di/di **3.** a **4.** in/di **5.** con/in/alla **6.** con/con/a/in **7.** per/per **8.** Per/di/di/di **9.** di/di **10.** a/a **11.** Per/di **12.** in/con

5.12

1. a **2.** In/al/in/con/di **3** ai/a/in **4.** per/in **5.** di/al **6.** in/da/a/a **7.** alle/a **8.** a/alla **9.** a/al **10.** in/a **11.** Alle/dall'/a/in **12.** negli/a

6.1

1. Frequenteremo un corso di inglese. **2. Cercheremo** un nuovo lavoro. **3. Spediremo** la lettera fra poco. **4. Studieremo** lo spagnolo. **5. usciranno** dal lavoro alle sei. **6. compreranno** una nuova casa. **7. prenderanno** le ferie in luglio. **8. leggeranno** molti libri. **9. Telefonerete** al medico? **10. Risponderete** alla lettera di Pietro? **11. Tornerete** presto a Bologna? **12. Partirete** domani?

6.2

1. Passerai le vacanze in citta' l'estate prossima? **2. Smetterai** di fumare? **3. Comincerai** a lavorare presto domattina? **4. Partirai** fra poco? **5.** Patrizia **comprera'** una macchina nuova? **6.** Patrizia **partira'** per il mare? **7.** Patrizia **studiera'** fino a tardi? **8.** Patrizia **lavorera'** il mese prossimo? **9. Uscirete** con la macchina stasera? **10. Resterate** a casa stasera? **11.** I tuoi amici **dormiranno** in albergo stanotte? **12.** I tuoi amici **partiranno** domani?

6.3

1. Anche domani **piovera'**. **2.** Anche domani **dovro'** studiare fino a tardi. **3.** Anche domani **potro'** dormire di piu'. **4.** Anche domani **andro'** a lezione di danza. **5.** Anche domani **faremo** colazione a casa. **6.** Anche domani **verremo** a cena da te. **7.** Anche domani **nevichera'**. **8.** Anche domani Pietro e Claudio **andranno** in palestra.

6.4

1. Comincera' alle nove. **2. Finiranno** a mezzogiorno. **3. Tornero'** dopo pranzo. **4. Andro'** nel pomeriggio. **5. Partira'** fra qualche giorno. **6. Partiranno** la settimana prossima. **7. Andro'** con Antonella. **8. Andremo** con l'aereo. **9. Torneremo** fra due mesi. **10. Arrivera'** alle sette. **11. Arriveranno** dopo cena. **12. Verro'** sabato prossimo.

6.5

1. Dopo la partita Carlo **tornera'** a casa. **2.** Dopo la lezione Carlo **telefonera'** a Mara. **3.** Dopo lo spettacolo Carlo **andra'** al ristorante. **4.** Dopo l'Universita' Carlo **fara'** il servizio militare. **5.** Dopo pranzato Carlo **leggera'** il giornale. **6.** Dopo cenato Carlo **uscira'**.

6.6

1. Dopo che **avro' studiato**, guardero' la televisione. **2.** Dopo che **avro' fatto** la spesa, verro' a trovarti. **3.** Dopo che **avro' telefonato** a Pina, comincero' a studiare. **4.** Dopo che **avro' venduto** la moto, comprero' una macchina. **5.** Dopo che **avro' finito** l'Universita', comincero' a lavorare. **6.** Dopo che **avro' salutato** Maria, partiro'.

6.7

1. andro' **2.** avra' **3.** cambieremo /andremo **4.** comincera' **5.** dovro' **6.** dara' **7.** arrivera' **8.** chiamero' **9.** Saremo/tornerate **10.** cominceranno /finiranno **11.** prenderemo /andremo **12.** Inviterete

6.8

Andrea:	Domanda	Aldo:	Risposta
	Dove andrai?		Andro' in Grecia.
	Quando partirai?		Partiro' lunedi' prossimo.
	Con chi ci andrai?		Ci andro' con Giulio.
	Cin che cosa andrete?		Ci andremo con la moto.
	Quanto ci starete?		Ci staremo due settimane.

	Domanda		**Risposta**
Andrea:	Dove andrai stasera?	**Laura:**	Stasera andro' al cinema.
	Con chi ci andrai?		Ci andro' con Marta.
	Che film vedrai?		L'ultimo film di Verdone.
	Quando comincera'?		Comincera' alle 20.10.
	Quando finira'?		Finira' alle 22.30.

	Domanda		**Risposta**
Andrea:	Dove andrai domenica?	**Pietro:**	Domenica andro' allo stadio.
	Con chi ci andrai?		Ci andro' da solo.
	Chi vincera'?		Inter-Milan.
	Quandoo finira' la partita?		Finira' alle 17.
	Dove andrai dopo la partita?		Dopo la partita andro'a trovare Enrica.

6.9

1. telefono /ho telefonato /telefonero' **2.** invitero' /ho invitato **3.** studiero' /ho studiato **4.** compra /ha comprato **5.** abbiamo guardato /guarderemo /guardiamo **6.** e' finita /finira' /finisce **7.** hanno letto /leggeranno /leggono **8.** ha scritto /scrive /scrivera' **9.** ho preso /prendero' **10.** Siete partiti /Partirete **11.** andremo /siamo andati /andiamo **12.** Verro' /sono venuto

6.10.

1. Paolo dice che **cerchera'** una casa in campagna. **2.** Paolo dice che domani **andra'** al mare. **3.** Paolo dice che dopo cena **scrivera'** una lettera a Maria. **4.** Paolo dice che **fara'** una dieta. **5.** Paolo dice che **finira'** il lavoro venerdi'. **6.** Paolo dice che domani **partira'** per Mosca.

6.11

1. sa **2.** conosce **3.** Conosco **4.** conoscono **5.** sai **6.** sa **7.** Conosci **8.** Sappiamo **9.** sa **10.** so **11.** So **12.** conosce

6.12

1. di 2. Fra/per 3. da/al 4. in/negli/per 5. di/dal 6. del/a 7. di/di 8. Fra/a/in/per 9. in/da 10. A/al/a 11. della/fra/di 12. In/a/a

7.1

1. **Ci laviamo** con l'acqua calda. 2. **Ci trucchiamo** prima di uscire. 3. **Ci laviamo** i denti prima di andare a letto. 4. **Ci alziamo** in fretta la mattina. 5. **Vi svegliate** presto la mattina? 6. **Vi alzate** sempre a quest'ora? 7. **Vi fate** la barba tutte le mattine? 8. **Vi mettete** un vestito elegante? 9. Paolo e Maria **si fanno** la doccia prima di andare a letto. 10. Paolo e Maria **si vestono** in modo elegante. 11. Paolo e Maria **si addormentano** sempre tardi. 12. Paolo e Maria **si svegliano** alle 7.

7.2

1. **Mi diverto** in questa citta'. 2. **Mi trovo** abbastanza bene in questo appartamento. 3. **Mi fermo** un paio di giorni a Roma. 4. **Mi facco** la doccia ogni mattina. 5. **Ti trovi** bene con questa famiglia? 6. **Ti vesti** in modo elegante per la festa? 7. **Ti addormenti** tardi la sera? 8. **Ti senti** soli in questa citta'? 9. Franco **si annoia** qui. 10. Franco **si sente** triste. 11. Franco **si arrabbia** spesso con i figli. 12. Franco si laurea a luglio.

7.3

1. **Mi addormento** a mezzanotte. 2. **Mi fermo** un paio di settimane. 3. **Mi laureo** a novembre. 4. **Mi sposo** il 29 luglio. 5. **Ci iscriviamo** la prossima settimana. 6. **Ci addormentiamo** alle 11. 7. **Ci divertiamo** molto. 8. **Ci fermiamo** soltanto un giorno. 9. **Si sveglia** sempre dopo le 10. 10. **Si trova** molto bene. 11. **Si riposano** fino alle 16. 12. **Mi sento** molto meglio.

7.4

1. si incontrano 2. si sposano 3. ci vogliamo 4. ci telefoniamo 5. vi scrivete 6. vi date

7.5

1. **ci diamo** del tu. 2. **ci incontriamo** ogni giorno. 3. **ci salutiamo** quando ci

incontriamo. **4.** Si', **si sposano** presto. **5. Si', si amano** molto. **6.** Si', **si scrivono** spesso.

7.6

1. Anche ieri **mi sono vestito** in fretta. **2.** Anche ieri **mi sono fatto** la barba. **3.** Anche ieri **ti sei lavato** con l'acqua fredda. **4.** Anche ieri **ti sei dimenticato** di chiudere la porta a chiave. **5.** Anche ieri Mario **si e' alzato** in fretta. **6.** Anche ieri Mario **si e' divertito** con gli amici. **7.** Anche ieri Maria **si e'** annoiata davanti alla TV. **8.** Anche ieri Maria **si e' truccata** in fretta. **9.** Anche ieri Noi **ci siamo lavati** i capelli. **10.** Anche ieri Noi **ci siamo fermati** al bar dopo la lezione. **11.** Anche ieri Mario e Giorgio **si sono svegliati** alle 7. **12.** Anche ieri Mario e Giorgio **si sono fatti** la doccia.

7.7

1. No, non **si e'** ancora **truccata**. **2.** No, non **si e'** ancora svegliata. **3.** No, non **si e'** ancora **laureata**. **4.** No, non **si e'** ancora **iscritta** all'Universita'. **5.** No, non **si e'** ancora **addormentata**. **6.** No, non **si e'** ancora **sposata**.

7.8

1. Ci siamo addormentati a mezzanotte. **2. Ci siamo laureate** il mese scorso. **3. Ci siamo fermati** una settimana. **4. Mi sono alzata** alle 7. **5. Mi sono fermata** fino alle 11. **6. Mi sono messa** un vestito elegante. **7. Mi sono sposato** due anni fa. **8. Mi sono trovata** molto bene. **9. Si e' laureato** tre anni fa. **10. Si sono svegliati** alle 8. **11. Si sono iscritti** l'anno scorso. **12. Si sono fermate** quasi due ore.

7.9

1. Devo alzarmi subito. /**Mi devo alzare** subito. **2. Devo vestirmi** in fretta. /**Mi devo vestire** in fretta. **3. Dobbiamo svegliarci** presto. /**Ci dobbiamo svegliare** presto. **4. Dobbiamo farci** la doccia. /**Ci dobbiamo fare** la doccia. **5.** Marta **deve ricordarsi** di portare l'ombrello. /Marta **si deve ricordare** di portare l'ombrello. **6.** Marta **deve riposarsi** dopo il lavoro. /Marta si deve riposare dopo il lavoro. **7. Dovete alzarvi** subito quando suona la sveglia. /**Vi dovete alzare** subito quando suona la sveglia. **8. Dovete lavarvi** sempre con l'acqua fredda. /**Vi dovete lavare** sempre con l'acqua fredda. **9.** I bambini **devono alzarsi** alle 8. /Il bambini **si devono alzare** alle 8. **10.** I bambini **devono riposarsi** dopo la scuola. /I bambini **si devono riposare** dopo la scuola.

7.10

1. si alza /alzarmi **2.** si sono addormentati /si e' addormentata **3.** si fa /si e' fatto **4.** si mettera' (si mette) **5.** ci siamo bagnati **6.** mi sono fermato **7.** si ricordano /si sono dimenticate **8.** si e' alureato /laurearmi **9.** si incontrano /si salutano /si sono incontrati /si sono salutati

7.11

1. lavarmi/lavarsi **2.** lavarsi **3.** Ci stanchiamo/riposarci **4.** mi dimentico **5.** si trova **6.** si e' trovata **7.** fermarsi **8.** si danno **9.** si sono fermati **10.** mi sento **11.** si incontreranno (si incontrano) **12.** si arrabbiano

7.12

si sono conosciuti / hanno parlato / ha dato / hanno cominciato / sono arrivati / ha chiesto / si sono incontrati / sono andati / si sono fidanzati / si sposano (si sposeranno)

7.13

mi sono svegliato / mi sono seduto / mi sono alzato / mi sono tolto / mi sono fatto / mi sono lavato / sono andato / ho acceso / ho ascoltato / mi sono spaventato / ho cominciato / ho spento / mi sono rimesso / sono tornato

7.14

1. in/di **2.** di/alle/di **3.** alla/di **4.** in/di/a **5.** con **6.** a/per **7.** a **8.** di/alle **9.** di/ai **10.** in/d/con **11.** a/del **12.** di/con

8.1

1. Mentre **mangavo, sono arrivati** i miei amici. **2.** Mentre Paolo **usciva, e'**

suonato il telefono. **3.** Mentre **leggevo** il giornale, **hanno bussato** alla porta. **4.** Mentre Elisabetta **usciva** di casa, **e' cominciato** a piovere. **5.** Mentre **telefonavamo** a Stefano, lui **e' arrivato**. **6.** Mentre i bambini **guardavano** la TV, **e' andata** via la luce.

8.2

1. Mentre **aspettavo** l'autobus, Lorenzo **leggeva** il giornale. **2.** Mentre **ascoltavano** il professore, gli studenti **prendevano** appunti. **3.** Mentre Gabriella **parlava**, io **pensavo** ad altre cose. **4.** Mentre i bambini **studiavano**, Marina **guardava** la TV. **5.** Mentre Luigi **faceva** colazione, **parlava** con sua moglie. **6.** Mentre tu **preparavi** le valigie, noi **mettevamo** in ordine la casa.

8.3

1. Quando **e' suonato** il telefono, **mangiavo**. **2.** Quando Antonio **e' tornato, dormivo**. **3.** Quando Giovanni **ha telefonato, studiavo**. **4.** Quando i bambini **sono arrivati** a casa, **ascoltavo** la musica. **5.** Quando **hai incontrato** Carlo, **facevo** la spesa. **6.** Quando **e' andata** via la luce, **guardavo** la TV.

8.4

1. Giorgio non **ha telefonato** a Pina perche' non **sapeva** il numero. **2.** I bambini non **hanno mangiato** la carne perche' non **avevano** fame. **3.** Maria non **e' andata** a lezione perche' **stava** male. **4.** I ragazzi stanotte **si sono addormentati** tardi perche' non **avevano** sonno. **5.** Marta non **ha aspettato** Ivo perche' **aveva** fretta. **6.** Carlo **e' andato** al bar perche' **voleva** bere una birra. **7.** Non **ho scritto** a Bruno perche' non **sapevo** l'indirizzo. **8.** Non **abbiamo dato** l'esame perche' non **eravamo** preparati. **9.** Anna non **e' uscita** con gli amici perche' **doveva** studiare. **10.** Non **avete comprato** quella macchina perche' **costava** troppo. **11.** Lucio non **ha spedito** la lettera perche' non **aveva** il francobollo. **12.** **Ho chiuso** la finestra perche' **sentivo** freddo.

8.5

1. aveva **2.** andava **3.** portava **4.** era **5.** frequentava **6.** giocava

8.6

1. ci **restava** raramente. **2.** Simone, invece, **stava** raramente con gli amici. **3.** Simone, invece, ci **mangiava** raramente. **4.** Simone, invece, ci **andava** raramente con gli amici. **5.** Simone, invece, ci **rimaneva** raramente. **6.** Simone, invece, ci **andava** raramente.

8.7

1. Da bambino, non **stavo** mai con i nonni. **2.** Da ragazzo, non **studiavo** mai a casa. **3.** Da studente, non **mangiavo** mai alla mensa. **4.** Da giovane, non **uscivo** mai la sera. **5.** Da piccolo, non **andavo** mai in bicicletta. **6.** Da giovane, non **facevo** mai sport.

8.8

1. ha telefonato/e' uscito **2.** facevo/sono arrivati **3.** era/giocava **4.** nuotava/prendeva **5.** andavo **6.** ha parlato **7.** abbiamo viaggiato **8.** aspettavano/e' cominiciato **9.** hanno frequentato **10.** ho telefonato/ero **11.** ho mangiato/ho guardato **12.** dormiva/ha bussato

8.9

1. avete avuto **2.** ha salutato/aveva **3.** ha lasciato/era **4.** erano/sono andati **5.** sciava **6.** guardava/si e' addormentata **7.** usciva **8.** ero/facevo **9.** e' partito/era **10.** preparavo/telefonavo **11.** tornavano/cominciavamo **12.** mi sono addormentato

8.10

Era / erano / tornavo / lavoravo / ho visto / mi sono avvicinata / Era / aveva / era / sapevo / ho preso / sono andata / ho dato

8.11

usciva / e' cominciato / e' tornata / scendeva / ha incontrato / sono andati / aspettavano / hanno parlato / saliva / e' caduto / raccoglieva / e' ripartito / ha chiamato / E' salita / e' arrivata / e' corso / era

8.12

1. Ho smesso di lavorare perche' **avevo lavorato** abbastanza. **2.** Ho smesso di mangiare perche' **avevo mangiato** abbastanza. **3.** Ho smesso di parlare perche' **avevo parlato** abbastanza. **4.** Ho smesso di bere perche' **avevo bevuto** abbastanza. **5.** Ho smesso di leggere perche' **avevo letto** abbastanza. **6.** Ho smesso di giocare a calcio perche' **avevo giocato** abbastanza.

8.13

1. Giorgio non c'era: **era uscito**. **2.** Antonio non c'era: **era andato** a casa. **3.** Sebastiano non c'era: **era rimasto** dai suoi genitori. **4.** Maria non c'era: **era salita** in soffitta. **5.** I ragazzi non c'erano: **erano partiti**. **6.** Le bambine non c'erano: **erano andate** dai nonni.

9.1

1. Si', **lo** prendo volentieri. **2.** Si', **la** prendo volentieri. **3.** Si', **lo** prendo volentieri. **4.** Si', **la** prendo volentieri. **5.** Si', **lo** prendo volentieri. **6.** Si', **lo** prendo volentieri. **7.** Si', **lo** prendo volentieri. **8.** Si', **la** prendo volentieri. **9.** Si', **lo** prendo volentieri. **10.** Si', **la** prendo volentieri. **11.** Si', **la** prendo volentieri. **12.** Si', **lo** prendo volentieri.

9.2

1. Lo conosco da un anno. **2. Lo** studio da poco tempo. **3. Le** aspetto da dieci minuti. **4. Li** conosco da una decina di giorni. **5. La** frequento da una settimana. **6. La** guardo da mezz'ora.

9.3

1. Li regalo a mia madre. **2. Li** do a Giulio. **3. La** scrivo alla mia amica. **4. Lo** spedisco a Fiorella. **5. Le** mando alla mia fidanzata. **6. La** chiedo all'impiegato della banca.

9.4

1. La faccio a casa. **2. Lo** faccio in piscina. **3. Lo** faccio al bar. **4. Lo** faccio in centro. **5. Lo** faccio in palestra. **6. Le** faccio al centro commerciale.

9.5

1. Lo compra Paolo. **2. Li** lava Maria. **3. La** preparano Mario e Sandra. **4. Le** pulisco io. **5. Li** compriamo noi. **6. Lo** fate voi.

9.6

1. Signora, quanti figli ha?	**Ne** ho **uno**.
	Ne ho tre.
	Non ne ho nessuno.

2. Ida, quante persone conosci a Perugia?	**Ne** conosco **una**.
	Ne conosco alcune.
	Ne conosco molte.

3. Ivo, quanti amici hai in questa citta'?	Ne ho uno
	Ne ho parecchi.
	Ne ho pochi.
	Non ne ho nessuno.

4. Signor Pini, quanti caffe' beve al giorno?	**Ne** bevo **uno**.
	Ne bevo due.
	Ne bevo quattro.
	Ne bevo parecchi.
	Ne bevo pochi.
	Non ne bevo nessuno.

5. Ada, quante telefonate fai il pomeriggio?	**Ne** faccio soltanto **una**.
	Ne faccio tre.
	Ne faccio tante.
	Ne faccio moltissime.
	Ne faccio un sacco.
	Non ne faccio nessuna.

9.7

1. Grazie, **ne** prendo volentieri **un bicchiere**. **2.** Grazie, **ne** prendo volentieri **una fetta**. **3.** Grazie, **ne** prendo volentieri **una tazza**. **4.** Grazie, **ne** prendo volentieri **un bicchierino**. **5.** Grazie, **ne** prendo volentieri **una tazzina**. **6.** Grazie, **ne** prendo volentieri **un pezzetto**.

9.8

1. L'ho comprat**o** pochi giorni fa. **2. L'**ho comprat**a** l'anno scorso. **3. Le** ho comprat**e** qualche settimana fa. **4. Li** ho comprat**i** alcuni mesi fa. **5. L'**ho comprat**o** ieri. **6. Li** ho comprat**i** qualche anno fa.

9.9

1. Le abbiamo comprat**e** in cartoleria. **2. L'**abbiamo comprat**a** dal macellaio/in macelleria. **3. L'**abbiamo comprat**a** dal fruttivendolo. **4. Li** abbiamo comprat**i** dal fornaio. **5. Li** abbiamo comprat**i** dal fioraio. **6. L'**abbiamo comprat**o** dal giornalaio. **7. Le** abbiamo comprat**e** in farmacia. **8. L'**abbiamo comprat**o** in libreria. **9. L'**abbiamo comprat**o** al bar. **10. L'**abbiamo comprat**o** al centro commerciale.

9.10

1. Ce ne sono poche. **2.** Ce ne sono moltissimi. **3.** Ce n'e' uno. / Ce n'e' uno. **4.** Ce n'e' una. / Ce n'e' una. **5.** Ce ne sono ventidue. **6.** Ce ne sono pochi.

9.11

1. Quanto **l'**hai pagat**a**? **2.** Quanto **li** hai pagat**i**? **3.** Quanto **l'**hai pagat**o**? **4.** Quanto **l'**hai pagat**a**? **5.** Quanto **le** hai pagat**e**? **6.** Quanto **li** hai pagat**i**?

9.12

1. Li abbiamo pres**i** noi. **2. L'**hanno mangiat**a** i bambini. **3. L'**ho comprat**o** io. **4. L'**ha pres**a** Lucia. **5. Le** hanno mangiat**e** le mie amiche. **6. L'**ha rott**o** Sandro.

9.13

1. Li ha scritt**i** Alessandro Manzoni. **2. L'**ha scritt**a** Dante Alighieri. **3. L'**ha scritt**o**

Umberto Eco. **4. L'**ha inventat**a** Guglielmo Marconi. **5. L'**ha inventat**a** Alessandro Volta. **6. L'**ha musicat**a** Giuseppe Verdi. **7. L'**ha musicat**a** Giacomo Puccini. **8. L'**ha musicat**o** Gioacchino Rossini. **9. L'**ha dipint**a** Leonardo da Vinci. **10. L'**ha scolpit**o** Donatello.

9.14

1. Ne ho invitati **pochi**. **2. Ne** ho visitate **tre**. **3.** Non **ne** ho preso **nessuno**. **4. Ne** ho conosciute **molte**. **5. Ne** ho studiate **due**. **6. Ne** ho ricevuti **otto**. **7. Ne** ho scritta **una**. **8. Ne** ho mangiati **moltissimi**. **9. Ne** ho bevuto **un bicchiere**. **10. Ne** ho mangiata **una fetta**. **11. Ne** ho comprate **due paia**. **12. Ne** ho comprato **un chilo**.

9.15

1. ti **2.** lo/mi **3.** La/mi **4.** la **5.** li **6.** La **7.** le **8.** ti **9.** La/mi **10.** L' **11.** li **12.** la

9.16

1. La/li **2.** ti **3.** ti **4.** mi **5.** ci **6.** ti/ti **7.** vi **8.** vi **9.** ti **10.** mi **11.** mi **12.** ti/la

9.17

1. dall'/al/a **2.** di/all' **3.** Per/di/di/di/con **4.** di **5.** di/per/per **6.** a/di **7.** di/dal **8.** alla **9.** A/di/di **10.** a **11.** in/con/di **12.** di/a/nel

10.1

1. Si', **mi** piace molto. **2.** Si', **ci** piace molto. **3.** Si', **gli** piace molto. **4.** Si', **le** piace molto. **5.** S', **mi** piace molto. **6.** Si', **gli** piace molto. **7.** Si', **mi** piace molto. **8.** Si', **gli** piace molto. **9.** Si', **ci** piace molto. **10.** Si', **gli** piace molto. **11.** Si', **gli** piace molto. **12.** Si', **le** piace molto.

10.2

1. Si', **mi** piacciono molto. **2.** Si', **gli** piacciono molto. **3.** Si', **le** piacciono molto. **4.** Si', **mi** piacciono molto. **5.** Si', **ci** piacciono molto. **6.** Si', **gli** piacciono molto. **7.** Si', **gli** piacciono molto. **8.** Si', **ci** piacciono molto. **9.** Si', **gli** piacciono molto. **10.** Si', **mi** piacciono molto. **11.** Si', **gli** piacciono molto. **12.** Si', **mi** piacciono molto.

10.3

1. Anche **a noi**. **2.** Anche **a lei**. **3.** Anche **a lui**. **4.** Anche **a loro**. **5.** Anche **a me**. **6.** Anche **a lei**.

10.4

1. Neanche **a noi**. **2.** Neanche **a lui**. **3.** Neanche **a me**. **4.** Neanche **a loro**. **5.** Neanche **a noi**. **6.** Neanche **a me**.

10.5

1. Le telefono stasera. **2. Ti** telefono stasera. **3. Gli** telefono stasera. **4. Gli** telefono stasera. **5. Vi** telefono stasera. **6. Gli** telefono stasera.

10.6

1. Gli scrivo una cartolina. **2. Gli** regaliamo dei libri di favole. **3. Le** presto dei soldi. **4. Gli** offriamo una birra fresca. **5. Le** faccio vedere le foto delle vacanze. **6. Le** mando un mazzo di fiori. **7. Gli** chiedo un favore. **8. Gli** do le chiavi della macchina. **9. Le** spedisco una lettera. **10. Gli** compriamo un portafoglio di pelle. **11. Gli** do il mio indirizzo. **12. Gli** presto la mia macchina.

10.7

1. Si', mi e' piaciuto molto. **2.** Si', mi e' piaciuta molto. **3.** Si', mi e' piaciuto molto. **4.** Si', mi sono piaciute molto. **5.** Si', mi e' piaciuto molto. **6.** Si', mi sono piaciute molto.

10.8

1. Marta, **ti** dispiace rispondere al telefono? **2.** Professore, **Le** dispiace ripetere la frase? **3.** Signora, **Le** dispiace aspettare un momento? **4.** Ragazzi, **vi** dispiace aiutarmi? **5.** Lucia, **ti** dispiace darmi una mano? **6.** Leonardo, **ti** dispiace accompagnarmi a casa?

10.9

1. gli **2.** le **3.** ti/ti **4.** gli **5.** Le **6.** mi **7.** ti/mi/mi **8.** gli/gli **9.** le/mi **10.** Le **11.** le/le/le **12.** vi

10.10

1. nella/degli 2. al/con/con 3. A/del 4. Nella/di/di/da/di 5. per 6. ai/da 7. al/di 8. del 9. alle/in 10. in/per 11. A/in 12. al/all'

11.1

1. **Mi piacerebbe** diventare giornalista. 2. **Mi piacerebbe** fare il medico. 3. **Mi piacerebbe** studiare informatica. 4. **Mi piacerebbe** aprire un negozio di abbigliamento. 5. **Mi piacerebbe** lavorare in banca. 6. **Mi piacerebbe** vivere negli Stati Uniti.

11.2

1. **Ascolterei** la musica. 2. **Giocherei** a carte. 3. **Leggerei** un libro. 4. **Prenderei** un caffe'. 5. **Partirei**. 6. **Uscirei** con gli amici.

11.3

1. **Farei** quattro passi. 2. **Vedrei** Mario. 3. **Verresti** da noi? 4. **Daresti** una mano? 5. **Berrebbe** una birra. 6. **Andrebbe** in vacanza. 7. **Faremmo** colazione al bar. 8. **Rimarremmo** da voi. 9. **Andreste** a casa? 10. **Direste** la verita'? 11. **Starebbero** a casa. 12. **Verrebbero** con noi.

11.4

1. **Sarei** felice di vedere Paolo. 2. **Saresti** felice di andare in vacanza. 3. **Sarebbe** felice di vederti. 4. **Saremmo** felici di fare un viaggio. 5. **Sarebbero** felici di ricevere tue notizie. 6. **Sarei** felice di venire con te.

11.5

1. **Berrei** volentieri una birra. 2. **Dormirei** volentieri ancora un po'. 3. **Farei** volentieri un pisolino. 4. **Resterei** volentieri a casa. 5. **Farei** volentieri una passeggiata. 6. **Rimarrei** volentieri a letto. 7. **Andrei** al ristorante. 8. **Comprerei** volentieri un vestito nuovo. 9. **Guarderei** volentieri un po' di TV. 10. **Ascolterei** volentieri un po' di musica. 11. **Farei** volentieri quattro chiacchiere con Anna. 12. **Andrei** volentieri al mare.

11.6

1. Mangerei volentieri un gelato. **2. Farebbe** volentieri un viaggio. **3. Uscirebbe** volentieri un po'. **4. Rimarremmo** volentieri a casa. **5. Giocherebbero** volentieri a tennis. **6. Comprerei** volentieri l'ultimo CD di Lucio Dalla. **7. Dormiresti** volentieri fino a tardi? **8. Si trasferirebbero** volentieri in campagna. **9. Cambierebbe** volentieri lavoro. **10. Prenderemmo** volentieri qualche giorno di ferie. **11. Scriverei** volentieri a Stefano. **12. Andreste** volentieri a cena fuori?

11.7

1. Rimarrei qui, ma Paolo mi aspetta fra 5 minuti. **2. Verrei** in vacanza con voi, ma in questo periodo non ho le ferie. **3. Si fermerebbe** qui per qualche giorno, ma domani deve tornare in ufficio. **4. Comprerebbe** un'auto fuoristrada, ma costa troppo. **5. Pranzeremmo** con voi, ma oggi abbiamo fretta. **6. Dormirei** fino alle 10, ma non posso arrivare tardi al lavoro.

11.8

1. Lo **leggerei**, ma non ho tempo. **2.** La **mangerei**, ma devo stare a dieta. **3.** Lo **accenderei**, ma non funziona. **4.** Li **inviterei**, ma hanno gia' impegno. **5.** La **aiuterei**, ma adesso sono troppo stanco. **6.** Lo **cambierei**, ma non e' facile trovarne un altro.

11.9

1. Avrei fatto volentieri quel viaggio. **2. Sarei partito** volentieri con loro. **3. Avrei vissuto** volentieri in campagna. **4. Sarei stato** volentieri con lei. **5. Avrei lavorato** volentieri in una grande citta'. **6. Avrei aiutato** volentieri Pietro.

11.10

1. Mi **sarebbe piaciuto** sposarmi prima. **2.** Ti **sarebbe piaciuto** venire con noi? **3.** Le (A Marta) **sarebbe piaciuto** avere una famiglia numerosa. **4.** Gli (A Mario) **sarebbe piaciuto** restare con i genitori. **5.** Vi **sarebbe piaciuto** andare in montagna? **6.** Gli (A Pietro e Bruna) **sarebbe piaciuto** vivere all'estero.

11.11

1. Avrei mangiato volentieri con te, ma non avevo fame. **2.** Pietro **avrebbe bevuto** volentieri qualcosa con noi, ma aveva fretta. **3. Saremmo usciti** volentieri con voi, ma dovevamo aspettare una telefonata. **4. Avrei scritto** volentieri a Francesco, ma non avevo il suo indirizzo. **5. Avrei rivisto** volentieri quel film, ma finiva troppo tardi. **6.** Marta **sarebbe andata** volentieri al cinema, ma era stanca. **7.** Marco **avrebbe invitato** volentieri Marina a cena, ma lei non era in casa. **8.** I ragazzi **sarebbero andati** volentieri al mare, ma non avevano abbastanza soldi. **9. Saremmo partiti** volentieri con Giorgio, ma non avevamo il biglietto. **10.** Gino e Ivo **sarebbero tornati** volentieri a Roma, ma c'era lo sciopero degli autobus. **11. Sarei venuto** volentieri alla festa, ma non mi sentivo bene. **12. Sarei restato** volentieri a casa vostra, ma avevo un appuntamento dal dentista.

11.12

1. Mi **accompagneresti** a casa? **2.** Mi **presteresti** la macchina? **3.** Mi **passeresti** il sale? **4.** Mi **offreresti** un caffe'? **5.** Mi **daresti** una mano? **6.** Mi **spediresti** questa lettera?

11.13

1. Mi **darebbe** il permesso di uscire? **2.** Mi **presterebbe** una penna? **3.** Mi **darebbe** un passaggio per il centro? **4.** Mi **direbbe** a che ora parte il treno? **5.** Mi **aspetterebbe** un momento? **6.** Mi **porterebbe** il conto?

11.14

1. Signor Pini, **parlerebbe /potrebbe parlare /Le dispiacerebbe parlare** piu' forte! **2.** Signor Pini, tornerebbe /potrebbe tornare /Le dispiacerebbe tornare domani! **3.** Signor Pini, chiuderebbe /potrebbe chiudere /Le dispiacerebbe chiudere la porta! **4.** Signor Pini, risponderebbe /potrebbe rispondere /Le dispiacerebbe rispondere al telefono! **5.** Signor Pini, finirebbe /potrebbe finire /Le dispiacerebbe finire il lavoro prima delle undici! **6.** Signor Pini, firmerebbe /potrebbe firmare /Le dispiacerebbe firmare questo documento!

11.15

1. Marta, **mi accompagneresti** /**potresti accompagnarmi** /**ti dispiacerebbe accompagnarmi** all'aeroporto! **2.** Marta, mi ascolteresti /potresti ascoltarmi /ti dispiacerebbe ascoltare un momento! **3.** Marta, mi daresti /potresti darmi /ti dispiacerebbe dare un passaggio per la stazione! **4.** Marta, mi presteresti /potrei prestarmi /ti dispiacerebbe prestare il dizionario! **5.** Marta, mi consiglieresti /potresti consigliarmi /ti dispiacerebbe consigliare un bel film! **6.** Marta, mi fisseresti /potresti fissarmi /ti dispiacerebbe fissare un appuntamento con il direttore!

11.16

1. Dovresti leggere il giornale ogni giorno! /Al tuo posto, io **leggerei** il giornale ogni giorno. **2. Dovresti fare** un po' di sport! /Al tuo posto, io **farei** un po' di sport. **3. Dovresti studiare** qualche lingua straniera! /Al tuo posto, io **studierei** qualche lingua straniera. **4. Dovresti uscire** piu' spesso! /Al tuo posto, io **uscirei** piu' spesso. **5.** Non **dovresti fare** le ore piccole! /Al tuo posto, io non **farei** le ore piccole. **6. Dovresti** andare in vacanza! /Al tuo posto, io **andrei** in vacanza.

11.17

1. Signor Pini, **dovrebbe bere** di meno! /Signor Pini, al Suo posto, io **berrei** di meno! **2.** Signor Pini, **dovrebbe andare** dal medico! /Signor Pini, al Suo posto, io **andrei** dal medico! **3.** Signor Pini, **dovrebbe prendere** qualche giorno di ferie! /Signor Pini, al Suo posto, io **prenderei** qualche giorno di ferie! **4.** Signor Pini, **dovrebbe dormire** di piu'! /Signor Pini, al Suo posto, io **dormirei** di piu'! **5.** Signor Pini, non **dovrebbe fare** le ore piccole! /Signor Pini, al Suo posto, io non **farei** ore piccole! **6.** Signor Pini, **dovrebbe finire** il lavoro prima di partire! /Signor Pini, al Suo posto, io **finirei** il lavoro prima di partire!

11.18

1. Dovresti avere un po' di pazienza. **2.** Aldo **dovreste viaggiare** piu' spesso. **3. Dovreste riposarvi** un po'. **4. Dovresti svegliarti** prima la mattina. **5. Dovreste prendere** qualche giorno di ferie. **6.** I bambini **dovrebbero stare** un po' piu' all'aria aperta.

11.19

1. Avresti dovuto fare il viaggio in treno. **2. Avresti dovuto** chiamare subito il medico. **3. Avresti dovuto** avvertire i tuoi amici. **4. Avresti dovuto** scrivere a Maria? **5. Avresti dovuto** studiare. **6. Avresti dovuto** telefonare a Mauro.

11.20

1. Saresti dovuta partire subito. **2. Saresti dovuta** arrivare in tempo. **3. Saresti dovuta** venire con noi. **4. Saresti dovuta** rimanere con Giorgio. **5. Saresti dovuta** tornare prima? **6. Saresti dovuta** andare a lezione.

11.21

1. Avreste potuto bere meno. **2. Avreste potuto** studiare di piu'. **3. Avreste potuto** prendere un giorno di vacanza. **4. Avreste potuto** leggere quel libro. **5. Avreste potuto** telefonare a Mario. **6. Avreste potuto** scrivere a vostro fratello.

11.22

1. Saresti potuto partire subito. **2. Saresti potuto** uscire piu' spesso. **3. Saresti potuto** tornare a casa a pranzo. **4. Saresti potuto** restare di piu' in biblioteca. **5. Saresti potuto** venire con noi. **6. Saresti potuto** alzarti prima la mattina.

11.23

1. dagli/da 2. dalla/da 3. di 4. di 5. a/a 6. a/di/a 7. da 8. per la/per 9. per/in 10. all'/a/in 11. in/a 12. in/ad 13. dal/a 14. a/dai 15. di/alle 16. alla/con l' 17. da/con 18. da/a/di 19. a/al 20. dal/da 21. da 22. da 23. di/in 24. per/all'

11.24

1. Sono case molto **grandi. 2.** Sono Universita' molto **famose. 3.** Sono ipotesi molto **interessanti. 4.** Sono foto molto **vecchie. 5.** Sono ragazzi molto **gentili. 6.** Sono moto molto **veloci. 7.** Sono sport molto **popolari** in Italia. **8.** Sono bar molto **conosciuti. 9.** Sono auto tedesche molto **costose. 10.** Sono analisi molto **intelligenti. 11.** Sono facolta' molto **difficili. 12.** Sono film molto **famosi.**

12.1

1. Carlo e' **piu'** puntuale **di** Luca. /Carlo e' **meno** puntuale **di** Luca. /Carlo e' puntuale **come** Luca. **2.** Carlo e' **piu'** intelligente **di** Luca. /Carlo e' **meno** intelligente **di** Luca. /Carlo e' intelligente **come** Luca. **3.** Carlo e' **piu'** paziente **di** Luca. /Carlo e' **meno** paziente **di** Luca. /Carlo e' paziente **come** Luca. **4.** Carlo e' **piu'** studioso **di** Luca. /Carlo e' **meno** studioso **di** Luca. /Carlo e' studioso **come** Luca. **5.** Carlo e' **piu'** bello **di** Luca. /Carlo e' **meno** bello **di** Luca. /Carlo e' bello **come** Luca. **6.** Carlo e' **piu'** goloso **di** Luca. /Carlo e' **meno** goloso **di** Luca. /Carlo e' goloso **come** Luca.

12.2

1. Marta e' **piu'** magra **di** sua sorella./Marta e' **meno** magra **di** sua sorella./Marta e' magra **come** sua sorella. **2.** Marta e' **piu'** elegante **di** sua sorella./Marta e' **meno** elegante **di** sua sorella./Marta e' elegante **come** sua sorella. **3.** Marta e' **piu'** carina **di** sua sorella./Marta e' **meno** carina **di** sua sorella./Marta e' carina **come** sua sorella. **4.** Marta e' **piu'** gentile **di** sua sorella./Marta e' **meno** gentile **di** sua sorella./Marta e' gentile **come** sua sorella. **5.** Marta e' **piu'** affettuosa **di** sua sorella./Marta e' **meno** affettuosa **di** sua sorella./Marta e' affettuosa **come** sua sorella. **6.** Marta e' **piu'** precisa **di** sua sorella./Marta e' **meno** precisa **di** sua sorella./Marta e' precisa **come** sua sorella.

12.3

1. Tu sei **piu'** simpatico **di** lui. **2.** Io sono **piu'** magro **di** te. **3.** Lei e' **piu'** simpatica **di** te. **4.** Voi siete **piu'** studiosi **di** noi. **5.** Noi siamo **piu'** pazienti **di** loro. **6.** Loro sono **piu'** precisi **di** voi.

12.4

1. Giocare a tennis e' **piu'** divertente **che** giocare a calcio. **2.** Sciare e' **piu'** faticoso **che** nuotare. **3.** Parlare una lingua straniera e' **piu'** difficile **che** capirla. **4.** Spendere e' **piu'** facile **che** guadagnare. **5.** Ingrassare e' **piu'** facile **che** dimagrire. **6.** Camminare e' **piu'** sano **che** andare in macchina.

12.5

1. A casa mangio **meglio che** in pizzeria. **2.** In estate sto **meglio che** in inverno. **3.** Di mattina studio **meglio che** di sera. **4.** Da solo studio **meglio che** in compagnia. **5.** Con Paola parlo **meglio che** con Martina. **6.** Di giorno lavoro **meglio che** di notte.

12.6

1. piu'/del **2.** piu'/di **3.** piu'/del **4.** piu'/di **5.** piu'/che **6.** piu'/che **7.** piu'/che **8.** piu'/che **9.** piu'/che **10.** piu'/di **11.** piu'/d' **12.** piu'/di **13.** piu'/di **14.** piu' di **15.** piu'/che **16.** piu'/di **17.** piu'/del **18.** piu'/che **19.** piu'/di **20.** piu'/di

12.7

1. migliore **2.** migliore **3.** superiore **4.** inferiore **5.** migliore **6.** inferiore **7.** peggiore **8.** migliore

12.8

1. Questo vino e' **buonissimo**/molto buono. **2.** Questa ragazza e' **simpaticissima**/molto simpatica. **3.** Questa macchina e' **velocissima**/molto veloce. **4.** Questi mobili sono **antichissimi**/molto antichi. **5.** Questi esercizi sono **difficilissimi**/molto difficili. **6.** Queste attrici sono **famosissime**/molto famose.

12.9

1. il/piu'/in **2.** la/piu'/in **3.** il/piu'/nel **4.** la/piu'/nel **5.** il/piu'/nel **6.** il/piu'/nella **7.** il/piu'/in **8.** il/piu'/in **9.** il/piu'/nell' **10.** lo/piu'/in **11.** il/piu'/in **12.** gli/piu'/in

12.10

1. Lo regalo a Elena. **2. Le** regalo ai ragazzi. **3. Li** regalo ai signori Bianchi. **4. Li** regalo a Stella. **5. La** regalo ai genitori di Rita. **6. Li** regalo a Marta.

12.11

1. Gli regalo un libro. **2. Gli** regalo delle cassette. **3. Gli** regalo dei cioccolatini. **4. Le** regalo degli orecchini d'oro. **5. Gli** regalo una torta. **6. Le** regalo dei fiori.

12.12

1. Si', e' vero: **glielo** regalo per l'onomastico. **2.** Si', e' vero: **gliele** regalo per la promozione. **3.** Si', e' vero: **glieli** regalo per l'anniversario di matrimonio. **4.** Si', e' vero: **glieli** regalo per la laurea. **5.** Si', e' vero: **gliela** regalo per l'anniversario di matrimonio. **6.** Si', e' vero: **glieli** regalo per il compleanno.

12.13

1. Me la presti? **2. Me le** dai? **3. Me li** dai? **4. Me lo** offri? **5. Me li** prepari? **6. Me la** presti? **7. Me lo** presenti? **8. Me li** regali? **9. Me la** offri? **10. Me le** fai vedere? **11. Me lo** regali? **12. Me li** presti?

12.14

1. Si', **te lo** presto volentieri. **2.** Si', **te la** presto volentieri. **3.** Si', **te li** presto volentieri. **4.** Si', **te le** presto volentieri. **5.** Si', **te lo** presto volentieri. **6.** Si', **te la** presto volentieri.

12.15

1. Certo, **ve la** do subito. **2.** Certo, **ve lo** presento subito. **3.** Certo, **ve lo** faccio subito. **4.** Certo, **ve li** presto subito. **5.** Certo, **ve li** faccio vedere subito. **6.** Certo, **ve la** presento subito.

12.16

1. Te la presento domani. **2. Ve la** do domani. **3. Ve lo** porto domani. **4. Gliela** faccio vedere domani. **5. Gliela** presento domani. **6. Gliela** do domani.

12.17

1. Gliela presto volentieri. **2. Glielo** presto volentieri. **3. Glielo** presto volentieri. **4. Gliela** presto volentieri. **5. Glieli** presto volentieri. **6. Glieli** presto volentieri. **7. Gliela** presto volentieri. **8. Glieli** presto volentieri. **9. Gliele** presto volentieri. **10. Glielo** presto volentieri. **11. Glieli** presto volentieri. **12. Gliela** presto volentieri.

12.18

1. Te la spedisco domani. **2. Ve lo** offro domani. **3. Gliela** scrivo domani. **4. Glielo**

porto domani. **5. Glieli** compro domani. **6. Gliela** faccio vedere domani. **7. Te le** faccio vedere domani. **8. Ve li** presento domani. **9. Te la** presto domani. **10. Ve lo** dico domani. **11. Ve lo** do domani. **12. Te li** mando domani.

12.19

1. posso prestarlo io (**te lo** posso prestare). **2.** posso prestarla io (**te la** posso prestare). **3.** posso prestarli io (**ve li** posso prestare). **4.** posso prestarla io (**ve la** posso prestare). **5.** posso prestarle io (**ve le** posso prestare). **6.** posso prestarla io (**gliela** posso prestare). **7.** posso prestarli io (**glieli** posso prestare). **8.** posso prestarlo io (**glielo** posso prestare). **9.** posso prestarla io (**gliela** posso prestare). **10.** posso prestarle io (**gliele** posso prestare).

12.20

1. te ne **2.** gliela **3.** gliele **4.** Te ne/te le **5.** ve lo **6.** gliene **7.** Te lo **8.** teli **9.** glieli **10.** Me ne **11.** Te li **12.** te le

12.21

1. Me l'ha dat**o** Mario. **2. Me l'**ha dat**a** Mario. **3. Me l'**ha dat**a** Mario. **4. Me le** ha dat**e** Mario. **5. Me le** ha dat**e** Mario. **6. Me li** ha dat**i** Mario.

12.22

1. Ce l'ha prestat**o** Marco. **2. Ce li** ha prestat**i** Marco. **3. Ce li** ha prestat**i** Marco. **4. Ce l'**ha prestat**o** Marco. **5. Ce le** ha prestat**e** Marco. **6. Ce l'**ha prestat**o** Marco.

12.23

1. Gliel'ha dat**a** Mario. **2. Ce l'**ha dat**a** Mario. **3. Me l'**ha dat**a** Mario. **4. Gliel'**ha dat**a** Mario. **5. Gliel'**ha dat**a** Mario. **6. Gliel'**ha dat**a** Mario.

12.24

1. Non glieli ho mandato **2.** Non ve l'ho spedita **3.** Non gliel'ho prestata **4.** Non gliel'ho chiesto **5.** Non gliel'ho comprato **6.** Non te l'ho detto

12.25

1. in 2. di 3. a/d' 4. di/in 5. in/in 6. di 7. a/per 8. dai/d' 9. in/in 10. con 11. al 12. di

12.26

1. a 2. a/a 3. a/con il(in)/delle(alle) 4. di/al/a 5. per/in 6. ai 7. all'/con 8. a/con/di 9. con/al/alla 10. Dalla 11. a/in 12. a/negli

13.1

1. **Mangia** meno! 2. **Prendi** una decisione! 3. **Parti** subito! 4. **Abbassa** la televisione! 5. **Apri** la porta! 6. **Spegni** lo stereo!

13.2

1. Paolo, **sparecchia** la tavola! 2. Paolo, **arriva** in orario! 3. Paolo, **rispondi** al telefono! 4. Paolo, **chiudi** la porta! 5. Paolo, **torna** presto! 6. Paolo, **lava** i piatti!

13.3

1. Non mangiare piu'! 2. Non leggere piu'! 3. Non parlare piu'! 4. Non dormire piu'! 5. Non lavorare piu'! 6. Non scrivere piu'!

13.4

1. Paolo dice a Marco di chiudere la finestra. 2. Paolo dice a Marco di accendere la radio. 3. Paolo dice a Marco di mettere in ordine il salotto. 4. Paolo dice a Marco di preparare la cena. 5. Paolo dice a Marco di rispondere al telefono. 6. Paolo dice a Marco di chiudere bene la porta.

13.5

1. Andrea, **va'** subito a casa! 2. Andrea, **fa'** subito gli esercizi! 3. Andrea, **sta'** calmo! 4. Andrea, **da'** una mano a Pietro! 5. Andrea, **abbi** pazienza! 6. Andrea, **sii** ordinato!

13.6

1. **Mettete** in ordine la camera! 2. **Mettete**vi il pigiama. 3. **Apparecchiate** la

tavola! **4. Aprite** la porta! **5. Andate** a letto presto! **6. Fate** silenzio!

13.7

1. Ascolta i miei consigli. **2. Partiamo** subito. **3. Leggete** questo libro. **4. Assaggia** questo vino. **5. Restiamo** a casa stasera. **6. Prendete** un giorno di riposo. **7. Metti**ti un vestito pesante. **8. Aspettiamo** fino alle 8. **9. Smettete** di discutere. **10. Chiama** il medico. **11. Mandate** una cartolina a Ivo. **12. Finiamo** il lavoro per domani.

13.8

1. "Antonio, **stai** attento! **Va'** piano, non **suonare** il clacson, non **avere** fretta, **rallenta**!" **2.** "Ragazzi, non **guardate** la TV tutto il pomeriggio! **Studiate**! Sandro, alle 7 **accendi** il forno! E tu, Piero, **apparecchia** la tavola! Dai, Giorgio, **andiamo**!

13.9

1. Professore, venga a cena con noi! **2.** Professore, parta piu' tardi! **3.** Professore, beva qualcosa! **4.** Professore, ritelefoni fra un'ora! **5.** Professore, entri un attimo! **6.** Professore, prenda qualcosa da mangiare!

13.10

1. Signorina, **stia** attenta! **2.** Signorina, **vada** subito in banca! **3.** Signorina, **dica** quello che pensa! **4.** Signorina, **faccia** questo lavoro subito! **5.** Signorina, **dia** questo foglio al direttore! **6.** Signorina, **abbia** piu' pazienza! **7.** Signorina, non **si preoccupi**! **8.** Signorina, **sia** puntuale!

13.11

1. Non apra la porta! **2.** Non andate via! **3.** Non diciamo bugie! **4.** Non bere molto! **5.** Non parta! **6.** Non andare a casa!

13.12

1. Non ascoltare i tuoi amici! **2.** Non guardate la TV! **3.** Non parlare in inglese! **4.** Non accendere la radio! **5.** Non guardare nel dizionario! **6.** Non telefonate a Francesco!

13.13
1. compralo. **2.** comprala. **3.** comprali. **4.** comprale. **5.** compralo. **6.** comprale.

13.14
1. Chiamami stasera per favore! **2.** Telefonami per favore! **3.** Aspettatemi per favore! **4.** Accompagnaci per favore! **5.** Scriveteci per favore! **6.** Avvertitemi per favore!

13.15
1. la apra pure! **2.** lo accenda pure! **3.** la legga pure! **4.** lo finisca pure! **5.** li inviti pure! **6.** li ascolti pure!

13.16
1. Sbrigatevi! **2.** Vestiti in fretta! **3.** Fatevi la barba! **4.** Mettiamoci a studiare! **5.** Iscriviti all'Universita'! **6.** Riposiamoci un po'!

13.17
1. Regalale un profumo! **2.** Regalagli un libro! **3.** Regalatele una borsa! **4.** Regalategli una penna d'oro! **5.** Regalale una collana! **6.** Regalagli un'agenda di pelle!

13.18
1. Compragliele subito! **2.** Scriviamogliela subito! **3.** Prestategliela subito! **4.** Riportaglieli subito! **5.** Regaliamoglielo subito! **6.** Preparategliela subito!

13.19
1. Si', fumala pure! **2.** Si', aprila pure! **3.** Si', invitalo pure! **4.** Si', usalo pure! **5.** Si', aprile pure! **6.** Si', prendilo pure!

13.20
1. No, non prendetela! **2.** No, non chiudetela! **3.** No, non invitateli! **4.** No, non prendetela! **5.** No, non accendetelo! **6.** No, non mangiateli!

13.21

1. Dilla! **2.** Fallo! **3.** Dillo! **4.** Dalla! **5.** Dallo!. **6.** Falla!

13.22

1. Facci un piacere! **2. Dammi** una mano! **3. Dimmi** la verita'! **4. Stacci** a sentire! **5. Vammi** a comprare il pane! **6. Vacci** a prendere il giornale?

13.23

1. Portali! **2.** Portale! **3.** Portalo! **4.** Portali! **II. 1.** Prendetela! **2.** Andateci! **3.** Prestategliela! **III. 1.** Non falle!/Non le fare! **2.** Alzati prima! **3.** Arriva in orario! **4.** Sta' attento! **IV.** 1. Mangiate di meno! **2.** Fate una dieta! **3.** Fatela seriamente! **4.** Fate molto sport! **5.** Fatelo ogni giorno! **6.** Giocate a tennis! **V.** 1. Misurati subito la febbre! **2.** Mettiti la sciarpa e il cappotto! **3.** Va' dal dottore! **4.** Vacci prima possibile! **5.** Ricordati di prendere le medicine! **VI.** 1. Sii prudente! **2.** Va' piano! **3.** Rallenta in curva! **4.** Non sorpassare! **5.** Non ti innervosire!/Non innervosirti! **6.** Non dire parolacce!

13.24

Stamattina mi sono svegliato **alle** 7; sono uscito **di** casa **alle** 8 e sono andato **al** bar **a** fare colazione. Subito dopo sono andato **all'**Universita' **con** alcuni amici.
La lezione cominciava **alle** 9, ma io sono arrivato **in** ritardo. Sono uscito **dall'**Universita' **all'**una circa e avevo molta fame. Cosi' sono andato **a** mangiare **alla** mensa **con** Pina. Dopo pranzo siamo andati **al** bar **a** prendere un caffe' e poi **di** corsa **a** casa **a** studiare. Ho studiato fino **alle 7.** Poi sono andato **al** centro; avevo un appartamento **con** Enrico. Abbiamo mangiato **in** pizzeria e dopo cena siamo tornati **a** casa. Ho guardato un po' la TV e **a** mezzanotte sono andato **a** letto.

14.1

1. E' il ragazzo **che** mi ha invitato a pranzo. **2.** E' la ragazza **che** mi ha telefonato poco fa. **3.** E' il ragazzo **che** ho conosciuto in vacanza. **4.** E' la ragazza **che** ha vinto la borsa di studio. **5.** E' il ragazzo **che** abbiamo incontrato per strada. **6.** E' il ragazzo **che** devo accompagnare alla stazione.

14.2

1. Sono i ragazzi **che** ho salutato poco fa. **2.** Sono le ragazze **che** vengono con me in palestra. **3.** Sono i ragazzi **che** ho invitato alla festa di domani. **4.** Sono i ragazzi **che** vado a prendere alla stazione. **5.** Sono le ragazze **che** ci hanno ospitato a casa loro. **6.** Sono i ragazzi **che** lavorano nel negozio qui vicino.

14.3

1. Chi e' Enrico? E' il ragazzo **da cui** vado a pranzo. **2.** Chi e' Valeria? E' la ragazza **con cui** ho un appuntamento. **3.** Chi e' Antonio? E' il ragazzo **a cui** ho dato il mio indirizzo. **4.** Chi e' Giulia? E' la ragazza **a cui** ho scritto una cartolina poco fa. **5.** Chi e' Matteo? E' il ragazzo **a cui** piace molto la mia casa. **6.** Chi e' Matilde? E' il ragazzo **da cui** sono stata ospite l'anno scorso.

14.4

1. Sono i ragazzi **di cui** (dei quali) ti ho parlato. **2.** Sono le ragazze **a cui** (alle quali) ho presentato la mia macchina. **3.** Sono i ragazzi **per cui** (per i quali) ho preparato una sorpresa. **4.** Sono i ragazzi **con cui** (con i quali) vado al cinema. **5.** Sono le ragazze **da cui** (dalle quali) ho ricevuto un regalo. **6.** Sono i ragazzi **in cui** (nei quali) crediamo molto.

14.5

1. che **2.** a cui **3.** che **4.** di cui **5.** da cui **6.** in cui **7.** di cui **8.** per cui **9.** che **10.** con cui **11.** che **12.** a cui

14.6

1. che **2.** a cui **3.** su cui **4.** che **5.** per cui **6.** in cui **7.** che **8.** per cui **9.** in cui **10.** che **11.** a cui **12.** che

14.7

1. ne **2.** ci **3.** ci **4.** ci **5.** ci **6.** ne **7.** ci **8.** Ci **9.** -ci **10.** ci **11.** ci **12.** ci

14.8

1. ne 2. ci/ne 3. ci 4. ci 5. ne 6. ne 7. ne 8. ne 9. Ci 10. ne

14.9

1. mi 2. li/-i/-a 3. ti 4. La(L') 5. l/-o/con cui 6. a cui/l/-a 7. La/Le 8. si/la/le 9. si/lo/gli 10. -mi 11. Le/-mi 12. ti

14.10

1. gli/glielo 2. Gli/gliela 3. gliel'/-o/ti 4. gli/lo(l') 5. gliele 6. me le 7. ti/Me l'/-o 8. Le/-mi 9. ti/-e/mi/-e 10. -glieli 11. mi/te lo 12. gliel'/-a

14.11

1. di/negli 2. a/con 3. nel 4. a 5. sul 6. a/per 7. tra(fra)/in 8. dai/a 9. a/dal 10. con 11. in/del 12. in/per/di/in

15.1

1. Gina non **ando'** al ristorante perche' non aveva fame. **2.** Non **prendemmo** l'ombrello perche' non pioveva. **3.** Non **comprarono** quella casa perche' non avevano i soldi. **4. Bevvi** un bicchiere di birra perche' avevo sete. **5.** Mi **disse** che non poteva venire perche' era occupata. **6. Smisi** di fumare perche' mi faceva male. **7.** Giorgio non **venne** con noi perche' stava male. **8. Comprammo** quel quadro che ci piaceva tanto. **9.** Gli **chiesi** che cosa faceva. **10.** Quando **arrivammo** alla stazione, il treno stava partendo. **11.** Maurizio **prese** le sigarette che erano sul tavolo. **12. Andai** a salutare gli amici che partivano.

15.2

1. Quella volta non **risposi** alla sua lettera perche' non conoscevo il suo indirizzo. **2.** Quella volta **andammo** a Roma con l'autobus perche' non avevamo la macchina. **3.** Quella volta Laura non **venne** con noi perche' doveva lavorare. **4.** Quella volta mi **fermai** a Roma solo un paio di giorni perche' dovevo tornare a lavorare. **5.** Quella volta Enzo **scrisse** una lettera a Mario perche' aveva bisogno del suo aiuto. **6.** Quella volta **cambiai** casa perche' ne volevo una piu' grande.

15.3

1. Quella sera avevamo molto da fare, percio' **tornammo** a casa tardi. **2.** Quella sera Stefano deveva finire un lavoro, percio' **rimase** in ufficio fino a tardi. **3.** Quella sera avevo molto sonno, percio' mi **addormentai** presto. **4.** Quella sera non avevamo voglia di cucinare, percio' **mangiammo** al ristorante. **5.** Quella sera i ragazzi avevano la febbre alta, percio' **chiamai** il medico. **6.** Quella sera Ugo e Ivo non avevano voglia di stare a casa, percio' **andarono** al cinema. **7.** Quella mattina dovevo versare un assegno, percio' **andai** in banca. **8.** Quella mattina ero molto stanca, percio' mi **alzai** tardi. **9.** Quella mattina Ada aveva la macchina dal meccanico, percio' **prese** l'autobus. **10.** Quella mattina dormivamo profondamente, percio' non **sentimmo** la sveglia. **11.** Quella mattina i ragazzi avevano l'influenza, percio' **restarono** a casa. **12.** Quella mattina sentivo molto freddo, percio' **accesi** il riscaldamento.

15.4

1. Non **risposi** alla tua lettera, perche' avevo preso l'indirizzo. **2.** Non **salutai** Antonio, perche' non l'avevo riconosciuto. **3.** **Trovammo** un posto in prima fila al concerto, perche' avevamo prenotato. **4.** Sandro mi **venne** a trovare, perche' aveva saputo che stavo male. **5.** Marcella **dove'(dovette)** pagare una multa, perche' aveva lasciato la patente a casa. **6.** **Andai** dal medico, perche' la mattina mi ero sentita male.

15.5

vidi	spesi	accesi	piacqui	vissi	persi
venni	dissi	risposi	presi	bevvi	chiesi
spinsi	fui	volli	scrissi	feci	vinsi
spensi	ebbi	nacqui	lessi	stetti	giunsi

vedere	spendere	accendere	piacere	vivere	perdere
venire	dire	rispondere	prendere	bere	chiedere
spingere	essere	volere	scrivere	fare	vincere
spegnere	avere	nascere	leggere	stare	giungere

15.6

esclamo' /replico' /passarono /cominciarono /Lottarono /si stancarono /doverono(dovettero) /si addormentarono /uscii' /prese /mangio'

15.7

I. inizio' /inauguro' /durarono /si svolsero /dichiaro' /comincio'

II. inizio' /termino' /progetto' /fu

15.8

1. stradaccia **2.** riposino **3.** appartamentino **4.** giornataccia **5.** profumino **6.** finestrina **7.** ragazzacci **8.** doloretto **9.** omone **10.** giretto **11.** vitaccia **12.** Mammina

15.9

1. al/a **2.** A/a/negli **3.** Fra(Tra)/di **4.** alla/all'(d') **5.** dalla/a/al **6.** a/all'/della **7.** in/alla/nel **8.** dei/sul/della **9.** per/all'/per/di **10.** di/a/con **11.** di/al **12.** a/nel/a/nel

15.10

Ieri sera Teresa e' andata **con** i suoi genitori **a** cena **dai** signori Marchetti; hanno festeggiato Daniela, la figlia, che ha studiato **all'**Universita' **di** Roma e ha preso la laurea **in** architettura dieci giorni fa.

A cena Teresa ha incontrato un sacco **di** vecchi amici: Pietro lavora **da** un anno **a** Milano **in** una fabbrica di tessuti; Franco ha sposato tre anni fa una ragazza austriaca e viene **in** Italia solo **in/d'**estate **per** le vacanze; Gianna infine non abita piu' **a** casa **dei** suoi genitori, ma e' andata **a** vivere **da** sola **in** un appartamentino vicino **al** centro.

La festa e' stata molto carina; tutti hanno parlato **a** lungo, ma hanno anche mangiato e bevuto troppo. Cosi' Teresa stamattina e' stanca; mezz'ora fa e' suonata la sveglia, ma lei e' ancora **a** letto **con** gli occhi chiusi. Solo quando pensa **alla** laurea **di** Daniela, decide **di** scendere dal letto, **di** fare colazione e **di** andare **all'**Universita'; ha lezione **dalle** 10 **alle** 12 e non puo' mancare: ha ancora due esami prima **di** laurea.

15.11

1. problemi **2.** panorama **3.** programmi **4.** panorama **5.** problema **6.** poeti

15.12

1. sono (dei) giornalisti italiani molto famosi. **2.** sono (degli) automobilisti molto prudenti. **3.** sono (delle) turiste molto curiose. **4.** siete (delle) pianiste molto brave. **5.** sono (degli) artisti molto originali. **6.** siete (delle) tenniste molto brave.

15.13

Giuseppe Tomasi, principe di Lampedusa, **nacque** a Palermo nel 1896. **Fu** un uomo di grande cultura ma **ebbe** pochi contatti con gli ambienti letterari. **Partecipo'** alla prima guerra mondiale e **fece** la carriera militare fino al 1925. **Trascorse** il resto della sua vita tra studi e viaggi all'estero.

Tra il 1955 e il 1956 **compose** il suo unico romanzo, "Il Gattopardo", che Giorgio Bassani **pubblico'** nel 1958, dopo la sua morte. "Il Gattopardo" **ebbe** un grandissimo successo sia in Italia che all'estero con una ventina di traduzioni.

Di questo romanzo il regista Luchino Visconti **fece** un film di successo con Alain Delon e Claudia Cardinale.

15.14

1. In gennaio. **2.** Un bambino filippino Nazario. **3.** Dalla Filippine. **4.** Era una bambina grossa con una grossa pancia, aveva occhi grandi, il viso rotondo e i capelli neri. **5.** Al padre. **6.** Serena non voleva stare con la madre. **7.** Il centro dell'universo.

16.1

1. Credo che Gianni **telefoni** ai suoi ogni sera. **2.** Credo che i bambini **mangino** troppo dolci. **3.** Credo che tu **legga** pochi libri. **4.** Credo che voi **dormiate** poco. **5.** Credo che Marta non **capisca** questo problema. **6.** Credo che Vittorio **parta** per Parigi.

16.2

1. Si', penso che (Daniele) **lavori**. **2.** Si', penso che (Giovanni) **legga**. **3.** Si', penso che (Alberto) **mangi**. **4.** Si', penso che (Antonio) **dorma**. **5.** Si', penso che (Maria) **parta**? **6.** Si', penso che (Benedetta) **riposi**?

16.3

1. Credo che Giorgio **abbia** ragione. **2.** Credo che i nostri amici **siano** gia' **partiti**. **3.** Credo che ci **sia** un bel film alla TV. **4.** Credo che la macchina di Fausto **si sia rotta**. **5.** Credo che i miei amici **rimangano** ancora un po'. **6.** Credo che Sergio non **stia** bene. **7.** Credo che Giuseppina **si sia addormentata** molto tardi. **8.** Credo che i ragazzi **abbiano alzato** un po' il gomito ieri sera.

16.4

1. Non penso proprio che Simone **sia** malato? **2.** Non penso proprio che Gianni **dica** la verita'? **3.** Non penso proprio che i ragazzi **possano** parlare di questo problema con noi? **4.** Non penso proprio che Andrea **debba(deva)** studiare stasera? **5.** Non penso proprio che Giulio **volga** studiare il cinese? **6.** Non penso proprio che i bambini **escano** da soli?

16.5

1. Credi che i signori Rossi **siano usciti**? **2.** Credi che Dino **sia partito**? **3.** Credi che i bambini **abbiano mangiato**? **4.** Credi che Pia **si sia laureata**? **5.** Credi che **abbia piovuto** stanotte? **6.** Credi che Gianni **sia tornato**?

16.6

1. Speriamo che **sia** veloce! **2.** Speriamo che **sia** maschio! **3.** Speriamo che **sia** ottimista! **4.** Speriamo che **abbia** ragione! **5.** Speriamo che **abbia** molti amici! **6.** Speriamo che **sia** ricco!

16.7

1. Sono contento che tu **vada** in vacanza! **2.** Sono contento che tu **abbia superato** l'esame! **3.** Sono contento che tu **abbia vinto** al totocalcio! **4.** Sono contento che tu **ti senta** molto meglio! **5.** Sono contento che tu **ti rilassi** un po'! **6.** Sono contento che tu **possa** fare questo viaggio!

16.8

1. E' incredibile che lei **abbia trovato** un buon lavoro! **2.** E' incredibile che lei **sia**

partita con Giorgio! **3.** E' incredibile che lei **sia diventata** ricca! **4.** E' incredibile che lei **si sia innamorata**! **5.** E' incredibile che lei **si sia pentita** di quello che ha fatto? **6.** E' incredibile che lei **abbia finito** tutti i soldi?

16.9

1. Non sono certo che tu **legga** il giornale ogni giorno. **2.** Non sono certo che voi **capiate** tutto quello che dico. **3.** Non sono certo che Giulia **abbia** ragione. **4.** Non sono certo che i ragazzi **siano** al bar. **5.** Non sono certo che tu **dica** la verita'. **6.** Non sono certo che i tuoi amici **parlino** bene l'italiano.

16.10

1. Bisogna che tu **vada** al lavoro subito. **2.** Bisogna che tu **dica** la verita'. **3.** Bisogna che tu **stia** attento. **4.** Bisogna che voi **usciate** subito. **5.** Bisogna che voi **facciate** gli esercizi. **6.** Bisogna che tu **faccia** un po' di sport. **7.** Bisogna che tu **ti svegli** prima la mattina. **8.** Bisogna che voi **andiate** dal medico. **9.** Bisogna che voi **vi vestiate** in modo elegante. **10.** Bisogna che tu **spedisca** subito la lettera. **11.** Bisogna che voi **finiate** subito il lavoro. **12.** Bisogna che tu **sia** gentile.

16.11

1. Vuoi veramente che (io) ti **dica** la verita'? **2.** Vuoi veramente che (io) ti **spedisca** un regalo? **3.** Vuoi veramente che (io) ti **inviti** a cena? **4.** Vuoi veramente che (io) ti **presti** dei soldi? **5.** Vuoi veramente che (io) ti **accompagni** a casa? **6.** Vuoi veramente che (io) ti **dia** una mano?

16.12

1. sia arrivato /abbia perso **2.** abbiano mangiato /siano tornati **3.** sia rimasto **4.** sia riuscito **5.** sia atato **6.** si abitui **7.** venga /possano **8.** facciate portiate **9.** faccia **10.** capiscano /se ne dimentichino **11.** vada /stia **12.** abbia capito

16.13

1. aiuti **2.** comincino **3.** accompagni **4.** debba(deva) **5.** abbia bevuto **6.** sia **7.** facciamo **8.** capiscano **9.** abbia studiato **10.** possa/paghi **11.** sia **12.** faccia

16.14

1. perche' **2.** perche' **3.** prima che **4.** purche' **5.** perche' **6.** purche' **7.** Sebbene **8.** purche' **9.** prima che **10.** Sebbene **11.** sebbene **12.** purche'

16.15

1. di/fra **2.** di/di **3.** di/al/al **4.** di/per **5.** di/di **6.** per **7.** con/a **8.** con/da **9.** nella/di **10.** di/con

17.1

1. Credevo che Marco **lavorasse** troppo. **2.** Credevo che voi **capiste** bene l'italiano. **3.** Credevo che i bambini **andassero** all'asilo. **4.** Credevo che tu **avessi** molta pazienza. **5.** Credevo che Gianni **venisse** alle 3. **6.** Credevo che Marta **tornasse** presto.

17.2

1. Pensavo che Pierro **fosse** stanco. **2.** Pensavo che tu **bevessi** troppo. **3.** Pensavo che Maria **stesse** male. **4.** Pensavo che loro **dicessero** la verita'. **5.** Pensavo che tu **facessi** poco movimento. **6.** Pensavo che tu **dessi** volentieri una mano a tuo fratello.

17.3

1. Pensavo che i bambini **avessero** gia' **mangiato**. **2.** Pensavo che i signori Rossi **fossero** gia' **usciti**. **3.** Pensavo che Marta **avesse** gia' **finito** tutti i soldi. **4.** Pensavo che Maria **si fosse** gia' **vestita** per uscire. **5.** Pensavo che tu **avessi** gia' **studiato** abbastanza. **6.** Pensavo che voi **vi foste** gia' **riposati**.

17.4

1. Speravo che lui **sarebbe tornato** presto. **2.** Speravo che tu mi **avresti scritto** subito. **3.** Speravo che lei **avrebbe finito** presto l'Universita'. **4.** Speravo che voi **sareste venuti** alla festa. **5.** Speravo che lui non **avrebbe perso** il treno. **6.** Speravo che ci **sarebbe stato** il sole.

17.5

1. Non sapevo che (tu) **avessi** un appartamento in centro. **2.** Non sapevo che (Valery) **conoscesse** gia' Napoli. **3.** Non sapevo che (voi) **beveste** molta birra. **4.** Non sapevo che (tu) **dessi** l'esame oggi. **5.** Non sapevo che (Mario) **stesse** male. **6.** Non sapevo che (voi) **parlaste** francese. **7.** Non sapevo che (tu) **capissi** bene il russo. **8.** Non sapevo che (Ivo e Rita) **abitassero** lontano dal centro.

17.6

1. Pensavo che (Pietro) **desse** l'esame di matematica. **2.** Pensavo che (Pietro) **fosse** malato. **3.** Pensavo che (Pietro) non **avesse** sonno. **4.** Pensavo che (Pietro) **fosse** a casa. **5.** Pensavo che (Pietro) non gli **piacesse**. **6.** Pensavo che (Pietro) lo **conoscesse** gia' bene. **7.** Pensavo che (Pietro) la **conoscesse** gia'. **8.** Pensavo che (Pietro) **dicesse** sempre la verita'.

17.7

1. Si', bisognava proprio che (Giorgio) la **tagliasse** in giardino. **2.** Si', bisognava proprio che (io) la **apparecchiassi**? **3.** Si', bisognava proprio che (i ragazzi) la **lavaste**. **4.** Si', bisognava proprio che (noi) la **cucinassimo** per il pranzo. **5.** Si', bisognava proprio che (io) lo **dicessi**. **6.** Si', bisognava proprio che (Marta) lo **desse**. **7.** Si', bisognava proprio che (i bambini) li **facessero**. **8.** Si', bisognava proprio che (loro) lo **comprassero.**

17.8

1. Volevi veramente che io **venissi** a trovarti ieri sera? **2.** Volevate veramente che io vi **aiutassi** ieri sera? **3.** Volevate veramente che io vi **dicessi** la verita'? **4.** Volevi veramente che io **andassi** da Carla? **5.** Mario voleva veramente che io gli **dessi** una mano? **6.** Gina voleva veramente che noi **venissimo** a cena da lei?

17.9

1. Non ero d'accordo che **comprasse** una macchina nuova. **2.** Non ero d'accordo che **uscissero** da soli. **3.** Non ero d'accordo che **andasse** a vivere da sola. **4.** Non ero d'accordo che **cambiasse** casa. **5.** Non ero d'accordo che **andasse** al mare. **6.** Non ero d'accordo che **uscissero** in macchina.

17.10

1. La madre aveva paura che non **predessero** la medicina. **2.** La madre aveva paura che non **studiassero**. **3.** La madre aveva paura che non **tornassero** presto. **4.** La madre aveva paura che non **obbedissero** alla baby-sitter. **5.** La madre aveva paura che non **andassero** alla lezione di pianoforte. **6.** La madre aveva paura che non **si addormentassero**.

17.11

1. Pensavo che gli studenti **fossero** stanchi. **2.** Mi pareva che Anna **abitasse** a Milano. **3.** Giorgio non voleva che tu **fumassi**. **4.** Era neccessario che tu me lo **dicessi**. **5.** Bisognava che tu **dessi** una mano a Lia. **6.** Pino non credeva che tu **fossi** offeso. **7.** Mi sembrava che voi **foste** stanchi. **8.** Immaginavo che Carlo **arrivasse** presto. **9.** Eravamo contenti che Marco **venisse** a trovarci. **10.** Avevo paura che tu non mi **ascoltassi** con attenzione. **11.** Mi auguravo che tu **capissi** il nostro problema. **12.** Mi dispiaceva che loro **stessero** male.

17.12

1. Non sapevo che voi **aveste** gia' **mandato**. **2.** Non sapevo che tu **fossi** gia' **andato**. **3.** Non sapevo che Isabella **si fosse** gia' **iscritta**. **4.** Non sapevo che Marco e Lucia **fossero** gia' **stati**. **5.** Non sapevo che tu **avessi** gia' **cominciato**. **6.** Non sapevo che voi **aveste** gia' **smesso**. **7.** Non sapevo che voi **foste** gia' **andati**. **8.** Non sapevo che tu **ti fossi** gia' **preparato**.

17.13

1. Credevo che non **avesse studiato** abbastanza. **2.** Credevo che ci **fosse andato** la settimana scorsa. **3.** Credevo che l'**avesse registrato** l'altra sera. **4.** Credevo che **avesse cominciato** una dieta. **5.** Credevo che **avesse smesso** di fumare. **6.** Credevo che non gli **fosse piaciuta**. **7.** Credevo che **avesse deciso** di rimanere. **8.** Credevo che **si fosse trovato** bene all'estero.

17.14

1. Pensavo che **sarebbe tornato** domani. **2.** Pensavo che **avrebbe invitato** gli amici domani. **3.** Pensavo che **avrebbe dato** una festa domani. **4.** Pensavo che **sarebbero arrivate** domani. **5.** Pensavo che **avrebbero lavorato** domani. **6.** Pensavo che **saresti uscito** con lui domani. **7.** Pensavo che **avresti cominciato** a studiare domani. **8.** Pensavo che **sareste partiti** domani.

17.15

1. Vorrei che lui **tornasse**. **2.** Vorrei che voi **vi divertiste**. **3.** Vorrei che Ida mi **ascoltasse**. **4.** Vorrei che loro **studiassero** di piu'. **5.** Vorrei che tu **vedessi** la mia citta'. **6.** Vorrei che **venissi** a trovarmi.

17.16

1. Vorrebbe che io la **accompagnassi** alla stazione. **2.** Vorrebbe che io la **invitassi** a cena. **3.** Vorrebbe che io le **prestassi** dei soldi. **4.** Vorrebbe che io **andassi** dal dottore con lei. **5.** Vorrebbe che io le **dessi** una mano. **6.** Vorrebbe che io le **dessi** il mio numero di telefono. **7.** Vorrebbe che io le **prestassi** la mia casa al mare. **8.** Vorrebbe che io **partissi** con lei.

17.17

1. Magari **facesse** bel tempo! **2.** Magari il mare **fosse** pulito! **3.** Magari non ci **fosse** traffico! **4.** Magari **funzionasse** tutto! **5.** Magari l'aria non **fosse** inquinata! **6.** Magari le case **costasse** poco!

17.18

1. Magari **fosse guarito**! **2.** Magari **fossero stati** buoni! **3.** Magari ti **avesse scritto**! **4.** Magari ti **avesse detto** la verita'! **5.** Magari **vi foste divertiti**! **6.** Magari **avessi comprato** quella casa!

17.19

1. facciate **2.** andassero **3.** partiate **4.** fosse **5.** abbia passato/sia andato **6.** sia/parta **7.** sia **8.** abbia visto/venga **9.** nevacasse **10.** vengano **11.** tornassi **12.** potessero

17.20

1. legga **2.** leggesse **3.** leggesse **4.** venissero **5.** conoscessi **6.** abbia studiato **7.** se ne vada **8.** se ne andassero **9.** piova **10.** esca **11.** fossero **12.** dessi **13.** dia **14.** dica **15.** venga **16.** nevichi **17.** piaccia **18.** arrivasse **19.** sappia **20.** sapessero **21.** sia **22.** fossi

17.21

1. d **2.** l **3.** g **4.** f **5.** a **6.** e **7.** i **8.** c **9.** b **10.** h

17.22

1. continua/esco **2.** vuoi/presto **3.** aspetti/accetto **4.** vieni/sono **5.** hai/puoi **6.** venite/vengo

17.23

1. telefonasse /potrei **2.** superassero /sarebbero **3.** facesse /andremmo **4.** invitasse /andrei **5.** tornasse /preparerebbe **6.** potessimo /partiremmo

17.24

1. costasse /comprerei **2.** stessi /andrei **3.** dovessi /basterebbe **4.** ti alzassi /perderesti **5.** faceste /vi sentireste **6.** andassi /prenderesti

17.25

1. fossimo andati /ci saremmo svegliati **2.** avessi telefonato /sarei venuto **3.** avessero studiato /avrebbero superato **4.** fosse stata /sarebbe andato **5.** fosse stato /saremmo arrivati **6.** avessi preso /mi sarei bagnato

17.26

1. i **2.** l **3.** f **4.** b **5.** a **6.** m **7.** d **8.** e **9.** g **10.** h **11.** n **12.** c

17.27

1. a/al/con **2.** per/in/con **3.** a/in/dall' **4.** a/a **5.** a/in/a **6.** da/a/a **7.** dalla/in/al **8.** in/al **9.** di/a/a **10.** a/in/con **11.** di/a/dal **12.** di/a/al

18.1

1. Questa partita **e' seguita da** molti. **2.** Il signor Rossi **e' considerato** molto serio dalla gente. **3.** Una nuova "500" **e' fabbricata da**lla Fiat. **4.** Questi programmi **sono seguiti da** molte persone. **5.** Il ponte **e' costruito** sullo stretto di Messina. **6.** Molte persone **sono colpite da** questa malattia.

18.2

1. Due persone **sono state uccise** nel centro di Bologna **da** un killer. **2.** La citta' **e' stata distrutta da** un violento terremoto. **3.** La casa dei signori Rossi **e' stata svaligiata da** due ladri giovanissimi. **4.** Sei persone **sono state arrestate** per la rapina alla banca **da**lla polizia. **5.** La signora Bianchi **e' stata derubata** vicino a casa **da** un uomo. **6.** Due persone **sono state prese** in ostaggio **da**i rapinatori.

18.3

1. La Gioconda **fu/venne dipinta da** Leonardo da Vinci. **2.** Il barbiere di Siviglia **fu/venne composto da** Gioacchino Rossini. **3.** La poesia L'infinito **fu/venne scritta da** Giacono Leopardi. **4.** L'America **fu/venne scoperta da** cristoforo Colombo. **5.** Il telegrafo senza fili **fu/venne inventato da** Guglielmo Marconi. **6.** Il vaccino contro la poliomielite **fu/venne scoperto da** Albert Bruce Sabin.

18.4

1. Questa notizia **sara' data da**l telegiornale nell'edizione della notte. **2.** Poco dopo il delitto l'assassino **fu raggiunto da**i poliziotti. **3.** Questo film **e' stato visto da** molta gente. **4.** Un nuovo ristorante **sara' inaugurato** la settimana prossima. **5.** Maria **e' considerata** molto bella **da** tutti. **6.** Alcuni anni fa Walter Rossi **fu condannato** all'ergastolo. **7.** I ladri **saranno portati** subito in prigione. **8.** Tutti gli studenti **sono stati promossi**. **9.** La notizia **e' stata diffusa** troppo tardi. **10.** Il pacco **sara' consegnato** a domicilio.

18.5

1. Quest'olio **si vende** al supermercato. **2.** Questa macchina **si fabbrica** in Francia. **3.** Questi vestiti **si confezionano** a Taiwan. **4.** Questi vini **si vendono** molto all'estero. **5.** Queste biciclette **si fabbricano** in Italia. **6.** Questi tortellini **si producono** a Modena.

18.6

1. No, **si puo' scrivere** in poco tempo. **2.** No, **si puo' tradurre** in poco tempo. **3.** No, **si puo' leggere** in poco tempo. **4.** No, **si puo' cambiare** in poco tempo. **5.** No, **si puo' riparare** in poco tempo. **6.** No, **si puo' lavare** in poco tempo.

18.7

1. A Firenze **si possono vedere** molti turisti. **2.** A Perugia **si possono incontrare** molti stranieri. **3.** Sulle Alpi **si possono fare** stupende passeggiate. **4.** In Italia **si possono mangiare** ottimi spaghetti. **5.** A Napoli **si possono mangiare** pizze squisite. **6.** In Italia **si possono bere** vini di qualita'.

18.8

1. La pasta **va mangiata** al dente. **2.** I tortellini **vanno conditi** abbondantemente. **3.** I formaggi **vanno conservati** in luogo fresco. **4.** Questo pulsante **va premuto** dopo la registrazione. **5.** La cassetta **va inserita** subito. **6.** L'aspirina effervescente **va sciolta** nell'acqua.

18.9

1. Il pacco **va spedito** subito! **2.** Le lettere **vanno imbuccate** subito! **3.** Quei documenti **vanno tradutti** subito! **4.** Il toner **va sostituito** subito! **5.** I fax **vanno fatti** subito! **6.** Quell'articolo **va letto** subito! **7.** La posta elettronica **va controllata** subito! **8.** I documenti **vanno stampati** subito!

18.10

1. era venduto(si vendeva) **2.** erano usati(si usavano) **3.** E' stato calcolato **4.** e' stato vietato

18.11

1. La mostra su Tiziano **e' stata inaugurata** a Venezia. **2.** Il centro storico **e' stato**

chiuso al traffico a firenze. **3. E' stato aperto** un nuovo tratto dell'Autostrada del Sole. **4.** Un giovane drogato **e' stato ucciso** a Bologna. **5.** Dieci autoradio **sono stati rubati** in un parcheggio alla periferia di Milano. **6.** La partita Italia-Ungheria **e' stata interrotta** a causa del maltempo. **7.** Quattro cittadini americani **sono stati accusati** di spionaggio. **8. E' stato rinviato** il pagamento del bollo automobilistico. **9.** Due ladri **sono stati arrestati** in un autobus a Roma. **10. E' stato assolto** l'automobilista che non aveva pagato il pedaggio.

18.12

1. in/in/a **2.** dai/dagli **3.** a/da **4.** di/di **5.** dai/con **6.** In/sulle **7.** a **8.** al

19.1

1. Ogni giorno, **facendo** colazione, ascolto la radio. Anche ieri, **facendo** colazione, ho ascoltato la radio. **2.** Ogni giorno, **aspettando** l'autobus, leggo il giornale. Anche ieri, **aspettando** l'autobus, ho letto il giornale. **3.** Ogni giorno, **telefonando,** guardo il panorama dalla finestra dell'ufficio. Anche ieri, **telefonando,** ho guardato il panorama dalla finestra dell'ufficio. **4.** Ogni giorno, **studiando**, ascolto la musica. Anche ieri, **studiando**, ho ascoltato la musica. **5.** Ogni giorno, **passeggiando** per il centro, guardo le vetrine dei negozi. Anche ieri, **passeggiando** per il centro, ho guardato le vetrine dei negozi. **6.** Ogni giorno, **mangiando**, guardo la TV. Anche ieri, **mangiando**, ho guardato la TV.

19.2

1. Essendo stanchi, torniamo a casa. **2. Dovendo** lavorare in Francia, studieranno il francese. **3. Volendo** prendere un bel voto all'esame, Maria studia tutto il giorno. **4. Volendo** imparare bene il tedesco, vado un anno in Germania. **5.** Non **avendo** fame, mangio solo un po' di frutta. **6.** Non **riuscendo** a vedere bene da qui, cerco un posto migliore.

19.3

1. Non **conoscendo** bene il marito di Anna, credevo che fosse antipatico. **2. Stando** bene in quella citta', ho deciso di fermarmi a lungo. **3.** Non **potendo** uscire, ho avvertito

Lucia per telefono di non aspettarmi. **4.** Non **essendo** ancora guarito, Aldo non e' tornato in ufficio. **5.** Non **sapendo** che fare, sono entrato nel primo cinema che ho trovato. **6.** Non **vedendo** Pina da molto tempo, ho deciso di andare a trovarla.

19.4

1. Me l'ha spiegato **piangendo**. **2.** Me l'ha raccontato **ridendo**. **3.** Me l'ha detto **scherzando**. **4.** E' uscito **correndo**. **5.** E' entrato **brontolando**. **6.** Mi ha salutato **togliendo**si il cappello. **7.** E' andato via **sbattendo** la porta. **8.** Me l'ha detto **facendo** l'occhiolino.